Integrationsklassen in Hamburg

Erfahrungen — Untersuchungen — Anregungen

Integrationsklassen in Hamburg

Erfahrungen — Untersuchungen — Anregungen

Herausgegeben von Hans Wocken und Georg Antor

JARICK OBERBIEL · SOLMS-OBERBIEL

CIP-Kurztitelaufnahme der Deutschen Bibliothek
Integrationsklassen in Hamburg : Erfahrungen - Unters. - Anregungen / hrsg. von Hans Wocken u. Georg Antor. - Solms-Oberbiel : Jarick Oberbiel, 1987.
ISBN 3-920224-36-1
NE: Wocken, Hans [Hrsg.]

1987
ISBN 3-920224-36-1

Druck: Fuldaer Verlagsanstalt GmbH, Fulda

INHALTSVERZEICHNIS

VORWORT

Seit 1983 gibt es an Hamburger Grundschulen Klassen, in denen behinderte und nichtbehinderte Kinder gemeinsam unterrichtet werden. Der von der Bund-Länder-Kommission für Bildungsplanung unterstützte Hamburger Modellversuch "Integrationsklassen" hat im Schuljahr 1983/84 seine Arbeit mit 3 Grundschulklassen begonnen und ist im laufenden Schuljahr 1986/87 auf 22 Klassen angewachsen. Nach nunmehr dreijähriger Laufzeit wird hiermit ein erster geschlossener Bericht über den Modellversuch vorgelegt.

Wissenschaftliche Arbeiten über umstrittene gesellschaftliche Fragen unterliegen anscheinend einem vorherbestimmten Schicksal. Das Interesse gesellschaftlicher Gruppen pflegt sich der Wissenschaften zu bemächtigen und sich selbstgefällig zu bedienen. Die Botschaften wissenschaftlicher Gutachten werden allemal so aufgenommen, wie es beliebt, und zu eigenem Nutz und Frommen gedeutet. Wer sich bestätigt fühlt, wird fortan das Gütesiegel wissenschaftlicher Prüfung als Trophäe vor sich hertragen. Wem keine Bestätigung zuteil wurde, wird methodische Schwächen der Untersuchungen ausmachen oder - eine nicht minder wirksame Strategie - die Unparteilichkeit der Wissenschaftler anzweifeln.

Anstelle zu einer sachdienlichen Klärung gesellschaftlicher Streitfragen beizutragen, geraten wissenschaftliche Arbeiten selbst zwischen die Fronten und werden zwischen den Mühlsteinen der Interessengruppen aufgerieben. Da macht es dann auch keinen Unterschied, ob es um wissenschaftliche Gutachten über die Sicherheit von Atomkraftwerken, zu Fragen der Wirtschaftspolitik oder zu bildungspolitischen Reformen geht. Die Stellungnahmen gesellschaftlicher Interessengruppen sagen gelegentlich nichts mehr über die Güte des Gutachtens aus, sondern signalisieren allenthalben den politischen Standort der Kommentatoren.

Die Herausgeber verbinden mit der Vorlage dieses Bandes nicht die Absicht, Integration wissenschaftlich zu begründen und empirisch zu beweisen. Zielfragen der pädagogischen Förderung können nicht vom Richterstuhl der Wissenschaft herab verbindlich beantwortet werden. Integration ist keine Rechenaufgabe, deren Lösung als zweifelsfrei richtig oder falsch beurteilt werden kann. Daß Gemeinsamkeit von Behinderten und Nichtbehinderten pädagogisch wünschenswert und praktisch möglich ist, steht grundsätzlich nicht in Frage.

Die gemeinsame Erziehung von behinderten und nichtbehinderten Kindern ist eine Aufgabe, für deren Bewältigung es keine allgemeingültigen Konzepte gibt. Wir stehen erst am Anfang einer Entwicklung. Das große Werk, die über Jahrhunderte getrennten Wege der Allgemeinen Pädagogik und der Sonderpädagogik zusammenzuführen, bedarf erheblicher theoretischer und praktischer Anstrengungen. Diese Entwicklung anzuregen, zu beschreiben und in kritischer Solidarität zu begleiten, ist Anliegen des vorliegenden Bandes.

Die Beiträge dieses Bandes sind äußerst vielgestaltig. Der Sammelband vereinigt persönliche Stellungnahme (KÖRNER), tagespolitische Berichterstattung (FABRY), zeitgeschichtliche Rekonstruktionen (KEHL), theoretische Analyse (ANTOR), programmatische Überlegungen (HINZ), beschreibende Darstellungen und empirische Untersuchungen (WOCKEN). Literarische Gattung, methodischer Zugang und wissenschaftlicher Anspruch der einzelnen Arbeiten sind naturgemäß verschieden. Die verbindende inhaltliche Mitte aller Beiträge ist Integration in der Grundschule am Standort Hamburg.

Eine Rechtfertigung für die Bündelung unterschiedlicher Texte verschiedener Autoren, mit unterschiedlicher Darstellungsabsicht und aus unterschiedlichen Entstehungszusammenhängen ist auch in der Idee der Integration selbst gegeben. Integration ist ein Bekenntnis zur Vielfältigkeit. Es widerstrebt integrativem Denken, Unterschiede zu leugnen und Verschiedenheiten zu mißbilligen. Alle Versuche, die Differenzen zwischen den Autoren und den Texten zu glätten und zu harmonisieren, wurden aus Überzeugung unterlassen. Die Autoren verantworten ihre Texte selbst.

Der Band ist in vier Teile gegliedert. Weil der Hamburger Modellversuch von Eltern ausgegangen ist, steht auch der Beitrag einer engagierten, "betroffenen" Mutter (KOERNER) symbolisch am Anfang des Buches. Im zweiten Teil wird die Geschichte der Integration in Hamburg am Beispiel einer gescheiterten Elterninitiative (FABRY) und anhand der widersprüchlichen bildungspolitischen Entwicklungslinien im Sonder- und Regelschulwesen (KEHL) ausschnitthaft nachgezeichnet. Der dritte Teil dient der einführenden Beschreibung und theoretischen Begründung des Hamburger Schulversuchs. Der Beitrag von WOCKEN vermittelt einen knappen Überblick über den Schulversuch; er sei als Einstiegslektüre empfohlen. ANTOR stellt schulische Integration in den umfassenden Zusammenhang einer gemeindenahen sozial- und sonderpädagogischen Förderung und bietet hierfür einen theoretischen

Bezugsrahmen an. Der vierte Teil vereint unterschiedliche Beiträge zu speziellen Aspekten schulischer Integration.

Zu den bewußten Unvollkommenheiten dieses Zwischenberichts gehört, daß noch manche Fragen und Probleme offen bleiben. Die Dokumentation der Entwicklungsverläufe behinderter Kinder oder die theoretische Konzeptualisierung und konkrete Beschreibung eines integrativen Unterrichts etwa gehören zu den wichtigen Aufgaben, deren Bearbeitung noch aussteht. Zu diesem Zeitpunkt kann Vollständigkeit der Antworten und Lückenlosigkeit der Themen noch nicht erwartet werden.

Die ernsthafte Absicht, alle Beiträge so zu verfassen, daß auch interessierte Laien sie mit Gewinn lesen können, ließ sich leider nicht durchgängig verwirklichen. Was beispielsweise 'Lebenswelt' oder 'Clusteranalyse' bedeuten, kann nebenbei nicht mitvermittelt werden. Dem interessierten Laien wie dem eiligen Leser werden als Ersatz bei längeren Berichten allgemeinverständliche Zusammenfassungen angeboten.

Allen Beteiligten des Hamburger Modellversuchs, den Eltern, Lehrern, Erziehern, Schulleitern und dem Amt für Schule sei für die vertrauensvolle Zusammenarbeit gedankt. Wir sind zuversichtlich, daß durch rationale Aufklärung und Transparenz die Sache der Integration gefördert werden kann, und hoffen, hierzu beitragen zu können.

Über 2 Jahre lang war unsere Kollegin Sieglind Ellger-Rüttgardt Mitglied der Wissenschaftlichen Begleitung. Die Vorlage dieses Bandes gibt den Herausgebern Gelegenheit, sich ihrer tatkräftigen Mitarbeit im Schulversuch und des anregenden kollegialen Arbeitszusammenhangs dankbar zu erinnern.

Ein Wort des Dankes gebührt schließlich Andreas Hinz. Er hat bei der Durchführung von Untersuchungen mitgeholfen, war an der maschinenschriftlichen Texterfassung beteiligt und hat sich auch des lästigen Korrekturlesens angenommen.

Hamburg, September 1986

Hans Wocken Georg Antor

TEIL I:

DIE NEUE SICHT DER DINGE

Renate Koerner

WARUM WIR DIE FRAGE "... und um was für Behinderungen handelt es sich bei ihren Kindern?" NICHT MEHR HÖREN KÖNNEN

Nachdem unsere Kinder gemeinsam einen Kindergarten besucht hatten, nachdem zu einer kleinen Anfangsgruppe ausreichend Eltern "nichtbehinderter" Kinder dazukamen, machten wir uns auf den mühseligen Weg, unsere Kinder gemeinsam - mit besonderen Bedingungen - in einer Grundschulklasse eingeschult zu bekommen. Das gelang uns im Jahr des Behinderten - im Folgejahr scheiterten wir mit einer 2. Elterngruppe. Wo immer wir unsere Argumente, unsere Vorstellungen, unsere Forderungen vortrugen; egal, worauf wir im einzelnen den Schwerpunkt legten - gefragt wurden wir in der anschließenden Diskussion immer als erstes und scheinbar als allerentscheidendste Frage: UND UM WAS FÜR BEHINDERUNGEN HANDELT ES SICH BEI IHNEN NUN EIGENTLICH? Die Geschichte der Antwort auf diese Frage ist gleichzeitig die Geschichte der Entwicklung unseres Selbstbewußtseins, unserer Kenntnisse aufgrund unserer konkreten Erfahrungen vom gemeinsamen Leben mit den Kindern und Eltern.

ANFANGS haben wir sofort und nur von den "behinderten" Kindern gesprochen. Die jeweiligen Mütter nahmen ihren gesammelten Mut zusammen, schluckten vorher mehrere Pillen "Anti-Tränen", setzten sich bei Veranstaltungen nach vorne, kramten brav die diagnostischen Festschreibungen ihrer Kinder aus den Schubladen, und schluckten höchstens trocken, während sie die Liste der Defizite ihrer Kinder herunterleierten.

Meist reichte das dem geneigten Publikum oder Gesprächspartner nicht aus - immer genauer wollte man wissen, was so ein Kind alles nicht können kann. Und wenn ihnen die Antworten dann doch allmählich im Halse stecken blieben, waren es die Mütter der "nichtbehinderten" Kinder, die anfingen zu fragen, was derlei Ausfragerei denn bringen sollte.

ANFANGS haben wir für jedes einzelne Kind ausführlich begründet, wieviel und was es im einzelnen von seinen "nichtbehinderten" Altersgenossen gelernt hat, warum ein Sonderschulbesuch nicht in Frage kommt: Loslösung von sämtlichen bisherigen sozialen Bezügen, Trennung von Freunden und

Spielkameraden, die Unmöglichkeit, ein Kind, das nach eigener Geschwindigkeit und Logik stetige Fort-Schritte macht, aus dem Stand "lernbehindert" zu nennen - oder einfach die Tatsache, daß es keine Schule gibt, die den besonderen Bedürfnissen des Kindes Rechnung tragen könnte (MCD-Kinder in Lernbehinderten- oder Körperbehindertenschulen).

BALD wurden wir bei der ewig gleichen Frage ungeduldig, wir sprachen von allen Kindern, erklärten, daß wir die Begriffe "behindert" und "nichtbehindert" in der Gruppe nicht mehr so recht aussprechen könnten, daß wir gesehen hätten, daß alle Kinder ihre Besonderheiten und ihre speziellen Bedürfnisse hätten und daß wir nun von "behindert" und "normalbehindert" sprechen würden.

BALD grinsten wir uns eins, wenn wir hörten, daß zu den Gesprächen die "betroffenen" Eltern eingeladen wurden. Wir erschienen dann eben zu zwölft, später, als die Klasse voll war, zu fünfzehnt - wir waren alle Betroffene, es ging nicht mehr um das Mitmachen aus Mitleid, wir hatten gemeinsame Interessen. All das, was für die "behinderten" Kinder im Schulalltag Voraussetzung für ihr Wohlbefinden sein mußte, konnte für die anderen nur ebenso nützlich sein (Verzicht auf Konkurrenz- und Rivalitätsatmosphäre, Einbeziehung der emotionalen und sozialen Bezüge ins Lernen, stark anschaulicher, handlungs- und erfahrungsorientierter Unterricht, reiche Materialausstattung, kein lehrerzentrierter, sondern ein kindzentrierter Unterricht).

Solange wir - anfangs - von den Defiziten unserer Kinder gesprochen hatten, um Verständnis warben, badeten wir größtenteils in einem uns entgegengeschwiegenen Mitleid. Später, als wir RECHTE forderten, artikulierte sich das gesamte Arsenal der Vorurteile.

SPÄTER - als wir die 2. Klasse forderten, worunter auch ein Trisomie-21-Kind war, enthüllte sich die Frage "... und um was für ..." als Frage nach der Grenze der Zumutbarkeit. Wir empfanden die Frage zunehmend als Ausdruck einer bestimmten Grundhaltung - um nicht zu sagen Borniertheit. Prof. BÄRSCH, der Vorsitzende des Deutschen Kinderschutzbundes, der so manche Veranstaltung und Redeschlacht mit uns zusammen geschlagen hat, sprach in diesen Situationen von der "Arroganz der Nichtbehinderten": Hier - wir - normal; Da - ihr - nicht normal! Das führte auf einer Veranstaltung zu dem wütenden Aufschrei eines ca. 25 Jahre alten Mannes: "Ja, irgendwo muß doch die Trennungslinie sein, was normal ist und was nicht!" So, muß? Warum? Wer zieht sie? Es fiel uns auf, daß in der PRAXIS diese Trennungslinie nicht vorhanden sein muß. Die Kinder der Klasse kennen größtenteils nicht mal den Begriff "behindert", wüßten nicht zu sagen, welche ihrer Klassenkameraden "behindert" sind. Das heißt nicht, daß die Kinder unrealistisch oder, wie man uns vorwirft, unter einer Käseglocke erzogen würden. Die Kinder kennen einander ausgezeichnet; sie wissen sehr wohl die Unterschiede; sie finden das aber ganz normal, daß der eine etwas nicht so gut kann wie der andere; und sie können im Gegensatz zu vielen Erwachsenen, wunderbar damit leben.

Wir erlebten, daß die leidige Frage eigentlich immer nur ein sonderpädagogisches Spektakulum der tausend Wenns und Abers einleitete; wir stellten fest, daß die Grundgedanken kaum diskutiert oder verstanden wurden; daß es meistens nur um das Integrieren von "Grenzfällen" ging. Wir argwöhnten, daß diese Frage besonders gern von denjenigen gestellt wurde, die Integration weder praktizierten noch praktizieren wollten; die immer nur ihre Schublädchen unseren Kindern zum Hineinplumpsen hinhielten; und, aus ihrer langjährigen Erfahrung mit "separierender Integration" (ohne unsere Kinder zu kennen oder kennenlernen zu wollen), jederzeit bereit waren, den Beweis anzutreten, daß ihre schulische Integration unmöglich, mindestens höchst fragwürdig, wenn nicht gar gefährlich sei. Lange genug sind wir gewarnt worden, unseren Kindern doch nicht ein solches Unheil zuzufügen, sie der Grausamkeit nichtbehinderter Kinder auszusetzen. Lange genug sind wir beschimpft worden als Eltern, die nur die Behinderung nicht wahrhaben wollten, die ihre mongoloiden Kinder zum Abitur bringen wollen. Lange genug hat man uns zu verstehen gegeben, daß wir im Grund keinerlei Kompetenz zum Mitreden hätten.

Eine Sonderpädagogin: "Ich sage immer, die Muttis muß man entlasten, ich mach das schon. Sie brauchen sich mal um nichts zu kümmern."

Ein Schulrat im Gespräch mit der Elterngruppe: "Welche Kompetenz haben Sie eigentlich, so mit mir zu sprechen? Was machen Sie beruflich?" - "Ich bin Mutter und Hausfrau und SIE?" - "Wieso, ich?" - "Haben Sie denn ein behindertes Kind, kennen Sie erwachsene Behinderte, haben Sie sich mit dem Problem befaßt?" - "Nein, nicht direkt . . ." - "Trotzdem akzeptiere ich Sie als kompetenten Gesprächspartner, allerdings reicht Ihre Kompetenz nicht aus, um gegen meinen Willen über die Zukunft meines Kindes zu verfügen, ihre Kompetenz reicht nicht aus, besser zu wissen als ich, was für mein Kind eine optimale Förderung ist!"

Nach derlei Erfahrungen haben wir begriffen, daß wir selbst Fachleute sind und daß wir Behauptungen von Fachleuten hinterfragen müssen:

1. Haben sie Erfahrungen mit dem gemeinsamen Aufwachsen behinderter und nichtbehinderter Kinder?
2. Sind sie bereit, ein Kind als Gesamtperson zu akzeptieren, oder geht es ihnen nur um sonderpädagogische Einordnungsprobleme, damit ihr intellektueller Haushalt nicht in Unordnung kommt?

SPÄTER, nachdem unsere Kinder und die dazugehörigen Familien in so selbstverständlicher und angenehmer Weise miteinander umgingen, lehnten wir es ab, die Defizitlitanei unserer Kinder herunterzubeten. Wir konnten nicht einsehen, warum die primitivsten Gesetze menschlicher Achtung nicht auch für sogenannte "behinderte" Kinder und deren Eltern gelten sollten.

Integration kennenlernen kann man nur, indem man sie praktiziert. Dabei werden Fehler gemacht - aus denen man lernen kann. Auf Integration kann man nicht warten. Man muß sie beginnen, da, wo es nötig ist, da, wo es gefordert wird. Alles weitere ergibt sich aus der Praxis und in der Praxis.

TEIL II:

ZUR GESCHICHTE SCHULISCHER INTEGRATION

Ewald Fabry

INTEGRATION BEHINDERTER KINDER UND DER ELTERNWILLE

Dies ist die Geschichte eines Scheiterns. Hoffnungen einer Elterngruppe, ihren behinderten und nichtbehinderten Kindern in einer "Integrationsklasse" an der Hamburger Grundschule Schimmelmannstraße gemeinsames Leben und Lernen zu ermöglichen, wurde durch ein Votum der Schulkonferenz jäh beendet. Eine einzige Stimme fehlte an der zur Errichtung von Schulversuchen erforderlichen 2/3-Mehrheit. Vor Ort ist es ein kaum gehütetes Geheimnis, daß die Vertreter der Elternschaft der Schule dem Integrationsversuch ihre Zustimmung versagten. Wie es dazu kam, wieso hier Elterninteressen mit Elterninteressen kollidierten, schildert dieser Beitrag.

Es begann im Laufe des Jahres 1981 im ev. Kindergarten für behinderte und nichtbehinderte Kinder der Christuskirche in der Schimmelmannstraße. Die Eltern fragten sich, was mit ihren Kindern nach der gemeinsamen Kindergartenzeit geschehen würde. Mehrjährige Erfahrungen mit der integrativen Arbeit des Kindergartens waren für alle so ermutigend, daß sie diese an der Schwelle zur Grundschule nicht unterbrechen wollten. Ihre Kinder hatten - ungeachtet des unterschiedlichen Entwicklungsstandes und der verschiedenartigen Behinderungsformen - feste Gemeinschaftsbeziehungen aufgebaut, die sich von "normalen" Kindergartengruppen allenfalls darin unterschieden, daß die nichtbehinderten Kinder hier lernten, mit den Problemen ihrer behinderten Spielkameraden umzugehen. Deshalb gründeten die Eltern eine Initiative mit dem Ziel, an der nahegelegenen Grundschule Schimmelmannstraße eine "Integrationsklasse" einzurichten.

Wie sich sehr schnell herausstellte, war dies kein alltägliches Vorhaben: Im Hamburger Schulsystem nämlich war diese Form der Integration nicht vorgesehen. Der "normale" Weg für behinderte Kinder führte geradewegs in die Sonderschule ... um genau zu sein, nicht in **die** Sonderschule, sondern in Sonderschulen für Geistigbehinderte, Körperbehinderte, Verhaltensgestörte, Lernbehinderte ...

Gemäß § 23 des Hamburger Schulgesetzes war die zuständige Behörde jedoch befugt, zur Erprobung pädagogischer Vorhaben Schulversuche einzurichten.

Damit war die Elterninitiative auf die Notwendigkeit

verwiesen, ihr Integrationsmodell auf dem Wege eines formellen Antragsverfahrens an die Schulbehörde zu verwirklichen. Zugleich wurden dabei aber auch die im Schulverfassungsgesetz vorgesehenen Mitwirkungsrechte der Schulkonferenz berührt, der bei der Einrichtung von Schulversuchen ein Mitbestimmungsrecht eingeräumt wird.

Wie noch zu zeigen sein wird, entwickelte sich aufgrund dieser Rechtslage der Konflikt um den Integrationsversuch Schimmelmannstraße.

Das Integrationsmodell

Die Elterninitiative orientierte sich im wesentlichen am Vorbild der "Fläming-Schule" Berlin, über deren Arbeit sich ein Teil der Gruppe an Ort und Stelle unterrichtet hatte. Folgende Rahmenbedingungen wurden zugrundegelegt:

- eine Kleinklasse mit höchstens 15 Kindern, darunter vier verschiedenartig behinderte Kinder
- Unterrichtung durch einen Sonderpädagogen oder einen sonderpädagogisch vorgebildeten Grundschullehrer
- ergänzende Betreuung durch eine pädagogische Unterrichtshilfe
- angemessene behinderungsspezifische Zusatzförderung innerhalb und außerhalb der Schule.

Eine wesentliche Zielsetzung des Versuchs lag darin, nichtbehinderte Kinder mindestens im gleichen Ausmaß wie in einer regulären Grundschulklasse zu fördern, behinderte Kinder entsprechend den geltenden Anforderungen in der jeweiligen Sonderschule. Dieser Anspruch verlangte natürlich nach einem besonderen pädagogischen Konzept. Es wurde deshalb die Schaffung "gemeinsamer Lernsituationen für behinderte und nichtbehinderte Kinder" angestrebt, um im Rahmen "binnendifferenzierten Unterrichts" jedem Kind "Lernerfolge auf seinem Aneignungsniveau" zu ermöglichen. Der Unterricht sollte "erfahrungs- und handlungsorientiert" sein, um den Schülern Situationen zu bieten, "sich die Unterrichtsgegenstände handelnd anzueignen und sie - im wahrsten Sinne des Wortes - begreifen zu können" (1)

Widerstände

Der von der Elterninitiative gestellte Antrag zur Einrichtung dieses Integrationsmodells verursachte zunächst bei der zuständigen Hamburger Behörde erhebliche Widerstände. Es war so gar nicht in das differenzierte System der Sonderbeschulung von Behinderten einzuordnen. Mit allem Nachdruck wurde vom zuständigen Fachreferenten für Sonderschulen in der Schulbehörde die Auffassung vertreten, es seien jene Kinder als sonderschulbedürftig anzusehen, "die in der Regelschule wegen ihrer Behinderung nicht hinreichend gefördert werden können" (VON MELLE 1982, 3).

Mit Blick auf die behinderten Kinder, die in der Grundschule Schimmelmannstraße aufgenommen werden sollten, stellte er fest: Diese Kinder können, da sie "nach bisherigem allgemeinen Verständnis sonderschulbedürftig sind, ... nur in der Sonderschule optimal gefördert werden".

Ganz im Gegensatz dazu erwartete die Elterninitiative vom "integrativen" Unterricht an einer Regelschule eine optimale Förderung ihrer behinderten Kinder. Die Eltern versprachen sich vom sozialen Miteinander beider Gruppen, Ängste und Vorurteile beiderseits abzubauen und den Behinderten die schmerzliche Erfahrung des Ausgeschlossenseins zu ersparen.

Ihre Position läßt sich u.a. eindrucksvoll durch alltägliche Erfahrungen von Eltern behinderter Kinder stützen. So berichtet Frau BREMER, Mitglied der Elterninitiative, über ihren Sohn:

"Leif hat cerebrale Bewegungsstörungen und leichte Sprachstörungen. Ich fürchtete, daß es für ihn in der Regelschule zu schwierig würde, er aber in der Sonderschule eine nicht ausreichende Förderung erhalten könnte. Was mir eben auch nicht einleuchtet, ist, wie ein Kind richtig sprechen lernen soll, wenn es nur von sprachbehinderten Schülern umgeben ist. Das Vorbild eines anderen Kindes scheint mir oftmals von viel höherem Wert zu sein, als das Vorbild eines Erwachsenen. Bei unserem Sohn war es z.B. mit dem Fahrradfahren so: Wir haben es ihm erklärt und gezeigt und immer wieder gezeigt; und er hat geübt - nichts. Da mußte erst unser Nachbarsjunge ran! Der hat gesagt: "So mußt du das machen mit dem Aufsteigen!", hat's ihm gezeigt und dann plötzlich innerhalb einer halben Stunde konnte er es."

Auf die Schule übertragen heißt das: Nicht die Isolation in homogenen Behinderungsgruppen, sondern das anregungsreiche Lernklima in regulären, eben in der Mehrzahl aus nichtbehinderten Kindern zusammengesetzten Gruppen, vermag einen optimalen individuellen Aneignungsprozeß bei Behinderten zu gewährleisten.

Neben der hier nur angedeuteten grundsätzlichen Kontroverse um Sinn und Bedeutung der Sonderbeschulung wurden im Zuge der öffentlichen Auseinandersetzungen auch direkt auf das Modell bezogene Einwände formuliert.

So hatte der Fachreferent bereits frühzeitig betont, es sei "nahezu aussichtslos, Lehrer zu finden, die über eine hinreichende Kompetenz in vier verschiedenen Behinderungsformen verfügen und außerdem eine ausreichende Erfahrung in der Grundschularbeit besitzen".

Dagegen läßt sich nun allerdings einiges einwenden: Es ist heute unbestritten, daß das mehrfachbehinderte und nicht das spezifisch behinderte Kind den Regelfall darstellt, mithin Lehrer auch an einer speziellen Sonderschule immer mit den verschiedensten Behinderungsformen konfrontiert sind. Zum anderen bieten bestehende Integrationsversuche mit verschiedenartig behinderten Kindern in der Montessori-Schule München und der Fläming-Schule Berlin bislang keinen Anhaltspunkt, nachteilige Konsequenzen für behinderte oder nichtbehinderte Kinder anzunehmen. Als weiterer Ablehnungsgrund wurde die Befürchtung geäußert, der Schulversuch "intendiere letztlich eine radikale Reform des bestehenden Schulwesens".

Da darin vom Fachreferenten keine realistische Alternative zum Bestehenden gesehen werden konnte, bezog er - unabhängig von der Durchführbarkeit des Integrationsversuchs im Einzelfall - eine grundsätzlich ablehnende Position gegenüber allen Vorhaben, die mit den bestehenden Grundsätzen der Sonderbeschulung nicht in Einklang zu bringen waren.

Geschichte des Scheiterns

An diesem Punkt soll nun zur Chronologie der Ereignisse um den Fall Schimmelmannstraße übergeleitet werden.

Am 4. November 1981 - ein halbes Jahr nach der Antragstellung der Initiative (!) - erfolgte eine Ablehnung des Vorhabens durch den zuständigen Fachreferenten. Die Initiative gab damit aber ihre Sache nicht auf, sondern bemühte sich um Unterstützung in der Öffentlichkeit, um die Behörde doch noch zum Umdenken zu bewegen. Es setzte daher ein mehrere Monate dauernder Prozeß zäher Verhandlungen, öffentlicher

Veranstaltungen und Aktionen sowie heftig geführter Diskussionen in den Hamburger Medien ein, in dessen Verlauf vor allem die bereits oben erörterten Einwände zur Sprache kamen. Kompetente Unterstützung erhielt die Elterninitiative vom Hamburger Sonderpädagogen Prof. Dr. Walter BÄRSCH: Er befürwortete das Integrationsmodell und erklärte darüberhinaus seine Bereitschaft, die wissenschaftliche Begleitung des Schulversuchs zu übernehmen.

Am Ende wurde - auch für viele Mitglieder der Elterninitiative zu diesem Zeitpunkt unerwartet - wenige Wochen vor Schuljahresende am 7. Juni 1982 die negative Entscheidung der Schulbehörde durch den Schulsenator persönlich rückgängig gemacht. Diese Entwicklung stellte den bisherigen Verlauf auf den Kopf: Über Monate hin war die gefällte Negativ-Entscheidung von der Behörde öffentlich verteidigt worden, nun aber stimmte der Senator selbst einem Integrationsversuch zu. Dies war vor allem ein Ergebnis der intensiven Öffentlichkeitsarbeit der Elterninitiative.

Mit der Zustimmung der Behörde lag die ausschlaggebende Entscheidung gemäß Schulverfassungsgesetz nunmehr bei der Schulkonferenz der Grundschule Schimmelmannstraße, in der eine 2/3-Mehrheit für die Durchführung des Schulversuchs erforderlich wurde. Stimmberechtigte Mitglieder der Schulkonferenz waren drei Lehrer und drei Elternvertreter der Schule, die Schulleiterin und der Hausmeister. In unserem Fall ist dabei besonders die Position der Elternvertreter von Bedeutung, weil aus dieser Gruppe die Nein-Stimmen hervorgingen, die das Projekt letztlich zum Scheitern brachten.

Im Elternrat der Schule Schimmelmannstraße, aus dessen Mitte die Elternvertreter der Schulkonferenz gewählt werden, hatten bereits im Januar 1982 die Bedenken gegen die Integrationsklasse überwogen. In Gesprächen der Elterninitiative mit einzelnen Vertretern des Elternrats konnten diese nicht ausgeräumt werden. Ja, es entstand mehr und mehr der Eindruck, daß der Elternrat nur geringes Interesse an den Beweggründen der Eltern hatte, die ihren Kindern gemeinsames Lernen in einer Integrationsklasse ermöglichen wollten. Denn alle Angebote der Initiative, sich umfassend über die entwickelten Vorstellungen zu informieren, wurden nur spärlich wahrgenommen. Bedenken und Ablehnung wurden aber formuliert, ohne die behinderten Kinder, um deren Integration es sich schließlich handeln sollte, jemals zu Gesicht bekommen zu haben oder ohne Beurteilungen sachkompetenter Personen zur Kenntnis genommen zu haben. Solange auch die Behörde in der

Öffentlichkeit ihre ablehnende Haltung aufrecht erhielt, mußte sich der Elternrat seinerseits in seinen Bedenken bestärkt und bestätigt fühlen, ohne jedoch zu klarer Meinungsäußerung gezwungen zu sein. Mit der positiven Entscheidung des Schulsenators war diese "Deckung" der eigenen Position plötzlich hinfällig geworden. So stellt dann auch der Elternratsvorsitzende ein wenig bedauernd fest:

"Dem zwiespältigen Verhalten der Behörde konnte der Elternrat nicht folgen. Erst lehnte sie die Einrichtung einer Integrationsklasse ab. Dann votierte sie plötzlich kurz vor den Sommerferien für die Integrationsklasse, der gegenüber sie vorher starke pädagogische Bedenken hatte und verlangte, daß die Schule Schimmelmannstraße sofort mitmachte. Dies alles unter massivem Zeitdruck, so daß keine Gelegenheit mehr war, die noch vorhandenen Bedenken abzubauen."

Der Elternrat sah sich demnach nicht in der Lage, verfestigte, vermeintlich unumstößliche Positionen unter Druck und in Zeitnot noch zu revidieren. So wurde zuguterletzt ein in der Tat mißverständliches Informationspapier der Elterninitiative zum Anlaß genommen, am 10. Juni 82 folgenden Beschluß zu fassen:

"Der Elternrat lehnt die vorgeschlagene Einrichtung einer durch besondere Bedingungen und pädagogische Sonderausstattung sowie wissenschaftliche Begleitung privilegierten 'Integrationsklasse' ab. Er wünscht stattdessen, entsprechend der von der "Elterninitiative" formulierten Alternative, eine **echte Integration** der **grundschulfähigen** behinderten Kinder in die zum August 1982 einzurichtenden neuen 1. Klassen der Schule."

Das Ergebnis der wenige Tage darauf stattfindenden Schulkonferenz war damit bereits vorbestimmt, der Antrag auf Einrichtung eines Schulversuchs nach § 23 des Hamburger Schulgesetzes wurde abgelehnt, weil die erforderliche 2/3-Mehrheit mit 5 : 3 Stimmen nicht zustande kam.

Elternwille - tatsächlich der Wille der Eltern?

So scheiterten also die über ein Jahr währenden intensiven Bemühungen einer Gruppe von Eltern, jedoch nicht, wie man hierzulande vielleicht hätte erwarten können, am Veto der Kultusbehörde (wenngleich diese nicht gänzlich unbeteiligt war!), sondern an den offiziellen Vertretern der "Elternschaft" - ebenfalls Eltern!

Es stellt sich daher die Frage,mit welchem Recht hier

Eltern qua Wahlfunktion eigentlich den Willen der **betroffenen** Eltern übergehen konnten und ihre Entscheidung überdies gegen ausdrückliche Empfehlungen der Sachverständigen und des Schulsenators fällten. Denn eines muß an dieser Stelle nochmals deutlich hervorgehoben werden: Es waren weder die Elternvertreter der Schulkonferenz noch ihre bereits schulpflichtigen Kinder, die von der Einrichtung einer Integrationsklasse hätten **unmittelbar** berührt oder beeinträchtigt werden können. Einzig unmittelbar waren nur die Eltern der Initiative und ihre behinderten bzw. nichtbehinderten Kinder tangiert. Aber eben diese waren es, die mit erheblichem Engagement ihre Bereitschaft unter Beweis gestellt hatten, ihre Kinder gemeinsam unterrichten zu lassen. Wenn somit von unmittelbarer Beeinträchtigung einer Gruppe nicht die Rede sein kann, so kann quasi im Gegenzug sogar darauf verwiesen werden, daß die Einrichtung einer Integrationsklasse zur Senkung der Klassenfrequenzen in den übrigen Eingangsklassen geführt hätte, d.h. ebenso von Nutzen für Kinder außerhalb der Integrationsklasse gewesen wäre. Umso unverständlicher und undurchsichtiger erscheinen die Motive, die den Beschluß des Elternrats bewirkten. Dieser zeichnet sich zudem durch eine erschreckende Mißachtung der bei der Integration von Behinderten erforderlichen Maßnahmen aus: Die "pädagogische Sonderausstattung sowie wissenschaftliche Begleitung" wird als "Privilegierung" diffamiert und daher abgelehnt. Als Alternative wird eine "**echte Integration** der **grundschulfähigen** behinderten Kinder" vorgeschlagen, wodurch die Absichten der Initiative ins direkte Gegenteil verkehrt werden. Denn Einschulung sogenannter "grundschulfähiger Kinder" unterscheidet sich in nichts von der bisher geübten Praxis der Einschulung nach bestandenem Schulreifetest. Es muß den "gewählten Elternvertretern" der Vorwurf gemacht werden, einem Versuch - um mehr sollte es sich zunächst einmal nicht handeln - keine Chance auf Bewährung gegeben zu haben, der möglicherweise die Sache der Integration Behinderter ein Stück weitergebracht hätte, auf jeden Fall aber jedem einzelnen behinderten, vermutlich aber auch jedem nichtbehinderten Kind erweiterete Entwicklungsmöglichkeiten eröffnet hätte.

(1) Alle Zitate aus einer Broschüre der Elterninitiative Schimmelmannstraße
VON MELLE, J.: Möglichkeiten und Grenzen der Integration behinderter Kinder. In: Informationen. Behörde für Schule und Berufsbildung. Hamburg 1982, Nr. 1

Ulla Kehl

BILDUNGSPOLITISCHE DISKUSSIONEN UND ENTSCHEIDUNGEN IM HAMBURGER SONDERSCHULWESEN 1970 - 1983

Ein Beitrag zur jüngeren Schulgeschichte

1. Problemstellung und Methode

Die Diskussion um integrative Unterrichtung ist in der Bundesrepublik in jüngerer Zeit mit der Schulreformdebatte um die Errichtung von Gesamtschulen von sonderpädagogischer Seite neu begonnen worden, ohne jedoch auf die bildungspolitische Praxis nachhaltig Einfluß nehmen zu können. Die Gesamtschulen sind geplant und realisiert worden, ohne die Probleme der Sonderschüler zu reflektieren (WEIGT 1977). Die 1973 veröffentlichte Empfehlung der Bildungskommission des Deutschen Bildungsrates macht weitreichende Vorschläge für eine Neuorientierung der Förderung Behinderter im Rahmen der allgemeinen Schule. Ihre auf die sonderpädagogische Diskussion beschränkte und im Zusammenhang mit der Reformdebatte zeitlich späte Herausgabe führte neben anderen Gründen letztlich nicht zu den gewünschten bildungspolitischen Veränderungen. Die Empfehlung ist allerdings als breiter Kompromiß der beteiligten sonderpädagogischen Experten anzusehen und hat von daher innerhalb der wissenschaftlichen Diskussion ein bedeutsame Wirkungsgeschichte. Seit nunmehr zehn Jahren wird eine lebhafte Diskussion um die Möglichkeiten, Probleme und Grenzen der schulischen Integration Behinderter geführt. Als wichtige Beispiele der nahezu unübersehbaren Literatur seien genannt: SCHINDELE 1977, KLAUER & REINARTZ 1978, MUTH 1982. Als eine neue Richtung innerhalb der Sonderpädagogik, die zur Frage der Integration relevante Aussagen macht, ist in den 70er Jahren die kritische oder materialistische Behindertenpädagogik entstanden. Sie beschreibt Behinderung auf dem Hintergrund eines gesellschaftskritischen Theorieansatzes und betrachtet die politischen und ökonomischen Funktionen des Sonderschulwesens mit dem Ergebnis, seine Abschaffung zu fordern (AAB u. a. 1974; JANTZEN 1974).

ANTOR (1979) hat den Versuch unternommen, vorliegende Theoriemodelle zur schulischen und gesellschaftlichen Integration Lernbehinderter ideologiekritisch danach zu befragen, ob und wie sie Integration rechtfertigen. Er kommt zu dem Ergebnis, daß keine der bisher vorliegenden Theorien diesen Anspruch erfüllt. Die Folgerung aus seiner Untersuchung ist, daß Wissenschaft sich vorerst darauf beschränken muß, Integration in konkreten Einzelfällen zu rechtfertigen. In der Entscheidung über die schulisch-gesellschaftliche Integration hat die Wissenschaft zur Zeit keine 'große' realisierbare bildungspolitische Empfehlung anzubieten. Es ist nach ANTOR

(1979, 235) für die Zukunft wichtig, auch die empirische Basis für Entscheidungen zu schaffen bzw. zu verbessern.

Die vorliegende Arbeit möchte in diesem Sinne einen Beitrag leisten, nicht, indem sie bei der theoretischen Frage nach der Rechtfertigung von Integration ansetzt, sondern indem sie die Kenntnisse von konkreten Schulentwicklungs- und Legitimationsprozessen im Bereich schulischer Förderung Behinderter zu verbessern sucht. Sie ist damit in dem relativ jungen Forschungsbereich der Schulentwicklungsforschung angesiedelt (BAUER & ROLFF 1978; ROLFF & TILLMANN 1980). Die Vertreter dieser Richtung formulieren als Ziel ihrer Forschungstätigkeit, verallgemeinerungsfähige Aussagen über die Ursachen, Verläufe und die Qualität von Schulreformprozessen machen zu können. Solches Wissen könnte konkretes Handeln anleiten und vor naiver Reformeuphorie ebenso bewahren wie vor resignierendem Sich-Abwenden von einem übermächtigen und undurchschaubaren System, das keinen Wandel zuzulassen scheint.

Die vorliegende Arbeit beschreibt die bildungspolitischen Diskussionen und Entscheidungen im Bereich der schulischen Förderung Behinderter in Hamburg von 1970 bis 1983 und analysiert diese Prozesse auf dem Hintergrund der schultheoretischen Fragestellung nach den Funktionen, die das Bildungswesen für die Bestandserhaltung des Staates zu erbringen hat. Dabei liegt der Schwerpunkt der Problemstellung auf der Frage nach schulischer Integration, die sowohl in der wissenschaftlichen als auch in der bildungspolitischen Diskussion zur Zeit eine zentrale Rolle spielt. Die Beschränkung auf einen umgrenzten regionalen und zeitlichen Raum gestattet es, verhältnismäßig detalliert konkrete Entwicklungen nachzuzeichnen. Das Beispiel der Sonderschulentwicklung in Hamburg steht für die jüngere Geschichte des Sonderschulwesens in der Bundesrepublik Deutschland.

Die historischen Quellen sind danach ausgewählt, wie sie für die Fragestellung sinnvoll erscheinen. Sie berücksichtigen die Verlautbarungen der politischen Gremien und der Interessengruppen sowie zur Vervollständigung Zeitungsberichte und Gespräche mit unmittelbar Beteiligten. Als Material dienen:

- die Drucksachen und Debatten der Bürgerschaft;
- die "Hamburger Lehrerzeitung" der Gewerkschaft Erziehung und Wissenschaft, Landesverband Hamburg;
- die "Mitteilungen", Zeitschrift des Verbandes Deutscher Sonderschulen, Landesverband Hamburg;
- Stellungnahmen, Briefe, Pressemitteilungen u. ä. der Ge-

werkschaft Erziehung und Wissenschaft und des Verbandes Deutscher Sonderschulen;
- Mitteilungen der Staatlichen Pressestelle Hamburg;
- Zeitungsberichte;
- Gespräche mit Politikern, Behörden- und Verbandsvertretern, Eltern und Lehrern.

Mit Hilfe dieses Materials wird versucht, die Diskussion anhand von Schwerpunktthemen nachzuzeichnen. Der Bereich der pädagogischen Förderung Lernbehinderter ist im besonderen berücksichtigt. Die Darstellung gliedert sich nach Legislaturperioden der Hamburger Bürgerschaft. Das Ziel der Darstellung soll sein, einen Eindruck von den Diskussionslinien um die pädagogische Förderung Behinderter im Gesamtrahmen Hamburger Bildungspolitik entstehen zu lassen.

2. Die Entwicklung des Sonderschulwesens in Hamburg 1970 - 1983

2.1 Phase des Reformaufbruchs 1970 - 1974

2.1.1 Bildungsbericht '70 und Entwicklungen im Sonderschulwesen

Die allgemeine Reformeuphorie der 60er Jahre hat in Hamburg als traditionell SPD-regiertem Bundesland im Vergleich zu Bundesländern wie Hessen, Bremen oder Berlin gedämpften Widerhall gefunden. Trotzdem ist die Bildungspolitik der zentrale politische Bereich. Reformmaßnahmen wie die Einrichtung der Beobachtungsstufen und die ersten Schulversuche zur Gesamtschule und zur vorschulischen Erziehung liegen in ihrem Beginn schon vor 1970. In der Regierungserklärung nach den Bürgerschaftswahlen vom 22. 3. 1970 formuliert der Erste Bürgermeister Prof. Dr. WEICHMANN, was breiter Konsens in allen politischen Parteien und in der Öffentlichkeit ist: "Die erste Priorität kommt ... dem Bildungsbereich zu" (1970, 81)! Die Situation im Schulwesen ist nach Meinung des Bürgermeisters gekennzeichnet durch steigende Schülerzahlen, die erheblich höhere quantitative Anforderungen stellen, und durch größere Erwartungen an die Qualität des Bildungswesens. "Die herkömmlichen Strukturen des Schulwesens sind nicht mehr imstande, diesen gestiegenen Anforderungen zu entsprechen" (1970, 81). Der Senat begrüße den Strukturplan des Deutschen Bildungsrates mit seinem Bekenntnis zur Gesamtschule. Dem Problem der Herstellung einer echten Chancengleichheit komme für den Senat in der Schulpolitik Priorität zu.

Im Herbst 1970 legt der Senat den in der Regierungserklärung angekündigten "Bildungsbericht" vor. Er gibt detailliert Auskunft über das bestehende Bildungswesen und die Ziele des Senats: "Zusammenfassend sind als Schwerpunkte des langfristigen Programms zu nennen, ohne daß die Reihung eine Prioritätenfolge bedeutet:

- Vorschulische Erziehung der Drei- und Vierjährigen;
- Einschulung der Fünfjährigen;
- Einführung eines Berufsgrundjahres als Pflichtschuljahr;
- Strukturreform des Schulwesens: Primarstufe, Sekundarstufe I (Abitur I), Sekundarstufe II (Abitur II), Übergang zu integrierten Formen besonders in der Sekundarstufe I (Gesamtschule);
- Vorbereitung und Sicherung der Strukturreform durch: Reform der Lehrerbildung, differenzierte Lehrpläne für alle Schulstufen, Raumprogramme für den Schulbau" (SENAT DER FREIEN UND HANSESTADT HAMBURG 1970, 32).

Welche Berücksichtigung finden behinderte und von Behinderung bedrohte Kinder und Jugendliche im Vorschul- bzw. Gesamtschulprogramm? Welche Formen schulischer Förderung Behinderter stellt sich der Senat vor? Das Vorschulprogramm gründet auf wissenschaftlichen Erkenntnissen der Lernforschung, die vom biologischen Begabungsbegriff abweichend einen soziologischen Begabungsbegriff formulieren. Diese Untersuchungen zeigen, "daß die Schulreife nicht nur das Ergebnis biologischer Entwicklungen ist, sondern entscheidend von den Lern- und Umweltanregungen abhängt, die das Kind vor seiner Schulzeit erhält. Besonders kann der Grad von Sprachverständnis und Sprachvermögen, den das Kind im vorschulpflichtigen Alter entwickelt, für die anschließende Schulzeit entscheidend sein" (SENAT 1970, 35). Um allen Kindern gleiche Entwicklungsvoraussetzungen zu geben, wird der Elementarbereich ausgebaut. Anfang 1970 startet das wissenschaftlich begleitete Versuchsprogramm mit je drei Vorschulklassen in zwei sozial unterschiedlichen Gebieten. Gleichzeitig soll die Eingangsstufe (Vorschulklasse und erste Grundschulklasse) erprobt werden. Bis 1974 sind 61 Vorschulklassen eingerichtet, schwerpunktmäßig in Gebieten mit sozial benachteiligter Bevölkerung (SENAT 1974). Der Senat äußert an keiner Stelle die Absicht, mit dem Vorschulprogramm die Zahl der auf Sonderschulen zu überweisenden Kinder zu verringern. Der Zusammenhang zwischen Frühförderung und Sonderschulbedürftigkeit wird nicht benannt. Faktisch zielt jedoch die Maßnahme vor allem auf die Kinder aus einer benachteiligenden Lernumwelt und erreicht damit einen Personenkreis, der gefährdet ist, im Verlauf der Schulzeit auf eine Sonderschule für Lernbehinderte oder Verhaltensgestörte umgeschult zu werden.

Im Bildungsbericht wird eindeutig formuliert, daß an eine Integration von Sonderschulen in die Gesamtschulversuche nicht gedacht wird: "Die integrierte Gesamtschule besuchen alle Schüler mit Ausnahme derjenigen, die besser in einer Sonderschule betreut werden" (SENAT 1970, 53). Helga SCHUCHARDT stellt als Bürgerschaftsabgeordnete der F.D.P. in der Debatte über den Bildungsbericht die Vorstellungen ihrer Fraktion von einer "offenen Schule" als Gesamtschulvariante vor. Darin ist auch die "weitgehende Integration der Sonderschulen" (SCHUCHARDT 1970, 714) berücksichtigt. Weitergehend ist dem Gedanken in der Bürgerschaft jedoch nicht nachgegangen worden.

Zur Form der schulischen Unterrichtung Behinderter heißt es im Bildungsbericht: "Behinderte Kinder sollen soweit wie möglich gemeinsam mit ihren gesunden Mitschülern unterrichtet werden. Art und Schwere der Behinderung können es jedoch erforderlich machen, sie vorübergehend oder ganz in Sondereinrichtungen zu unterrichten und zu erziehen. Daraus ergibt sich der Auftrag der Sonderschule, der gesellschaftlichen Integration ihrer Schüler besondere Aufmerksamkeit zu widmen" (SENAT 1970, 42). Der Bildungsbericht betont den Vorrang der gemeinsamen Unterrichtung Behinderter und Nichtbehinderter. Er macht es dabei von der speziellen Behinderung abhängig, ob das Kind in einer Sonderschule betreut werden soll; das Kriterium sind nicht die Bedingungen in der Schulklasse. Sonderschulbedürftigkeit ergibt sich unabhängig von der konkreten Schulsituation aus einer individuellen Eigenschaft des Schülers. Daraus wird gefolgert, daß Grundschul- oder Gesamtschulreform erst einmal keine Möglichkeiten sind, die Situation der Sonderschüler zu verändern. Diese bildungspolitische Ausrichtung liegt auf der Linie der gesamten bundesdeutschen Reformdebatte. Grundsätzliche Alternativen zur Sonderschule werden nicht diskutiert.

Der Senat kündigt im Bildungsbericht den Ausbau und die Konsolidierung des Sonderschulwesens an. 1970 ist es zum ersten Mal gelungen, die Wartelisten für sonderschulbedürftige Kinder abzubauen (S. 45). An den Sonderschulen herrscht noch immer Lehrermangel, in den Lernbehindertenschulen unterrichten zum großen Teil Volks- und Realschullehrer ohne sonderpädagogische Zusatzausbildung (S. 45). Es sind eine Reihe baulicher Maßnahmen geplant (S. 45). Acht Lernbehindertenschulen sollen bis 1975 mit dem Bau beginnen, fünf spezielle Sonderschulen für andere Behinderungsarten werden neu entstehen, viele sollen an- und umgebaut werden (S. 187ff.). Alle Sonderschulen sollen langfristig in Ganztagsschulen umgewandelt werden (S. 42ff.). An einigen Sonderschulen werden weitere Schulkindergärten eingerichtet (S. 43), sowie Vorklassen (Klassenstufe 1 und 2) an den Sonderschulen für Lernbehinderte (S. 44). Ein Konzept zur Förderung verhaltensauffälliger Schüler sind die Kleinklassen, die entweder Außenstellen der Sonderschule für Verhaltensgestörte sind oder zu einer Volks- und Realschule gehören. An Volks- und Realschulen gibt es Kleinklassen ebenfalls für Kinder mit Lese-Rechtschreibschwächen. Sie umfassen etwa 15 Schüler und sind für eine zeitlich begrenzte Förderung gedacht. Im Schuljahr 1970/71 gibt es an V/R-Schulen 28 dieser Einrichtungen. Weitere Klassen sind geplant (S. 43).

Im Ergebnis stellt der Bildungsbericht ein ehrgeiziges Ausbau- und Reformprogramm dar, das in seinem Umfang und seiner Kostenrelevanz nur mit der Zeit der Bildungseuphorie zu erklären ist. Das Sonderschulwesen gerät jedoch nicht in das Blickfeld der Reformer. In der Gesamtschuldebatte wird der Problemkreis Sonderschule nicht reflektiert. Die Elementarerziehung zielt nicht ausdrücklich auf von Sonderschulbedürftigkeit bedrohte Kinder, wenn auch die Vorschulversuche praktisch ein solches Programm sind. Das Sonderschulwesen wird mit großen finanziellem Aufwand ausgebaut. Allein die Kleinklassenversuche kann man als ein Förderkonzept werten, das dem Anspruch des Senats gerecht wird, der Nichtaussonderung den Vorrang einzuräumen.

Zeitlich parallel entstehen in Hamburg auf private Initiative und mit staatlicher Unterstützung zwei integrative Einrichtungen für schwerhörige, blinde und sehbehinderte Schüler, die den Realschulabschluß oder das Abitur machen wollen. Das Lohmühlengymnasium nimmt 1961 die erste schwerhörige Realschulabgängerin auf. 1971 wird ein Klassenzug durch einen Bürgerschaftsbeschluß zum gymnasialen Aufbauzug für schwerhörige Schüler ausgebaut. Die Heinrich-Hertz-Schule beginnt 1970 eine Kooperation mit der benachbarten Blinden- und Sehbehindertenschule Borgweg und wird seit 1973 für die Unterrichtung behinderter Kinder von der Schulbehörde unterstützt. Dem finanziellen Engagement des Senats gehen Absprachen mit anderen Bundesländern über den Bedarf an weiterführenden Schulen für Behinderte voraus. Die integrativen Einrichtungen werden außerdem von 1972 bis 1976 bzw. von 1975 bis 1978 durch das Modellversuchsprogramm der Bund-Länder-Kommission für Bildungsplanung und Forschungsförderung finanziell unterstützt.

2.1.2 Reformvorstellungen von KMK und Bildungsrat

Der 1965 gegründete Deutsche Bildungsrat entwirft im "Strukturplan für das Bildungswesen" (1970) eine Schulreform, die vom Ausbau des Elementarbereichs über die horizontale Stufengliederung des Schulsystems bis zur Weiterbildung sehr umfassend angelegt ist. Die entschiedenste, aber auch politisch umstrittenste Veränderungsmaßnahme im Bildungswesen wird die Gesamtschule. An dem Experimentalprogramm mit kooperativen und integrierten Gesamtschulen, das vom Bildungsrat 1969 vorgeschlagen und von der ständigen Konferenz der Kultusminister der Länder (im folgenden KMK) im gleichen Jahr vereinbart wird, beteiligen sich alle Bundesländer mit Modellversuchen. Sie werden von der Bundesregierung finanziell unterstützt. In Hamburg entstehen bis 1972, dem Ende der ersten Ausbauphase, sieben integrierte und eine kooperative Gesamtschule. Aus der Diskussion um die Gesamtschule wird die Sonderschule zunächst ausgeklammert. Das erscheint unverständlich, denn gerade in der Frage der Lernbehinderten, die in ihrer Mehrzahl aus einem benachteiligenden Milieu stammen, wären Zielvorstellungen wie Chancengleichheit und soziales Lernen besonders sinnvoll. Erst gegen Ende der 60er Jahre bringen die Lehrer selbst, vertreten durch die Gewerkschaft Erziehung und Wissenschaft (im folgenden GEW) und den Verband Deutscher Sonderschulen, ihre Forderungen nach Einbeziehung der Sonderschüler verstärkt in die Diskussion ein. Zu diesem Zeitpunkt sind die wichtigsten Weichen in bezug auf die Gesamtschule schon gestellt, z. B. die Ausklammerung der Grundschule. "Die mit laufenden Gesamtschulversuchen konform gehende Empfehlung der Bildungskommission des Deutschen Bildungsrates: 'Die Zugehörigkeit einer Grundstufe ist wünschenswert, aber nicht notwendig ...' dürfte die größte konzeptionelle und organisatorische Hürde für eine sinnvolle Einbeziehung der Behinderten in Gesamtschulen darstellen" (BLEIDICK 1978, 234).

Die "Empfehlung zur Ordnung des Sonderschulwesens" der KMK, die am 16. 3. 1972 beschlossen wird, bestätigt noch einmal die eigenständige Form der Sonderschule. Sie knüpft beinahe nahtlos an das Gutachten von 1960 (KMK 1960) an, das die damals erst im Aufbau befindliche Sonderpädagogik stärkte und den Ausbau des Sonderschulwesens forcierte. Im Vorwort der Empfehlung von 1972 wird die Intention deutlich: "Die Empfehlung zielt auf die Schaffung notwendiger neuer Einrichtungen im Sonderschulwesen" (KMK 1972, 5). Eine schlüssige inhaltliche Begründung ihrer Position in dieser Hochphase bildungspolitischer Reformdiskussionen bleiben die Kultusminister schuldig. Reformverheißenden Sätzen wie: "Sonderpädagogische Methoden und Mittel sind auch, soweit sie für einzelne Schüler erforderlich sind, in den allgemeinen Schulen anzuwenden" (S. 7) fehlt die Operationalisierung. Konkret benannt werden dagegen Zielvorstellungen zum inneren und äußeren Ausbau der Sonderschulen, z. B. die anzustrebenden Klassenfrequenzen in den einzelnen Sonderschularten. Eine vom Deutschen Bildungsrat 1970 im Strukturplan angekündigte Stellungnahme zum Sonderschulwesen wird ein Jahr nach der KMK-Empfehlung, im Oktober 1973, verabschiedet. Kernpunkte der "Empfehlungen der Bildungskommission: Zur pädagogischen Förderung behinderter und von Behinderung bedrohter Kinder und Jugendlicher" (DEUTSCHER BILDUNGSRAT 1973) sind die Frühförderung und das Modell des kooperativen Schulzentrums. Die Empfehlung weist sicherlich Halbherzigkeiten und Widersprüche auf, die aus dem notwendigen Kompromiß der Vertreter der Bundesländer, aber auch der Meinungsvielfalt der überwiegend sonderpädagogisch ausgerichteten Wissenschaftler herzuleiten sind. So verzichtet die Empfehlung auf eine generelle Kritik des bestehenden Sonderschulwesens, knüpft im Gegenteil ausdrücklich an die KMK-Empfehlung (S. 22ff.), aber auch an den Strukturplan an (S. 15ff.). Generell aber ist zu würdigen, daß hier ein pädagogisches Konzept vorliegt, das weit über bisher veröffentlichte offizielle Aussagen zur Förderung Behinderter hinausgeht. Die Bildungskommission stellt "der bisher vorherrschenden schulischen Isolation Behinderter ihre schulische Integration entgegen" (S. 16).

Die beiden Empfehlungen sind vom politisch-administrativen

System in Hamburg verbal gut aufgenommen worden. Sie werden jedoch nur zeitlich sehr verzögert wie im Fall der KMK-Empfehlung bzw. so gut wie gar nicht im Fall des Bildungsratsgutachtens in die politische Praxis umgesetzt. Für die Akzeptierung der KMK-Empfehlung sind zwei Gründe ausschlaggebend:

- Indem sie die bestehende Struktur des Sonderschulwesens bestätigt und Rahmendaten vorgibt für die weitere Verbesserung des Bestehenden, ist sie handhabbar auch für nicht fachlich versierte Politiker.
- Als offizielle KMK-Verlautbarung hat sie eine gewisse politische Verbindlichkeit für den Schulsenator und seine Behörde.

Der SENAT (1973, 13) verspricht, bis 1976 die noch nicht erreichten Frequenzen auf die Werte der KMK zu senken. Die Erfüllung dieser politischen Zielvorstellung passiert nur in sehr kleinen Schritten und macht dadurch die Senkung der Frequenzen in den Jahren bis 1983 zu der wohl am häufigsten und konstantesten von allen Beteiligten gestellten Forderung im Sonderschulbereich.

Die Bildungsratsempfehlung dagegen bringt Vorschläge, die Altes in Frage stellen und auffordern, nach neuen Wegen zu suchen. Sie wird mit ihrem fortschrittlichen, aber nicht radikalen Programm bei allen interessierten Gruppen positiv aufgenommen. Der Senat übernimmt sehr schnell Forderungen aus der Empfehlung in sein Programm. So heißt es z. B. in einer Broschüre für die Öffentlichkeit, "Schulreform in Hamburg" (SENAT 1973, 13), unter dem Punkt "Reformen im Sonderschulwesen" u. a.: "Er (der Senat, d.V.) wird durch Versuche klären, wie durch besondere Hilfen behinderte Kinder in allgemeinen Schulen gehalten und wie in Sonderschulen geförderte Kinder wieder in allgemeine Schulen eingegliedert werden können." Die Bildungsratsempfehlung bringt jedoch keine einklagbaren Forderungen. Das Behutsame 'so viel Integration wie möglich, so viel Segregation wie nötig' kann auch als Argument verwendet werden, daß letztlich doch alles so bleibt, wie es ist. So ist die Angabe der Lernbehindertenzahl mit 2,5 % im Gegensatz zur KMK-Empfehlung mit 4 % der Regierung später ein Anlaß, weniger Geld für besondere Förderung auszugeben und stolz auf die geringe Zahl der ausgesonderten Kinder hinzuweisen. Zu dem Zeitpunkt der Veröffentlichung ist die Bildungsreform allgemein so weit fortgeschritten, daß alle wichtigen Weichen schon gestellt sind. Die Gesamtschule ist konzipiert, die Bauprogramme für neue Sonderschulen laufen, es gibt die ersten Anzeichen für kommende Finanzlücken. Ein kooperatives Schulzentrum wird in Hamburg nicht erstellt. Zwar haben sich die Gedanken der Integration in den Verbänden, der Behörde, bei Politikern und der interessierten Öffentlichkeit weiter verbreitet. Der einseitige Ausbau des Sonderschulwesens wird nach der Empfehlung nur noch selten gefordert. Konkret in die Praxis umgesetzt worden ist aber nur wenig. Da gibt es einzelne Modellversuche und sogenannte 'graue Maßnahmen', da gibt es Ambulanzstunden für sprachbehinderte Schüler und Teilzeitunterricht für Verhaltensgestörte, da gibt es eine verbesserte Früherkennung und Frühförderung. Von einer grundsätzlichen Neuorientierung der Beschulung Behinderter kann man jedoch nicht sprechen.

2.2 Phase der Abkehr von Reformvorstellungen 1974 - 1978

2.2.1 Bildungspolitik als Sparpolitik

Nach der Bürgerschaftswahl 1974 setzen SPD und F.D.P. die Regierungskoalition fort. Die in der letzten Legislaturperiode eingeleiteten bildungspolitischen Reformen sollen weitergeführt und stabilisiert werden. Im November werden jedoch alle Vorhaben schon zum großen Teil zurückgenommen. Für die Hamburger Staatskasse wird, in diesem Umfang überraschend, ein Defizit von 1,4 Mrd. DM festgestellt (APEL 1974a, 1). Der Senat beschließt, Personalkosten in Höhe von 500 Mio. DM, Sachmittel in Höhe von 400 Mio. DM und Investitionen in Höhe von 725 Mio. DM in den kommenden vier Jahren einzusparen. Die Behörde für Schule, Jugend und Berufsbildung (BJSB) ist angehalten, 950 Stellen einzusparen, im wesentlichen zum 1. 8. 1975. Der Vorschulausbau und die Vertretungslehrerstellen werden reduziert, die Frequenzen werden außer in der Hauptschule nicht weiter gesenkt (APEL 1974b, 1).

Die Situation der Sonderschulen stagniert durch die angespannte Haushaltslage ab Herbst 1974, verschlechtert sich teilweise. Gespart wird durch Stornierung der versprochenen Reformen, die auf Eis gelegt werden. Die Frequenzen in den Sonderschulklassen sind noch immer genau so hoch wie zur Zeit der Veröffentlichung der KMK-Empfehlung (SENAT

1976). Die Umwandlung der Sonderschulen in Ganztagsschulen wird auf unbestimmte Zeit verschoben. "Die Umwandlung weiterer Sonderschulen in Ganztagsschulen mußte in Anbetracht der gegenwärtigen Haushaltslage zunächst zurückgestellt werden" (SENAT 1976). Das Versuchsprogramm zur Eingliederung behinderter Kinder in allgemeine Schulen bleibt vorerst politische Zielvorstellung. Für die einwöchigen Aufnahmeuntersuchungen an Sonderschulen für Lernbehinderte gibt es auch künftig keine im Deputat ausgewiesenen Lehrerstunden, sondern es fällt regulärer Unterricht aus. Politische Forderungen werden durch Umbenennung erfüllt. Lange Zeit hatten die Verbände Therapiestunden für die Lernbehindertenschule gefordert. In den neuen Richtlinien und Lehrplänen (BSJB 1975, 114) sind sie auch vorgesehen. Dafür sind aber im gleichen Umfang die Förderstunden gestrichen worden. Eingespart wird durch sinkende Schülerzahlen. Im Haushalt 1977 ist im Sonderschulbereich ein Abzug von 40 Lehrerstellen vorgesehen, der aufgrund des prognostizierten Schülerrückgangs ermittelt worden ist (GEW 1976, 1). Diese freiwerdenden Stellen werden nicht für Verbesserungen verwandt, wie es die Verbände fordern, sondern in andere Bereiche des behördlichen Stellenplans verlagert.

Hinsichtlich der politischen Leitvorstellungen gibt es in bezug auf das Sonderschulwesen und im Gegensatz etwa zur Diskussion um die Gesamtschule einen breiten Konsens. Die Gruppen und Parteien sind sich einig, daß das Sonderschulwesen verbessert werden müßte: kleinere Klassen, Ganztagsschulen, mehr Lehr- und Lernmittel, Therapieeinrichtungen. Die Forderungen der Verbände werden von den Parteien im Grunde unterstützt, es fehlt ihnen jedoch an den finanziellen Möglichkeiten, die Wünsche zu erfüllen. Im Rahmen des Gesamthaushalts, der gesamten Senatspolitik, spielen die Sonderschulen eine unwichtige Rolle, auch wenn der Druck der Verbände, der Eltern und z.T. der Presse stärker wird. Zusätzliche Maßnahmen, wie z.B. Schulversuche zur Integration oder präventiven Arbeit, werden in Zeiten knapper Etats besonders ungern in die Praxis umgesetzt.

2.2.2 Schulentwicklungsplanung 1977/78

Neben den Sparbeschlüssen bestimmt die Schulentwicklungsplanung die bildungspolitische Diskussion in dieser Legislaturperiode (vgl. SCHÜTTE 1978 und RÖSNER & TILLMANN

1980). Die Abteilung Leitplanung in der Behörde für Schule, Jugend und Berufsbildung hat bereits 1973 begonnen, regionale Schulentwicklungspläne vorzubereiten, die die schulreformerischen Veränderungen berücksichtigen. Eine revidierte Fassung der bisher in der Auseinandersetzung um die Gesamtschule gescheiterten Planentwürfe erscheint im Juni 1977 als 'Datenmaterial'. Das stufengegliederte und das dreigliedrige Schulsystem stehen als Möglichkeiten nebeneinander. Veränderungen im Schulwesen sollen in Zukunft nur noch aufgrund von Elternmehrheiten passieren. Schon im April hatte sich der Sonderparteitag der SPD dafür entschieden, in das neue Schulgesetz nicht eine deutliche Priorität für das integrierte System aufzunehmen, sondern das individuelle Elternrecht zu betonen. Die Schulgesetzänderung im Oktober überträgt es den Eltern, zwischen Gesamtschule und dreigliedrigem System zu entscheiden, obwohl die Gesamtschule noch den unsicheren Status des Schulversuchs hat. Damit hat die regierende SPD die politische Entscheidung über die Struktur des Hamburger Schulwesens aus den Händen gegeben. Das Jahr 1978, Bürgerschaftswahljahr zudem, ist gekennzeichnet durch den Kampf um die Elternstimmen, den SPD, F.D.P., GEW, die 'Gemeinnützige Gesellschaft Gesamtschule' auf der Seite der Gesamtschule und CDU, Philologenverband, Hamburger Elternbund mit Unterstützung der Springer-Presse auf der Seite des dreigliedrigen Schulsystems führen. In der Abstimmung sprechen sich 21 % der Eltern für eine Gesamtschule aus. Das Ergebnis ist, daß 13 traditionelle Schulen zum Schuljahr 1979/80 fünfte Gesamtschulklassen bekommen und damit ihre Umwandlung in eine Gesamtschule einleiten (RÖSNER & TILLMANN 1980, 96).

Eine Elterngruppe des Gymnasiums Neu-Altona, die bisher ergebnislos gegen die Umwandlung ihrer Schule protestiert hatte, klagt beim Hamburger Oberverwaltungsgericht. Das Urteil, das etwa eine Woche nach Schuljahresbeginn verkündet wird, gibt den Eltern recht. Mit dem Versuchscharakter wird begründet, daß es nicht zumutbar sei für die Gymnasiasten, mit Gesamtschülern unter einem Dach unterrichtet zu werden (RÖSNER & TILLMANN 1980, 98). Nun gerät der Hamburger Senat in Zugzwang, will er nicht riskieren, daß über kurz oder lang alle neuen Gesamtschulklassen auf der Straße stehen. Im Schnelldurchgang verabschiedet die Hamburger Bürgerschaft eine Schulgesetzänderung, die der Gesamtschule den Rechtsstatus der allgemeinen Schule anstatt des bisherigen Schulversuchs zuerkennt (RÖSNER & TILLMANN 1980, 98ff.). Die öffentliche Auseinandersetzung um die Gesamtschule kommt nach diesem Beschluß zur Ruhe. Zwar finden auch in den folgenden Jahren Elternabstimmungen statt, sie geraten jedoch kaum noch in die Schlagzeilen.

Die Sonderschulen spielen in den Diskussionen um die Schulentwicklungsplanung keine Rolle. An eine Integration in Gesamtschule oder Orientierungsstufe wird nicht gedacht, und auch bei dem Modell kooperativer Mittelstufenzentren besteht Zurückhaltung. Ein Zitat aus der Einleitung zum Harburger Schulentwicklungsplanentwurf, der als Broschüre mit dem Titel "Weniger Schüler" veröffentlicht wurde, möge dies belegen: "Grundlage der Betreuung behinderter Kinder ist auch in Zukunft ein Netz von Sonderschulen. Die Planung bemüht sich, durch günstige Zuordnung von Sonderschulen zu Regelschulen eine Kooperation in geeigneten Bereichen zu ermöglichen ... Zur Ergänzung der sonderpädagogischen Einrichtungen können die geplanten mehrzügigen Grundschulen und Schulzentren beitragen. Sie erlauben eher als die gegenwärtigen Schulen die Einrichtung von Fördergruppen, die Tätigkeit von Sonderschullehrern und den Ausbau der Beratung" (BSJB 1976, 9).

2.2.3 Große Anfrage "Sonderschulen in Hamburg"

Am 6. 4. 1977 richten Mitglieder der SPD- und der F.D.P.-Fraktion an den Senat eine Große Anfrage zum Thema "Sonderschulen in Hamburg" (VON HOFFMANN u. a.. 1977). Diese umfangreiche Anfrage erhält Bedeutung dadurch, daß seit wenigstens 16 Jahren nicht mehr ausdrücklich über die Probleme der Sonderschulen debattiert worden ist (TROITZSCH 1977). In der Vor- und Nachbereitung der Anfrage erhalten interessierte Gruppen wie der Verband Deutscher Sonderschulen und die Fachgruppe Sonderschulen der GEW Gelegenheit, Stellung zu nehmen und ihre Forderungen vorzutragen. Die Große Anfrage bezieht sich in den einleitenden Sätzen auf die KMK-Empfehlung und die Empfehlung der Bildungskommission des Deutschen Bildungsrates. In 21, zum Teil untergliederten Fragen werden folgende Themen behandelt: KMK-Werte (Frage 1-3), Ausländerkinder an Lernbehindertenschulen (4/5), Ganztagsschule (6), Schülertransport (6), Früherkennung und Frühförderung (7), Stundentafel (8,14), Schulbau (9,10), Sportunterricht (11/12), Ausbildung der Lehrer (15), pädagogische Unterrichtshilfen (16), Abschlüsse (17), Umschulung in die

Regelschule (18), Sonderschullehrer in allgemeinen Schulen (19/20), Schwerst- und Mehrfachbehinderte (21).

Die Große Anfrage erkundigt sich nach der Zahl der als Sonderpädagogen ausgebildeten bzw. nicht ausgebildeten Lehrer an den Sonderschulen. Aus der Antwort geht hervor, daß von den an Sonderschulen des Amtes für Schule tätigen 938 Lehrern 51,2 % die Qualifikation als Sonderschullehrer besitzen und von den Lehrern an Heimschulen 25,6 % eine sonderpädagogische Ausbildung absolviert haben (SENAT 1977, 6). In der Debatte ergänzt der Senator, daß nach den Berechnungen der Behörde von 1979/80 an der Bedarf an Sonderschullehrern über das grundständige Studium gedeckt werden könne. Ein weiteres Problem stellt die zunehmende Zahl verhaltensauffälliger Schüler dar. In diesem Bereich gibt es Wartelisten für die Schulplätze. Senator APEL plant, in den nächsten vier Jahren vier weitere Verhaltensgestörtenschulen einzurichten. Das Haupthindernis sieht er im Mangel an ausgebildeten Sonderschullehrern (APEL 1977a, 4702). Die Klassenfrequenzen bilden wieder den wichtigsten Punkt der Diskussion. Der Senat benennt in der Antwort die in Hamburg erreichten Orientierungsfrequenzen, die exakt dieselben sind wie 1972. Die SPD- und F.D.P.-Abgeordneten fragen zum Schluß nach einem Konzept zur präventiven Arbeit von Sonderschullehrern an Grundschulen, da sie wohl von entsprechenden Überlegungen in der Behörde schon gewußt haben. Der Senat antwortet: "Der Senat mißt der vorbeugenden Arbeit von ausgebildeten Sonderschullehrern in Grundschulen, wie es sowohl im Bildungsgesamtplan als auch in den Empfehlungen des Bildungsrates gefordert wird, große Bedeutung bei. Ein entsprechendes Konzept liegt vor. Die praktische Erprobung dieses Konzeptes war in dem vom Senat gewünschten Ausmaß bisher nicht möglich. Sobald die Sonderschulen genügend Sonderschullehrer haben, ist daran gedacht, solche Lehrer auch in anderen Schulen einzusetzen" (SENAT 1977, 8). Es ist nicht genau herauszulesen, ob es finanzielle Gründe sind, die die Durchführung des Konzepts bisher verhindert haben, oder ob die Ursache darin liegt, daß nicht genügend Sonderschullehrer ausgebildet sind.

Von allen an der Diskussion um die Große Anfrage beteiligten Experten wird die Einschätzung geteilt, daß Hamburg im Bereich der schulischen Betreuung Behinderter seine Vorrangstellung im Bundesgebiet verloren habe. Die Kritik am Zustand des Sonderschulwesens ist groß. Die prompte Zusage des Senats, in den Verhaltensgestörten- und Lernbehindertenklassen Frequenzsenkungen vorzunehmen und 24 neue Kleinklassen für Mehrfachbehinderte zu schaffen (APEL 1977b) zeugt davon, daß die öffentliche Kritik mit vom Senat anerkanntem Nachholbedarf zusammenfällt. Es sind die ersten Frequenzsenkungen seit 1972. Alle Gruppen sind sich in dem Ziel einig, die Sonderschulen zu verbessern. Die Forderung nach präventiver Arbeit von Sonderpädagogen wird zwar vertreten, die Diskussion um Alternativen zur Sonderschule spielt jedoch weder bei den Politikern noch bei den Verbänden eine zentrale Rolle. Von einer bildungspolitischen Reformabsicht, wie sie noch die Empfehlung des Bildungsrates von 1973 geprägt hatte, ist 1977 nicht mehr die Rede.

2.3 Phase des Reformabbaus und Verbreitung des Integrationsgedankens 1978 - 1983

2.3.1 Bildungspolitische Konsolidierungen

Durch die zunehmenden Finanzprobleme gerät der Bildungsbereich politisch immer mehr in eine Randstellung. Die Schulbehörde ist weiterhin zu Einsparungen angehalten, die von Senatsseite nicht zuletzt mit sinkenden Schülerzahlen begründet werden. Zusätzliche Aufgabenfelder wie z.B. der Bedarfsanstieg im Berufsschulbereich, der eine Folge der Jugendarbeitslosigkeit ist, sollen aus dem Bestand durch Mittelumschichtung finanziert werden. Mit einer Behördenstrukturänderung zum 1. 1. 1984 wird der Bereich Schulstufengestaltung in der Schulbehörde faktisch aufgelöst. Er ist Anfang der siebziger Jahre eingerichtet worden, um Neuerungen planen und anleiten zu können. Der Bereich Gestaltung ist ein erster Schritt gewesen, das Reformziel "Gliederung nach Schulstufen statt nach Schularten" auch in der Verwaltung widerzuspiegeln. Da die sinkenden Schülerzahlen und die Politik des Senats, kaum Verbesserungen im Schulbereich durchzuführen, eine hohe Lehrerarbeitslosigkeit verursachen, beschließt der Senat 1981, die Studentenzahlen in dem entsprechenden Bereich der Universität um 30 % zu reduzieren.

Auch im Bereich des Sonderschulwesens wird im wesentlichen die Sparpolitik fortgesetzt. Allerdings erfahren die Sonderschulen auch einige lange angekündigte Verbesserungen, wie z. B. die Frequenzsenkungen in den Schulen für Lernbehinderte (von 17 auf 16 Schüler) und in den übrigen Sonderschulen. In der bildungspolitischen Diskussion werden die Sonderschulen etwas stärker berücksichtigt. Zum einen gibt es in dieser Legislaturperiode kein 'großes' Thema der Schulpolitik, wie es vordem Gesamtschulen und Schulentwicklungsplanung waren, das die Probleme der Sonderschulen in den Hintergrund gedrängt hätte. Zum anderen verschiebt sich in der sonderpädagogischen Auseinandersetzung der Schwerpunkt vom Ausbau der Sonderschulen zu integrativer Beschulung. Der Begriff 'Integration' wird mehr und mehr zum bildungspolitischen Schlagwort.

Dieses zeigt sich in der Fortschreibung der Schulentwicklungsplanung, die im November 1980 mit dem "Referentenentwurf zur Schulentwicklungsplanung für die allgemeinbildenden Schulen in Hamburg" eingeleitet wird. Im Referentenentwurf macht die Behörde deutlicher und konkreter als in früheren Verlautbarungen Aussagen zur schulischen Integration Behinderter: "Auch behinderte Kinder sollen nach Möglichkeit die allgemeinen Schulen besuchen; ihre Absonderung von den nicht-behinderten Kindern soll, wenn irgend möglich, vermieden und ihre gesellschaftliche Eingliederung besonders gefördert werden" (BSB 1980, 14). Der Referentenentwurf weist auf die Tätigkeit von Sonderschullehrern an Grundschulen hin, die eine Aussonderung behinderter Kinder weiter verringern könne, und folgert für die Schulentwicklungsplanung: "Gelingt es, durch die Tätigkeit von Sonderschullehrern an Grundschulen die Zahl der Kinder, für die eine Förderung in der Schule für Lernbehinderte notwendig wird, erheblich zu vermindern, wäre eine Verminderung der Zahl der Schulen über die Vorschläge des Diskussionsentwurfs hinaus möglich. Die Schule für Lernbehinderte würde dann im wesentlichen die Klassen 5 bis 9 (10) führen" (BSB 1980, 15).

Der Verband Deutscher Sonderschulen und die Gewerkschaft Erziehung und Wissenschaft unterstützen in ihren Stellungnahmen die Zielvorstellung der Behörde zur weitergehenden Integration. Sie kritisieren jedoch, daß sowohl für die präventive Arbeit in den allgemeinen Schulen als auch für eine qualifizierte Arbeit der Sonderschulen die entsprechenden Mittel nicht zur Verfügung gestellt werden. Den Vorschlag des Referentenentwurfs, unter Umständen auf die Grundstufe der Lernbehindertenschulen verzichten zu können, halten die Verbände allerdings für "unvertretbar" (HURLING 1981, 31) bzw. für "unter sonderpädagogischem Aspekt indiskutabel" (GEW 1981, 3). Der Verband Deutscher Sonderschulen führt aus: "Entweder sind die Schüler sonderschulbedürftig, d. h. auch unter Einsatz von fachkompetenten Sonderschullehrern nicht hinreichend zu fördern, dann sind sie sobald wie möglich in die zuständige Sonderschule umzuschulen. Andernfalls ist eine Förderung solange durchzuführen, bis eine volle Integration des Schülers erreicht ist, d. h. auch im Sekundarbereich" (HURLING 1981, 31). Die GEW äußert sich in ähnlicher Weise. Der Verband Deutscher Sonderschulen wendet sich strikt gegen die Schließung von Lernbehindertenschulen, die GEW legt einen stärkeren Akzent auf eine ausreichende Ausstattung der allgemeinen Schulen, die verstärkt behinderte Kinder in ihren Klassen behalten sollen. Die Verbände kritisieren die Vorschläge zur Integration als ein Mittel, Kosten einzusparen. Im endgültigen "Entwicklungsplan für die allgemeinbildenden Schulen in Hamburg 1981-1986" hat die Behörde wieder zur Standardformulierung zurückgefunden, die schon aus dem Bildungsbericht 1970 bekannt ist: "Behinderte Kinder sollen soweit wie möglich allgemeine Schulen besuchen, damit eine Absonderung von den nicht behinderten Kindern vermieden wird. Art und Schwere der Behinderung machen es jedoch in vielen Fällen erforderlich, sie vorübergehend oder ganz in Sonderschulen zu unterrichten und zu erziehen" (BSB 1981, 12).

2.3.2 Anhörverfahren zum Sonderschulwesen

Der Arbeitskreis Bildung der SPD-Bürgerschaftsfraktion veranstaltet am 21. und 23. April 1980, jeweils von 19-22 Uhr, ein öffentliches Anhörverfahren zu den Problemen der Sonderschulen und Sonderkindertagesheime. Eingeladen sind ca. sechzig Experten aus den Verbänden und der Schulbehörde, Kreiselternräten, Studienseminar, Berufsbildungswerk und Heimen, Lehrer aus sonderpädagogischen Maßnahmen und Schüler aus Sonderschulen. Die Gewerkschaft Erziehung und Wissenschaft und der Verband Deutscher Sonderschulen tragen ihre Anliegen zum Sonderschulwesen in umfangreichen Stellungnahmen zusammen. Die Forderungen der beiden Verbände unterscheiden sich in ihren Inhalten wenig, verschieden ist allerdings die Akzentsetzung.

Der Verband Deutscher Sonderschulen nennt im Kapitel "Grundsätzliche schulspartenübergreifende Fragen" (VERBAND DEUTSCHER SONDERSCHULEN 1980, 1) an erster Stelle die zu hohen Orientierungsfrequenzen. Die Forderungen reichen dann von klassenbezogener Lehrerstundenzuweisung über Kooperation mit dem Regelschulwesen bis zum Aufbaustudium. Die GEW (PAPE 1980a) stellt ihre Kritik in den Rahmen einer ausgebliebenen grundlegenden sonderpädagogischen Reform in Hamburg. Sie nennt die integrative Beschulung Behinderter und Nichtbehinderter an erster Stelle und listet dann ähnliche Problemfelder auf wie der Verband Deutscher Sonderschulen.

Mit dem Hearing 1980 der SPD-Fraktion werden sonderschulrelevante Fragen wieder verstärkt in die politischen Gremien und in die Öffentlichkeit getragen. Die Forderung nach integrativen Maßnahmen wird deutlicher gestellt als noch in der Diskussion um die Große Anfrage 1977. Inzwischen läuft ein Modellversuch mit Sonderschullehrern an Grundschulen und zieht weitergehende und konkreter werdende Forderungen nach sich.

2.3.3 Modellversuch 'Sonderschullehrer an Grundschulen'

Zum Schuljahr 1979/80 beginnt an drei Grundschulen in Hamburg-Farmsen der Modellversuch "Förderung behinderter und von Behinderung bedrohter Schüler durch Sonderschullehrer in Hamburger Grundschulen". Die Idee zu diesem Projekt - das verrät schon der ähnlich lautende Titel - geht auf die Empfehlung des Deutschen Bildungsrats "Zur pädagogischen Förderung behinderter und von Behinderung bedrohter Kinder und Jugendlicher" zurück. Noch während der Beratungen über die Empfehlungen trägt der Regierungsvertreter Hamburgs und Oberschulrat in der Unterabteilung Gestaltung Sonderschulen, Thies JENSEN, die Überlegungen des Bildungsrats in die Schulbehörde. Darüberhinaus veröffentlicht er seine Vorschläge für sonderpädagogische Fördermaßnahmen in der Hamburger Lehrerzeitung (JENSEN 1973, 231ff.). Eine weitere Initiative geht von einer Gruppe von Sonderpädagogen aus, z.T. Lehrer, die den Versuch später durchführen, die sich mit ihren Vorschlägen an die Behörde wenden (SCHIRMACHER o. J., 2). Über die an der Planung beteiligten Lehrer und Behördenvertreter wird die Diskussion in die Verbände getragen und erhält dort Unterstützung. Ein erster Beleg für die politische Zustimmung findet sich in der Antwort des Senats auf die Große Anfrage der SPD-Fraktion am 19. 4. 1977 (siehe 2.2.3).

Am 29. 12. 1977 wird ein Antrag auf Zuwendung aus Bundesmitteln an die BLK für Bildungsplanung und Forschungsförderung gestellt (SCHIRMACHER o. J., 3). Im Abschlußbericht heißt es zur geplanten Anlage des Versuchs: "An drei mehrzügigen Grundschulen im Norden Hamburgs, die verkehrsgünstig zueinander liegen, wird je ein Sonderschullehrer mit der Fachrichtung Lernbehinderten-, Sprachbehinderten- und Verhaltensgestörtenpädagogik mit 26 Wochenstunden zusätzlich eingesetzt. In enger Zusammenarbeit mit den Klassenlehrern und in Abstimmung untereinander führen sie Förderkurse und therapeutische Stützmaßnahmen durch. Außerdem beraten sie Eltern und Lehrer der Grundschule" (SCHIRMACHER o. J., 4). Die Mitarbeiter des Schulversuchs selbst werben über die Verbreitung durch die Verbände hinaus vor allem im Umfeld ihrer Schulen für die Arbeit. In der Hamburger Presse erscheinen nur zwei Artikel über das Projekt (SCHIRMACHER o. J., 150). Die Mitarbeiter hoffen darauf, daß die positiven Ergebnisse des Versuchs für sich sprechen und daß die Zusagen der Politiker, das Projekt nach Versuchsende auszuweiten, realisiert werden. Die Aussagen des Senats bleiben allerdings vage.

In einem Bericht der Schulbehörde über die Situation an den Sonderschulen, der am 3. 9. 1980 in der Deputation verhandelt wird, heißt es zum Modellversuch: "Obwohl die bisherigen Ergebnisse ermutigend sind, sollte das Ergebnis des auf drei Jahre angelegten Versuchs abgewartet werden, bis behutsam eine Ausweitung dieser Arbeit angestrebt wird" (zit. nach PAPE 1980, 15). Zwar können die drei in Grundschulen arbeitenden Sonderpädagogen ihre Arbeit nach Beendigung des offiziellen Modellversuchs weiterführen, die Hoffnung auf eine Ausweitung der Fördermaßnahmen auf wenigstens zehn Schulen bestätigt sich jedoch nicht. Der Modellversuch 'Sonderschullehrer an Grundschulen' ist eine der wenigen pädagogischen Maßnahmen in Hamburg, die unmittelbar auf die Vorschläge des Bildungsrats zurückgehen. Für das Zustandekommen des Projekts kann als entscheidend angesehen werden, daß die Initiative direkt in der Behörde entsteht und die Behördenvertreter in der Planung von den beteiligten Lehrern und von beiden Verbänden einhellig unterstützt werden. Es ließe sich an diesem Fall sogar besonders eindrücklich die personelle Verflechtung von Behörde, Verband Deutscher Sonderschulen, GEW und beteiligten Lehrern aufzeigen. Für die Realisierung des Projekts ist außerdem wichtig, daß es in das Modellversuchsprogramm der BLK aufgenommen wird und von dort finanzielle Unterstützung erhält.

Auffallend ist, daß dieses im Umfang von drei Lehrern und einer wissenschaftlichen Begleiterin recht kleine Projekt wenigstens sechs Jahre von der Idee bis zur Realisierung braucht. Aus dem Modellprojekt werden nach Ablauf der Versuchsdauer nicht die politischen Konsequenzen gezogen, entweder den Versuch für gescheitert zu erklären oder die Erfahrungen zu nutzen. Die pädagogischen Ergebnisse werden von den Politikern positiv eingeschätzt. Es wird daraus jedoch nicht abgeleitet, die Fördermaßnahmen auf andere Grundschulen auszuweiten. Es bleibt bei vagen Zusagen wie: "Langfristig ist eine Verstärkung des Einsatzes von Sonderschullehrern an Grundschulen geplant" (SENAT 1981, 27). So bleibt dieser Modellversuch eine einzelne, willkürlich erscheinende Maßnahme, deren Ergebnisse ohne Relevanz bleiben und im politischen Raum 'verpuffen'.

2.3.4 Einrichtung von Integrationsklassen

Eine Elterngruppe aus Hamburg-Wandsbek beantragt 1981 bei der Schulbehörde die Einrichtung einer Integrationsklasse für 11 nichtbehinderte und vier behinderte Kinder an der Grundschule Schimmelmannstraße. Umgehend erfolgt die Ablehnung des Antrags. Die Eltern geben sich mit dieser Entscheidung nicht zufrieden, sondern gehen mit ihrem Anliegen in die Öffentlichkeit. In den folgenden Monaten machen sie, z. T. in Zusammenarbeit mit der GEW, durch Veranstaltungen, Unterschriftenlisten, Presseberichte mit viel Erfolg auf sich aufmerksam. Tatsächlich genehmigt der Schulsenator im Juni 1982, kurz nach den Bürgerschaftswahlen, die Einrichtung der beantragten Klasse. Den letzten Ausschlag geben offiziell die sonderpädagogischen Gutachten über die behinderten Kinder (HAMBURGER ABENDBLATT 1982, 5). Allerdings lehnt die Schulkonferenz der Schule Schimmelmannstraße, die nach dem Schulverfassungsgesetz über die Einrichtung von Schulversuchen entscheiden muß, eine Integrationsklasse an ihrer Schule ab. Damit ist die Einrichtung zum Schuljahr 1982/83 verhindert.

Ende September beschäftigt sich die Bürgerschaft aus Anlaß einer Großen Anfrage der CDU vom 18. 8. 1982 mit dem Thema "Integration sonderschulbedürftiger Kinder ins Regelschulwesen" (KNIPPER u. a. 1982). Die Senatsantwort auf die Große Anfrage ist sehr vorsichtig und allgemein formuliert. Sie bekennt sich zur bisherigen Sonderschulkonzeption und hält andererseits an dem Ziel fest, behinderte und nichtbehinderte Kinder soweit wie möglich gemeinsam zu unterrichten (SENAT 1982). In der Debatte führt Senator GROLLE aus, daß es wichtig sei, sich den Fragen der betroffenen Eltern zu stellen und nicht mit fertigen Antworten in die Diskussion zu gehen. Er nennt vier Eckpunkte der Senatspolitik: Erstens werde man sich "unter gar keinen Umständen auf ein prinzipielles 'Entweder Förderung in der Sonderschule' 'Oder Integration in der Regelschule' einlassen" (GROLLE 1982, 316). Zweitens gelte das Prinzip der Einzelfallprüfung, drittens sei ein breiter pädagogischer Konsens an der aufnehmenden Schule unerläßlich und viertens sei "die Integrationschance ... in erster Linie dadurch zu verbessern, daß die Fähigkeit und Bereitschaft der Regelschule erhöht wird, behinderte Kinder soweit wie möglich und verantwortbar aufzunehmen oder zu behalten", und zwar unter möglichst normalen Schulbedingungen (GROLLE 1982, 316ff.).

Zu diesem Zeitpunkt haben bereits zwei, später drei Elterngruppen die Einrichtung von Integrationsklassen zum Schuljahr 1983/84 beantragt. Die Behörde zeigt sich den Eltern gegenüber wohlwollend und in der Planung flexibel. Zwei Elterngruppen entscheiden sich für eine Klassenzusammensetzung mit vier behinderten und 11 nichtbehinderten Kindern, eine Elterngruppe bevorzugt ein Modell mit zwei behinderten und 18 nichtbehinderten Kindern, welchem die Idee der wohnortnahen Beschulung Behinderter zugrundeliegt. Außer einem Grundschullehrer und einer pädagogischen Unterrichtshilfe stehen den Klassen 10 bzw. 5 Sonderschullehrerstunden zur Verfügung (BSB 1983). Im Mai 1983 lehnt die Schulkonferenz der Schule Schimmelmannstraße die Einrichtung einer Integrationsklasse überraschenderweise erneut ab. Die Eltern entschließen sich, ihr Anliegen an der Nachbarschule Bovestraße vorzutragen. In den Gremien der anderen Schulen gibt es einstimmig positive Voten. Am 15. August 1983 beginnen in den Grundschulen Bovestraße, Max-Eichholz-Ring und Nettelnburg die ersten Hamburger Integrationsklassen.

Die Auffassung, daß behinderte und nichtbehinderte Kinder in der Schule selbstverständlich zusammensein sollen, ist von Eltern in die bildungspolitische Diskussion getragen worden. Die Forderung nach Integrationsklassen geht über die Vorstellungen des Deutschen Bildungsrates hinaus. In Hamburg werden drei finanziell sehr gut ausgestattete Klassen eingerichtet, die im Sinne eines Schulversuchs zunächst beobachtet werden sollen, bevor weitergehende Entscheidungen getroffen werden. Allerdings werden keine Mittel für eine wissenschaftliche Begleitung zur Verfügung gestellt. Die Einrichtung der Integrationsklassen bedeutet für die Behörde nicht eine Abkehr von der bisherigen Sonderschulpolitik, sondern ist eine auf das Engagement der Eltern hin zustandegekommene einzelne Maßnahme.

3. Bildungspolitische Auswertung der Sonderschulgeschichte 1970 - 1983

3.1 Zusammenfassung der Schulentwicklungsprozesse

Das vorausgehende Kapitel hat gezeigt, daß der Senat spätestens 1973 Schulversuche zur Eingliederung behinderter Kinder in allgemeine Schulen in sein Programm aufnimmt. Welche konkreten Maßnahmen sind in Hamburg ergriffen worden, integrative Unterrichtung zu fördern?

- Schon vor 1970 beginnt der Senat ein Programm mit Kleinklassen für Verhaltensgestörte sowie für Kinder mit Lese-Rechtschreibschwächen an allgemeinen Schulen.
- Seit 1970 werden in der Heinrich-Hertz-Schule blinde und sehbehinderte Schüler zusammen mit normalsehenden unterrichtet und können dort auch das Abitur ablegen.
- Die Bürgerschaft beschließt 1971 auf Antrag des Senats, am Lohmühlengymnasium einen gymnasialen Aufbauzug für schwerhörige Schüler einzurichten.
- Im Bereich der Schule für Verhaltensgestörte entstehen einige Fördermaßnahmen, bei denen die entsprechenden Kinder im Klassenverband der Regelschule verbleiben.
- In wenigen Fällen entwickelt sich eine Zusammenarbeit zwischen einer Sonderschule und einer allgemeinen Schule.
- Die Schulbehörde initiiert 1979 das Modellprojekt "Förderung behinderter und von Behinderung bedrohter Schüler durch Sonderschullehrer in Hamburger Grundschulen."
- 1983 werden auf die Forderung von Elterngruppen hin drei Integrationsklassen durch die Behörde eingerichtet.

Um die Relevanz dieser Maßnahmen beurteilen zu können, bedarf es einer knappen Gegenüberstellung der 'Nicht-Reformen', also der Maßnahmen, bei denen der Grundsatz der gemeinsamen Unterrichtung und Erziehung nicht zum Tragen kommt:

- Die bescheidenen Veränderungen im Bereich der Grundschule (Frequenzsenkungen etc.) haben nicht ausdrücklich zum Ziel, von Behinderung bedrohte Schüler besser fördern zu können.
- Die Gesamtschulreform wird durchgeführt, ohne das Problem der Sonderschüler in relevantem Umfang zu reflektieren.
- Die Sonderschulen werden zwar nicht im Umfang politischer Versprechen (Ganztagsschule, Senkung der Frequenzen auf die KMK-Werte etc.), jedoch in begrenztem Ausmaß verbessert (Schulneu- und Schulumbauten, Frequenzsenkungen in einigen Sonderschulen), ohne daß sich bei diesen Ausbaumaßnahmen für den Senat die Frage nach integrativer Unterrichtung stellte.

3.2 Politische Leitvorstellungen zur integrativen Förderung

In diesem Kapitel soll untersucht werden, in welchen institutionellen Formen behinderte Kinder nach Meinung des Senats unterrichtet werden sollen, wie der Senat die Einrichtung von Sonderschulen bzw. ihrer Alternativen begründet. Die Kernaussage zur pädagogischen Förderung lautet 1970: "Behinderte Kinder sollen soweit wie möglich gemeinsam mit ihren gesunden Mitschülern unterrichtet werden. Art und Schwere der Behinderung können es jedoch erforderlich machen, sie vorübergehend oder ganz in Sondereinrichtungen zu unterrichten und zu erziehen" (SENAT 1970, 42). Dieses Zitat macht deutlich, daß der Senat der integrativen Erziehung prinzipiell den Vorrang einräumt. Sonderschulen werden als eine notwendige Ergänzung der allgemeinen Schulen angesehen. Das Kriterium für die Sonderbeschulung liegt in der "Art und Schwere der Behinderung", also bei der Person des Kindes und nicht in den Möglichkeiten der allgemeinen Schule, dieses Kind zu fördern. Aus dieser Aussage wird verständlich, warum die behinderten Kinder bei Schulreformen wie der Gesamtschulreform 'vergessen' wurden. Wenn es allein vom Grad der Behinderung abhängt, ob das Kind eine allgemeine oder eine besondere Schule besucht, können Schulreformen an der Situation der behinderten Kinder nichts ändern. Behinderungen, auch Lernbehinderung und Verhaltensstörung als die am deutlichsten von sozialen Faktoren abhängigen Auffälligkeiten, erscheinen somit als unveränderliche Eigenschaften des entsprechenden Kindes. Wer Behinderung auf diese Weise festlegt, braucht sich einer Gesellschafts- und Sozialkritik nicht zu stellen.

Nachdem der Bildungsrat seine Empfehlung veröffentlicht hat, der auch Hamburg zugestimmt hat, nimmt der Senat Schulversuche zur Eingliederung behinderter Kinder in allgemeine Schulen in sein Programm auf. Im Schulentwicklungsplan von 1976 heißt es, daß die geplanten Schulzentren einen Rahmen für zusätzliche Fördermaßnahmen bieten könnten, um die sonderpädagogischen Einrichtungen zu ergänzen (BSJB 1976, 9). In der Antwort auf die Große Anfrage der SPD 1977 spricht sich der Senat für die Tätigkeit von Sonderschullehrern an allgemeinen Schulen aus (VON HOFFMANN 1977, 8). Im Referentenentwurf zum Schulentwicklungsplan (BSB 1980) wird der Vorschlag gemacht, die Grundstufe der Schule für Lernbehinderte aufzulösen. Die Ankündigung wird schon im Schulentwicklungsplan 1981 zurückgenommen, wo es dann wieder heißt: "Behinderte Kinder sollen soweit wie möglich allgemeine Schulen besuchen, damit eine Absonderung von den nicht behinderten Kindern vermieden wird. Art und Schwere der Behinderung machen es jedoch in vielen Fällen erforderlich, sie vorübergehend oder ganz in Sonderschulen zu unterrichten und zu erziehen" (BSB 1981, 12). Dieses ist inhaltlich dieselbe Aussage wie 1970. Es wird der Vorrang der gemeinsamen Erziehung betont wie auch die individuelle Behinderung als Kriterium für die Schulwahl gesehen und keine Kritik an der in bezug auf die Förderung Behinderter versagenden allgemeinen Schule formuliert.

In einer kritischen Betrachtung der obigen Verlautbarungen kann festgestellt werden: Der Senat nimmt Vorstellungen des Deutschen Bildungsrates und anderer, die Fördermöglichkeiten für möglichst alle Schüler im Rahmen der allgemeinen Schule fordern, insoweit auf, als er die Einrichtung von Schulversuchen und Schulmodellen zur integrativen Förderung befürwortet und plant. Aus der Zustimmung zu solchen Maßnahmen folgt für den Senat jedoch nicht eine Kritik an der bisherigen Schulpolitik. In die seit dem Bildungsbericht gebräuchliche Standardformulierung zur pädagogischen Förderung Behinderter wird auch 1981 keine kritische Betrachtung der allgemeinen Schule aufgenommen, die viele Kinder nicht fördern kann. Der Senat sieht weiterhin in der individuellen Behinderung das entsprechende Kriterium für die Schulzuweisung.

1982 setzt sich in der Behörde die Auffassung durch, die von den Elterngruppen geforderten Integrationsklassen zu genehmigen. In der Antwort auf eine Große Anfrage der

CDU "Integration sonderschulbedürftiger Kinder ins Regelschulwesen" heißt es im August 1982: "Der Senat hält an seiner bisherigen Sonderschulkonzeption fest" (SENAT 1982, 2). In der Bürgerschaftsdebatte über diese Anfrage nennt Senator GROLLE (1982, 316ff.) vier Eckpunkte seiner Politik:

1. Kein 'Entweder Förderung in der Sonderschule' 'Oder Integration in der Regelschule'
2. Das Prinzip der Einzelfallprüfung
3. Ein pädagogischer Konsens an der aufnehmenden Schule
4. Die Fähigkeit und Bereitschaft der Regelschulen zur Förderung Behinderter erhöhen.

Die Genehmigung von Integrationsklassen bedeutet nach Meinung des Senats also keine Neuorientierung der Behindertenpolitik. Der in dieser Aussage vermutete Widerspruch soll mit Hilfe zweier Interpretationsmöglichkeiten aufgedeckt werden.

Im ersten Fall begrenzt der Senat auf längere Sicht die Integrationsklassen auf wenige einzelne Maßnahmen mit ausdrücklichem Versuchscharakter. Eine Übertragbarkeit auf veränderte Bedingungen wird nicht angestrebt, eine konkrete Ausweitung auf andere Schulen ist nicht geplant oder sogar ausgeschlossen. In diesem Fall lassen sich Parallelen zu anderen Integrationsmaßnahmen der letzten Jahre ziehen, die als vereinzelte Förderkonzepte keine verändernden Auswirkungen auf die Ausrichtung der Schulpolitik insgesamt gehabt haben. Sind Integrationsklassen also als einmalige Einrichtungen gedacht, ist es richtig, wenn der Senat sagt, er halte an seiner Sonderschulkonzeption fest.

Im zweiten Fall bleibt es nicht bei einzelnen Versuchen, sondern der Senat ist gewillt, in Zukunft nach den von GROLLE genannten Eckpunkten zu handeln. 'Einzelfallprüfung' hat beim Zustandekommen der bestehenden Integrationsklassen geheißen: Sonderpädagogische Gutachten prüfen die 'Integrationsfähigkeit' des behinderten Kindes. Voraussetzung für gemeinsamen Unterricht ist nicht länger, daß die behinderten Kinder dieselben Lernziele wie ihre Mitschüler erreichen können, sondern daß "zu erwarten ist, daß das Kind in dieser Klasse seinen Möglichkeiten entsprechend gefördert werden kann" (BSB 1983, 1). Integrationsfähigkeit als Kriterium für die Schulzuweisung weicht in der Praxis vom bisherigen Kriterium 'Art und Schwere der Behinderung' in großem Maße ab. Besonders in der Zusammenschau mit dem Punkt 'Fähigkeit und Bereitschaft der Regelschule erhöhen', der bei der allgemeinen Schule als bestimmendem Moment für die Integrationsfähigkeit ansetzt, ergibt sich aus diesen der Genehmigung von Integrationsklassen zugrundegelegten Eckpunkten eine veränderte Behindertenpolitik.

Der vermutete Widerspruch lautet folgendermaßen: Entweder der Senat hält an seiner bisherigen Sonderschulkonzeption fest, dann sind die Integrationsklassen Ausnahmen, die den bisherigen Regelungen widersprechen und deren politisch-pädagogische Rechtfertigung vom Senat bisher nur unzureichend geleistet wurde. Oder der Senat ist bereit, auch weiterhin nach den von GROLLE genannten Grundsätzen Integrationsklassen zu genehmigen, dann vollzieht er damit eine Neuorientierung seiner Politik.

3.3 Diskussion der Sonderschulentwicklung auf dem Hintergrund der Schultheorie

Die Schultheorie versteht die Schule aus ihrem Beitrag, den sie für die Lösung gesellschaftlicher Probleme und die Bestandserhaltung des Systems leistet (vgl. FEND 1974, 1976, 1980, OFFE 1975). Die Schule hat danach drei Hauptfunktionen. Die Qualifikationsfunktion bezeichnet die Reproduktion von Arbeitsvermögen. Die Selektions- bzw. Allokationsfunktion bezeichnet die Reproduktion der Sozialstruktur, die Zuordnung der Individuen zu gesellschaftlichen Positionen über das System individueller Leistungsmessung. Die Legitimations- und Integrationsfunktion bezeichnet die Verinnerlichung von Normen einer Gesellschaft und damit die Schaffung von Massenloyalität gegenüber dem politisch-ökonomischen System. Diese Funktion gilt als die zunehmend wichtigste (FEND 1980, 42), gerade auch für die Sonderschule. Bewegen sich die Sonderschulreformprozesse in einem Rahmen, der die theoretische Aufrechterhaltung der Hypothesen über die gesellschaftlichen Funktionen zuläßt? Die Frage soll vor allem am Beispiel der Integrationsklassen erörtert werden, deren Konzeption am deutlichsten von der bisherigen Sonderschulkonzeption abweicht.

Die Schultheorie behauptet, daß die Schule und damit auch die Sonderschule die Kinder und Jugendlichen mit gesellschaftlich relevanten Qualifikationen zu versorgen habe. In den Integrationsklassen wird nicht auf die Vermittlung kognitiver Kenntnisse verzichtet. Die Klassen arbeiten nach den Lehrplänen einer normalen Grundschulklasse, für die behinderten Kinder gilt ein entsprechend modifizierter Lernzielkatalog.

Die Vermittlung von Qualifikationen geschieht in der Integrationsklasse in einer individualisierten Weise, hat darum jedoch nicht weniger Bedeutung. Eine offene Frage bleibt, ob der spezifische Charakter der Qualifikationen in einer Integrationsklasse gegenüber einer Sonderschulklasse ein anderer ist. So entsteht, da die Individualität der Kinder betont wird, möglicherweise kein allgemeines Qualifikationsprofil der Mitglieder von Integrationsklassen, oder es sind die besonderen Fertigkeiten im Bereich des sozialen Umgangs, die die Integrationsschüler auszeichnen.

Die Selektions- und Allokationsfunktion, die die Schule zu erfüllen hat, wird durch die Integrationsklassen modifiziert, allerdings nicht aufgehoben. Alle Kinder, mit welchen Fähigkeiten auch immer, lernen gemeinsam in einer Klasse, eine äußere Differenzierung gibt es damit nicht. In den Hamburger Integrationsklassen gelten für die nichtbehinderten und für die behinderten Schüler, die dem regulären Unterricht folgen können, die üblichen Zeugnis- und Versetzungsbestimmungen. Die behinderten Kinder, die die Lernziele nicht erreichen können, erhalten Berichtszeugnisse und rücken ohne Versetzung in die nächsthöhere Klasse auf. Damit sind die üblichen Selektionsmaßnahmen teilweise aufgehoben. Diese Regelung gilt allerdings nur für die Grundschule. Über die Zukunft der Integrationsklassen über die vierte Klasse hinaus ist noch nicht entschieden. Es bleibt abzuwarten, ob eine homogene Leistungsmessung bis zum Ende der Schulzeit vermieden werden kann. Spätestens das Abschlußzeugnis wird vermutlich die Jugendlichen unterschiedlich bewerten und ihnen so ihre gesellschaftlichen Positionen zuweisen.

Aufgrund der Fragestellung dieser Arbeit ist es in besonderem Maße möglich, über die Legitimationsfunktion von Schule und im weiteren Sinne Bildungspolitik Aussagen zu machen. Im untersuchten Zeitraum von 1970 bis 1983 hat eine gesellschaftliche Bewußtseinsänderung hinsichtlich der Angemessenheit, der 'Gerechtigkeit' von pädagogischer Förderung Behinderter in Sonderschulen stattgefunden. Sie drückt sich darin aus, daß Betroffene und Mitglieder von Wissenschaft, Verbänden und Politik die isolierenden und diskriminierenden Auswirkungen der Sonderbeschulung in stärkerem Maße als früher kritisieren und integrative Alternativen fordern. Integrationsklassen z. B. kommen in der Sicht der Befürworter dem gesellschaftlichen Gleichheitsversprechen näher als die Sonderschulen. Die Vorstellungen über die angemessene Form pädagogischer Förderung Behinderter sind unterschiedlich, wenn auch die Forderung nach 'Integration' von SPD und CDU, von GEW und dem Verband Deutscher Sonderschulen gleichermaßen aufgestellt wird. Die meisten derjenigen, die sich zu dem Problem äußern, halten Sonderschulen in absehbarer Zeit für unersetzlich und befürworten ein abgestuftes Fördersystem ähnlich dem Konzept des Deutschen Bildungsrates, nur wenige setzen sich für die Abschaffung der Sonderschulen ein.

Der Senat reagiert auf diese gesellschaftlichen Forderungen so, daß sowohl Befürworter als auch die Kritiker der Sonderschulen der Regierung nicht die Loyalität aufkündigen. Formulierungen wie 'Integration soweit wie möglich, Sonderschule soweit wie nötig' und 'kein entweder Integration oder Sonderschule' lassen eine flexible Haltung in politischen Konfliktsituationen zu. Mit der Forderung 'soweit wie möglich' kann der Senat zudem behaupten, über mehr als zehn Jahre seine Sonderschulkonzeption nicht geändert zu haben, also politisch berechenbar und konsequent zu sein, obwohl Maßnahmen wie die Integrationsklassen in der Praxis eine starke Abweichung von der bisherigen politischen Linie darstellen. Mit der politischen Praxis, hin und wieder integrative Maßnahmen zu unterstützen, auf der anderen Seite jedoch am Sonderschulwesen uneingeschränkt festzuhalten, vermeidet der Senat eine eindeutige politische Ausrichtung. Integrative Maßnahmen erscheinen vor diesem Hintergrund als Einzelphänomene, die aufgrund von 'Legitimationskrisen' wie z. B. dem lautstarken Protest der Eltern und Verbände, möglicherweise auch unterstützt von 'inneren Legitimationskrisen', der persönlichen Betroffenheit Verantwortlicher, zustandegekommen sind, und weniger als bewußte und gewollte bildungspolitische Neuorientierung.

Man kann behaupten, daß im Sonderschulbereich insgesamt nicht viel getan worden ist, wenn nicht einmal die Klassenfrequenzen von 1972 bis 1983 an die KMK-Werte angeglichen werden konnten und viel weniger noch weitergehende Reformen in Angriff genommen oder verwirklicht worden sind. Der Bereich der pädagogischen Förderung Behinderter hat bildungspolitisch eine Randstellung. Die Sonderschüler und ihre Angehörigen gehören einer z. T. sozial diskriminierten Minderheit an, die unter ökonomischen Gesichtspunkten uninteressant ist und eine verhältnismäßig schwache Lobby besitzt. Unter legitimatorischem Aspekt sind die Sonderschüler nur in soweit interessant, als sie als Behinderte zum Objekt caritativer Fürsorge werden, an der die Humanität der Gesellschaft abgelesen wird.

Die in Hamburg im Bereich schulischer Förderung Behinderter durchgeführten Maßnahmen erfüllen zweifellos die von der Schultheorie behaupteten gesellschaftlichen Funktionen, die das Bildungssystem zu erbringen hat. Die Legitimationsfunktion des Sonderschulwesens mit seinen integrativen Ergänzungen wird besonders deutlich. Offensichtlich ist auch, daß die Bildungspolitik gesellschaftlich die Aufgabe hat, die Legitimation des Bildungswesens zu verstärken.

4. Bildungspolitischer Ausblick

Die Hamburger Schulbehörde steht vor der Situation sinkender Schülerzahlen und verstärktem Druck von Eltern nach Integrationsklassen. Es werden Überlegungen angestellt, lernbehinderte, verhaltensgestörte und sprachbehinderte Kinder in einem Schulkomplex zusammenzufassen, um ein flächendeckendes Angebot dieser sonderpädagogischen Richtungen aufrechterhalten zu können. Gleichzeitig sollen, wenn Eltern diesen Wunsch äußern, in den kommenden Jahren weitere Integrationsklassen eingerichtet werden. Welche Konsequenzen hat die Politik des Senats, wie sie sich hier für die Zukunft ankündigt? Es werden, in absoluten und relativen Zahlen, weniger Kinder auf Sonderschulen überwiesen. Von den dann noch als sonderschulbedürftig eingeschätzten Kindern wird ein gewisser (z. Zt. noch geringer) Prozentsatz in Integrationsklassen unterrichtet. Es wird ein Rest von Kindern und Jugendlichen auf den Sonderschulen verbleiben, möglicherweise in einem wie auch immer strukturierten Behindertenzentrum untergebracht werden.

Das Elternrecht ist hier zu problematisieren. Elternrecht in dem Sinne, daß auf Antrag der Eltern eine Integrationsklasse eingerichtet wird, bedeutet: Eltern, die die Bereitschaft und Fähigkeit mitbringen, für ihre behinderten Kinder eine Integrationsklasse zu fordern, durchzusetzen und mitzutragen, erreichen die bessere, d. h. hier erst einmal finanziell besser ausgestattete Alternative zur Sonderschule. Kinder mit Lernbehinderungen, z. T. auch mit Verhaltensstörungen und Sprachbehinderungen, gehören zum überwiegenden Teil einer sozial benachteiligten Schicht an. Es ist zu fürchten, daß deren Eltern nur in geringem Maße die Qualifikationen mitbringen, sich für einen solchen Schulversuch einzusetzen. Das Ergebnis wäre eine weitere Hierarchisierung innerhalb der Gruppe der Behinderten/Sonderschüler. Im Fall der Lernbehinderten kommt als Erschwernis hinzu, daß Lernschwierigkeiten meist erst sichtbar werden, wenn die Kinder bereits die Grundschule besuchen. Integrationsklassen beginnen jedoch nach der Hamburger Praxis im ersten Schuljahr, so daß möglicherweise für diese Schüler die Chance auf Integration bereits verpaßt ist. Die Frage bleibt offen, ob mit den Integrationsklassen, wie sie z. Zt. konzipiert sind, die Probleme aller behinderten Kinder gelöst werden können.

Die Politik des Senats ist nicht unverständlich, wenn man zum einen die Erfahrungen betrachtet, die die Regierung in den letzten Jahren mit Schulreformen gemacht hat und zum anderen die momentane politische Situation berücksichtigt. Die Regierungen der 70er Jahre haben die horizontale Stufengliederung des Schulwesens als langfristiges Ziel formuliert und sind dabei auf Widerstände von Opposition, Interessengruppen und Teilen der Bevölkerung gestoßen. Über die Schulentwicklungsplanung Mitte der 70er Jahre hat die SPD versucht, die Stufengliederung "von oben" einzuführen. Damit ist sie gescheitert. Der Kompromiß, auf den sich die Regierung letztlich geeinigt hat, ist das Recht der Eltern auf Wahl der Schulform für ihre Kinder. Auf diese Weise liegt die Verantwortung für die Zukunft des Schulwesens bei den Eltern. Die Konsequenz ist, daß die Gesamtschule zur (schlechten) Alternative gegenüber dem Gymnasium zu werden droht, und aus der Dreigliedrigkeit des Schulwesens eine Zweigliedrigkeit werden könnte. Für den Senat ergibt sich der Vorteil, daß er den politischen Konflikten mit den Befürwortern des Gymnasiums nicht ausgesetzt ist, allerdings ist das Reformziel "Schule für alle" auf diese Weise nicht erreicht.

Eine vergleichbare Entwicklung könnte sich für die Sonderschulen und die Integrationsklassen anbahnen. Eine grundlegende Reform der pädagogischen Förderung Behinderter würde große politische Konflikte hervorrufen. Zur Zeit hat der Senat keine Veranlassung, diese zu provozieren. Das Sonderschulwesen ist zwar in der Diskussion, die Lösungsvorstellungen der Experten und Interessenvertreter sind jedoch nicht einheitlich. Zudem gibt es keine ökonomischen Gründe für eine Sonderschulreform, wie es einmal in der Frage der Gesamtschule der Fall war. Die politische Praxis, einige Integrationsklassen zu genehmigen und im übrigen an Sonderschulen festzuhalten, spiegelt die öffentliche Debatte.

Eine Bildungspolitik, wie sie sich in Hamburg abzeichnet, hat zum Ergebnis, daß in Zukunft Integrationsklassen wahlweise neben Sonderschulen stehen. Damit ist zwar für einige Kinder eine integrative Betreuung geschaffen, ein grundsätzliches Überdenken der pädagogischen Förderung Behinderter bleibt jedoch aus. Ziel muß allerdings sein, die Förderung Behinderter von der allgemeinen Schule her zu denken. Die allgemeine Schule muß sowohl die Bereitschaft als auch die Fähigkeit entwickeln, ihre Randgruppen zu integrieren. Integrationsklassen sind danach zu beurteilen, ob sie die allgemeine Schule für Behinderte öffnen können oder ob sie im Zwischenstadium zwischen "normaler" und "besonderer" Schule verbleiben.

6. Zusammenfassung

Die Arbeit versteht sich als ein Beitrag zur jüngeren Schulgeschichte eines zeitlich und regional eng umgrenzten Raumes. Anhand der bildungspolitischen Entwicklungsverläufe des Sonderschulwesens im Stadtstaat Hamburg wird beispielhaft für die Bundesrepublik nachgezeichnet, daß sich innerhalb eines Jahrzehnts ein vollständiger Umschwung vom Reformaufbruch über die Abkehr von Reformvorstellungen bis zur restriktiven Sparpolitik vollzogen hat. Die dazu quer verlaufende Entwicklunglinie der teilweisen Durchsetzung des Integrationsgedankens wird in eine Theorie der Funktionsbestimmung des Schulwesens eingebracht.

LITERATUR

AAB, J. (Hrsg.): Sonderschule zwischen Ideologie und Wirklichkeit. Für eine Revision der Sonderpädagogik. München: Juventa 1974

ANTOR, G.: Der Beitrag der Schule zur gesellschaftlichen Integration von Lernbehinderten. Probleme der Rechtfertigung einer sonderpädagogischen Reformidee. Berlin: Marhold 1979

APEL, G.: Senator Apel: Haushaltskonsolidierung notwendig! Informationen (Amt für Schule) 1974a, H. 25, S. 1

APEL, G.: Auswirkungen der Sparmaßnahmen des Senats. Informationen (Amt für Schule) 1974b, H. 27, S. 1

APEL, G.: Debatte am 4. 5. 1977. In: BÜRGERSCHAFT (Hrsg.): Plenarprotokolle zu den Verhandlungen. 8. Leg.per., Bd. 6, Hamburg 1977a, S. 4700 - 4702

APEL, G.: Hamburger Sonderschulwesen ist gut ausgebaut. Staatl. Pressestelle Hamburg, 23. 9. 1977b

BAUER, K.O. & ROLFF, H.-G.: Vorarbeiten zu einer Theorie der Schulentwicklung. In: BAUER & ROLFF (Hrsg.): Innovation und Schulentwicklung. Weinheim: Beltz 1978, 219 - 263

BLEIDICK, U.: Pädagogik der Behinderten. Grundzüge einer Theorie der Erziehung behinderter Kinder und Jugendlicher. Berlin: Marhold 1978

BSB 1980: Referentenentwurf zur Entwicklungsplanung für allgemeinbildende Schulen in Hamburg. Behörde für Schule und Berufsbildung. Hamburg 1980

BSB 1981: Entwicklungsplan für die allgemeinbildenden Schulen in Hamburg 1981 - 1986. Behörde für Schule und Berufsbildung. Hamburg 1981

BSB 1983: Überlegungen zu Grundsätzen der Eingliederung behinderter Kinder in der Grundschule. Behörde für Schule und Berufsbildung. Hamburg 17. 1. 1983

BSJB 1975: Richtlinien und Lehrpläne, Bd. VI Sonderschulen. Behörde für Schule, Jugend und Berufsbildung. Regensburg 1975.

BSJB 1976: Weniger Schüler. Diskussionsentwurf zur Entwicklungsplanung für Schulen und Einrichtungen der Jugendhilfe. Hamburger Dokumente 1976, H. 1

DEUTSCHER BILDUNGSRAT 1970: Strukturplan für das Bildungswesen. Stuttgart: Klett 1972, 4. Auflage

DEUTSCHER BILDUNGSRAT, Empfehlungen der Bildungskommission: Zur pädagogischen Förderung behinderter und von Behinderung bedrohter Kinder und Jugendlicher. Stuttgart: Klett 1974

FEND, H.: Gesellschaftliche Bedingungen schulischer Sozialisation. Soziologie der Schule I. Weinheim: Beltz 1974

FEND, H.: Sozialisierungseffekte der Schule. Soziologie der Schule II. Weinheim: Beltz 1976

FEND, H.: Theorie der Schule. München: Urban & Schwarzenberg 1980

GEW 1976: Stellungnahme der GEW zum Haushalt 1977 für den Bereich der Sonderschulen. GEW Hamburg, 25. 11. 1976

GEW 1981: Stellungnahme zur Schulentwicklungsplanung 1981 - 1990. GEW Hamburg, 12. 5. 1981

GROLLE, J.: Debatte am 30. 9. 82. In: BÜRGERSCHAFT (Hrsg.): Plenarprotokolle zu den Verhandlungen. 10. Leg.-per., Bd. 1, Hamburg 1983, S. 316ff.

HAMBURGER ABENDBLATT, 1982: Behinderte sollen mit Gesunden zur Schule. Hamburger Abendblatt, 11. 6. 1982, S. 5

HOFFMANN, H. VON u. a.: Gr. Anfr. SPD und F.D.P.: Sonderschulen in Hamburg. Drucksache 8/2451, 6. 4. 1977. In: BÜRGERSCHAFT (Hrsg.): Hamburger Bürgerschaft, 8. Leg.per., Bd. 12. Hamburg o. J. (1977)

HURLING, W.: Stellungnahme des VDS zum SEP. Mitteilungen 1981, H. 22, S. 28 - 32.

JANTZEN, W.: Sozialisation und Behinderung. Studien zu sozialwissenschaftlichen Grundfragen der Behindertenpädagogik. Gießen: Focus 1974

JENSEN, TH.: Integration Behinderter in das Regelschulwesen. Hamburger Lehrerzeitung 1973, H. 4., S. 231 - 235

KLAUER, K.-J. & REINARTZ, A. (Hrsg.): Sonderpädagogik in allgemeinen Schulen. Handbuch der Sonderpädagogik, Bd. 9. Berlin: Marhold 1978

KMK: Gutachten zur Ordnung des Sonderschulwesens, erstattet vom Schulausschuß der Ständigen Konferenz der Kultusminister der Länder in der Bundesrepublik Deutschland. Bonn 1960

KMK: Empfehlung zur Ordnung des Sonderschulwesens, beschlossen von der Ständigen Konferenz der Kultusminister der Länder in der Bundesrepublik Deutschland. Nienburg: Schulze 1972

KNIPPER, I. u. a.: Gr. Anfr. CDU: Integration sonderschulbedürftiger Kinder ins Regelschulwesen. Drucksache 10/184, 18. 8. 1982. In: BÜRGERSCHAFT (Hrsg.): Hamburgische

Bürgerschaft, 10. Leg.per., Bd. 1. Hamburg o. J. (1982)
MUTH, J. u. a.: Behinderte in allgemeinen Schulen. Essen: Neue deutsche Schule 1982
PAPE, P.: Übergreifende Probleme im Sonderschulbereich. In: Stellungnahme der Gewerkschaft Erziehung und Wissenschaft, Fachgruppe Sonderschulen zum Hearing der SPD-Bürgerschaftsfraktion am 21./23. April 1980a
PAPE, P.: Kritik am Senatsbericht. Hamburger Lehrerzeitung 1980b, H. 11, S. 15ff
RÖSNER, E. & TILLMANN, K.-J.: Strukturelle Entwicklungen: Auf dem Weg zur horizontalisierten Sekundarstufe!? In: ROLFF u. a. (Hrsg.): Jahrbuch der Schulentwicklung, Bd. 1. Weinheim: Beltz 1980, 73 - 103
ROLFF, H.-G. & TILLMANN, K.-J.: Schulentwicklungsforschung: Theoretischer Rahmen und Forschungsperspektive. In: ROLFF u. a. (Hrsg.): Jahrbuch der Schulentwicklung, Bd. 1. Weinheim: Beltz 1980, 237 - 264
SCHINDELE, R. (Hrsg.): Unterricht und Erziehung Behinderter in Regelschulen. Rheinstetten: Schindele 1977
SCHIRMACHER, A.: Abschlußbericht der wissenschaftlichen Begleitung, o. J.
SCHUCHARD, H.: Debatte am 19. 11. 1970. In: BÜRGERSCHAFT (Hrsg.): Plenarprotokolle zu den Verhandlungen, 7. Leg.per., Bd. 1. Hamburg 1970, S. 711 - 715
SCHÜTTE, W.: Wandel durch Verwaltungshandeln. Hamburger Schulentwicklungsplanung - ein gescheiterter Innovationsversuch. In: BAUER & ROLFF (Hrsg.): Innovation und Schulentwicklung. Weinheim: Beltz 1978, 91 - 111
SENAT 1970: Bildungsbericht. Hamburg 1970
SENAT 1973: Schulreform in Hamburg. Hamburg 1973
SENAT 1974: Antwort auf Gr. Anfr. CDU: Ausbau der Vorschulerziehung, Drucksache 8/266, 24. 9. 1974. In: BÜRGERSCHAFT (Hrsg.): Hamburgische Bürgerschaft, 8. Leg.-per., Bd. 2. Hamburg o. J. (1974)
SENAT 1976: Antwort auf Schr. Kl. Anfr. CDU: Sonderschulen, Drucksache 8/1963, 2. 11. 76. In: BÜRGERSCHAFT (Hrsg.): Hamburgische Bürgerschaft, 8. Leg.per., Bd. 10. Hamburg o. J. (1976)
SENAT 1977: Antwort auf Gr. Anfr. SPD: Sonderschulen in Hamburg, Drucksache 8/2451, 19. 4. 77. In: BÜRGERSCHAFT (Hrsg.): Hamburgische Bürgerschaft, 8. Leg.per., Bd. 12. Hamburg o. J. (1977)
SENAT 1981: Bericht zur sozialen Situtíon der Behinderten und zur Entwicklung der Rehabilitationsangebote in Ham-

burg, Drucksache 9/3972, 8. 12. 81. In: BÜRGERSCHAFT (Hrsg.): Hamburgische Bürgerschaft, 9. Leg.per., Bd. 18. Hamburg o. J. (1981)

SENAT 1982: Antwort auf Gr. Anfr. CDU: Integration sonderschulbedürftiger Kinder ins Regelschulwesen, Drucksache 10/184, 31. 2. 82. In: BÜRGERSCHAFT (Hrsg.): Hamburgische Bürgerschaft, 10. Leg.per., Bd. 1. Hamburg o. J. (1982)

TROITZSCH: Debatte am 4. 5. 77. In: BÜRGERSCHAFT (Hrsg.): Plenarprotokolle zu den Verhandlungen, 8. Leg.per., Bd. 6. Hamburg 1977, S. 4696 - 4698

VERBAND DEUTSCHER SONDERSCHULEN: Zur Bildungs- und Ausbildungssituation behinderter Kinder und Jugendlicher in Hamburg. Verband Deutscher Sonderschulen. Hamburg 1980

WEICHMANN, H.: Debatte am 27. 5. 70. In: BÜRGERSCHAFT (Hrsg.): Plenarprotokolle zu den Verhandlungen, 7. Leg.-per., Bd. 1. Hamburg 1970, S. 79 - 89

WEIGT, M. (Hrsg.): Schulische Integration von Behinderten. Beiträge zum Verhältnis von Sonderschulen zum Regelschulsystem. Weinheim: Beltz 1977

TEIL III:

DER SCHULVERSUCH "INTEGRATIONSKLASSEN"

Hans Wocken

INTEGRATIONSKLASSEN IN HAMBURG

Die Schule soll in Richtung
auf ein integriertes System fortentwickelt werden.

Dabei wird gewährleistet, daß der Elternwille
bei der Wahl der im Gesetz vorgesehenen Schulform
entscheidet.

Aus der Präambel des Hamburger Schulgesetzes

1. Geschichte des Schulversuchs

Der Gedanke, behinderte und nichtbehinderte Kinder gemeinsam in der Grundschule zu fördern, kommt weder von der Grundschule selbst noch von der Bildungspolitik noch von der Erziehungswissenschaft. Die eigentlichen Erfinder von Integrationsklassen sind die Eltern. Die Eltern behinderter und nichtbehinderter Kinder haben die Erfahrung gemacht, daß ihre Kinder in der Nachbarschaft, auf dem Spielplatz und im Kindergarten unbefangen aufeinander zugehen, selbstverständlich miteinander umgehen und voneinander lernen. Die Eltern haben gesehen und erlebt, daß der soziale Umgang behinderter und nichtbehinderter Kinder für beide Teile förderlich und anregend ist. Aus der im Alltag bewährten Integration erwuchsen Erwartungen und Hoffnungen. Aufgrund der guten Erfahrungen mochten es die Eltern dann auch nicht mehr einsehen, daß das gemeinsame Leben und Lernen an den Toren der Grundschule plötzlich ein Ende haben soll. Bei den Eltern entstand so der von Überzeugung und Erfahrung getragene pädagogische Wille, die gemeinsame Erziehung behinderter und nichtbehinderter Kinder auch in der Schule fortzusetzen.

Zur Durchsetzung dieses Anliegens bildeten sich in Hamburg vielerorts Elterninitiativen. Im Schuljahr 1982/83 reichte erstmals eine Elterngruppe aus dem integrierten Kindergarten Schimmelmannstraße in Hamburg-Wandsbek bei der Behörde für Schule und Berufsbildung einen Antrag auf Einrichtung einer Integrationsklasse ein. Das Anliegen der Eltern wurde mittlerweile in Verbänden, in Fachkreisen und in den Medien lebhaft und kontrovers diskutiert. Nicht zuletzt aufgrund der wachsenden öffentlichen Unterstützung stimmte das Amt für Schule dem Antrag der Elterninitiative zu, allerdings mit der verbindlichen Auflage, daß auch die Schulkonferenz der Grundschule Schimmelmannstraße diesen Versuch befürworte. Die Schulkonferenz lehnte ab. Damit war die Elterninitiative Schimmelmannstraße zwar im ersten Anlauf gescheitert, zugleich ist aber durch sie der Boden vorbereitet worden für eine günstige Entwicklung in den kommenden Jahren.

Schon im kommenden Jahr war es dann soweit. Im Schuljahr 1983/84 wurden, wiederum auf Antrag von Elterninitiativen hin, an den Schulen Bovestraße (Wandsbek), Max-Eichholz-Ring (Bergedorf) und Fiddigshagen (Nettelnburg) die ersten 3 Integrationsklassen in Hamburg eingerichtet.

Unterdessen schlossen sich die über das ganze Stadtgebiet verteilten Elterninitiativen zu einer Arbeitsgemeinschaft "Eltern für Integration" zusammen. Diese Arbeitsgemeinschaft der Eltern entwickelte sich mehr und mehr zum Kern der Integrationsbewegung und zu einer treibenden Kraft für Integration in allen Lebensbereichen.

In den folgenden Jahren wurde, jeweils auf Betreiben von Eltern hin, das Integrationsangebot stetig erweitert, wurden weitere Grundschulen in das Reformprojekt einbezogen. Die Einrichtung einer Integrationsklasse wurde dabei von Anfang an nicht etwa als eine Einzelmaßnahme verstanden, sondern erfolgte immer mit der Zusicherung und in der Absicht, die

	Schuljahr			
Schulen	1983/84	1984/85	1985/86	1986/87
Bovestraße	A			
Max-Eichholz-Ring	A	B	B	B
Nettelnburg	B	B	B	B
Alsterdorfer Straße		A	A	A
Fridtjof-Nansen-Schule		A	A	A
Ludwig-Frahm-Schule			A	A
Quellmoor			B	B
Kielortallee				A
Neuberger Weg				A
Surenland				B

Tabelle 1: Entwicklung des Schulversuchs "Integrationsklassen": Schulen und Integrationsmodelle (A = 11+4-Modell; B = 18+2-Modell)

aufnehmende Grundschule zu einem Standort für Integrationsklassen, zu einer Schule mit einem integrativen Klassenzug auszubauen.

Aus einem ursprünglich begrenzten Reformprojekt ist eine bildungspolitische Innovation geworden, deren Bedeutung erheblich über einen "Modellversuch mit Alibifunktion" hinausgeht. Der Hamburger Schulversuch "Interationsklassen" hat, wohl unwiderruflich, eine bildungspolitische Reform eingeleitet, die nicht mehr zurückgenommen werden kann. Für die Förderung behinderter Kinder ist damit auf der Primarstufe der allgemeinbildenden Schule eine Alternative zu Sonderschulen geschaffen worden.

2. Pädagogische Rahmenbedingungen

Was ist das nun, eine Integrationsklasse? Eine Integrationsklasse ist eine Grundschulklasse, in der behinderte und nichtbehinderte Kinder gemeinsam erzogen und unterrichtet werden. In den "Überlegungen zu Grundsätzen der Eingliederung behinderter Kinder in der Grundschule", dem Grundsatzpapier des Amtes für Schule, sind zwei Formen von Integrationsklassen vorgesehen:

- Im 11+4-Modell besteht die Lerngruppe aus 11 nichtbehinderten und 4 behinderten Kindern. Mit dieser Organisationsform kann eine relativ geschlossene Gruppe von behinderten und nichtbehinderten Kindern, etwa aus einem integrativen Kindergarten, in die Grundschule aufgenommen werden.
- Im 18+2-Modell setzt sich die Klasse aus 18 nichtbehinderten und 2 behinderten Kindern zusammen. Dieser Organisationsform liegt der Gedanke der Stadtteil- und Nachbarschule zugrunde. Es ist die "Schule um die Ecke", die behinderten und nichtbehinderten Kindern einen wohnortnahen gemeinsamen Schulbesuch ermöglichen soll.

Für die beiden Integrationsmodelle haben die Fläming-Schule (Berlin) (STOELLGER 1983) und die Uckermark-Schule (Berlin) (PREUSS-LAUSITZ 1986) Pate gestanden.

Die unterschiedlichen Organisationsformen haben das gleiche Anliegen und Motiv. Sie wollen bestehende soziale Beziehungen zwischen behinderten und nichtbehinderten Kindern bewahren und fördern - wo immer sie gewachsen sind, ob im Kindergarten (11+4-Modell) oder in der Nachbarschaft (18+2-

Modell). Diese Begründung weist auf ein ökologisches Verständnis kindlicher Entwicklung hin. Wachstum und Entwicklung von Kindern haben zur Voraussetzung, daß sie in ihre nähesten Verhältnisse eingewurzelt bleiben und gleichsam in einem ökologischen Mutterschoß alltäglicher, lebensweltlicher Beziehungen eingehaust sind.

Die Unterrichtung einer Integrationsklasse ist in Hamburg die gemeinsame Aufgabe von 3 Pädagogen. Jeder Integrationsklasse steht zunächst ein Grundschullehrer als verantwortlicher Klassenlehrer zur Verfügung. Der Grundschullehrer ist auch mit der üblichen Stundenzahl in dieser Klasse tätig. Ihm steht unterstützend eine pädagogische Unterrichtshilfe zur Seite. Als pädagogische Unterrichtshilfe sind Erzieher mit 30 Arbeitsstunden - eine sogenannte 3/4-Stelle - eingestellt worden. Zur Sicherung der sonderpädagogischen Förderung und Beratung wirken in den Integrationsklassen auch Sonderschullehrer mit, und zwar stehen einer Integrationsklasse mit 2 behinderten Kindern 5 Sonderschullehrerstunden und einer Integrationsklasse mit 4 behinderten Kindern 10 Sonderschullehrerstunden zu. Durch diese Ausstattung ist eine stetige Doppelbesetzung gewährleistet; in jeder Unterrichsstunde sind wenigstens 2 Pädagogen anwesend.

Integrationsklassen sind Grundschulklassen! In allen Integrationsklassen wird deshalb selbstverständlich auch nach den geltenden Hamburger Richtlinien und Lehrplänen gearbeitet. Für die behinderten Kinder werden ergänzend die Richtlinien der entsprechenden Sonderschulen zu Rate gezogen.

Die Leistungsbewertung in den Integrationsklassen soll für alle Kinder in Berichtsform erfolgen. In den Klassen 1 und 2 erhalten grundsätzlich alle Grundschüler in Hamburg Berichtszeugnisse. In den Klassen 3 und 4 entscheidet die Mehrheit der Eltern darüber, ob Berichts- oder Notenzeugnisse gegeben werden sollen.

Die Zeugnis- und Versetzungsbestimmungen finden bei den behinderten Kindern keine Anwendung. Das wäre ja auch widersinnig, denn eine Intgrationsklasse ist eine "Stammgruppe" (PETERSEN), die während der ganzen Grundschulzeit zusammenbleibt. Diesem Stammgruppenprinzip entsprechend werden die behinderten Kinder auch ohne Versetzung jeweils in die nächste Klasse mitgenommen. Sie erhalten am Schuljahrsende Berichtszeugnisse, die nicht von den Leistungsanforderungen der Grundschule ausgehen.

3. Kinder in Integrationsklassen

Eine Integrationsgruppe ist im Idealfall ein getreues Abbild der sozialen Umgebung einer Schule. Sie besteht aus einer gut gemischten, vielfältigen Gruppe von Kindern mit unterschiedlichen Fähigkeiten und Möglichkeiten. Die behinderten Kinder in einer integrativen Lerngruppe sollen unterschiedlich und verschiedenartig behindert sind (MONTESSORI; HELLBRÜGGE 1984). Eine Häufung gleicher Behinderungsgrade und -formen ist zu vermeiden. Eine Integrationsklasse ist bejahte und gewollte Heterogenität.

Die Begründung für das Mischungsprinzip der Vielfältigkeit liegt in der pädagogischen Grundidee des "Bildungsgefälles" (PETERSEN). Kinder lernen von jenen Kindern, die schon etwas mehr und besser können als sie selbst. Kinder brauchen Kinder, die ihnen in der Entwicklung immer noch nahe genug stehen und zugleich schon ein Stückchen weiter vorangeschitten sind. Für Kinder sind Kinder wichtig, die sich schon in der "Zone jener nächsten Entwicklung" (GALPERIN 1969) befinden, die sie selbst noch erreichen wollen. Das Mitmachen-Wollen (VLIEGENHART 1968), das Verlangen, es auch zu können und es den anderen gleichzutun, gehören zu den stärksten Antrieben menschlicher Lern- und Entwicklungsprozesse (BANDURA 1979). So lernen jüngere von älteren, schwächere von stärkeren, behinderte von nichtbehinderten Kindern. Integrative Erziehung nutzt die natürlichen erzieherischen Kräfte, die dem Bildungsgefälle einer integrativen Kindergruppe innewohnen und von dem stimulierenden Vorbild kindlicher Miterzieher ausgehen. Eine gemischte, heterogene Kindergruppe bietet natürliche Möglichkeiten gegenseitiger Anregung und fruchtbare Gelegenheiten sozialen Lernens.

Als behindert gelten im Schulversuch alle Kinder im schulpflichtigen Alter, die üblicherweise als "sonderschulbedürftig" bezeichnet werden und in Sonderschulen aufgenommen werden müßten, wenn es keine Integrationsklassen gäbe.

Die Aufnahme der behinderten Kinder erfolgt nach einem besonderen Verfahren. An diesem Verfahren sind beteiligt der Leiter der aufnehmenden Grundschule, ein weiterer Grundschullehrer, ein Sonderschullehrer und eine Vertrauensperson der Eltern. Bei diesem Aufnahmeverfahren geht es weniger um die alte Frage, ob ein einzelnes behindertes Kind grundschulfähig oder integrationsfähig ist. Vielmehr besteht die neue Aufgabe darin, sowohl den besonderen Förderbedarf der behinderten Kinder als auch die verfügbaren Förderkompetenzen der Schule zu ermitteln und aufeinander abzustimmen. Es wird nicht mehr nach der geeigneten Sonderschule gefragt, sondern sorgfältig geprüft, welche besonderen Förder- und Therapiebedürfnisse ein behindertes Kind hat und ob diese Förder- und Therapiebedürfnisse im Rahmen von Integrationsklassen befriedigt werden können.

Grundsätzlich ist im Hamburger Schulversuch keine Behinderungsart und kein Behinderungsgrad von der Aufnahme in Integrationsklassen ausgeschlossen. Jedes behinderte Kind ist grundsätzlich integrationsfähig. In dieser offenen Aufnahmetoleranz für behinderte Kinder unterscheidet sich der Hamburger Versuch von vielen vergleichbaren Integrationsprojekten. In den Bestimmungen der Schulbehörde heißt es, daß behinderte Kinder immer dann in Grundschulen aufgenommen werden können, wenn zu erwarten ist, "daß das Kind in dieser Klasse seinen Möglichkeiten entsprechend gefördert werden kann".

Eine Klassifikation der behinderten Kinder nach den bekannten Sonderschularten wird im Schulversuch nicht vorgenommen. Eine derartige Klassifizierung ist für die konkrete pädagogische Arbeit wenig hilfreich und durchaus entbehrlich. Für den öffentlichen Meinungs- und Erfahrungsaustausch ist es jedoch nützlich, in gebräuchlichen Begriffen gemeinverständliche Vorstellungen zu vermitteln. Zu diesem Zweck soll hier bei den behinderten Kindern eine hypothetische Plazierung im her-

	Schuljahr				
Schüler	83/84	84/85	85/86	86/87	Summe
geistigbehinderte Sch.	8	4	7	12	31
körperbehinderte Sch.		6	5	6	17
verhaltensgestörte Sch.	1	1	1	2	5
sprachbehinderte Sch.			2	5	7
lernbehinderte Sch.		1	3	6	10
blinde Sch.				1	1
nichtbehinderte Sch.	37	57	88	126	308

Tabelle 2: Schüler im Hamburger Schulversuch "Integrationsklassen"

kömmlichen Sonderschulsystem vorgenommen werden. Gruppiert man die behinderten Kinder aufgrund der im Vordergrund stehenden Behinderung nach der mutmaßlichen Sonderschulzugehörigkeit, so ergibt sich das in Tabelle 2 dargestellte Bild.

Gegenwärtig (Schuljahr 1986/87) besuchen 308 nichtbehinderte und 71 behinderte Kinder die 22 Hamburger Integrationsklassen. Von den 22 Klassen werden 12 Klassen nach dem 11+4-Modell und 10 Klassen nach dem 18+2-Modell geführt. Etwa zwei Drittel der behinderten Kinder ist körper- oder geistigbehindert. Die starke Unterrepräsentation von Kindern mit Verhaltensstörungen, Lern- und Sprachbehinderungen ist zunächst in der schwierigeren frühen Erkennbarkeit von "leichten" Behinderungen begründet, darüber hinaus darf auch ein geringeres Bildungsengagement der Elternschaft dieser Klientel angenommen werden.

4. Pädagogisches Konzept

Das pädagogische Konzept einer integrativen Schule ist der politischen Idee einer demokratischen Gesellschaft verpflichtet. Demokratisierung und Integration haben beide das "Miteinander des Verschiedenen" (ADORNO 1980) zum Ziel. Die integrative Schule bricht mit der konservativen Tradition, unterschiedliche Kinder in unterschiedliche Schulen zu schicken und die Verschiedenheit der Kinder zur Rechtfertigung eines hierarchisch gegliederten Schulsystems heranzuziehen.

Damit gemeinsames Leben und Lernen behinderter und nichtbehinderter Kinder in der Grundschule gelingt, müssen neue Wege der unterrichtlichen Förderung entwickelt und beschritten werden. Die neue Unterrichtskonzeption soll gewährleisten, daß behinderte und nichtbehinderte Kinder gleichermaßen ihren Möglichkeiten entsprechend gefördert werden, und dies - wo immer möglich - durch gemeinsame Lernsituationen. Alle Kinder, behinderte wie nichtbehinderte, sollen ihrem Vermögen gemäß beansprucht werden, und sie sollen dabei auch miteinander und voneinander lernen. **Das Ziel eines integrativen Unterrichts ist die allseitige Förderung aller Kinder durch gemeinsame Lernsituationen.**

Als Bausteine einer integrativen Pädagogik und Didaktik können folgende Elemente benannt werden:

(1) Das Grundproblem einer integrativen Unterrichts ist die "Verschiedenheit der Köpfe" (HERBART). Die Verschiedenheit der Kinder erfordert, wie leicht einzusehen ist, einen

differenzierenden Unterricht, damit wirklich alle Kinder zu ihren Möglichkeiten finden. Es ist nicht länger möglich, alle Kinder gleichzuschalten und allen das Gleiche zur gleichen Zeit abzufordern. Inhalt und Niveau der Lernanforderungen, Art und Umfang der pädagogischen Hilfen müssen dem individuellen Vermögen der Kinder angepaßt werden. Der Frontalunterricht kann nicht mehr die vorherrschende Unterrichtsform sein. Das Lernen mit der ganzen Gruppe muß aufgelockert und ergänzt werden durch Lernen in Kleingruppen und durch individuelles Arbeiten an selbstgewählten Lernaufgaben.

Die Individualisierung ist unabdingbare Voraussetzung dafür, daß alle Kinder auf ihrem jeweiligen Entwicklungsniveau lernen können, die ihnen möglichen Lernerfolge auch wirklich erreichen und sich dadurch als kompetent und vermögend erleben. Der "Verschiedenheit der Köpfe" kann man nur gerecht werden, indem man sie akzeptiert. Ein integrativer Unterricht akzeptiert und bekräftigt die Unterschiedlichkeit der Kinder durch die individualisierende Einstellung auf das das einzelne Kind. Als pädagogische Wirkungen eines individualisierenden Unterrichts dürfen Lernfreude und Erfolgszuversicht, wachsende Selbständigkeit und zunehmende Eigenverantwortung erwartet werden.

(2) Ein wichtiges Merkmal eines differenzierenden Unterrichts ist ein spannungsvoller Wechsel von gemeinsamen Arbeitszeiten und offenen Phasen. Die Phasen "freier geistiger Arbeit" (MONTESSORI) geben den Kindern Gelegenheit, nach eigenem Interesse unterschiedliche Lernangebote wahrzunehmen und nach eigener Wahl mit anderen oder alleine zu lernen.

(3) Im binnendifferenzierten Unterricht wird das Klassenzimmer in eine "Schulwohnstube" (PESTALOZZI; PETERSEN) umgewandelt. Der Lern- und Lebensraum einer integrativen Klasse muß strukturiert sein, um verschiedenen Gruppen zur gleichen Zeit unterschiedliche Lernaktivitäten zu ermöglichen. Der Klassenraum wird als anregungsintensives Lernmilieu und als erlebnisreiche Erfahrungsumwelt gestaltet. Die "vorbereitete Umgebung" (MONTESSORI) enthält Zonen, die je zu bestimmten Aktivitäten einladen. Es gibt "Ecken" zum Lesen, Malen, Spielen, Basteln, Rechnen, Schreiben, Forschen und Experimentieren, Erzählen und Zuhören, oder auch zum Ausruhen.

(4) Um die allseitige Entwicklung von Kindern anzuregen, muß in Integrationsklassen ein ganzheitliches Lernen "mit Kopf, Herz und Hand" (PESTALOZZI) Platz greifen. Kinder

lernen durch tätige Auseinandersetzung, durch eigenes Erleben, durch spielerischen Umgang, durch schöpferisches Tun. Es geht darum, den Urformen kindlicher Welterschließung und Weltbegegnung "Spiel, Gespräch, Arbeit und Feier" (PETERSEN) einen angemessenen Stellenwert im Schul- und Unterrichtsleben einzuräumen. Eine integrative Grundschule kann nicht in erster Linie ein "Lernort" für kognitive Leistungsanforderungen sein, sie muß sich zu einem vielfältigen Lebens- und Erfahrungsraum (VON HENTIG 1973) entwickeln, in dem Kinder ihr Leben leben dürfen (MUTH 1986).

(5) Ein integrativer Unterricht muß ferner den besonderen Förderbedürfnissen behinderter Kinder durch die Anwendung sonderpädagogischer und therapeutischer Maßnahmen Rechnung tragen. Integration hat nichts mit dem Verzicht auf spezielle Hilfen, mit der Ausgrenzung der Sonderpädagogik oder mit der Verabschiedung von Therapie zu tun (FEUSER 1984). Es ist eine noch nicht hinreichend gelöste, jedoch unabweisbare Aufgabe, sonderpädagogisches Erfahrungswissen und bewährte therapeutische Standards in die pädagogische Arbeit mit Integrationsgruppen einzubringen. Bei lernbehinderten Kindern etwa sind verminderte Lernanforderungen, eine stärkere Strukturierung der Lernaufgaben, reichhaltige Erlebnisbezüge, ausgedehnte Handlungsphasen und vermehrte Übungen auch weiterhin unverzichtbar.

(6) Der integrative Unterricht erfordert eine kooperative Unterrichtsgestaltung. Die Zusammenarbeit von Pädagogen unterschiedlicher Profession eröffnet Chancen zur Ergänzung der pädagogischen Kompetenzen, zur gegenseitigen Beratung und zum Austausch von Erfahrungen. Die Pädagogen haben Gelegenheit, nach Neigung und Befähigung phasenweise mit der ganzen Klasse, mit kleineren Gruppen oder mit einzelnen Kinder zu arbeiten. Indem die Pädagogen ihre je besonderen Fähigkeiten einbringen, werden sie von den Kollegen als hilfreiche Mitarbeiter erfahren und von den Kindern als gleichwertige Bezugspersonen anerkannt (FEUSER 1984).

(7) Das schwierigste Problem und die zugleich bedeutsamste Aufgabe eines integrativen Unterrichts besteht ohne Frage in der Förderung der Gemeinsamkeit durch die Gestaltung gemeinsamer Lebens- und Lernsituationen. Die pädagogische Situation einer einklassigen Dorfschule kann die Aufgabe eines integrativen Unterrichts gut veranschaulichen. In der alten Dorfschule wurden Jungen und Mädchen der Klassen 1 bis 8 im Alter von 6 bis zu 14 Jahren gemeinsam unterrichtet - eine heutigentags kaum noch vorstellbare pädagogische

Leistung. Worum geht es bei der Unterrichtung heterogener Lerngruppen?

Integrativer Unterricht ist ein schwieriger Balanceakt. Es gilt die Balance zu wahren zwischen individuellen Lernangeboten einerseits, damit jedes Kind zu seinen Möglichkeiten findet, und gemeinsamen Lernsituationen andererseits, damit die soziale Integration der Kindergruppe gefördert wird. Das Grundproblem einer integrativen Unterrichts besteht also darin, verschiedene Kinder gemeinsam zu fördern, und zwar so, daß sowohl die Verschiedenheit der Kinder als auch die Gemeinsamkeit der Gruppe zu ihrem Recht kommen. Das dialektische Spannungsverhältnis von individuellen und gemeinsamen Lernprozessen muß in ausgewogener Weise zur Geltung kommen.

Eine vorzügliche Gelegenheit, diese anspruchsvolle Zielsetzung eines integrativen Unterrichts zu verwirklichen, ist der Projektunterricht. Projekte eröffnen einem breiten Spektrum von Fähigkeiten und Bedürfnissen geeignete Entfaltungschancen und können damit allen Kindern Gelegenheit geben, einen individuellen, gemeinschaftsdienlichen Beitrag zu leisten. Die Erfahrung jedes einzelnen Schülers, daß auch er zum Gelingen des Ganzen beitragen konnte, vermittelt ihm das Gefühl, für die Gruppe persönlich wichtig zu sein.

Ein pädagogisches Patentrezept für den gemeinsamen Unterricht von behinderten und nichtbehinderten Kindern gibt es nicht. Weder die Grundschulpädagogik noch die Sonderschulpädagogik noch die Pädagogik des Kindergartens können je für sich allein als Modell für einen integrativen Unterricht herangezogen werden. Integrativer Unterricht ist wohl eher ein produktives Zusammenspiel von Elementen aus allen drei Pädagogiken und zur Stunde immer noch ein täglich zu leistender kreativer Akt der Pädagogen in Integrationsklassen. Gegenwärtige orientiert sich die Arbeit vornehmlich an bekannten reformpädagogischen Konzepten von Maria MONTESSORI (HELMIG 1977), Celestin FREINET (LAUN 1983) oder an dem Offenen Unterricht der englischen Primarschule (WOCKEN 1982).

5. Organisation des Schulversuchs

Die Gemeinsamkeit von behinderten und nichtbehinderten Kindern in der Schule ist eine pädagogische Herausforderung. Die Vielzahl offener Fragen und die Komplexität der anstehenden Aufgaben machten eine eingehende Problembearbeitung im Rahmen eines Schulversuchs erforderlich. Seit 1984 wird das Hamburger Projekt "Integrationsklassen" als wissenschaftlich begleiteter Modellversuch von der Bund-Länder-Kommission für Bildungsplanung gefördert.

In Abhebung von vergleichbaren Vorhaben sind als Besonderheiten des Hamburger Schulversuchs hervorzuheben:

1. Die Offenheit des Aufnahmekriteriums.
   Integrationsklassen sind offen für alle Behinderungsarten und -grade, eine prinzipielle Ausgrenzung irgendeiner Behinderung ist nicht vorgesehen.
2. Die gleichzeitige Einrichtung von Klassen mit unterschiedlicher Größe und Struktur der Lerngruppe.
3. Die pädagogische Versorgung der Integrationsklassen durch ein multiprofessionelles Team mit einem Grundschullehrer, einem Erzieher und einem Sonderschullehrer.
4. Der Grundsatz der Freiwilligkeit.
   Grundschulen mit Integrationsklassen sind Angebotsschulen. Die Einrichtung von Integrationsklassen setzt die Zustimmung und das Einverständnis der beteiligten Eltern, Lehrer und Schulen voraus.

Das allgemeine Ziel des Modellversuchs besteht darin, die Grundschule so zu gestalten, daß sie alle Kinder mit und ohne Behinderungen gemeinsam erziehen und unterrichten kann. Dieses allgemeine Ziel ergibt sich aus dem in Vergessenheit geratenen Auftrag der Allgemeinen Pädagogik. Der jüdische Philosoph Martin BUBER hat am Beispiel des Lehrers die hohe Berufung aller Erziehung mit einem großartigen Bild beschrieben:

> "Da betritt er den Schulraum zum ersten Mal, da sieht er sie in den Bänken hocken, wahllos durcheinander gewürfelt, mißratene und wohlbeschaffene Gestalten, tierische Gesichter, nichtige und edle - wahllos durcheinander:" "wie ein Bild der Menschenwelt, so vielfältig, so widerspruchsvoll und so unzulänglich"; "sein Blick, der Blick des Erziehers **nimmt sie alle an und nimmt sie alle auf"** (BUBER 1962, 31 und 79; Hervorhebung vom Verfasser).

Eben hierin besteht die ideelle Revolution einer integrativen Schule. Sie sucht das Recht aller Kinder auf Unterschiedlichkeit ohne den Verzicht auf die Gemeinsamkeit zu verwirklichen. Auch Sonderschulen gestehen behinderten Kindern das Recht auf Unterschiedlichkeit zu, aber um den

Preis des Verzichts auf die Gemeinsamkeit behinderter und nichtbehinderter Kinder. Die integrative Schule ist nicht wählerisch. Sie verzichtet darauf, Kinder zu mustern und auszumustern, sie auszusuchen und sich anzupassen. In der integrativen Schule verlieren uralte Symbole und Rituale der Schule, die homogene Jahrgangsklasse, das Sitzen in Reih und Glied, das Lernen im Gleichschritt ihre Gültigkeit. Der Kult der Vereinheitlichung bricht zusammen und die mächtige Institution Schule verneigt sich vor der Würde der Individualität von Kindern.

Aus dem allgemeinen Ziel des Modellversuchs sowie aus den angeführten Besonderheiten des Hamburger Projekts ergeben sich folgende Aufgabenschwerpunkte:

1. Analyse und Anpassung der schulischen Rahmenbedingungen (Versorgung mit pädagogischem Personal; Bewährung der Integrationsmodelle; materielle Ausstattung der Schulen und Klassenräume; innerschulische Wirkungen von Integrationsklassen; Vernetzung der Schule mit sozialen, sonderpädagogischen und therapeutischen Diensten; u. a.)
2. Entwicklung eines integrativen Unterrichts (Curriculare Erweiterungen und Veränderungen; Gestaltung individueller und gemeinsamer Lernsituationen; soziale, emotionale und motivationale Prozesse; sonderpädagogische Hilfen und therapeutische Angebote; Diagnose- und Beurteilungsverfahren; u. a.)
3. Kooperation von Pädagogen verschiedener Kompetenz (Veränderung der Aufgabenbereiche; Kooperationsformen; Teamkonflikte; Flexibilisierung des Einsatzes; u. a.)
4. Entwicklung eines Aufnahmeverfahrens für Angebotschulen (Kriterien; Verfahrensweisen; Rechtsfragen; diagnostische Kompetenzen; Abweisungsgründe; u. a.)
5. Elternmitwirkung und Elternmitarbeit (Elternmitarbeit im Unterricht und im Aufnahmeverfahren; Einstellungen und Meinungen von Eltern; außerschulische Integration; u. a.)

Schon bald nach Einrichtung der ersten Integrationsklassen hat sich der Schulversuch versuchsbegleitende und -unterstützende Organisationsstrukturen gegeben, die miteinander verzahnt sind: Arbeitskreis, Pädagogische Konferenz, Wissenschaftliche Begleitung.

(1) Der Arbeitskreis ist gleichsam das parlamentarische Führungsgremium des Schulversuchs. Er berät Zielsetzung, Konzeption und Organisation des Schulversuchs, diskutiert

Berichte, verabschiedet Empfehlungen und koordiniert die Arbeit im Schulversuch. Ständige Mitglieder sind der Projektleiter aus dem Amt für Schule, ein als Koordinator freigestellter Beratungslehrer, eine Schulleiterin als Geschäftsführerin und ein Mitglied aus der Wissenschaftlichen Begleitung. Ferner ist jede Grundschule, die Integrationsklassen führt, durch je einen Pädagogen im Arbeitskreis vertreten.

(2) Von der ersten Stunde an haben sich die Pädagogen aus den Integrationsklassen und Mitglieder aus der Wissenschaftlichen Begleitung regelmäßig zu Pädagogischen Konferenzen getroffen. Die Pädagogischen Konferenzen waren eine Einrichtung der kooperativen Selbstberatung von Pädagogen. Sie dienten der hilfreichen Bearbeitung konkreter Alltagsprobleme, einer situations- und fallbezogenen Vermittlung fachlicher Anregungen wie auch der Pflege persönlicher Beziehungen. Die Pädagogen waren selbst die Subjekte und Träger ihrer eigenen Fortbildung. Inhalt und Form der Pädagogischen Konferenzen waren ureigene Sache der Pädagogen selbst.

Die große Zahl der im Versuch tätigen Pädagogen hat nun neue Formen der versuchsbegleitenden Fortbildung notwendig gemacht. Seit dem Schuljahr 1986/87 wird am Institut für Lehrerfortbildung ein differenziertes Fortbildungsangebot bereitgehalten, dessen inhaltliche und organisatorische Gestaltung vom Koordinator wahrgenommen wird.

(3) Allgemeine Aufgabe der Wissenschaftlichen Begleitung ist, die Entwicklung einer integrativen Grundschule für alle anzuregen, zu unterstützen, zu beschreiben und zu evaluieren. Innovation und Beratung, Dokumentation und Repräsentation, Forschung und Entwickung, theoretische und empirische Analyse gehören gleichermaßen zum Auftrag der Wissenschaftlichen Begleitung. Die Beteiligung am Aufnahmeverfahren, die Mitarbeit in der versuchsbegleitenden Fortbildung, die Förderung der Elternbildung, die Teilnahme am Schul- und Unterrichtsleben und nicht zuletzt Öffentlichkeitsarbeit sind ausgewählte Beispiele aus dem Aktivitätsspektrum der Wissenschaftlichen Begleitung. Die speziellen Fragestellungen der wissenschaftlichen Arbeit ergeben sich aus den beschriebenen Aufgabenschwerpunkten des Modellversuchs. Die Wissenschaftliche Begleitung wird wahrgenommen von 2 Professoren für Behindertenpädagogik an der Universität Hamburg.

6. Erfahrungen und Probleme

Ich möchte nun erste Erfahrungen und Ergebnisse aus dem Schulversuch darstellen. Die mitgeteilten Erkenntnisse wurden gewonnen durch regelmäßige Unterrichtsbesuche, durch Gespräche mit den Eltern und Pädagogen sowie durch eigene Untersuchungen.

(1) Die Lebens- und Lernfreude der Kinder und ihre Lust an der sozialen Gemeinschaft mit anderen Kindern wurden durch die Integrationsklassen erhalten und gestärkt. Dies ist keineswegs eine banale Feststellung, sondern nach Meinung vieler Beteiligter das wichtigste Erfolgskriterium für den Schulversuch überhaupt. Das persönliche Wohlbefinden der Kinder ist der Mutterboden aller Lern- und Entwicklungsprozesse, ihrer seelischen Gesundheit und ihres umfassenden Wachstums. Die Gefühle der Kinder sind der sicherste Indikator gelungener oder mißlungener Integrationsbemühungen.

(2) Die nichtbehinderten Kinder leisten in den Integrationsklassen genauso viel wie ihre Alterskameraden in anderen Grundschulklassen. Bei allen Leistungsprüfungen zeigten sich keine Unterschiede zwischen Integrationsklassen und Grundschulklassen. Befürchtungen, die Integration der behinderten Kinder führe zu einer Unterforderung der nichtbehinderten Kinder, erwiesen sich bislang als unzutreffend. Durch die Anwesenheit der behinderten Kinder werden die schulischen Leistungen ihrer nichtbehinderten Mitschüler weder gesenkt noch nivelliert.

(3) Die behinderten Kinder haben in den Integrationsklassen Lern- und Entwicklungsfortschritte gemacht, die niemand erwarten konnte. Geistigbehinderte Kinder haben sich durch schlichtes Mitmachen und Nachahmen lebenspraktische Fertigkeiten angeeignet. Verhaltensgestörte Kinder beginnen, sozialen Regeln zu folgen und Erwartungen anderer zu akzeptieren. Das Bedürfnis, sich anderen mitzuteilen, und das Vorbild der Nichtbehinderten haben der sprachlichen Entwicklung behinderter Kinder wirksame Impulse gegeben. Die behinderten Kinder erfinden kompensatorische Wege und Mittel für sich, in der Welt der Nichtbehinderten zu leben und an ihr teilzuhaben.

Die merklichen Entwicklungsfortschritte der behinderten Kinder können eigentlich nur an Fallbeispielen belegt werden. Ein Beispiel mag genügen: Ein geistigbehindertes Kind, dem ich hier den Namen Max gebe, wurde mit einem sehr geringen aktiven und passiven Wortschatz eingeschult. Es äußerte sich vornehmlich in Ein-Wort-Sätzen und vermochte auch den Sinn von kurzen Anweisungen und kleinen Geschichten nicht zu verstehen. Gegenwärtig bemerken die Eltern bei Max eine wachsende Lust am Erzählen und eine zunehmende Fähigkeit, sich zusammenhängend und sinnverständig zu äußern. Zum Schulbeginn noch ängstlich, weinerlich und unsicher, hat Max jetzt ein solches Maß an Selbstsicherheit und Selbstvertrauen gewonnen, daß die Eltern sich nun über ihr aufmüpfiges und aufgekratztes Kind wundern.

Ob Max sich wohl auch in einer Sonderschule so gut entwickelt hätte? Es dürfte schwerfallen, wenn nicht gar unmöglich sein, auf diese Frage eine überzeugende Antwort zu finden. Das Kind Max gibt es nur einmal. Man kann deshalb auch nicht einfach ausprobieren und vergleichen, wie Max sich einmal in einer Integrationsklasse und ein andermal in einer Sonderschule entwickeln wird. Mit wissenschaftlicher Sicherheit kann daher niemand weder beweisen noch widerlegen, welche Form der Erziehung für Max das Beste ist. Die im täglichen Erleben gewonnene Erfahrung, daß Max in seiner Entwicklung vorankommt, ist für die Eltern und für die Pädagogen ein berechtigter Grund zur persönlichen Zufriedenheit und zur subjektiven Gewißheit, daß Max in einer Integrationsklasse gut aufgehoben ist.

Behinderte Kinder machen in Integrationsklassen aber auch schmerzliche Erfahrungen. Sie merken sehr wohl, daß sie anders sind und mancherlei nicht können. Der Lernabstand zwischen ihnen und ihren nichtbehinderten Alterskameraden bleibt ihnen nicht verborgen, und sie spüren auch, daß dieser Abstand trotz aller Anstrengungen eher größer wird. Sie müssen dann und wann - in der Klasse oder auf dem Pausenhof - erleben, daß sie brüsk abgewiesen, offen gekränkt oder aus Gleichgültigkeit vergessen werden. Integrationsklassen sind keine beschützenden Schonräume für behinderte Kinder. Versagenserlebnisse, Mißerfolge und Selbstüberforderungen, Distanzierungen und Demotivierungen, Entmutigungen und Enttäuschungen gehören durchaus zum Alltag integrierter Erziehung. Integrative Erziehung kann die Lebenserschwerungen behinderter Kinder nicht aufheben und will ihnen auch nicht die schmerzliche, jedoch unerläßliche Erfahrung unüberwindbarer eigener Grenzen ersparen. "Der Behinderte muß lernen, eine nicht zu beseitigende Behinderung anzunehmen und mit ihr mit Nichtbehinderten zusammenzuleben" (DEUTSCHER BILDUNGSRAT 1973, 29). Die Bewältigung von Verarbeitungskrisen kann behinderten Kindern am besten in einem Klima gegenseitiger Annahme gelingen. Wo Anderssein zugelassen und wo die Wertschätzung des Anderen nicht an bestimmte Vor-Leistungen geknüpft ist, sind gute Voraussetzungen für die "Bewältigung der Andernheit in der gelebten Einheit" (BUBER 1962, 55) gegeben.

(4) Dem sozialen Lernen kommt in Integrationsklassen ein besonderer Stellenwert zu. Das soziale Leben in einer Integrationsklasse muß man sich nun ganz und gar ohne sozialromantische Anwandlungen und Rührungen vorstellen. Integrationsklassen sind keine Sozialstationen, wo unentwegt Caritas, Fürsorglichkeit, Mitleid und Hilfe walten. In Integrationsklassen haben die Kinder vielmehr einen unkomplizierten, alltäglichen Umgang miteinander, so wie dies unter Kindern gemeinhin üblich ist. Es geht hier zu wie in anderen Klassen auch. Da gibt es Freundlichkeiten und Freundschaften, Boshaftigkeiten und Gegnerschaften, da gibt es gedeihliche Zusammenarbeit und Glückserlebnisse und da gibt es leidvolle Konflikte und bittere Tränen - kurzum ein "normales" Gruppenleben, an dem aber - und eben das ist wichtig - alle teilhaben.

Die gelebte Gemeinsamkeit ungleicher Kinder bietet jedoch auch unersetzbare Lernchancen, die andernorts nicht gegeben sind; sie bestehen in der Erfahrung und Bewältigung des Andersseins.

Die nichtbehinderten Kinder entdecken immer wieder Möglichkeiten, ihre behinderten Mitschüler in das Schul- und Unterrichtsleben einzubeziehen. Sie nehmen staunend teil an den unsäglichen Anstrengungen, die manche behinderten Kinder für kleine und kleinste Lernschritte aufwenden müssen. Durch das Vorbild der Pädagogen erfahren sie, daß schulische Tüchtigkeit nicht die Vorbedingung für persönliche Wertschätzung ist und nicht das Maß menschlicher Zuwendung bestimmen kann. Daß behinderten Kindern besondere Rechte eingeräumt werden, die ihnen versagt bleiben, fällt ihnen nicht leicht und fordert ihnen die Überwindung innerer Widerstände ab. Zumeist haben die nichtbehinderten Kinder jedoch ein feines Gespür dafür, welche Kinder besondere Rücksichtnahme und Zuwendung verdienen und welche nicht. Ausgenommen davon ist der schwierige Umgang mit aggressiven Kindern, die sich kompromißlosen Anpassungsforderungen gegenübersehen und in aller Regel abgelehnt werden.

Behinderte Kinder, insbesondere geistigbehinderte, wissen ihre Mitschüler und Pädagogen immer wieder durch ihre emotionalen Fähigkeiten zu beeindrucken. Sie teilen ihre

Befindlichkeit mit erfrischender Offenheit mit und geben ihren Gefühlen auch körperlichen Ausdruck. Die freundliche Grundstimmung, ja die kindliche Herzensgüte von geistigbehinderten Kindern sind dem Gruppenklima förderlich und werden als Bereicherung geschätzt. Körper- und geistigbehinderte Kinder genießen ihrerseits die zuweilen auch überbehütende Zuwendung und besondere Rücksichtnahme, die ihnen von ihren nichtbehinderten Mitschülern entgegengebracht wird. Diese soziale Aufmerksamkeit vermittelt ihnen das Gefühl persönlicher Wichtigkeit und sozialer Zugehörigkeit.

(5) Die Integrationsklassen sind zu einem wichtigen Impuls für eine innere Reform der Grundschule geworden. Durch diesen Schulversuch haben sich die Lehrer, die Erzieher, die Klassenzimmer, der Unterricht, und die Lehrerkollegien verändert. Der Wandel ist nicht dramatisch und spektakulär, aber doch spürbar. Ausgegangen ist das Projekt "Integrationsklassen" vom Elternwillen, mittlerweile darf man mit Genugtuung feststellen, daß die Pädagogen und die Schulen sich zu wirklichen "Adoptiveltern" entwickelt haben. Manche Lehrer, Erzieher, Schulleiter und auch Schulräte und Politiker haben sich zu Eiferern für die Sache der Integration entwickelt.

Die behinderten Kinder haben die Schule und ihr Selbstveständnis verändert. Die neue Grundschule ist auf dem Wege zu einer wahrhaft allgemein bildenden Schule, die die allseitige Entfaltung aller Kinder durch gelebte Gemeinsamkeit fördert. Die geistige Mitte dieses neuen Selbstverständisses sind die entschiedene Absage an alle Normierungen einzigartiger, unvergleichlicher Kinder und eine unsentimentale Solidarität mit der Menschlichkeit der Menschenkinder, mit ihren Unzulänglichkeiten, Schwächen und Gebrechen.

Es gibt konkrete Belege für die innovative Wirkkraft des Integrationsprojekts. Wenn erst während der Grundschulzeit Schüler mit Behinderungen auffällig werden, ergeben sich Probleme und Widersprüche, die durch das Konzept Integrationsklasse nicht lösbar sind. Die Plätze für behinderte Kinder sind nämlich in Integrationsklassen dann bereits vergeben, ihre integrative Kapazität ist längst ausgeschöpft. Eine angemessene Förderung der neuen Behinderten kann aber in den Nachbarklassen mangels sonderpädagogischer Ressourcen nicht gewährleistet werden. Was tun? Sollte etwa ausgerechnet eine integrative Grundschule Kinder mit später erkannten Behinderungen aussondern? Eine ungleiche Behandlung behinderter Kinder an der gleichen Grundschule - Integration in der Integrationsklasse versus Aussonderung aus der Nachbarklasse - ist durch rationale Gründe nicht zu rechtfertigen und muß auch den "betroffenen" Eltern völlig unverständlich und ungerecht erscheinen.

Zwischen der "alten" und der "neuen" Grundschule gibt es offenkundige Widersprüche und Brüche. Sie legen die Einsicht nahe, daß integrative und präventive Erziehung zusammengehören und gleichzeitig zu realisieren sind. In der präventiven Förderung behinderter Kinder hatte zuvor schon der Hamburger Modellversuch "Sonderschullehrer an Grundschulen" (1979 - 1982) (MALCHAU, NÖTZOLD, SCHIRMACHER & TEPP 1984) wegweisende Erfahrungen gesammelt. Der Schulversuch "Integrationsklassen" konnte nun dazu beitragen, die Empfehlungen dieses Versuchs in Erinnerung zu bringen und neu zu beleben. Im Schuljahr 1986/87 wurden 6 neue Stellen für Sonderschullehrer an Grundschulen geschaffen, die Hamburger Grundschulen mit und ohne Integrationsklassen gleichermaßen zugutekamen. In einigen Grundschulen wurden die dort in den Integrationsklassen tätigen Sonderschullehrer nun mit ihrer vollen Stundenzahl an diese Schulen abgeordnet. Sie können jetzt die noch offenen Reststunden für die präventive Arbeit mit förderungsbedürftigen Kindern in den Nachbarklassen aufwenden. - Der Gedanke der Integration zieht Kreise, und er zeitigt erwünschte Nebenwirkungen.

(6) Bei einer vergleichenden Einschätzung der alternativen Organisationformen von Integrationsklassen legen erste Erfahrungen die Empfehlung nahe, künftig die größere Lerngruppe mit weniger behinderten Kindern zu bevorzugen. Erst eine größere Kindergruppe kann soziale Vielfältigkeit widerspiegeln und ein reichhaltiges und differenziertes Innenleben entfalten. In der größeren Gruppe haben alle Kinder mehr Möglichkeiten, in der eigenen Klasse Freunde und Arbeitspartner zu finden.

Die größere Gruppe zeichnet sich auch durch eine höhere Stabilität aus. In kleinen Klassen mit mehreren behinderten Kindern können alle weiteren Kinder mit Lern- und Verhaltensproblemen zu einer beträchtlichen Belastung werden. Wenn ferner nichtbehinderte Kinder umziehen oder abgemeldet werden, wird die Normaliät einer Integrationsklasse empfindlich beeinträchtigt und ist unter Umständen gar ihr Bestand gefährdet. Die größere Klasse mit weniger Behinderten spiegelt nicht zuletzt das anteilige Verhältnis von Behinderten und Nichtbehinderten in der Gesellschaft angemessen wider.

Unbeschadet der allgemeinen Empfehlung, mit größeren Kindergruppen bei geringem Behindertenanteil zu arbeiten, sollten beide Integrationsmodelle einer wohnortnahen Beschulung den Vorzug geben. Den Kindern und ihren Eltern fällt es dann leichter, die schulische Integration am Vormittag durch gemeinsame Aktivitäten in der schulfreien Zeit zu ergänzen und fortzusetzen. Bei Grundschulkindern ist soziale Integration noch an räumliche Nähe gebunden. Wenn alle Kinder "um die Schule herum" wohnen, sind günstigste Voraussetzungen für gemeinsame Schulwege, gegenseitige Besuche, nichtorganisierte Freizeitkontake, spontane Treffen, informelle Interessengruppen und Übernachtungen bei Klassenkameraden gegeben.

Alle Innovationen pflegen nicht nur erfreuliche Neuerungen zu bescheren, sondern sind immer auch mit nicht erwarteten neuen Problemen und unerwünschten negativen Nebenwirkungen verbunden. Abschließend seien zwei Probleme benannt, die zu besonderer Aufmerksamkeit mahnen.

(1) Es sind keineswegs die behinderten Kinder, die Sorgen machen, sondern eher die sogenannten nichtbehinderten Kinder. In einigen Integrationsklassen finden wir in der Gruppe der Nichtbehinderten eine Reihe von Kindern mit unerwarteten Lern- und Verhaltensschwierigkeiten. Kinder mit geringfügigen Lern- und Verhaltensproblemen gibt es bekanntlich in allen Grundschulklassen; ihre sonderpädagogische Förderung wird mit zunehmender Selbstverständlichkeit von der Grundschule geleistet. Eine unverhältnismäßige Häufung von Kindern mit Lern- und Verhaltensschwierigkeiten jedoch kann die Arbeitsproduktivität und das Lernklima einer Klasse erheblich belasten und auch von Integrationsklassen pädagogisch nicht mehr bewältigt werden. Wenn zusätzlich zu den Behinderten noch weitere Kinder mit besonderen Problemen hinzukommen, droht die Normalität einer Integrationsklasse umzukippen. Jede Integrationsklasse braucht gleichsam als ruhenden Pol eine Kerngruppe stabiler, emotional gefestigter Kinder, damit das soziale Gleichgewicht in der gesamten Kindergruppe nicht aus den Fugen gerät. Bei der Bildung von Integrationsgruppen muß also nicht nur darauf geachtet werden, welche behinderten Kinder aufgenommen werden, sondern zugleich muß die gesammelte Aufmerksamkeit darauf gerichtet sein, daß die Gruppe der nichtbehinderten Kinder repräsentativ für den Einzugsbereich der Schule ist und von anderen Grundschulklassen nicht abweicht.

(2) Das zweite Problem betrifft nicht die Kinder, sondern die Erwachsenen. Drei Pädagogen - ein Grundschullehrer, eine Unterrichtshilfe und ein Sonderschullehrer - unterrichten zusammen eine Klasse. Ein kooperativer Unterricht verlangt

nicht nur viel Zeit für die gemeinsame Planung und Vorbereitung des Unterrichts, sondern vor allem natürlich die Fähigkeit und Bereitschaft zur Zusammenarbeit. Kooperation in der Erziehung ist nicht leicht. Alle, die eigene Kinder haben, wissen aus persönlichem Erleben, daß bei der gemeinsamen Erziehung der Kinder es immer wieder mal Meinungsverschiedenheiten gibt, was in der Erziehung richtig ist und wie man mit Kindern umgehen sollte. Und diese Meinungsverschiedenheiten gibt es, obwohl die Erziehungspartner sich gegenseitig verstehen und im Grunde auf der gleichen Wellenlänge liegen. Wechselseitiges Verstehen, ja persönliche Sympathie können aber bei professionellen Pädagogen, die dazu noch aus verschiedenen pädagogischen Arbeitsfeldern kommen und unterschiedliche pädagogische Grundauffassungen mitbringen, nicht selbstverständlich vorausgesetzt werden. Kooperatives Unterrichten setzt aber voraus, daß die gemeinsam Unterrichtenden in pädagogischen Grundfragen einer Meinung sind, sich im Alltagsgeschäft ohne umständliche Diskussionen womöglich blindlings verstehen und nicht zuletzt sich auch als Menschen persönliche Wertschätzung entgegenbringen.

Wenn die beteiligten Pädagogen nicht durch behördliche Dienstanweisung zusammengefügt werden, sondern auch selbst an der Teambildung beteiligt sind, ist eine gute Grundlage für eine ersprießliche Zusammenarbeit gegeben. Eine Selbstrekrutierung von Teams ist allerdings - abgesehen von manchen Schwierigkeiten bei der Durchführung - nicht ausreichend. Das Thema "Kooperation im Team" wird ein ständiges Anliegen der versuchsbegleitenden Fortbildung sein müssen. Bei der Bearbeitung von Kooperationsproblemen wird es u. a. darum gehen müssen, die wechselseitigen Erwartungen zu klären, die Ängste, Unsicherheiten und Unzufriedenheiten offen auszusprechen, und die Zuständigkeiten und Arbeitsbereiche abzusprechen.

Mittelfristige Aufgabe des Schulversuchs ist es, die objektiven Bedingungen des Arbeitsplatzes Integrationsklasse nach sorgsamer Analyse und gehöriger Diskussion so zu gestalten, daß sie eine produktive Kooperation im Team zulassen und begünstigen - zur Zufriedenheit der Pädagogen und zum Wohle der Kinder.

LITERATUR

BANDURA, A.: Sozial-kognitive Lerntheorie. Stuttgart: Klett-Cotta 1979

BOBAN, I. & WOCKEN, H.: ". . . man kann sich das einfach nicht vorstellen." Geschichten aus dem Alltag einer integrativen Schule. Sonderpädagogik 1983, 148 - 156

BUBER, M.: Reden über Erziehung. Heidelberg: Schneider 1962

DEUTSCHER BILDUNGSRAT, Empfehlungen der Bildungskommission: Zur pädagogischen Förderung behinderter und von Behinderung bedrohter Kinder und Jugendlicher. Stuttgart: Klett 1974

FEUSER, G.: Gemeinsame Erziehung behinderter und nichtbehinderter Kinder im Kindertagesheim. Bremen: Diakonisches Werk 1984

GALPERIN, P. J.: Die Entwicklung der Untersuchungen über die Bildung geistiger Operationen. In: HIEBSCH, H. (Hrsg.): Ergebnisse der sowjetischen Psychologie. Stuttgart 1969, 367 - 405

HELLBRÜGGE, TH.: Unser Montessori-Modell. Frankfurt: Fischer 1985

HELMIG, H.: Montessori-Pädagogik. Freiburg: Herder 1971

VON HENTIG, H.: Schule als Erfahrungsraum. Stuttgart: Klett 1973

LAUN, R.: Freinet - 50 Jahre danach. Heidelberg: Schmidt-Herb & Mehlig 1983, 2. Auflage

MALCHAU, I., NÖTZOLD, M., SCHIRMACHER, A., & TEPP, K.: Das Hamburger Projekt 'Förderung behinderter und von Behinderung bedrohter Kinder durch Sonderpädagogen an Grundschulen'. In: MUTZEK W. & PALLASCH W. (Hrsg.): Integration verhaltensgestörter Schüler. Weinheim: Beltz 1984, 65 - 85

MUTH, J.: Integration von Behinderten. Essen: Neue Deutsche Schule 1986

PETERSEN, P.: Der kleine Jena-Plan. (1927) Weinheim: Beltz 1974, 55. Auflage

PREUSS-LAUSITZ, U.: Schule ohne Aussonderung - Stadtteilschule für alle. In: GEW, Bezirksvervand Lüneburg (Hrsg.): Beiträge zur Gestaltung einer anderen Schule für alle Kinder. Soltau: Schulze 1986

STOELLGER, N.: Behinderte und nichtbehinderte Kinder in gemeinsamen Klassen der Fläming-Grundschule. In: DEPPE-WOLFINGER, H. (Hrsg.): behindert und abgeschoben.

Weinheim: Beltz 1983, 170 - 194

VLIEGENHART, W. E.: Anderssein und Mitmachen-Wollen: Ein Spannungsfeld in der Erziehung behinderter Kinder. In: VON BRACKEN, H. (Hrsg.): Erziehung und Unterricht behinderter Kinder. Frankfurt: Akademische Verlagsanstalt 1968

WOCKEN, H.: Lernen im offenen Unterricht. In: KANTER, G. O. & LANGENOHL, H. (Hrsg.): Physikunterricht an der Lernbehindertenschule. Berlin: Marhold 1982, 176 - 186

VERÖFFENTLICHUNGEN UND MATERIALIEN

ARBEITSGEMEINSCHAFT "ELTERN FÜR INTEGRATION" (Hrsg.): Integration in Hamburg. Hamburg: Selbstverlag 1985

ARBEITSGEMEINSCHAFT "ELTERN FÜR INTEGRATION" (Hrsg.): Mehr Integration in Hamburg! Hamburg: Selbstverlag 1986

BEHÖRDE FÜR SCHULE UND BERUFSBILDUNG: Überlegungen zu Grundsätzen der Eingliederung behinderter Kinder in der Grundschule. Hamburg: Frühjahr 1983

ELLGER-RÜTTGARDT, S.: Was ist integrativer Unterricht? In: GEW (Hrsg.) 1986, 33 - 36

GÄBLER, S. & OLEJNIK, B.: "Wir freuen uns, daß du so viel gelernt hast!" Zusammen 1986, Heft 7, 10 - 12

GEW (Hrsg.): Integration fördern statt behindern. Dokumentation der Bundesfachtagung der GEW in Worms. Im Brennpunkt 1986

GROLLE, J.: Ansprache zum 75jährigen Jubiläum der Schwerhörigenschule im Hamburg. 29. Mai 1986

JENSEN, Th.: Integrationsklassen in Hamburg. Rückblick und gegenwärtiger Stand. In: ARBEITSGEMEINSCHAFT (Hrsg.) 1986, 19 - 26

MÜLLER, H.: Integration behinderter Kinder in der Grundschule - Hamburger Modellversuch. Vortrag vom 17. September 1984

MÜLLER, H.: Der Hamburger Modellversuch: Integration behinderter Kinder in der Grundschule. Informationen des Amtes für Schule. Hamburg 1986, Nr. 9

MUMSSEN, D.: Gemeinsam leben, gemeinsam lernen. Hamburger Lehrerzeitung 1983, Nr. 12, 43 - 46

MUMSSEN, D.: Der Hamburger Modellversuch und die Grundschule Nettelnburg. In: GEW (Hrsg.) 1986, 16 - 19

POPPE, M.: Geistigbehinderte in Hamburger Grundschulen. Referat auf der Tagung zum 10-jährigen Bestehen der Fläming-Grundschule. November 1985

POPPE, M.: Binnendifferenzierung und Unterrichtsinhalte. In: GEW (Hrsg.) 1986, 42 - 46

STOBBE, Th.: Bis vorgestern undenkbar. Integrationsklassen in Hamburg. Hamburger Lehrerzeitung 1985, Heft 10, 18 -20

STOBBE, Th.: Erfahrungen aus den Integrationsklassen in Hamburg. In: GEW Lüneburg (Hrsg.): Beiträge zur Gestaltutung einer anderen Schule für alle Kinder. Soltau: Schulze 1986, 65 - 74

WOCKEN, H.: Wissenschaftliche Begleitung des Projekts "Integrationsklassen". Unveröffentlicht. Hamburg: Dezember 1983

- "Das Gymnasium ist auch eine Sonderschule!" SPIEGEL-Streitgespräch. DER SPIEGEL 1985, Nr. 49, 36 - 48
- "Studie über Mischklassen." DER SPIEGEL 1986, Nr. 9, 112f.
- "Das Hauptfach heißt Umlernen." Bericht von Axel Hacke. SÜDDEUTSCHE ZEITUNG vom 15. 10. 1986
- "Ende der Sonderschule? Integrationsklassen: Der erste Schritt zum Miteinander." Bericht von Dörte Schubert. DIE ZEIT 1986, Nr. 6, 31. Januar 1986
- "Ich mag Dich gern." Ein Kind findet sich. Ein Fernsehfilm von Jens-Uwe Rogge und Travor Peters. NORD III am 23. Oktober 1986

Georg Antor

HAMBURGER INTEGRATIONSKLASSEN: EIN SCHULVERSUCH ZWISCHEN SYSTEM UND LEBENSWELT

1. Ausgangspunkt

Unter den laufenden Versuchen einer schulischen Integration finden sich unterschiedliche Organisationsformen, darunter auch sog. Integrationsklassen (zusammenfassend: KANTER 1985). Integrationsklassen - bisher hauptsächlich an Grundschulen verwirklicht - sind das Ergebnis bundesweit tätiger Elterninitiativen, für die 'Integration' nicht nur eine Leitformel für gemeinsames Lernen Behinderter und Nichtbehinderter in Schule und Vorschule ist, sondern ebenso für gemeinsames Leben im Stadtteil. Solche Klassen gibt es seit Beginn des Schuljahres 1983/84 auch in Hamburg. Sie werden durch zwei politische Vorgaben geprägt, die in dieser Verbindung den Schulversuch auch von Integrationsklassen in anderen Bundesländern deutlich unterscheiden. Betroffen sind (1) die Zusammensetzung der Schülerschaft und (2) die Pädagogenteams. Die praktische Umsetzung dieser Vorgaben stellt die Hamburger Integrationsklassen vor eine Reihe von Problemen, für die die Sonderpädagogik derzeit kaum theoretisch begründete Lösungen anzubieten hat.

(1) In der Programmatik der Hamburger Integrationsklassen herrscht ein Verständnis von schulischer Integration vor, wonach Kindern nicht schon wegen der Art ihrer Behinderung der Besuch solcher Klassen verwehrt sein soll. Die Realität allerdings bleibt vorerst noch hinter dieser Programmatik uneingeschränkter Aufnahme zurück. Das sieht man daran, daß derzeit insgesamt erst sechs Behinderungsarten vorkommen: geistige Behinderung (knapp die Hälfte aller behinderten Kinder), Körperbehinderung, Verhaltensstörung, Sprachbehinderung, Lernbehinderung, Blindheit. Es muß einer genaueren Dokumentation des Aufnahmeverfahrens vorbehalten bleiben, ob dies außer durch die konkreten Rahmenbedingungen vor Ort eher durch Unterschiede in der Nachfrage der Betroffenen oder durch einen Meinungswandel in den Aufnahmekommissionen zu erklären ist (zur Unterscheidung zwischen einer einschränkungslosen, "totalen" und einer eher "selektiven" Integration: BLEIDICK 1985, 104 f.).

Integrationsklassen dieses Typs, in denen entweder 2 (18 + 2 Modell) oder 4 (11 + 4 Modell) unterschiedlich behinderte Kinder sind, liegen damit quer zur Logik der Entwicklung der Sonderpädagogik. Deren historische Lösungsformel für die Arbeit mit behinderten Kindern bestand in einer immer weitergehenden Ausdifferenzierung, die man als ein Ergebnis gesellschaftlicher Systemdifferenzierung überhaupt

(LUHMANN & SCHORR 1979) auffassen kann: neben der schulorganisatorischen Trennung von nichtbehinderten Kindern eine Homogenisierung nach Behinderungsarten. Dies erklärt vielleicht, warum die Sonderpädagogik bisher Institutions- und insbesondere auch Professionsfragen im wesentlichen unter der Annahme einer Einfachbehinderung diskutiert hat, ob es sich dabei um Sonderbeschulung oder schulische Integration handelte. Integrationsklassen hätten also, um ihre Ziele zu erreichen, ähnlich wie die Gesamtschulen äußere Differenzierung ohne Komplexitätsverlust in schulinterne Differenzierung umzuwandeln.

(2) Derzeit versuchen multiprofessionelle Teams aus jeweils drei Pädagogen dem hohen Komplexitätsniveau der Hamburger Integrationsklassen gerecht zu werden: ein Grundschullehrer, eine pädagogische Unterrichtshilfe und ein Sonderpädagoge. Während die beiden ersteren sich ständig in den Klassen aufhalten, übernimmt der Sonderpädagoge lediglich fünf bzw. zehn Wochenstunden, je nach der Zahl der behinderten Kinder. Diese Drei-Pädagogen-Teams sind eine zweite Novität des Schulversuchs, die anders als die Option einer uneingeschränkten Aufnahme behinderter Kinder, unter den beteiligten Pädagogen umstritten ist. In Frage gestellt wird ihre Problemlösungsfähigkeit in sachlicher Hinsicht (können sie bzw. kann der Sonderpädagoge den spezifischen Förderbedarf für jedes behinderte Kind sicherstellen?) und in kommunikativer (bewähren sich die Teams im täglichen Zusammenleben ihrer Mitglieder?). Daß einzelne Teams mit ihren Problemen überfordert sind, davon zeugen manche Dauerkonflikte. Sie waren es auch, die den Anstoß zu Gruppendiskussionen mit den Pädagogen gaben, über deren Auswertung und Folgerungen ich berichten möchte.

Solche Konflikte kann man nicht einfach als ein Randproblem im Alltag schulischer Integration abtun. Sie haben vielmehr eine Qualität, die die sozialintegrative Zielsetzung eines gemeinsamen Unterrichts desavouieren muß, und zwar nicht erst dann, wenn es, wie in einigen Fällen geschehen, zum Auseinanderbrechen eines Teams kommt. Das wird verständlich, wenn man sich bewußt macht, daß neben den Eltern auch die Lehrer durch ihre eigene Sozialität Lernen anregen, aber auch blockieren können.

Einen solchen Begriff sozialen Lernens haben jüngst FAUSER & SCHWEITZER (1985) in einer schultheoretischen Studie näher ausgeführt. Darin wird das Soziale des sozialen Lernens weniger als ein pädagogisch-psychologisches Ziel (RAUSCHEN-

BERGER 1985) den als Voraussetzung verstanden. Soziales Lernen, so die Autoren, sei nur in einem Zusammenhang möglich, den die Schule im ganzen (etwa in der Gemeinsamkeit von Wertvorstellungen ihrer Mitglieder) zu repräsentieren habe. Dieser Sichtweise von Schule als einem sozialen "Erfahrungsraum" dürften die Hamburger Integrationsklassen, ungeachtet akuter Kooperationsprobleme in einzelnen Teams, in manchen Punkten nahekommen. Dazu zählt etwa, daß die Eltern zusammen mit den Pädagogen ein gemeinsames Lernen von Behinderten und Nichtbehinderten befürworten und daß es eine Reihe von Gelegenheiten, über das schulübliche Maß hinaus, zum Erfahrungsaustausch und zur Mitarbeit an einer Fortentwicklung des Schulversuchs gibt. Kinder schließlich werden über ein Aufnahmeverfahren, das dem Lebensweltprinzip folgen möchte, in das Schulleben einbezogen (siehe 4.2).

Auch einer Forschungsgruppe, die den Frankfurter Grundschulversuch wissenschaftlich begleitet hat, gilt die Kooperation der Pädagogen als "die Nagelprobe auf das Gelingen des Integrationsprozesses" (REISER et. al. 1984, 296). Sie muß allerdings am Ende des Versuchs feststellen, daß die positiven Wirkungen gelungener Kooperation in einem umgekehrten Verhältnis zur Chance ihrer Realisierung stehen (ebd. 297). Das ist kein Einzelfall. Die einschlägige Literatur zur Schulforschung berichtet an vielen Stellen über Kooperationsprobleme von Pädagogen und ihren Einfluß auf das Ergebnis von Schulversuchen, unabhängig vom Ort des Versuchs (z. B. für die Sonderschule: BEHRENS 1985).

Meine Auswertung des Diskussionsmaterials läßt den Schluß zu, daß in der Einschätzung der Kooperationssituation durch die betroffenen Pädagogen das Sach- und das Beziehungsproblem in einer besonderen Weise ineinandergreifen. Einzelne Teams scheinen in der Zusammenarbeit auch deshalb nicht so erfolgreich zu sein, weil sie die Komplexität der ihnen gestellten Aufgaben nicht in einer Weise bewältigen, die die Beteiligten auch sachlich zufriedenstellt. Dieser Zusammenhang ist das eine Thema meines Beitrages (3.). Ein weiterer Punkt beschäftigt sich mit der Frage, was zur Lösung des Sachproblems geschehen kann - angesichts seiner Bedeutung nicht allein für die Kooperation im Team, sondern auch für das behinderte Kind selbst (4.). Probleme wie Lösungsversuche verweisen auf ein Anliegen, das derzeit verschiedene Reformansätze in Pädagogik und Sozialpolitik eint und für das HABERMAS (1981) den grundbegrifflichen Rahmen von System und Lebenswelt vorgegeben hat: Bewahrung selbstbestimmter

Lebensformen* gegen eine zunehmende Rationalisierung des gesellschaftlichen Lebens, die sich in den Dienst hauptsächlich technisch-instrumenteller Zwecke stellt (2.).

2. System und Lebenswelt

In einer spezifischen Form hat dieses Anliegen in der Pädagogik eine eigene Problemgeschichte. Im Kern ist es die These, daß die pädagogische Freiheit des Lehrers, Entscheidungen zum Wohle der Kinder treffen zu können, immer wieder durch die Ansprüche der verwalteten Schule eingeschränkt wird. Exemplarisch läßt sich das bei der Frage nach der Reformierbarkeit des staatlichen Regelschulwesens (BAUMERT 1981) aufzeigen - gerade im Hinblick auf Förderung und Akzeptanz behinderter Kinder in allgemeinen Schulen. Sind Lehrer in einer verwalteten, an generellen Normen ausgerichteten Schule überhaupt in der Lage, in dem Sinne pädagogisch zu handeln, daß sie den Besonderheiten jedes Einzelfalls Rechnung tragen, indem sie etwa ihre Beziehungen zu Kindern nach deren persönlichen Bedürfnissen zu gestalten suchen oder Unterrichtsstoffe unter dem Gesichtspunkt ihrer Nähe zur kindlichen Lebenswelt auswählen (ANTOR 1983)? Schulkritiker, die diese Frage verneinen und die den Widerspruch zwischen Schule als bürokratischer Organisation und deren "Eigenlogik" (BAUMERT) der Erziehung nur durch eine Entbürokratisierung oder gar Entschulung für auflösbar halten, übersehen, daß es sich hierbei um ein Balanceproblem handelt, für das es keine einfachen Lösungen gibt (BAUMERT 1981, 509). Dem Gewinn an pädagogischem Freiraum steht die Belastung gegenüber, die mit dem Verzicht auf institutionelle Regelhaftigkeit verbunden ist (zu den Auswirkungen auf Schüler vgl. z. B. ROEDER 1980, vor allem 183).

Den Pädagogen in den Integrationsklassen ist dieses Dilemma vertraut. Curriculare Vorgaben, für den Unterricht in Sonderschulen entworfen, lassen sich für die Zwecke von Integrationsklassen nicht ohne weiteres gebrauchen. Überhaupt ist hier das Bild vom Behinderten offener, weil nicht schon im Verfahren der Aufnahme auf eine bestimmte Klasse von Behinderung festgelegt, damit auch diffuser. Das hat zur Folge, daß wichtige Orientierungspunkte für pädagogisches Handeln wegfallen. Fragen wie z. B.: Was kann dieses behinderte Kind in einer gegebenen Situation lernen, wie kann es das lernen, sind unter diesen Bedingungen besonders schwer zu beantworten, zumal bei der Zusammensetzung der behinderten Kinder vergleichende Beobachtungen an einem anderen ähnlich behinderten Kind nicht oder erst mittels aufwendiger Hospitationen in anderen Integrationsklassen möglich sind. Die Crux eines jeden Schulversuchs besteht darin, Einstellungen von Pädagogen wie besonderes Engagement und auch eine Bereitschaft zur Mehrarbeit auf Dauer zu stellen. Daraus ergibt sich, daß die eigentliche Bewährungsprobe für die Integrationsklassen dann kommt, wenn aus dem Versuch die Regel, der Normalfall geworden ist. Das gilt für Pädagogen wie für Eltern. - Der Widerspruch entzündet sich im Hamburger Schulversuch aber noch an einem anderen Punkt, der hier im Vordergrund steht.

Es ist die Frage, welche Bedeutung dem sonderpädagogischqualifizierten Sachverstand (und damit professioneller sonderpädagogischer Hilfe) in den Integrationsklassen zukommt. Dazu muß man sich vergegenwärtigen, daß im Zusammenhang mit Entwicklungen während der letzten zehn Jahre und verstärkt durch neuere soziale Bewegungen wie etwa die Selbsthilfebewegung (BRAND et al. 1983) nicht mehr nur Tendenzen der Institutionalisierung Kritik auf sich ziehen, sondern, im Namen einer Partizipation von Laien (HARTMANN & HARTMANN 1982), ebenso solche der Professionalisierung und Spezialisierung. Sie werden, wo immer sie sich zeigen, als die Entwicklungsgesetze einer Moderne identifiziert, die in zentralen Lebensfragen versage und nicht allein Schule, sondern Lebenswelt als Ganzes bedrohe (vgl. zu den Konsequenzen für die Pädagogik: HORNSTEIN 1984). Der innerschulische Gegensatz zwischen Verwaltung und Erziehung weitet sich damit aus zum Konflikt zwischen System und Lebenswelt, der neben der Schule vor allem den Bereich der Sozialpolitik erfaßt hat.

Mit der Verbreiterung der Problemstellung korrespondiert auch ein geschärftes Bewußtsein für Kosten und Nebenfolgen bei der Durchsetzung des industriell-bürokratischen Rationalitätsmodells im gesellschaftlichen Modernisierungsprozeß. Der Zweifel in den Sinn bestehender gesellschaftlicher Einrichtungen sitzt tief. Schule z. B. scheint nur noch als Ort des Leidens von Schülern und Lehrern, der "Vertreibung des Leiblichen" (vgl. THIEMANN 1985) Beachtung zu finden. Gelegentlich paart sich die Kritik mit einer Art von Rousseauismus; man glaubt, die Macht der objektiven Verhältnisse durch bloße Distanzierung überwinden zu können. Damit ist zumindest der Stimmungshintergrund für den verbreiteten

Subjektivismus in den neueren Sozialwissenschaften angedeutet, den in der Pädagogik die sog. Antipädagogik (WINKLER 1982) besonders prägnant zum Ausdruck bringt (vgl. den zeitgeschichtlich und wissenssoziologisch angelegten Erklärungsversuch von FERCHHOFF 1985).

Es ist auch dieses Unbehagen an der Systemdifferenzierung der Moderne, dem die Integrationsklassen die Entstehung verdanken. Ihre Probleme, soweit sie eingangs angesprochen worden sind, lassen sich unschwer auf eine Konfrontation von System- und Lebenswelterfordernissen zurückführen. Es stehen sich gegenüber: die Vorzüge professioneller sonderpädagogischer Hilfen und die lebensweltlichen Ansprüche der Beteiligten - der Pädagogen auf befriedigende zwischenmenschliche Beziehungen im Team, aber auch der Eltern auf eine schulische Einrichtung, die die gewachsenen sozialen Bezüge ihrer Kinder zu bewahren sucht. Die folgende Darstellung läßt sich von der Annahme leiten, daß zwischen den beiden Erfordernissen ein Ausgleich gefunden werden muß (vgl. auch SCHWEITZER 1985, 111f.).

3. Das Kooperationsproblem - ein Sach- und ein Beziehungsproblem

Soweit ich mich in der folgenden Darstellung auf Aussagen von Pädagogen zur Kooperationssituation stütze, sind sie Gruppendiskussionen entnommen, die getrennt nach Grundschulpädagogen, pädagogischen Unterrichtshilfen und Sonderpädagogen durchgeführt worden sind und an denen eine Mehrheit von ihnen teilgenommen hat. Die Entscheidung für dieses Untersuchungsverfahren war hauptsächlich praktisch motiviert. In einer Lage, in der sich die Konflikte in einigen Teams zuzuspitzen schienen (Juni/Juli 1985), kam es darauf an, den Pädagogen so bald wie möglich Gelegenheit zu geben, 'Dampf abzulassen'. Dafür bot sich die Diskussion in statushomogenen Gruppen vor allem deshalb an, weil davon ausgegangen werden konnte, daß die Art und Weise, in der Kooperation erlebt wird, viel mit der jeweiligen Professionalisierung zu tun hat, und weil solche Diskussionen mit relativ wenig Zeitaufwand zu organisieren sind.

Dieser Ventilfunktion der Gruppendiskussion hatte sich das Erkenntnisinteresse der wissenschaftlichen Begleitung unterzuordnen; auf Tonbandaufzeichnungen z. B. wurde verzichtet, so daß lediglich Gedächtnisprotokolle vorliegen, die noch am gleichen Tag angefertigt worden sind. Eine wörtliche Wiedergabe von Aussagen muß angesichts dessen unterbleiben. Die gängigen methodologischen Vorbehalte gegenüber Gruppendiskussionen (FRIEDRICHS 1973, 247 ff.) gelten naturgemäß gerade auch hier. Die nachstehende Zusammenfassung einiger Ergebnisse kann demnach nur grobe Tendenzen bezeichnen, ohne daß sich sagen ließe, in welcher Stärke sie tatsächlich im Feld vorhanden sind. Mehr als ein Einstieg in die Kooperationsproblematik ist nicht beabsichtigt. Dabei folgt die Grundrichtung der Interpretation eher dem soziologischen System-Lebenswelt-Modell. Dem entspricht auch die Problemwahrnehmung durch die Betroffenen. Sie artikuliert insgesamt ein Berufsverständnis, das die systemische Rationalität ihres Handelns eher ignoriert, sie gleichsam "einschmelzen" (MÜNCHMEIER) will, bei den Sach- wie bei den Beziehungsproblemen.

Kaum ein Zweifel besteht nach den Diskussionsergebnissen daran, daß die beteiligten Grundschulpädagogen die Qualität der Kooperation jedenfalls in sachlicher Hinsicht negativer einschätzen als die Sonderpädagogen. Ihre Unzufriedenheit geht soweit, daß sie sich - im Gegensatz zu Sonderpädagogen und pädagogischen Unterrichtshilfen - mehrheitlich für eine sofortige Ablösung des Drei-Pädagogen-Modells durch ein Zwei-Pädagogen-Modell aussprechen.

So eindeutig und dramatisch jedoch die Diskrepanz der Einschätzung ist, so schwierig ist ihre Interpretation auf der Basis des Diskussionsmaterials. Danach nämlich hätte auch der Sonderpädagoge Grund, mit seiner Lage unzufrieden zu sein. Außerhalb des Teams hat er mit dem Problem zu tun, daß Eltern in ihm gelegentlich einen Vertreter der von ihnen abgelehnten Institution Sonderschule sehen. Was seine Situation im Team anlangt, so kann ihm kaum verborgen geblieben sein, daß der Grundschullehrer seine Enttäuschung nur schwer verhehlen kann, daß es ihm nicht zu gelingen scheint, seine spezifische Kompetenz überzeugend zu demonstrieren. Wenn man gelegentlich von der Sonderschule als einem Schonraum für Kinder spricht, so ist man nach den Andeutungen einiger Grundschullehrer geneigt, die Sonderschule auch als Schonraum für ihre Lehrer anzusehen, in dem ihre sonderpädagogische Kompetenz von niemanden in Frage gestellt wird. Für ein Verständnis der Unzufriedenheit der Grundschulpädagogen gibt das Theorie-Praxis-Problem nichts her, das ist allen pädagogischen Berufen eigen. So bleibt eigentlich nur anzunehmen, daß das Qualifikationsprofil des Sonderpädagogen, gemessen an den Situationserfordernissen, als zu schmal empfunden wird. Der Sonderpädagoge hat während seines Universitätsstudiums eine Ausbildung in zwei Fachrichtungen erfahren; welche behinderten Kinder aber aufgenommen werden, hängt nicht davon ab.

Diese Desillusionierung hat Folgen, denn sie begünstigt die Auffassung, daß sonderpädagogische Kompetenz eigentlich wenig mit der Person des Sonderschullehrers zu tun hat. Welchen Sinn aber sollen Grundschullehrer schon darin sehen, sich ständig mit zwei Pädagogen zu arrangieren, wenn sich herauszustellen scheint, daß man auf einen von ihnen - ohne Schaden für die Sache - verzichten kann? Nun bedeuten drei Pädagogen aber nicht nur drei Kompetenzen, sondern auch - und vielleicht noch mehr - drei Bezugspersonen gerade für behinderte Kinder, die erfahrungsgemäß ein besonderes Maß an persönlicher Zuwendung brauchen. Auch lehren andere Integrationsprojekte (z. B. REISER et al. 1984), daß auch ein Zwei-Pädagogen-Modell keine Garantie für eine konfliktfreie Teamarbeit ist.

Kooperationsprobleme werden hier, anders als dies in der einschlägigen Literatur häufig geschieht, weniger einer "solipsistischen" Pädagogenmentalität (der Pädagoge als Einzelkämpfer) zugerechnet als vielmehr Eigentümlichkeiten, die in der Struktur pädagogischen Handelns liegen. Sein ganzheitlicher Charakter widerstrebt dem Versuch, zwischen einzelnen pädagogischen Aufgabenbereichen verbindliche Grenzen zu ziehen, wie sie formeller Kompetenz und Zuständigkeit entsprechen. Die Konturen zwischen den verschiedenen Ausbildungsprofilen verschwimmen vollends in solchen Teams, in denen sich alle Mitglieder durch ein sozialpädagogisches Verständnis der Erziehungs- und Unterrichtsarbeit auszeichnen, was aber auf Grund von Ausbildung und bisheriger Tätigkeit eher ein Merkmal pädagogischer Unterrichtshilfen ist. 'Übergriffe' in fremde 'Territorien' sind kaum zu vermeiden. Aus solchen Überlegungen wird ersichtlich, welche spezifischen Leistungen Teams erbringen müssen, um erfolgreich zusammenzuarbeiten. Sie haben einerseits die Aufgabenbereiche wenigstens soweit voneinander abzugrenzen, daß jeder eine feste Position im Team und professionelle Anerkennung erhält. Zugleich muß ihnen aber daran gelegen sein, flexibel auf besondere Anforderungen der Situation und Bedürfnisse der Mitglieder (etwa des Sonderpädagogen nach Klassenunterricht) einzugehen. Eine starre Addition formal unterschiedlicher Kompetenzen würde das Prinzip der Ganzheitlichkeit pädagogischen Handelns eher pervertieren als einlösen.

Einigen Teams scheint ein solcher Balanceakt zu gelingen, und sie beweisen damit, daß eine befriedigende Kooperation nicht allein von der Korrespondenz von tatsächlicher und erwarteter sonderpädagogischer Kompetenz abhängt. Beziehungsprobleme sind auch Sachprobleme, aber sie lassen sich nicht darauf reduzieren. Kooperativ erfolgreich sind offenbar am ehesten solche Teams, in denen sich eine lebensweltliche Verbundenheit über persönliche Wertschätzung und eine Gemeinsamkeit der pädagogischen Philosophien entwickeln konnte. Das ging nicht ohne anfängliche Reibungsverluste ab. Sie wären vermutlich in Zukunft geringer, könnten sich die Pädagogen mit ihrem Wunsch durchsetzen, einen Kandidaten ihrer Wahl auszusuchen, ihn zumindest bereits vor Beginn ihrer Zusammenarbeit kennenzulernen, z.B. auf Fortbildungsveranstaltungen.

Die genannten lebensweltlichen Voraussetzungen kooperativen pädagogischen Handelns verdienen noch aus einem anderen Grund Beachtung. Pädagogisches Handeln ist riskant. Es ist Handeln in einem Feld, in dem keine gesicherte Problemidentifizierung und Abschätzung von Wirkungen möglich sind (vgl. KLAUER 1984; OELKERS 1982). Der für die Schule und das Handeln des Pädagogen in ihr typische Mangel an Zeit (DIEDERICH 1982) verschärft dies naturgemäß noch. Bei der Sachlage müßten gerade gemeinsame pädagogische Philosophien aus einer Reihe von Gründen den Beteiligten besonders attraktiv erscheinen. Sie helfen nicht nur, einvernehmliche Lösungen zu finden und dabei den Abstimmungsbedarf im Team in Grenzen zu halten. Sie bieten auch für unvermeidliche Enttäuschungen im täglichen Umgang mit Kindern konsensfähige Erklärungsmuster an, die den Pädagogen helfen, das Risiko des Scheiterns gemeinsam zu tragen. Offensichtlich ist die bloße Zustimmung zum Anliegen schulischer Integration, wie sie alle Beteiligten mit ihrer freiwilligen Mitarbeit zum Ausdruck bringen, noch keine hinreichende Basis für eine befriedigende Kooperation. Als kooperationsförderlich gilt daneben insbesondere die Bereitschaft der Teammitglieder zur Abkehr von einem lehrerzentrierten Unterricht (sog. offener Unterricht).

Das System-Lebenswelt-Paradigma hat im Weltbild der beteiligten Pädagogen (und nicht nur dieser) einen festen Platz. Das zeigt sich besonders deutlich bei der Kritik, die alle an der Rekrutierung der Teams üben. Nach ihrem Eindruck hat sich die Teamzusammensetzung bisher statt nach lebensweltlichen im wesentlichen nach Kriterien bürokratischer

Rationalität gerichtet, obwohl es möglich sein sollte, ihnen genügend Zeit zum Kennenlernen zu geben. Dazu müßte man lediglich die behinderten Kinder für die Integrationsklassen zeitiger auswählen, weil erst dann, wenn die vorkommenden Behinderungen bekannt sind, eine fachliche Überprüfung der Kandidaten im Hinblick auf eine wenigstens teilweise Übereinstimmung von Förderbedarf und sonderpädagogischer Kompetenz möglich ist. Der weitergehende Vorschlag jedoch, eine Art von Selbstrekrutierung der Teams, dürfte daran scheitern, daß sich die Einstellungspraxis der Schulbehörde zuallererst an allgemeinverbindlichen, objektiven, damit justiziablen Kriterien (z.B. Berücksichtigung der Kandidaten in der Reihenfolge ihrer Examensnoten) auszurichten hat.

4. Versuche zur Lösung des Sachproblems durch Diversifizierung sonderpädagogischer Hilfen

Das Drei-Pädagogen-Modell erhöht die Wahrscheinlichkeit, daß jedes Kind das nötige Maß an Zuwendung bekommt. Darin ist es dem Zwei-Pädagogen-Modell überlegen. Es bietet jedoch noch keine Gewähr, daß immer auch fachlich kompetente Hilfe geleistet wird. Als problemadäquat zusammengesetzt könnte ein Team erst dann gelten, wenn es in der Lage ist, die mit den verschiedenen Behinderungen gegebenen spezifischen Förderaufgaben wahrzunehmen. Das ist derzeit sicher nicht durchweg gegeben. Dieser Vorbehalt hat nichts mit der Einsatzbereitschaft der Teammitglieder zu tun. Sieht man das Grundproblem einer schulischen Förderung Behinderter darin, sowohl individualisierende wie sozialintegrative Maßnahmen zu gewährleisten (BLEIDICK 1986), so ist offensichtlich, daß in Integrationsklassen neben dem Bemühen um gemeinsames Lernen auch mit viel Engagement individuell mit Kindern gearbeitet wird. Es besteht aber eine Diskrepanz zwischen im Studium erworbener und im Alltag schulischer Integration erwarteter Sachkompetenz, die offenbar in einigen Fällen auch negativ auf die Beziehungen im Team abfärbt und die unter der Voraussetzung einer Aufnahme behinderter Kinder primär nach lebensweltlichen Kriterien (s. u.) kaum je völlig auszuschließen ist. Doch sollte versucht werden, dem professionellen Standard sonderpädagogischen Handelns so nahe wie möglich zu kommen, etwa in der Form von Semiprofessionalität (s. 4.3). Gewiß ist der Maßstab für sonderpädagogische Kompetenz, die Realität einer Professionalisierung durch Wissenschaft in Gestalt unterschiedlicher sonderpädagogischer Disziplinen, fragwürdig geworden. Es gibt derzeit erhebliche Zweifel an einer Professionalisierbarkeit pädagogischer Berufe insgesamt auf der Basis von Wissenschaft (z. B. GASSEN & SCHWANDNER 1983, 418-433). Sie gipfeln in dem Vorwurf, Erziehungswissenschaft würde lediglich die praktischen, auf Erfahrung beruhenden Gewißheiten von Pädagogen untergraben, diese gleichsam - in der Sprache sozialwissenschaftlicher Lebensweltforschung - "enteignen", ohne selbst handlungssicher machen zu können. Doch ein Professionalisierungskonzept, das den Erfordernissen von Integrationsklassen Rechnung tragen könnte, ist in der Sonderpädagogik noch nicht entwickelt.

4.1 Zum Prinzip 'Gemeindenähe'

Nun ließe sich diese Diskrepanz aber aus der Welt schaffen, wenn es gelänge, die Wahrnehmung von Förderaufgaben auf mehr 'Schultern' als bisher zu verteilen, institutionell wie personell. Systemtheoretisch gesprochen bedeutet dies, daß der Prozeß der Entdifferenzierung der Sonderpädagogik, der mit den Integrationsklassen ansatzweise eingeleitet wird, Folgeprobleme hat, die wiederum nur durch neue Differenzierung ("Diversifizierung") gelöst werden können. Eine solche Diversifizierung von Hilfen in einem überschaubaren Raum ist unter dem Stichwort 'Gemeindenähe' vor allem durch die Diskussion über eine Reform der Psychiatrie (vgl. BELSCHNER et al. 1983; KEUPP 1978) bekannt geworden und hat inzwischen auch Eingang in die Sonderpädagogik gefunden (PRÄNDL 1984).

Organisationstheoretisch bezeichnet 'Gemeindenähe' ein Prinzip der Dezentralisierung von Hilfen sowohl im Sozial- wie im Schulbereich. Während aber seit einiger Zeit eine Zunahme von Gemeindeschulen (wohnortnahen Schulen, dezentralen Sonderschulen) in der Bundesrepublik zu verzeichnen ist, fehlen solche Ansätze in der Sozialpolitik noch weitgehend. Wohl wurden seit Anfang der 70er Jahre die örtlichen sozialpolitischen Angebote kräftig aufgestockt. Beispiele sind etwa die Errichtung von Sozialstationen oder die gestiegene Bedeutung der lokalen Arbeitsämter im Gefolge des Arbeitsförderungsgesetzes (AFG) von 1969. Doch die soziale Sicherung in der Bundesrepublik ist in den Kernbereichen bis heute eine zentralstaatliche Aufgabe geblieben (KAUFMANN 1982, 350f.).

Anders z.B. in den skandinavischen Ländern, in denen nach dem 2. Weltkrieg mit der Abkehr vom Sozialversicherungsprinzip und der Hinwendung zum Bedürfnisprinzip eine gemeindenahe Sozialpolitik eingeleitet worden ist. Die Unterschiede im Tempo der Entwicklung dezentraler Hilfen zwischen dem Schul- und dem Sozialsystem dürften bei der Abhängigkeit der beiden Systeme einer Ausweitung des Hamburger Schulversuchs Grenzen setzen (s. 4.2).

Zu der eher äußerlichen, räumlichen Nähe der Erreichbarkeit professioneller sozialer Dienste und ihrer Koordinierung in einem Netzwerk gesellt sich noch eine weitere Prämisse gemeindenaher Versorgungskonzepte. Die in der 'Gemeinde' tätigen Helfer müßten demnach auch paradigmatisch, in Selbstverständnis und Arbeitsweise, vom Behinderten in seiner Lebenswelt ausgehen, also davon, daß er in gewachsenen sozialen Bezügen wie Familie, Verwandtschaft, Freundeskreis, Nachbarschaft etc. lebt und erst im Hinblick auf solche - häufig belasteten - Lebenswelten und ihr Potential an (Selbst)-Hilfen als behindert bestimmt werden kann. Damit rücken die sozialen Dienste ihren Kunden gleichsam auf den Leib. Vom Helfer ist unter der Bedingung sozialer Nähe Sensibilität und Grenzbewußtsein gefordert (HOLTHAUS 1983), und dies umso mehr, je weiter sich der Bereich sonderpädagogischer Zuständigkeit ausdehnt. Er hätte dann z. B. seine Fremd-Hilfen so zu dosieren, daß bei den Betroffenen lebensweltliche Möglichkeiten der Selbsthilfe freigesetzt werden (vgl. BUBLITZ 1986, 166, 170).

In der Literatur zur präventiven Psychiatrie hat sich ein an sozialökologischen Vorstellungen orientiertes Zielmodell durchgesetzt, das dem Anliegen einer räumlichen wie sozialen Nähe gerecht wird: Im Mittelpunkt steht ein dreistufiges hierarchisches System von Interventionen, das zunächst informelle (lebensweltliche) Hilfen vorsieht und über zeitlich befristete bis hin schließlich zu relativ dauerhaften professionellen Hilfen (ev. in eigenen, aber nach Möglichkeit dezentralen Institutionen) weiterführt (HURRELMANN, ROSEWITZ & WOLF 1985, 148).

4.2 Ansätze zu einer gemeindenahen sonderpädagogischen Förderung im Rahmen des Hamburger Schulversuchs

Schon jetzt zeichnet sich der Schulversuch durch Eigenschaften aus, an die im Rahmen einer so verstandenen gemeindenahen sonderpädagogischen Förderung anzuknüpfen ist. So gehört eine Reihe von lebensweltlichen Merkmalen zur Mitgift von Integrationsklassen. Sie kennzeichnen die Praxis der Rekrutierung behinderter (und nicht behinderter) Kinder, deren wohl wichtigstes Kriterium die Wahrung bestehender sozialer Beziehungen ist. Dies geschieht auf unterschiedliche Weise. So nimmt man vornehmlich solche Kinder auf, die

(1) bereits gemeinsam integrierte Vorschuleinrichtungen (in Hamburg: z.B. den Integrationskindergarten des Werner-Otto-Instituts) besucht haben, oder
(2) einen gemeinsamen Wohnort außerhalb des Schulorts haben oder
(3) schulnah wohnen (Prinzip der Wohnortnähe); dieses letztgenannte Aufnahmekriterium wird umso stärker durchschlagen, je mehr integrationswillige Eltern behinderter und nichtbehinderter Kinder in einem Schulbezirk wohnen. Schließlich geht die Einrichtung von Integrationsklassen auf
(4) Initiativen von Eltern zurück, die dem Staat erfolgreich das Recht streitig machen, über den Bildungsweg ihrer Kinder zu entscheiden. Sie bestreiten also ein Stück schulbürokratischer Systemrationalität zugunsten der Durchsetzung eigener (lebensweltlicher) Bildungsvorstellungen. Dabei ist eine gewisse Schichtselektivität zumindest vorläufig wohl der Preis, den man für schulische Integration als Angebot bezahlen muß (vgl. MUNDER 1983).

Der Einfluß der Eltern erstreckt sich aber auch auf das eigentliche Aufnahmeverfahren, das in Hamburg nur wenig formalisiert ist. So messen die zuständigen Kommissionen dem Wissen der Eltern über ihr behindertes Kind ein besonderes Gewicht bei. Sie gehen nicht zu Unrecht von einer Art lebensweltlicher diagnostischer Kompetenz aus. Verstehen kann, in hermeneutischer Tradition, durch die Teilhabe an Lebensvollzügen (z. B. in der Familie) gefördert werden. Bei dieser Sachlage sind die betroffenen Eltern naturgemäß nicht immer gewillt, professionelle Deutungsmuster zu akzeptieren, wenn z. B. ein behindertes Kind abgewiesen werden muß, weil die Zahl der Anmeldungen - wie üblich - über dem Angebot an Plätzen liegt (vgl. WOCKEN 1985).
Würde sich die Schule mehr auf die Lebenswelt derer einlassen, die in ihr leben, so würde dies auf der einen Seite Probleme entschärfen: Den Pädagogen fiele Kooperation leichter, wenn sie die Zusammensetzung ihrer Teams beeinflussen könnten. Probleme können sich aber in anderer Stelle gerade

aus der Berücksichtigung von Lebenswelt ergeben. In dem Maße, in dem man diese zur Richtschnur für die Aufnahmepraxis macht, wird es schwierig, eine professionelle sonderpädagogische Hilfe zu gewährleisten. M. a. W.: Es gibt ein Dilemma zwischen der Sicherstellung einer angemessenen Förderung und der Bewahrung gewachsener sozialer Bezüge (vgl. auch KANTER 1985, 322). Eine restriktive Rekrutierungspraxis wäre diesbezüglich problemlos. Man würde dann nur solche Kinder aufnehmen, die einen Förderbedarf haben, für den sich der jeweilige Sonderpädagoge kompetent fühlt. Doch sie bedeutete auch den weitgehenden Verzicht darauf, Beziehungen unter Kindern im Sinne von sozialem Lernen pädagogisch zu unterstützen, die außerhalb des Unterrichts bereits bestehen. Das sonderpädagogische Ziel der sozialen Integration weist den Integrationsklassen aber die Aufgabe zu, in das soziale Umfeld der Schule hineinzuwirken. Sie müssen deshalb ein Interesse daran haben, daß behinderte und nichtbehinderte Kinder auch in ihrer unterrichtsfreien Zeit Räume für einen Umgang miteinander vorfinden.

Bei Kindern im Grundschulalter ist das Beziehungsnetz noch nicht so weit gespannt wie bei Jugendlichen. BAACKE (1984, 83ff.) denkt sich die außerschulische Lebenswelt von Kindern in drei "sozialökologische Zonen" unterteilt, die sich um einen Mittelpunkt herum von Mal zu Mal weiter ausdehnen und mit denen sich auch die kindlichen Relevanzstrukturen verändern. Es sind dies das "ökologische Zentrum" (Familie), der "ökologische Nahbereich" (Nachbarschaft, Stadtteil) und die "ökologische Peripherie" (z.B. Urlaubsort), wobei nur die beiden erstgenannten Zonen Grundschulkindern Gelegenheit zu regelmäßigen Begegnungen bieten. Andere sozialökologische Bedingungen, von denen außerschulische Kontakte ebenfalls abhängen, sind z. B. Grünflächen zum Spielen zwischen den Häusern einer Siedlung oder die Verkehrsdichte der Straßen (vgl. ENGELBERT 1986, 49 ff.) Hierin liegt die besondere Bedeutung einer wohnortnahen Beschulung, wie sie etwa in Berlin die Uckermark-Schule verwirklicht (EBERWEIN 1984, 679f.). In Hamburg ist lediglich eine Schule wegen spezifischer Standortvorteile in der Lage, behinderte und nichtbehinderte Kinder im wesentlichen nach diesem Prinzip auszuwählen: die Grundschule Fiddigshagen in Nettelnburg. Dort leben besonders viele Eltern mit behinderten Kindern, u. a. deshalb, weil in diesem Stadtgebiet für Familien mit behinderten Kindern preisgünstige Liegenschaftsgrundstücke für den Bau von Eigenheimen angeboten worden sind.

Lebensweltliche Formen der Aufnahme in Integrationsklassen schaffen nicht nur die Voraussetzung für Kontakte zwischen Kindern und damit erst eigentlich für eine Bewährungskontrolle sozialer Integration. Sie sind auch eine Vorbedingung für informelle Hilfen, und zwar innerhalb und außerhalb der Schule. Manche Befürworter schulischer Integration schätzen das Gewicht solcher informellen Hilfen so hoch ein, daß sie glauben, diese könnten die professionellen Hilfen weitgehend substituieren. Sie sehen darin einen Weg, wie man die Vorteile einer gemeinsamen Beschulung im Bereich sozialen Lernens in Anspruch nehmen kann, ohne auf diejenigen einer Sonderbeschulung verzichten zu müssen.

Die Vorteile von Sonderschulen (wie von Integrationsklassen) sind struktureller Art. Ihre Grundlage ist ein Merkmal von Schülern und ihren Eltern, das man Gleichbetroffenheit nennen könnte. Gemeint ist die Tatsache, daß Sonderschulen nur solche Kinder aufnehmen, die die gleiche Behinderung haben. Gleichbetroffenheit erleichert Kontakte und (Selbst-) Hilfen unter den Eltern der behinderten Kinder sowie eine der jeweiligen Behinderung angepaßte Förderung. Den Integrationsklassen des Hamburger Typs fehlt diese Gleichbetroffenheit. Hier dominieren Unterschiede: nicht nur zwischen behinderten und nichtbehinderten, vor allem unter den behinderten Kindern selbst. Heißt das, daß Integrationsklassen ihre Kinder weniger gut fördern können? Oder liegt vielleicht gerade in der Verschiedenheit eine Möglichkeit, den auf Gleichbetroffenheit beruhenden Strukturvorteil von Sonderschulen wettzumachen? Behinderten Kindern in Integrationsklassen mag die Bezugsgruppe einer Sonderschulklasse sowie bisweilen ein gezieltes Hilfsangebot fehlen. Zum Ausgleich aber, so formulieren Eltern gelegentlich die Substitutionsthese, erhalten sie Anregungen im Unterricht von nichtbehinderten Kindern und durch Spielkameraden aus der Nachbarschaft. Integrationsklassen als Vormittagseinrichtung seien zudem familienfreundlich, am Nachmittag sind die Kinder zu Hause. Familie und Integrationsklasse bildeten somit zusammengenommen entwicklungsförderlichere Lebenswelten als etwa eine Geistigbehindertenschule mit ihrem Ganztagsbetrieb.

Die Substitutionsthese ist voraussetzungsreich. Am Beispiel Geistigbehinderter, immerhin der weitaus größten Teilgruppe der in den Hamburger Integrationsklassen befindlichen Kinder, läßt sich das ein wenig verdeutlichen, sowohl für die Schule wie für die Familie. Bei einer Bewertung schulischer Lernhilfen durch Mitschüler empfiehlt es sich, zwischen ihrer

Effektivität und der Art und Weise der Hilfeleistung zu unterscheiden. Die Effektivität darf man offenbar nicht allzu hoch veranschlagen (KRAPPMANN & OSWALD 1985, 326), und dabei auch nicht die Gefahr einer Demotivierung durch das Lernvorbild Nichtbehinderter übersehen. Demotivierung ist ein denkbares Folgeproblem, das mit wachsendem Lernabstand wahrscheinlicher wird, wenn es nicht gelingt, ein selbstwertstützendes Gegengewicht im Schulleben einer Integrationsklasse zu schaffen. Anders zu beurteilen ist dagegen die Art der Hilfeleistung. Es stellt gewiß schon für sich einen Wert dar, wenn ein nichtbehindertes Kind auf den Hilfewunsch eines behinderten willig eingeht. Dazu könnte es umso eher bereit sein, je enger die Beziehung ist. Hilfe, die im Normalfall prekär ist, da der Hilfsbedürftige sich mit seinem Wunsch bloßstellt, wird unter Freunden offenbar weniger als Problem empfunden (ANTOR 1986; vgl. auch YOUNISS 1982, 104 ff.) Die Art, wie geholfen wird, ist ein mögliches Kriterium für soziale Integration. Als integriert würde dann dasjenige Kind gelten, das Hilfen von einem nichtbehinderten erbittet bzw. annimmt, weil es keine Diskriminierung fürchten muß. Es gibt einige Beispiele für solche Freundschaften in den Hamburger Integrationsklassen.

Das Wort 'Freundschaft' in diesem Zusammenhang mag manchem als ein viel zu großes Wort erscheinen, weckt es doch exclusive Vorstellungen von einem seelischen Gleichklang zweier gleichkompetenter Partner. Doch diesen exclusiven Freundschaftsbegriff gibt es weder in der einschlägigen entwicklungspsychologischen Literatur (z. B. RUBIN 1981) noch durchgängig im Sprachgebrauch der Kinder (etwa als Unterschied zwischen 'Freund' und bloßem 'Kamerad'). Freundschaften können deshalb auch eher einseitige Beziehungen sein, die man beinahe als 'Einbahnstraße' bezeichnen könnte. In Modellen der Entwicklung von Freundschaftsvorstellungen bei Kindern sind sie eine Vorstufe zu einer reziproken Beziehung, zu einer "Zweibahnstraße" (RUBIN 1981). Demnach ließen sich auch Beziehungen zwischen einem hilfsbedürftigen geistigbehinderten und einem nichtbehinderten Kind als Freundschaft verstehen, wenn sie auch möglicherweise nur im Vorschulalter und in den ersten Schuljahren für die Beteiligten befriedigend sind (vgl. dazu die aufschlußreiche Interpretation der Freundschaft zwischen Nicht-Gleichaltrigen, also aus Altersgründen unterschiedlich Kompetenten, in: RUBIN 1981, 104 f.; ANTOR i. V.). Die Alternative zu engen Kontakten mit Nichtbehinderten ist die Freundschaft unter Gleichbetroffenen, für die nur eine Sonderschulklasse einen angemessenen und im Hinblick auf eine spätere Partnerschaft bedeutsamen Erfahrungsraum bietet.

Was familiäre Hilfen anlangt, so ist die Substitution in der Bundesrepublik weithin Realität: In den Familien leben viel mehr Pflegebedürftige als in Heimen und Anstalten (V. FERBER 1983,6). Doch hier vermißt man systemische Hilfen, die die Familien entlasten könnten, sei es Beratung, sei es finanzielle Unterstützung. So kommt es in vielen Fällen zu einem "circulus vitiosus von zeitlich-materieller Überbelastung (insbesondere für die Ehefrauen, die gezwungen sind, ihre Berufstätigkeit aufzugeben und auf Freizeitaktivitäten zu verzichten; G. A.), Unzufriedenheit mit der Situation und der Ehe, persönlicher und familiärer Instabilität, unzureichenden Problemlösungen und steigender Belastung ..." (LAUTH 1986, 116). Ein wichtiger Grund liegt in der Dominanz des Versicherungsprinzips und der damit verbunden Privilegierung erwerbstätiger Personen im bundesdeutschen System sozialer Sicherung. Dies hat zur Folge, daß die spezifischen Bedürfnisse etwa von Geistigbehinderten und ihren Angehörigen strukturbedingt nur am Rande vorgesehen sind. Das wird in einer jüngst erschienenen vergleichenden Untersuchung über Ansätze und Entwicklungsmöglichkeiten des Normalisierungsprinzips in der Sozialpolitik der Bundesrepublik und Dänemarks deutlich (THIMM et al. 1985). Bezieht man Integrationsklassen in ein Konzept gemeindenaher sozialer Dienste ein, so kann es demnach nicht allein darum gehen, eventuelle schulische Förderungsdefizite auszugleichen. Darüber hinaus müssen sozialpolitische Hilfen für die Familien bereitgestellt werden, die sie vor Überbelastung schützen, und zwar desto mehr, je breiter die soziale Basis der Integrationsklassen ist. Hieran würde sich erweisen, daß schulische Integration nur ein Teilstück im Gesamtspektrum von Maßnahmen mit dem Ziel gesellschaftlicher Integration sein kann (ANTOR 1979) und zudem von sozialpolitischen Rahmenbedingungen abhängig ist.

Hamburger Integrationsklassen lassen sich offensichtlich nicht von der Substitutionsthese leiten, sondern primär von der Annahme, daß informelle Hilfen zu ergänzen sind. Als Garanten professioneller sonderpädagogischer Hilfen kann man den Sonderschullehrer ansehen, der neben seiner Tätigkeit an einer Sonderschule fünf bzw. zehn Wochenstunden, abhängig von der Zahl der behinderten Kinder in der Integrationsklasse, ambulante Hilfen leistet. Eine Überweisung auf eine Sondereinrichtung, die letzte Stufe in dem obigen Interventionsmodell, sieht das Konzept der Hamburger Integrationsklassen, jedenfalls während des vierjährigen Grundschulbesuchs, nicht vor. Für die Sekundarstufe I ist eine Einrichtung von Integrationsklassen im Rahmen einer Gesamtschule vorgesehen. Hilfe findet also nur in ambulanter Form statt. Doch problemlos ist auch diese Einrichtung nicht. Vom Sachproblem war schon die Rede. Darüberhinaus beklagen sich die Sonderpädagogen über ihre Rolle als Wanderlehrer: das ständige Pendeln zwischen Sonderschule und Grundschule sei belastend und bedeute überdies eine Art Verrat an der Integrationsidee.

4.3 Lösungsvorschläge

Jeder Versuch, die Komplexität sonderpädagogischer Aufgaben für Integrationsklassen zu bewältigen, sollte mindestens zwei aktuelle Rahmenbedingungen in Rechnung stellen:

Professionalisierungsproblem: Die Entwicklung der Sonderpädagogik als einer wissenschaftlichen Disziplin ist der Ausdifferenzierung in Sonderschularten gefolgt. Professionalisiert wird für unterschiedliche, nach dem Prinzip der Einfachbehinderung organisierte Sonderschulen, nicht jedoch für den immer komplexen Einzelfall des behinderten Kindes. Deshalb können auf absehbare Zeit Qualifikationsprofile für die Arbeit in den Integrationsklassen, die die jetzigen Fachrichtungen übergreifen, von den sonderpädagogischen Ausbildungsstätten nicht angeboten werden. Dabei dürfte der Spezialisierungstrend jedenfalls in der universitären Sonderpädagogik grundsätzlich nicht mehr umkehrbar sein. Zu fragen bleibt lediglich, welchem Prinzip künftig die Differenzierung folgen soll. Es muß nicht das gegenwärtig gültige sein (SANDER 1985).

Legitimationsproblem: Es gibt vereinzelt Anzeichen dafür, daß das Legitimationsproblem sonderpädagogischen Handelns mit der Einrichtung von Integrationsklassen von einem Institutions- zu einem Professionsproblem wird. Sonderpädagogische Förderung gerät nicht nur in Konflikt zu dem Ziel, Kinder nach lebensweltlichen Kriterien aufzunehmen. Grenzen liegen auch in der Akzeptanz durch die Betroffenen. Insoweit gilt es, die Kluft zwischen der Lebenswelt der Betroffenen und einer professionellen Hilfe, die mit dem Namen der Sonderschule behaftet ist, zu überbrücken (ANTOR 1985).

Die folgenden beiden Vorschläge suchen diese Bedingungen zu berücksichtigen. Was für Kinder mit welcher Art von Behinderung allerdings auf diesem Weg eine angemessene sonderpädagogische Förderung erhalten können, gehört zu den offenen Fragen des Schulversuchs. - Danach hätten sich die sonderpädagogischen Bemühungen zu konzentrieren

(1) auf die Integrationsklasse: Auf deren Initiative suchen Sonderpädagogen benachbarter Sonderschulen den Teammitgliedern Kenntnisse und Fertigkeiten zu bestimmten Sonderpädagogiken fallbezogen zu vermitteln und eine angemessene Förderung der in Frage kommenden Kinder einzuleiten. Vorbild für diese Art sonderpädagogischer Förderung könnte etwa die Sehgeschädigtenschule in Schleswig sein (vgl. RATH & APPELHANS 1985, 104f.), die, als eine Schule ohne Schüler, ausschließlich eine subsidiäre Einrichtung für die Integrationsklassen sein könnte und nicht zugleich Sonderschule. Damit würde sie die Entscheidung der beteiligten Sonderpädagogen für eine integrative Arbeit auch nach außen sichtbar machen;

(2) auf außerschulische Orte: Anders als im ersten Fall muß hier die Initiative zu einer sonderpädagogischen Förderung von den Eltern ausgehen. Sie dürften bei der derzeitigen sozialen Zusammensetzung die lebensweltlichen Kompetenzen besitzen, um die in einer Gemeinde verfügbaren sozialen Dienste in Anspruch nehmen zu können. Sie schicken dann z. B. ihr behindertes Kind, das in der Integrationsklasse keine sprachheilpädagogische Förderung bekommen kann, am Nachmittag zum Logopäden. Wünschenswert wäre allerdings, diese externe Förderung, von der Hamburger Integrationseltern verschiedentlich Gebrauch machen, mit entsprechenden schulischen Hilfen zu koordinieren.

Beide Vorschläge sind darin realistisch, daß sie von der derzeitigen Lage, dem Drei-Pädagogen-Modell, ausgehen. Der Unterschied besteht darin, daß das Team im einen Fall versucht, seine Kompetenz durch eine Nachqualifizierung des Sonderpädagogen (evtl. auch der übrigen Mitglieder des Teams) zu steigern, und es im anderen Fall seine Zuständigkeit für sonderpädagogische Aufgaben an andere Institutionen abgibt. In diesem letzteren Fall würde sich am deutlichsten erweisen, daß mit den Integrationsklassen des Hamburger Typs eine Problemkomplexität gegeben ist, die die schulinternen Möglichkeiten sonderpädagogischer Hilfe, was professionelle Standards und - in Einzelfällen - Legitimierbarkeit anlangt, übersteigt.

ANMERKUNGEN

* Mit 'Lebenswelt', synonym: Lebensform, bezeichne ich zweierlei: 1. die Unterstellung von Gemeinsamkeiten mit anderen Menschen, die jeder von uns in seinem Alltag machen muß, damit er sich verständigen kann (transzendentaler Begriff von Lebenswelt): Er muß sich auf ein unproblematisches, von anderen geteiltes Wissen stützen können, das zu unterscheiden ist von einem Spezialwissen, wie es im Rahmen von Professionalisierungsprozessen angeeignet wird; er braucht ferner die Solidarität von Bezugsgruppen sowie Kompetenzen, die er im Verlauf seiner Sozialisation erwirbt (so HABERMAS in einer "kommunikationstheoretischen" Reformulierung des phänomenologischen Lebensweltbegriffs: 1981, 173ff.); 2. die konkreten Lebenszusammenhänge, in denen wir uns solcher Ressourcen zum Zwecke der Verständigung bedienen (empirischer Begriff von Lebenswelt, auch 'Alltagswelt' genannt). Das kann etwa die Familie sein, aber auch die Schule, und zwar insoweit, als sie außerschulischen Bedürfnissen und Beziehungen von Kindern und Lehrern Raum gibt. Die Differenz zwischen diesen beiden Begriffen von Lebenswelt kann hier nicht weiter verfolgt werden.

LITERATUR

ANTOR, G.: Der Beitrag der Schule zur gesellschaftlichen Integration von Lernbehinderten. Probleme der Rechtfertigung einer sonderpädagogischen Reformidee. Berlin 1979.

ANTOR, G.: Soziales Lernen. In: BAIER, H. & BLEIDICK, U. (Hrsg.): Handbuch der Lernbehindertendidaktik. Stuttgart 1983, 174-183.

ANTOR, G.: Legitimationsprobleme sonderpädagogischen Handelns. In: BLEIDICK, U. (Hrsg.): Theorie der Behindertenpädagogik (Handbuch der Sonderpädagogik, Band 1). Berlin 1985, 235 - 250.

ANTOR, G.: Hilfe als Problem. Behinderte in Familie, Schule und Gesellschaft 1986 (im Erscheinen)

BAACKE, D.: Die 6- bis 12jährigen. Einführung in Probleme des Kindesalters. Weinheim 1984.

BAUMERT, J.: Schulkrise: Krise der staatlichen Regelschule. Z. Päd. 27 (1981) 495 - 517.

BEHRENS, H.: Eine offene Schule für Kirchdorf-Süd. Ökologische Aspekte und Verwirklichungen in der Pädagogik. Phil. Diss. Hamburg 1985.

BELSCHNER, W. et al.: Gemeindepsychologische Perspektiven. 1.: Grundlagen und Anwendungsfelder. München DGVT, GwG 1983.

BLEIDICK, U.: Behinderte Schüler in allgemeinen Schulen. Darstellung und Bewertung von Konzepten der "Integration". Kurs der Fernuniversität-Gesamthochschule Hagen 1985.

BLEIDICK, U.: Freiheit und Gleichheit im Bildungswesen für Behinderte. In: THALHAMMER, M. (Hrsg.): Gefährdungen des behinderten Menschen im Zugriff von Wissenschaft und Praxis. Anfragen an Sondererziehung und Therapie. München 1986, 13 - 37

BRAND, K.-W. et al.: Aufbruch in eine andere Gesellschaft. Neue soziale Bewegungen in der Bundesrepublik. Frankfurt 1983.

BUBLITZ, P.-M.: Prinzipien und Organisationsformen psychologischer Intervention: der gemeindepsychologische Ansatz. In: WIEDL, K.H. (Hrsg.): Rehabilitationspsychologie. Grundlagen, Aufgabenfelder, Entwicklungsperspektiven. Stuttgart 1986, 160 - 177.

DIEDERICH, J.: Bemessene Zeit als Bedingung pädagogischen Handelns. In: LUHMANN, N. & SCHORR, K.-E. (Hrsg.): Zwischen Technologie und Selbstreferenz. Fragen an die Pädagogik. Frankfurt 1982, 51 - 86

ENGELBERT, A.: Kinderalltag - familiale und ökologische Bedingungen. In: HURRELMANN, K. (Hrsg.): Lebenslage, Lebensalter, Lebenszeit. Ausgewählte Beiträge aus den ersten fünf Jahrgängen der "Zeitschrift für Sozialisationsforschung und Erziehungssoziologie". Weinheim/Basel 1986, 39 - 59

FAUSER, P. & SCHWEITZER, R.: Schule, gesellschaftliche Modernisierung und soziales Lernen - Schultheoretische Überlegungen. Z. Päd. 31 (1985) 339 - 363.

FERBER, Chr. v.: Staatliche Sozialpolitik und die Familien Behinderter. Offene Fragen einer Neuorientierung Sozialer Dienste. Geistige Behinderung 22 (1983) 2 - 12.

FERCHHOFF, W.: Jugend - (Biographien) und Sinnkrise des Jugendalters - Pädagogische Interventionsforschung zwischen der Mission pädagogischer Aufklärung und der Kompetenzenteignung (sub-)kulturellen Lebensmilieus. In: BAACKE, D. & SCHULZE, Th. (Hrsg.): Pädagogische Biographieforschung. Orientierungen, Probleme, Beispiele. Weinheim 1985, 64 - 106.

FRIEDRICHS, J.: Methoden empirischer Sozialforschung. Reinbek 1973.

GASSEN, H. & SCHWANDNER, M.: Zuständig sein und überflüssig werden. Zur Problematik professionellen Handelns in den helfenden Berufen. Z. Päd. 18. Beiheft, 1983, 417 - 441.

HABERMAS, J.: Theorie des kommunikativen Handelns. Bd. 2. Zur Kritik der funktionalistischen Vernunft. Frankfurt 1981.

HOLTHAUS, H.: Brief einer Mutter. In: SPECK, O. & WARNKE, A. (Hrsg.): Frühförderung mit den Eltern. München 1983, 21 - 24.

HORNSTEIN, W.: Neue soziale Bewegungen und Pädagogik. Zur Ortsbestimmung der Erziehungs- und Bildungsproblematik in der Gegenwart. Z. Päd. 30 (1984) 147 - 167.

HURRELMANN, K.: Erziehungssystem und Gesellschaft. Reinbek 1975.

HURRELMANN, K., ROSEWITZ, B. & WOLF, H.K.: Lebensphase Jugend. Eine Einführung in die sozialwissenschaftliche Jugendforschung. Weinheim 1985.

KANTER, G.O.: Die Sonderschule regelschulfähig, die Regelschule sonderschulfähig machen. - Perspektiven aus Modellversuchen. Z. Heilpäd. 36 (1985) 309 - 325.

KAUFMANN, F.-X.: Sozialpolitik: Stand und Entwicklung der Forschung in der Bundesrepublik Deutschland. In: HESSE,

J.J. (Hrsg.): Politikwissenschaft und Verwaltungswissenschaft (Sonderheft 13 der Politischen Vierteljahresschrift). Opladen 1982, 344 - 365.

KEUPP, H.: Gemeindepsychologie als Widerstandsanalyse des professionellen Selbstverständnisses. In: KEUPP, H. & ZUMSEIL, M. (Hrsg.): Die gesellschaftliche Organisierung psychischen Leidens. Zum Arbeitsfeld klinischer Psychologen. Frankfurt 1978, 180 - 220.

KLAUER, K.J.: Erzieherische Einwirkung und Selbstbestimmung: Wie haben wir uns vorzustellen, daß pädagogische Einflüsse wirksam werden? In: WINKEL, R. (Hrsg.): Deutsche Pädagogen der Gegenwart. Band 1. Düsseldorf 1984, 163 - 180.

KRAPPMANN, L. & OSWALD, H.: Schulisches Lernen in Interaktionen mit Gleichaltrigen. Z. Päd. 31 (1985) 321 - 337.

LAUTH, G.: Familiäre Adaption an die Behinderung und ihre psychologische Unterstützung. In: WIEDL, K.H. (Hrsg.): Rehabilitationspsychologie. Grundlagen, Aufgabenfelder, Entwicklungsperspektiven. Stuttgart 1986, 101 - 116.

LUHMANN, N. & SCHORR, K.-E.: Reflexionsprobleme im Erziehungssystem. Stuttgart 1979.

MUNDER, R.: Meinungen der Eltern der Vorklasse zum Integrationsversuch. Tabellenband und Dokumentation der Antworten auf offene Fragen. Berlin 1983 (internes Arbeitspapier).

OELKERS, J.: Intention und Wirkung: Vorüberlegungen zu einer Theorie pädagogischen Handelns. In: LUHMANN, N. & SCHORR, K.-E. (Hrsg.): Zwischen Technologie und Selbstreferenz. Fragen an die Pädagogik. Frankfurt 1982, 139 - 194.

OELKERS, J.: Pädaogische Anmerkungen zu Habermas' Theorie kommunikativen Handelns. Z. Päd. 30 (1983) 271 - 280.

PRÄNDL, B.: Neue Wege der Sonderpädagogik. Z. Heilpäd. 35 (1984) 1 - 6.

RATH, W. & APPELHANS, P.: Sehauffällige Schüler in allgemeinen Schulen. Sehbeeinträchtigung als Variable schulischen Lernens. Frankfurt 1985.

RAUSCHENBERGER, H.: Soziales Lernen - Nutzen und Nachteil eines mehrdeutigen Ausdrucks. Z. Päd. 31 (1985) 301 - 320.

REISER, H. et al.: Sonderschullehrer in Grundschulen. Weinheim 1984.

ROEDER, P.M.: Partizipation in der Schule. Erfahrungen über

die Mitgestaltung des Unterrichts der Schüler. In: GROHS, G., SCHWERDTFEGER, J. & STROHM, Th. (Hrsg.): Kulturelle Identität im Wandel. Stuttgart 1980, 179 - 200.

RUBIN, Z.: Kinderfreundschaften. Stuttgart 1981

SANDER, A.: Zum Problem der Klassifikation in der Sonderpädagogik: Ein ökologischer Ansatz. Vierteljahresschrift Heilpäd. 54 (1985) 15 - 31.

SCHÜTZ, A. & LUCKMANN, Th.: Strukturen der Lebenswelt. Bd.1. Frankfurt 1979.

SCHWEITZER, F.: Identität und Erziehung. Was kann der Identitätsbegriff für die Erziehung leisten? Weinheim/ Basel 1985

THIEMANN, F.: Schulszenen. Vom Herrschen und vom Leiden. Frankfurt 1985.

THIMM, W., FERBER, Chr. v., SCHILLER, B. & WEDEKIND, R.: Ein Leben so normal wie möglich führen... Zum Normalisierungskonzept in der Bundesrepublik Deutschland und in Dänemark. Empirische Untersuchungen zum Normalisierungskonzept. Marburg 1985.

WINKLER, M.: Stichworte zur Antipädagogik. Elemente einer historisch-systematischen Kritik. Stuttgart 1982.

WOCKEN, H.: Das Aufnahmeverfahren für die Integrationsklassen in Hamburg. Hamburg 1985 (in diesem Band).

YOUNISS, J.: Die Entwicklung und Funktion von Freundschaftsbeziehungen. In: EDELSTEIN, W. & KELLER, M. (Hrsg.): Perspektivität und Interpretation. Beiträge zur Entwicklung des sozialen Verstehens. Frankfurt 1982, 78 - 109.

TEIL IV:

EINZELFRAGEN SCHULISCHER INTEGRATION

Hans Wocken

DAS AUFNAHMEVERFAHREN FÜR DIE INTEGRATIONSKLASSEN IN HAMBURG

1. Zielsetzung

Im Sonderschulbereich sind Überweisungsverfahren wissenschaftlich begründete und verwaltungsrechtlich geregelte Prüfverfahren, ob eine sonderschulbedürftige Behinderung vorliegt und welche Sonderschule ein behindertes Kind pflichtgemäß zu besuchen hat. Im Unterschied zu Sonderschulen als Pflichtschulen haben Integrationsklassen und -schulen Angebotscharakter. Die Aufnahme in eine integrative schulische Einrichtung hängt keineswegs zuallererst von den Persönlichkeitsmerkmalen der Kinder ab. Grundlegende Aufnahmebedingung ist vielmehr die freie Entscheidung der Eltern für eine integrative schulische Förderung. Integrative Schulen sind durch die Zustimmung und Einwilligung aller Beteiligten legitimiert. Sonderschulen dagegen sehen sich einem erheblichen Legitimationsdruck ausgesetzt; ihnen wird der Nachweis abverlangt, ob sie mit hinreichender Rechtfertigung das Fördermonopol für behinderte Kinder beanspruchen können und ob deshalb für behinderte Kinder der Besuch einer Sonderschule verpflichtend gemacht werden kann. Die Fragestellung im Überweisungsverfahren für Pflichtschulen lautet, ob ein behindertes Kind die Sonderschule besuchen **muß**. Die veränderte Fragestellung im Aufnahmeverfahren für Angebotsschulen dagegen lautet, welche behinderten Kinder aufgenommen werden **können**.

Das Aufnahmeverfahren hat drei Aufgaben zu erfüllen:

Erstens ist zu prüfen, ob das angemeldete Kind wirklich ein Kind mit einem besonderen Förderbedarf ist. Es muß mit anderen Worten festgestellt werden, ob eine sonderschulbedürftige Behinderung vorliegt, denn die knappen Grundschulplätze für behinderte Kinder können rechtens nur Kindern mit einer attestierten Behinderung zugesprochen werden (PREUSS-LAUSITZ 1985).

Zweitens ist abzuklären, worin der besondere Förderbedarf des behinderten Kindes besteht und ob diesem besonderen Förderbedarf in der Integrationsklasse entsprochen werden kann.

Drittens ist zu entscheiden und zu begründen, welche

behinderten Kinder aufgenommen werden und welche behinderten Kinder abgewiesen werden müssen. Aus dem fortdauernden Mißverhältnis zwischen der erheblichen Nachfrage bei den Eltern behinderter Kinder und dem begrenzten Angebot an integrierten Schulplätzen erwächst integrationswilligen, nichtaussondernden Grundschulen der paradoxe und schmerzliche Auftrag zur Selektion behinderter Kinder.

Im Hamburger Modellversuch unterliegt die Aufnahme der behinderten Kinder keinen grundsätzlichen Einschränkungen. Keine Behinderungsart und kein Behinderungsgrad ist a priori von der Aufnahme in die Grundschule ausgeschlossen. Dieses offene, nichtrestriktive Aufnahmekriterium entschärft das Selektionsproblem keinesfalls; im Gegenteil, denn je weiter die Aufnahmetoleranz, desto größer auch die potentielle Nachfrage und desto schwieriger folglich die Auswahl der Wenigen.

Das geltende Aufnahmekriterium, ob ein behindertes Kind in einer Integrationsklasse "seinen Möglichkeiten entsprechend" gefördert werden kann, läßt erkennen, daß "Integrationsfähigkeit" ein relationaler Begriff ist, der etwas über das Verhältnis von Kind und Schule sagt. "Integrationsfähigkeit" kann nicht allein am behinderten Kind und auch nicht an der pädagogischen Qualität der Grundschule festgemacht werden. Die "Integrationsfähigkeit" von Kindern ist abhängig von der "Integrationsfähigkeit" von Schulen. "Integrationsfähigkeit" ist dann gegeben, wenn die Entwicklungsmöglichkeiten und Förderbedürfnisse behinderter Kinder einerseits und die Förderkompetenzen und pädagogischen Ressourcen der Schule andererseits in einem stimmigen Verhältnis zueinander stehen. "Integrationsfähigkeit" meint die stets neu zu leistende praktische Aufgabe, den Förderbedarf einer Lerngruppe und die Förderressourcen der schulischen Umwelt aufeinander abzustimmen. Es muß eine befriedigende Passung von individuellem Förderbedarf der Kinder mit dem pädagogischen Förderangebot der Schule hergestellt werden. In diesem Sinne gilt der allgemeine Grundsatz:

> Jedes behinderte Kind, das in Sonderschulen gefördert werden kann, kann auch in allgemeinen Schulen gefördert werden. Grundsätzlich ist jedes behinderte Kind "integrationsfähig", weil grundsätzlich jede Schule "integrationsfähig" gemacht werden kann.

Das relationale Verständnis von "Integrationsfähigkeit" hat Konsequenzen für das diagnostische Vorgehen. Das diagnostische Vorgehen darf sich nicht einseitig auf das behinderte Kind konzentrieren, sondern muß ebenso die gegebenen und gegebenenfalls zu verändernden Förderbedingungen ins Auge fassen. Für die praktische Herstellung einer wechselseitigen "Integrationsfähigkeit" von behindertem Kind und aufnehmender Schule "reicht daher die Diagnose der Behinderung (kindbezogene Diagnose) nicht aus, sondern sie muß ergänzt werden durch eine Erkundung der schulischen Lernumwelt des Kindes und der Möglichkeiten zu ihrer integrationswirksamen Veränderung (umfeldbezogenen Diagnose)" (SANDER 1986, 196).

2. Praxis des Aufnahmeverfahrens

Die Eltern behinderter Kinder melden ihr schulpflichtiges Kind bei einer Grundschule, die auch Integrationsklassen führt, zur Einschulung an. Nach Ablauf der Anmeldetermine für Schulanfänger werden für jede neue Integrationsklasse eigene Aufnahmekommissionen gebildet, denen jeweils der Leiter der aufnehmenden Grundschule, ein Grundschullehrer, ein Sonderschullehrer und eine "Vertrauensperson der Eltern" angehören. Die Beteiligung der Schulleiter ist in ihrer gesetzlichen Zuständigkeit für die Aufnahme und Gruppierung der Schulanfänger begründet. Als Grundschullehrer nimmt soweit möglich schon der künftige Klassenlehrer der neuen Integrationsklasse teil. Der mitwirkende Sonderschullehrer sollte nach Möglichkeit diagnostische Kompetenzen für jene Behinderungsarten, die zur Aufnahme anstehen, mitbringen. Die Beteiligung einer "Vertrauensperson der Eltern" geht auf Forderungen von Elterninitiativen zurück, die allen gutachterlichen Gremien und Prozeduren mit Skepsis und Mißtrauen begegneten. Bislang haben diese Rolle eines Ombudsmanns der Eltern Mitglieder der Wissenschaftlichen Begleitung und andere externe sachkundige Personen (Ärzte, Psychologen) wahrgenommen.

Die erste Sitzung der Aufnahmekommission gilt vor allem der Selbstverständigung der Mitglieder über ihren Auftrag, ferner der Sichtung aller vorliegenden Anträge und schließlich der Klärung von Termin- und Verfahrensfragen. In der Regel wird sodann ein dreiphasiges Vorgehen praktiziert: Zuallererst suchen die Mitglieder der Aufnahmekommisssion die behinderten Kinder in ihrem gewohnten pädagogischen Kontext, also etwa im Sondertagesheim oder im Kindergarten, auf. Der Beobachtung des behinderten Kindes folgen anschließend eingehende Gespräche mit den bisherigen Erziehern und Therapeuten. In der abschließenden Phase werden intensive Gespräche mit den Eltern über ihr Kind und über ihre pädagogischen Motive und Erwartungen geführt.

Parallel zum dreiphasigen Untersuchungsverfahren nehmen die Mitglieder der Kommission alle psychologischen Gutachten und pädagogischen Entwicklungsberichte zur Kenntnis, die bei den behinderten Kindern meistens zahlreich vorliegen. Die Schlußberatung der Aufnahmenkommission gilt der schwierigen Entscheidungsfindung, welche behinderten Kinder aufgenommen bzw. nicht aufgenommen werden, und der Erarbeitung von begründeten Empfehlungen, welche sonderpädagogischen Fördermaßnahmen bei Aufnahme der vorgeschlagenen Kinder zu gewährleisten sind. Die Beratungsergebnisse der Aufnahmekommission werden in einem Untersuchungsbericht der Behörde für Schule schriftlich übermittelt und auch den Eltern der behinderten Kinder mit Entscheidungsvorbehalt umgehend mitgeteilt.

Der schriftliche Untersuchungsbericht versteht sich nicht als ein psychodiagnostisches Gutachten über einzelne behinderte Kinder. Die Empfehlungen der Aufnahmekommission beziehen sich immer auf die gesamte Gruppe der behinderten Kinder, Einzelgutachten werden nicht angefertigt. Das konstitutive, handlungsleitende Prinzip des Aufnahmeverfahrens ist nicht die Lösung eines psychodiagnostischen Problems, sondern die Bearbeitung einer pädagogischen Fragestellung (s. Aufgabe 2). Auf testdiagnostische Untersuchungen jeder Art konnte in den Aufnahmeverfahren für die Hamburger Integrationsklassen bislang gänzlich verzichtet werden; zum einen deshalb, weil über die behinderten Kinder nicht selten bereits umfängliche diagnostische Akten vorliegen, zum anderen aber auch, weil der Beitrag einer objektivierenden Statusdiagnostik für die Bestimmung künftiger pädagogischer Aufgaben als gering eingeschätzt wird (SCHLEE 1985; KORNMANN, MEISTER & SCHLEE 1986). Die Güte der prognostischen Empfehlung, daß ein behindertes Kind in einer Integrationsklasse "seinen Möglichkeiten entsprechend" gefördert werden kann, hängt ab von der diagnostischen Qualität der "Langzeitbeobachtungen" von Eltern und Erziehern sowie von dem auf praktische Erfahrung und pädagogische Phantasie gegründeten Urteilsvermögen der Aufnahmekommission.

3. Erfahrungen

Im Rahmen einer knappen Würdigung des etablierten Aufnahmeverfahrens können folgende Einschätzungen angeführt werden:

Das wenig formalisierte Verfahren gewährt unverzichtbare Spielräume für produktive Entwicklungen und notwendige Anpassungen. In der gegenwärtigen Form ist das Aufnahmeverfahren sehr zeitintensiv; bei einer wachsenden Anzahl von Anmeldungen werden zeitsparende Änderungen unabdingbar.

Das Aufnahmeverfahren ist durch ein hohes Maß an Alltagsnähe, Problembetroffenheit und bejahter Subjektivität gekennzeichnet. Im Verfahren haben die betroffenen Personen - Kinder, Eltern und Lehrer - direkten Umgang miteinander. Die Kommissionsmitglieder sind keine distanzierten Gutachter, die diagnostischen Situationen haben vielfach Begegnungscharakter, die Aufnahmeentscheidungen werden persönlich verantwortet und mitgetragen. Dem künftigen Integrationsklassenlehrer werden behinderte Kinder nicht ungefragt aufgebürdet, sondern die Aufnahme des behinderten Kindes beginnt mit der persönlichen Zustimmung und subjektiven Annahme durch den Klassenlehrer. In diesem Sinne darf das Aufnahmeverfahren auch als Annahmeverfahren bezeichnet werden: Es kommt nicht primär darauf an, das behinderte Kind diagnostisch zu prüfen, sondern es human anzunehmen und so zu akzeptieren, wie es ist.

Von Sonderschulbedürftigkeit bedrohte Kinder haben geringere Chancen auf einen Integrationsplatz. Es wäre einerseits sachlich ungerechtfertigt und für die betroffenen Eltern vollends unzumutbar, wenn man ein entwicklungsgefährdetes oder -retardiertes Kind nur deshalb mit dem prognostischen Etikett "Behinderung" ausstattete, damit es eine sichere Anwartschaft auf einen Integrationsplatz erwirbt. Die Aufnahme sonderschulgefährdeter, noch nicht sonderschulbedürftiger Kinder als "behindert" andererseits aber trüge dem Modellversuch den Verdacht ein, es würden wählerisch nur "leichtere Fälle" der Behinderten aufgenommen und schwerer behinderte Kinder den Sonderschulen überlassen.

LITERATUR

KORNMANN, R., MEISTER, H. & SCHLEE, J. (Hrsg.): Förderungsdiagnostik. Rheinstetten: Schindele 1986, 2. Auflage

PREUSS-LAUSITZ, U.: Statt Sonderschulen: Schulen ohne Aussonderung. Über das Konzept einer gemeindenahen, integrierten Schule. päd. extra 1985, Heft 5, 17 - 20

SANDER, A.: Ein Entwurf für Richtlinien zur Förderung der schulischen Integration behinderter Kinder und Jugendlicher in einem Bundesland. Behindertenpädagogik 1986, 194 - 196

SCHLEE, J.: Kann Diagnostik beim Fördern helfen? Z. Heilpädagogik 1985, 153 - 165

Hans Wocken

ELTERN UND SCHULISCHE INTEGRATION

Meinungen und Einstellungen von Eltern zur gemeinsamen Unterrichtung von behinderten und nichtbehinderten Kindern

1. Einleitung

Zum Schuljahrsbeginn 1983 wurden in Hamburg an Grundschulen in Bergedorf, Nettelnburg und Wandsbek die ersten 3 Integrationsklassen eingerichtet, in denen behinderte und nichtbehinderte Kinder gemeinsam unterrichtet werden. In den folgenden Schuljahren wurden Schritt für Schritt weitere Grundschulen aus anderen Stadtteilen in das Reformprojekt einbezogen: 1984/85 Lurup und Winterhude; 1985/85 Neuwiedenthal und Poppenbüttel; 1986/87 Eimsbüttel, Farmsen und Langenhorn. Innerhalb von nur 4 Jahren ist mit 22 Integrationsklassen an 10 Grundschulen in Hamburg der größte Schulversuch dieser Art in der Bundesrepublik entstanden.

Die Einrichtung dieser Integrationsklassen und die rasche Entwicklung einer bedeutsamen Grundschulreform sind in erster Linie der Initiative von Eltern zu verdanken. Seit dem Jahr der Behinderten 1981 haben sich, angeregt durch eine engagierte Schenefelder Elterngruppe (KÖHLING, HAARMANN & ROEDER 1984), in vielen Stadtteilen Hamburgs Elterninitiativen gebildet, die sich im Dezember 1983 zu einer Arbeitsgemeinschaft "Eltern für Integration" zusammenschlossen. 1985 legte die Hamburger Arbeitsgemeinschaft eine kleine Broschüre "Integration in Hamburg" vor, in der der Entwicklungsstand integrativer Arbeit in den Krippen, Kindergärten und Schulen der Hansestadt dokumentiert wird.

Im Oktober 1984 lud die Schenefelder Elterninitiative zum ersten bundesweiten Treffen nach Bremen ein. Vor über 200 Teilnehmern stellte BÄRSCH (1985, 4) fest: "Eine Bewegung ist in Schwung gekommen." Das 2. bundesweite Treffen der Elterninitiativen im Mai 1985 stand unter der Schirmherrschaft des Bundespräsidenten und führte zur offiziellen Gründung der Bundesarbeitsgemeinschaft "Gemeinsam leben - gemeinsam lernen. Eltern gegen Aussonderung behinderter Kinder" (ROSENBERGER 1985). Bereits ein halbes Jahr später folgte im November 1985 das 3. bundesweite Treffen in Saarbrücken. Mit dem Saarbrücker Treffen ist historisch verknüpft die Ankündigung des Kultusministers Breitenbach, im Saarland als erstem Bundesland landesweit überall dort, wo Eltern und Schule dies wünschen, die gemeinsame schulische Erziehung behinderter und nichtbehinderter Kinder politisch zu ermöglichen. Auch Nordrhein-Westfalen plant zum Schuljahrsbeginn 1986/87 eine "Schulreform von unten" (WITTMANN 1986); sofern die Kommunen als Schulträger die zusätzlichen Kosten übernehmen, soll im gesamten Lande eine gemeinsame Beschulung von Behinderten und Nichtbehinderten in Regelschulen möglich werden. Im Juni 1986 folgte schließlich das 4. Bundeselterntreffen in Rüsselsheim.

Die Entwicklung der schulischen Integration in Hamburg und im Bundesgebiet macht die politische Kraft einer neuen Basisbewegung deutlich. Die Eltern sind in der Tat für schulische Integration von grundlegender Bedeutung. Die erstmalige Einrichtung von Integrationsklassen und ihre weitere gedeihliche Entwicklung hängen nicht zuletzt davon ab, in welchem Maße die Eltern selbst diese Klassen bejahen und unterstützen.

Die skizzierte Bedeutung der Eltern für schulische Integration ist Grund genug, ihnen auch erziehungswissenschaftliche Aufmerksamkeit angedeihen zu lassen. Eine so weitreichende Reform der Grundschule kann, so wird man vermuten müssen, schlechterdings das Werk ganz gewöhnlicher Eltern sein. Die Untersuchungen der Meinungen und Einstellungen von Eltern des Hamburger Modellversuchs "Integrationsklassen" sind durch die neugierige Frage motiviert, was denn das für ungewöhnliche, "neue" Eltern sind, die fest etablierte bildungspolitische Strukturen in Bewegung bringen können. Ziel und Zweck der Untersuchungen bestehen zunächst schlichtweg darin, beschreibende Informationen über die Spezies "Eltern von Integrationsklassen" zu gewinnen und bereitzustellen - fernab und unbekümmert aller Erwägungen, welchen plausiblen Nützlichkeitswert und welche unmittelbare Anwendungsrelevanz dieses Faktenwissen haben mag.

Auch aufgeklärten Zeitgenossen erscheint eine freischwebende Wissenschaft, die einfach Wissen um des Wissens willen ohne handgreifliche Relevanz für die Bewältigung drängender Lebensprobleme produziert, suspekt. Legitimität und Sinn eines scientifischen Erkenntnisinteresses sollen deshalb in einem kleinen Exkurs verständlich gemacht werden.

Auf der Fachtagung "Schulschwache Kinder in der Grundschule" in Berlin 1983 ging MÖCKEL, Professor für Heilpädagogik, der Frage nach, ob Integration wirklich ein Anliegen der Eltern sei. Seine Antwort: "Eltern, so sollte man meinen, müßten den Integrationsgedanken am eifrigsten verfolgen. Das stimmt nicht. ... Besonders Eltern von geistig behinderten und sinnesgeschädigten Kindern fragen sich, ob sich die Situation ihrer Kinder bei einer Integration im Unterricht wirklich verbessert. Vor rund 25 Jahren mußten die Eltern geistig behinderter Kinder initiativ werden und die 'Lebenshilfe' gründen, um überhaupt Schulen für ihre Kinder zu schaffen. Die Schultüren der Schule für lernbehinderte Kinder waren ihnen verschlossen. Nun sollen auf einmal die Türen der Grundschule sich auftun? Das macht die Eltern mißtrauisch. ... Von den Eltern behinderter Kinder ist kein Druck ausgegangen" (MÖCKEL 1983, 22). Demgegenüber stellt PREUß-LAUSITZ fest: "Erstmals in der deutschen Schulgeschichte gibt es eine größere Elternbewegung für die gemeinsame Erziehung behinderter und nichtbehinderter Kinder" (1985, 21). Offensichtlich sind dies unterschiedliche Feststellungen zum gleichen Sachverhalt. Wissenschaft ist eine gesellschaftliche Einrichtung, die durch Anwendung von Methoden nachprüfbare Aussagen herzustellen hat. Der Wert wissenschaftlicher Aussagen bemißt sich vorab an ihrer Richtigkeit und und erst dann an ihrer Nützlichkeit. Zutreffende Sachaussagen, deren Gebrauchswert noch offen ist, sind allemal wertvoller als Informationen, die zwar in hohem Maße verwertungs- und anwendungsrelevant, aber bedauerlicherweise falsch sind.

Eine weitere Begründung und Sinngebung erfahren die Untersuchungen der Meinungen und Einstellungen von Integrationsklasseneltern aus ihrer Funktion als evaluatives Feedback für den Hamburger Modellversuch. Die Elternbefragung soll zur Beurteilung der bisherigen Arbeit beitragen und zugleich Hinweise zu Verbesserung der künftigen Arbeit geben.

Die Bedeutung deskriptiver Aussagen für die Gestaltung einer innovativen Praxis mag durch folgenden Hinweis einsichtig werden. Als wesentliche Voraussetzung für das Gelingen einer integrativen Erziehung nennt BÄRSCH (1985, 7): " Die an dieser Erziehung Beteiligten müssen dazu eine positive Einstellung haben. Das sind Eltern, Lehrer und Bildungsbeamte. Bei negativer Einstellung m u ß der Versuch mißlingen." Bildungspolitiker, Projektbeteiligte und -verantwortliche müssen daran interessiert sein, wie eine Reform, die sie zunächst nicht aus eigenem Antrieb, sondern um der Eltern und ihrer Kinder willen betreiben, denn nun ankommt. Für den Hamburger Modellversuch "Integrationsklassen" ist von aufschlußreicher Bedeutung, was die Eltern als "Auftraggeber" dieses Schulversuchs nun von dessen Realisierung halten.

Die angegebenen Untersuchungsziele - Erweiterung des Kenntnisstandes über Integrationsklasseneltern und Ermittlung eines Meinungsbildes als evaluative Rückmeldung für den Modellversuch - erfordern eine beschreibende Untersuchung. Der im folgenden Kapitel dargestellte Forschungsstand wird eh sichtbar machen, daß weder ausgearbeitete theoretische Entwürfe noch zureichende empirische Befunde vorliegen, aus denen überprüfbare Hypothesen abgeleitet werden könnten. Im übrigen folgt der Aufbau der Arbeit dem bekannten Gliederungsschema erfahrungswissenschaftlicher Untersuchungsberichte.

2. Stand des Problems

2.1 Theoretische Problemskizze

Die vorliegende Arbeit trägt den Titel: Eltern und schulische Integration. In einer knappen Problemanalyse soll der Frage nachgegangen werden, was Eltern und integrative Schule miteinander zu tun haben und inwiefern beide in einer bedeutungsvollen Beziehung zueinander stehen. Die theoretischen Überlegungen lassen sich dabei von einer doppelten Fragestellung leiten: Erstens wird gefragt, welche Bedeutung eine integrative Schule für die Eltern hat (2.1.1), und zweitens ist umgekehrt zu ergründen, welche Bedeutung die Eltern für eine integrative Schule haben (2.1.2).

2.1.1 Die Bedeutung integrativer Schulen für Eltern

Mehr und mehr Eltern von Kindern mit und ohne Behinderungen wollen ihre Kinder gemeinsam unterrichtet und erzogen wissen. Das entschiedene Eintreten der Eltern für schulische Integration hat vielfältige Gründe. Als wichtigste Beweggründe können (1.) pädagogische, (2.) politische und (3.) emanzipatorische Motive genannt werden.

1. Was Eltern behinderter und nichtbehinderter Kinder zusammenführt und verbindet, ist das gemeinsame Interesse an einer veränderten, besseren Schule. Wenn behinderte Kinder gemeinsam mit nichtbehinderten zur Schule gehen, dann kann diese Schule schlechterdings so bleiben wie sie ist. Die Teilnahme von körperbehinderten Kindern am gemeinsamen Sportunterricht, von sprachbehinderten Kinder am Klassengespräch, von geistigbehinderten Kindern an sachkundlichen Unterrichtsvorhaben oder von lernbehinderten Kinder am Erstlesen - all dies ist nur möglich und vorstellbar, wenn dieser gemeinsame Unterricht sich verändert und einläßt auf die speziellen Lernprobleme und -möglichkeiten der behinderten Kinder.

Üblicherweise werden durch Behinderungen bedingte Unterrichtsprobleme gleichsam den behinderten Kindern selbst angelastet und dem Verursacherprinzip folgend durch Ausgrenzung derjenigen, die Schwierigkeiten machen, gelöst. Diese historische Bewältigungsform von behinderungsbedingten Unterrichtsproblemen hat in einer integrativen Schule ausgedient und ihr Recht verloren. Aussonderung steht als pädagogische Maßnahme einer integrativen Schule nicht mehr zur Verfügung. Die Schule muß sich nun wohl oder übel auf die Schwierigkeiten der Kinder einlassen. Wenn die Passung zwischen den Entwicklungsbedürfnissen und -möglichkeiten behinderter Kinder und den schulischen Angeboten nicht mehr stimmt, dann ist - in der Sprache Piagets - eine Akkomodation der schulischen Umwelt an die Kinder geboten. Eltern behinderter und nichtbehinderter Kinder erwarten daher mit guten Gründen, daß behinderte Kinder den Unterricht verändern werden und die Schule sich insgesamt mehr den Kindern zuwendet. Ihr pädagogisches Motiv kann man so formulieren: Die Schule soll für die Kinder dasein, sie möge im Interesse und zum Nutzen aller Kinder mit und ohne Behinderungen eine kinderfreundliche, schülerorientierte Schule sein.

Über die Gestalt dieser neuen kinderzugewandten Schule gibt es freilich wenig konkrete Vorstellungen und kaum ausgearbeitete Konzepte. Die Eltern folgen aber eh nicht einer ausformulierten Theorie, sondern einem inneren Gefühl, dem Gefühl des Unbehagens an der Schule. Die Eltern sind in Sorge, daß die Schule unbekümmert von den Kindern immer mehr und mehr Leistungen verlangt, damit aus ihnen einmal etwas wird, und daß sie dadurch die Kindheit den Anforderungen einer ungewissen, offenen Zukunft unterwirft. Die Schule von heute ist längst nicht mehr ein mußevoller, anregender Lebens- und Erfahrungsraum für Kinder, sondern eine verflixt ernste, schicksalsträchtige Prüfungs- und Bewährungssituation. In der Entschulungsdiskussion (ILLICH 1973) und in der Antipädagogik (BRAUNMÜHL 1975) ist dieser Vorstellungszusammenhang theoretisch näher entfaltet.

Integrationseltern geht es nun beileibe nicht um eine radikalalternative, entschulte und antipädagogische Schule, sondern viel schlichter um die Wiedergewinnung und Erhaltung vernünftiger Balancen im Spannungsgefüge polarer pädagogischer Ziele: Nicht nur Kultivierung der Leistungen, sondern auch Vermittlung sozialer Erfahrungen; neben dem Erwerb von Wissen und Kenntnissen auch Einübung selbständigen Denkens und verantwortlichen Handelns; außer lernen auch leben; nicht ausschließlich Vorbereitung auf ein künftiges Leben, sondern auch Gewährung einer erfüllten Gegenwart; neben

Wissenschaftsorientierung auch Alltags- und Lebensweltbezogenheit; Berücksichtigung gesellschaftlicher Lernerwartungen und zugleich altersgemäßer Entfaltungsbedürfnisse; Förderung individueller Tüchtigkeit ebenso wie Wertschätzung gemeinschaftlicher Leistungen und sozialer Gegenseitigkeit; ganzheitliche Bildung von Kopf, Herz und Hand; Erschließung der gesellschaftlichen Wirklichkeit und Hilfen zum Aufbau persönlicher Identität; rhythmischer Wechsel von Spiel, Gespräch, Arbeit und Feier; lebenspraktische Ertüchtigung und künstlerisch-ästhetische Bildung.

Die Andeutungen mögen genügen. Die neue Schule soll eine wahrhaft allgemeinbildende Schule (KLAFKI 1985) sein. Allein eine allgemeinbildende, vielfältige Schule kann jedem Schüler, auch dem schwachen, das Seine bieten und allen Schülern eine umfassende Entfaltung aller Kräfte ermöglichen.

Daß die mächtige Institution Schule auf das schwache Kind zuzugehen bereit ist und allen Kindern mit und ohne Behinderungen einen vielfältigen Lebens- und Erfahrungsraum zur Entfaltung aller subjektiven Möglichkeiten anbieten will, diese pädagogische Reformidee ist den Eltern wichtig und nimmt sie für Integration ein. In der Leitidee einer allgemeinen, vielfältigen Bildung liegt die pädagogische Bedeutung integrativer Schulen für ihre Eltern. "Eine behindertengerechte Schule ist immer zugleich auch eine kindergerechte Schule" (BÄRSCH 1985).

2. Eine weitere Bedeutung gewinnen integrative Schulen für Eltern aus politischen Motiven. Zeitgeschichtliche und persönliche Erfahrungen haben manche Eltern sensibler werden lassen für Verletzungen der Menschenwürde, die aus Besonderungen und Ausgrenzungen von Menschen erwachsen. Die Diskriminierung Schwarzer in Südafrika, die Psychiatrisierung Oppositioneller in der Sowjetunion, das Holocaust der Juden und Zigeuner, Sterilisation und Euthanasie Behinderter im Faschismus - das sind ausgewählte tagespolitische und geschichtliche Ereignisse, die Unverständnis, Widerspruch, Entsetzen und Zorn auslösen. Aus Ereignissen der beschriebenen Art haben viele eine Lektion gelernt: Der stigmatisierenden Besonderung von Menschen folgen in der Regel sozialer Ausschluß und institutionelle Aussonderung auf dem Fuße. Je weiter sich dann die politischen Strukturen und Verhältnisse von demokratischen und rechtsstaatlichen Grundprinzipien entfernen, desto unvermittelter schlägt der Prozeß der Besonderung und Aussonderung dann um in offene Unterdrückung,

Verfolgung und Vernichtung der "Sonderlinge".

Mit Beschämung und Bestürzung muß man zur Kenntnis nehmen, daß im Ernstfall des Faschismus sonderpädagogische Einrichtungen sich nicht als Schutz- und Trutzburgen ihrer Klientel bewährt haben. Wie die jüngere Geschichtsforschung lehrt (BERNER 1984 und 1985), haben die sonderpädagogischen Institutionen, die doch die stellvertretende Interessenwahrnehmung für sich reklamieren, durch stillschweigende Mitwisserschaft, ideologisches Mitläufertum und gehorsame Dienstbefohlenheit sich der Verbrechen an behinderten Menschen mitschuldig gemacht. Mutige Widerstandskämpfer, die um der Behinderten willen Leib und Leben wagten, sind in den Reihen der Sonderpädagogen rar. Die Sonderpädagogik befand sich zum überwiegenden Anteil im Strom der Zeit, ein flammender Aufschrei gegen den allgewaltigen Trend der barbarischen Ausmerzung von "Ungeziefer" ist aus sonderpädagogischen Provinzen nicht vernommen worden.

Wie kann dieser unheilvolle Prozess der Aussonderung aufgefangen und verhindert werden? Vor allem gilt es den Anfängen zu wehren, der anthropologischen Besonderung von Menschen als Wesen besonderer Art. Nottut die stetige Verlebendigung und Bekräftigung eines Menschenbildes, das als kulturelles Erbe und Vermächtnis der Aufklärung Eingang in die Menschenrechtskataloge demokratischer Staatsverfassungen gefunden hat. Die konstitutiven Elemente eines integrativer Erziehung angemessenen Menschenbildes können mit einigen Artikeln des Grundgesetzes benannt werden; sie werden hier absichtlich verfremdet angeführt:

> Die Würde des Behinderten ist unantastbar. Sie zu achten und zu schützen ist Verpflichtung aller staatlichen Gewalt. (Artikel 1 GG)
>
> Behinderte haben das Recht auf freie Entfaltung ihrer Persönlichkeit. (Artikel 2 GG)
>
> Behinderte und Nichtbehinderte sind vor dem Gesetz gleich. Niemand darf wegen seiner Behinderung oder wegen seiner Normalität bevorzugt oder benachteiligt werden. (Artikel 3 GG)

Dieses Menschenbild, das allen Menschen grundsätzlich gleiche Würde zuerkennt und keine ontologischen Wertunterschiede zwischen Menschen macht, vermag eine integrative Erziehungs- und Bildungsarbeit zu begründen. Es wird konkret eingelöst und praktisch verwirklicht durch gesellschaftliche und pädagogogische Institutionen, die allen Mechanismen der Aussonderung abschwören. Die konsequente bildungspolitische Verwirklichung des Menschenbildes ist die Schule für alle, "die alle Kinder und Jugendlichen ohne das Mittel des Ausschlusses zu erziehen und zu bilden, zu lehren und zu unterrichten vermag" (FEUSER 1986, 23).

Eine integrative Schule ist den Eltern wichtig, weil nur eine Schule für alle ihren humanistischen und demokratischen Grundüberzeugungen entspricht. Die Schule ohne Aussonderung ist das pädagogische Gegenstück einer demokratischen Gesellschaft ohne Randgruppen. Schulische Integration bedeutet den Eltern die politische Sicherung und Einlösung einer menschlicheren Gesellschaft, die sich allen Benachteiligten im Bewußtsein gleicher, unverletztlicher Menschenwürde solidarisch verbunden weiß. Daß Erziehung zur Mitmenschlichkeit rundherum nichts mit Humanitätsduselei zu tun hat, macht ein unvergeßliches Wort von ADORNO (1970, 92) deutlich: "Die Forderung, daß Auschwitz nicht noch einmal sei, ist die allererste an Erziehung. ... Jede Debatte über Erziehungsideale ist nichtig und gleichgültig diesem einen gegenüber, daß Auschwitz nicht sich wiederhole."

3. Schließlich können integrative Einrichtungen für Eltern eine emanzipatorische Bedeutung haben. Dies gilt insbesondere für die Mütter, die mit wenigen Ausnahmen immer noch die Hauptlast der Kindererziehung tragen. Für Mütter sind integrative Elterngruppen eine nicht gering zu schätzende Möglichkeit zu emanzipatorischer Selbstverwirklichung. Elterngruppen und Elternmitarbeit in Schulen sind Aktionsfelder neben Familie und Haushalt, die sich mit familialen Anforderungen und Verpflichtungen ohne schlechtes Gewissen vereinbaren lassen. Die Eltern gewinnen in Initiativen Mut zu öffentlichem Auftreten, Sicherheit im Umgang mit Behörden und Politikern und Vertrauen zu sich selbst. Sie entdecken bei sich selbst unbekannte und ungenutzte Fähigkeiten, und sehen in Initiativen die Chance, sich gemeinsam durch kooperative Anstrengungen für eine lohnende Sache weiterzuentwickeln (BUSCHBEK, ERNST & REBITZKI 1982). ROEBKE (1986, 11) charakterisiert die "neuen" Mütter so: "Sie sind im Umgang mit ihrer Umwelt (Familie, Freunde, Nachbarn, Fremde) wesentlich offener, mutiger, auch ungeduldiger und aggressiver als ihre 'Schwestern' noch vor zehn, fünfzehn Jahren. ... Selbstbewußt im Gerangel mit Fachleuten und Behörden; sich nicht unterkriegen lassen, nicht aufgeben; wenn nötig, Kritik

anbringen; sich Mitstreiter suchen; Solidarität mit anderen Müttern üben."

Insonderheit Mütter behinderter Kinder sehen in integrativen Kontexten Chancen persönlicher Emanzipation. Familien mit behinderten Kindern werden nicht selten von Freunden und guten Bekannten einmal eingeladen, und dann nicht wieder. Nach vielen deprimierenden Erfahrungen verläßt auch couragierte Eltern schließlich der Mut, mit einem sabbernden Kind ein Restaurant aufzusuchen. Zahlreiche Termine bei Ärzten, Therapeuten und sozialen Diensten lassen wenig Zeit für die Pflege freundschaftlicher Beziehungen, für einen vergnüglichen Einkaufsbummel oder für rekreative Freizeitaktivitäten im geselligen Kreis. Was Eltern behinderter Kinder bedrückt und Angst macht, ist die drohende Vereinsamung. Die "neuen" Mütter treten entschlossen den Kampf gegen die Gefahr der eigenen sozialen Isolation an. "Von Anfang an stand für mich fest: Ich wollte auf keine Fall eine 'behinderte' Mutter werden, der alle Freuden des Lebens von jetzt ab untersagt sind; deren einzige Aufgabe und Pflicht es ist, sich für ihr behindertes Kind aufzuopfern. Das war für mich keine Lösung. Was auch kommen würde, ich wollte den Kampf aufnehmen, für mein Kind, aber nicht zuletzt auch für mich selbst" (ROEBKE 1986, 10).

Für Eltern behinderter Kinder sind deshalb Integrationsinitiativen nicht pure Zweckbündnisse, um schulische Integration der Kinder zu erwirken und zu unterstützen. Sie erhoffen sich von integrativen Elterninitiativen auch Chancen zu befriedigenden persönlichen Kontakten, Gelegenheiten zum wechselseitigen Austausch von Ansichten und Erfahrungen, Möglichkeiten zum genußvollen Erleben von Lebensfreuden ebenso wie zur hilfreichen Verarbeitung von belastenden Problemen. Integrative Schulen können auch für die Eltern hoffnungsvolle Anküpfungspunkte sein, um den Kontakt zur Mitwelt und zum Leben nicht zu verlieren.

Zusammenfassend: Die Bedeutung integrativer Schulen für Eltern besteht pädagogisch in einer kindergerechten, vielfältigen, allgemeinbildenden Schule für alle Kinder mit und ohne Behinderungen; politisch in der Verwirklichung und Einübung einer mitmenschlichen Gesellschaft, die der gleichen, unveräußerlichen Würde aller Menschen wegen sich zur unverbrüchlichen Solidarität mit Behinderten und Benachteiligten bekennt und keinen sozialen Ausschluß duldet; schließlich persönlich in den emanzipatorischen Chancen, die integrative Eltern-Selbsthilfegruppen eröffnen.

2.1.2 Die Bedeutung der Eltern für integrative Schulen

Nun soll umgekehrt nach der Bedeutung der Eltern für integrative Schulen gefragt werden: Wofür brauchen integrative Schulen die Eltern? Im wesentlichen sind es (1.) politische, (2.) rechtliche und (3.) pädagogische Gründe, die die Angewiesenheit nichtaussondernder Schulen auf Eltern ausmachen.

1. Die geschichtlichen Anfänge integrativer Einrichtungen in Berlin, die METTKE (1982) dargestellt hat, können die politische Bedeutung der Eltern am besten belegen. Integrative Kindergärten und Schulen sind in Berlin dem Umfeld basisdemokratischer Bewegungen entwachsen. In ideologischer und personeller Verknüpfung mit der Außerparlamentarischen Opposition kam in den frühen 70er Jahren in Berlin eine Kinderladen-Bewegung in Gang, die die bestehenden vorschulischen Einrichtungen für soziale Probleme zu sensibilisieren versuchte. Neben multinationalen Kindergärten, die sich um die Kinder ausländischer Familien kümmerten, und proletarischen Kinderläden, die sich dem Kiez und damit den Arbeiterfamilien öffneten, konstituierten sich auch "Therapeutische Eltern-Kind-Gruppen", die sich der gemeinsamen Erziehung von behinderten und nichtbehinderten Kindern annahmen. Für die Gründergeneration des Kinderhauses Friedenau, Hedwigstraße 13, waren nach METTKE ein weitgehender allgemeinpolitischer Konsens, eine streng rätedemokratische Regelung aller inneren und äußeren Angelegenheiten und ein starker Elternrat, der im Rotationsverfahren von allen Gruppen beschickt wurde, charakteristisch. Die schon etwas verstaubten Reizworte können brave Bürger heutigentags nicht mehr schrecken, sie signalisieren immerhin die politische Verortung der Berliner Integrationsgeschichte im Spektrum fundamentaldemokratischer, linker Bewegungen.

Die geschichtlichen Quellen und Anfänge der Integration legen die politische Bedeutung der Eltern in lapidarer Weise offen: "Die Bedeutung der Eltern-Arbeit für die schulische Integration an der Flämingschule war konkret die, daß es ohne sie das Projekt nicht gäbe" (METTKE 1982, 38).

Nach dem Muster Berlins vollzog sich, freilich mit einem anderen ideologischen Background, die Genese von schulischen Integrationsprojekten auch an anderen Orten in der Bundesrepublik. Ohne den organisierten und artikulierten Elternwillen wäre vielerorts schulische Integration nie und nimmer Wirklichkeit geworden.

Die politische Potenz der Eltern ist keineswegs nur als Initialzündung integrativer Projekte vonnöten, sondern auch für die weitere Ausbreitung des Integrationsgedankens wichtig. Bildungspolitiker und Schulverwaltungen neigen in Sachen Integration derzeit immer noch zu einem behäbigen Konservatismus. Aus eigenem Antrieb und eigener Einsicht werden Integrationsprojekte selten begonnen oder ausgedehnt. Ohne die energische Nachfrage nach mehr Integration drohen hoffnungsvolle Modellversuche auf dem status quo einzufrieren und zu glanzvollen Prototypen ohne Chancen einer Serienfertigung zu verkommen. Manche allseits als erfolgreich eingestufte Schulversuche, so auch wohl der Hamburger Modellversuch "Sonderschullehrer an Grundschulen" (MALCHAU, NÖTZOLD, SCHIRMACHER & TEPP 1984), haben deshalb keine Breitenwirkung erzielen können, weil es an einer starken Lobby gefehlt hat.

In der bildungspolitischen Entwicklung der Bundesrepublik scheint durch die erste Offensive der Bann gebrochen. Mit viel Zeit und Kraft gelingt es Elterninitiativen immer häufiger, den Schulverwaltungen eine Integrationsklasse abzuringen. In Berlin und Hamburg wird schulische Integration mittlerweile in so breitem Umfang realisiert, daß damit eine über das Versuchsstadium hinausgehende, nicht mehr umkehrbare Entwicklung vorgezeichnet ist. Solange Integration jedoch nicht schulgesetzlich als Regelangebot gesichert ist, solange wird den Eltern ein unersetzliches Wächter- und Lobbyistenamt zukommen.

Diese politische Rolle können die Eltern besser wahrnehmen als all jene, die selbst im Betrieb Schule drinstecken und mannigfachen Loyalitäten dienstlich verpflichtet sind. "Schulleitung und Lehrer sind in der Regel gehalten, den nicht immer förderlichen Dienstweg zu gehen. Eltern sind das nicht. Sie können Wege gehen, die schnurstracks zum verantwortlichen Senator, zu parlamentarischen Gremien oder aber in die Öffentlichkeit führen" (METTKE 1982, 39). Um einer größtmöglichen Multiplikation integrativer Einrichtungen willen kann es daher keine politische Demission der Eltern geben. Die dialektische Aufgabenverteilung von Schule und Eltern hat METTKE (1982, 40) mit folgendem Bild beschrieben: "Die Rolle des den Karren ziehenden Gaules muß die Institution übernehmen, aber die betroffenen Eltern müssen, quasi als Integrations-Antreiber vom Dienst, auf dem Karren sitzen bleiben."

2. Der politischen Bedeutung der Eltern als Integrations-Lobby kann die rechtliche unmittelbar angeschlossen werden. Integrationsklassen sind schulrechtlich Schulversuche, denen in Hamburg und wohl auch anderenorts die Schulkonferenzen und die beteiligten Eltern zustimmen müssen. Integrative Schulen brauchen aus Gründen ihrer rechtlichen Legitimation die Einwilligung der Eltern, weil es ohne dieses freiwillige Jawort derzeit eine schulische Integration nicht geben kann. Überall dort, wo Schulkonferenzen und Eltern nicht mitmachen wollen, hat nach gegenwärtiger Rechtslage schulische Integration keine Chance. In Hamburg haben immerhin 3 Grundschulen per Konferenzbeschluß dem Begehren von Elterninitiativen eine Absage erteilt und ihre Anträge damit zu Fall gebracht.

Die Eltern haben der Rechtsproblematik schon sehr zeitig ihre Aufmerksamkeit gewidmet (ARBEITSSTELLE INTEGRATIVE FÖRDERUNG 1983; DIETZE 1985). Die gegenwärtigen schulgesetzlichen Regelungen und ihre amtliche Auslegung stützen das gegliederte Regel- und Sonderschulsystem und stehen schulischer Integration entgegen. Als illegitime und inakzeptable Entmündigung empfinden es die Eltern, daß im Sonderschulüberweisungsverfahren allein den amtlichen Instanzen Entscheidungsbefugnisse zugestanden werden. Aus dem grundgesetzlich verbrieften Recht, daß Pflege und Erziehung der Kinder eine zuvörderst den Eltern obliegende Pflicht ist (Artikel 6 GG), leiten die Eltern ein Mitbestimmungsrecht über den Bildungsweg ihrer Kinder ab. Dieser Rechtsauffassung entsprechend forderte die Bundesarbeitsgemeinschaft "Eltern für Integration" in der Bremer Resolution eine "Änderung der Schulgesetzgebung der Bundesländer, damit auch Eltern behinderter Kinder ein Recht auf freie Schulwahl haben und beanspruchen können" (ROSENBERGER 1985, 16).

Als Vorbild kann die Schulgesetzgebung der USA dienen, die schulische Integration aktiv fördert, ohne zugleich Sonderschulen per Dekret abzuschaffen (KLEBER 1984). Aber auch dann, wenn neue landesrechtliche Gesetze den Eltern ein Wahlrecht zubilligen, bleibt die erörterte rechtliche Bedeutung der Eltern für integrative Schulen voll erhalten. Integrative Schulen brauchen zu ihrer rechtlichen Legitimation Eltern, die diese Form schulischer Erziehung wollen und wählen. Einer generellen Verpflichtung aller Eltern, ihr Kind in eine integrative Schule zugeben, dürften verfassungsrechtliche Bedenken entgegenstehen. Das Recht auf freie Schulwahl ist ein allgemeines Recht und kann daher kein Privileg irgendeiner

Elterngruppierung sein.

3. Last not least ist die pädagogische Bedeutung der Eltern für integrative Schulen zu erörtern. An erster Stelle ist die Bildungsarbeit zu erwähnen, die die Eltern leisten und die der Schule zugutekommt. In Elterninitiativen haben sich die Eltern schon lange vor Schulbeginn zusammengefunden. Die regelmäßigen Treffen haben nicht nur unterhaltsame Alltagsgespräche, Lagebesprechungen, politische Strategien und Öffentlichkeitsarbeit zum Thema, sondern sind auch mit der Sache selbst, der gemeinsamen Erziehung behinderter und nichtbehinderter Kinder befaßt. Die pädagogischen Gespräche der Eltern über Kinder, Behinderungen und über Erziehung haben wegen ihres unmittelbaren Bezugs zu eigenen Erfahrungen und eigenem Erleben bildende Kraft. Durch Selbstbildung erwerben die Eltern Einstellungen, Haltungen und Orientierungen, die nicht allein der Erziehung der eigenen Kinder förderlich sind, sondern auch der sozialintegrativen Erziehung in der Schule die Wege bahnen. Sofern Elterngruppen der schulischen Erziehung vorangehen oder sie begleiten, kann die Schule mit pädagogisch aufgeschlossenen Eltern rechnen. Der unschätzbare Wert der pädagogischen Selbstbildung von Eltern wird möglicherweise erst dann so recht bewußt werden, wenn nachwachsende Elterngenerationen ohne eine gediegene Befassung mit der Sache, um die es geht, von schulischen Integrationsangeboten Gebrauch machen.

Der kostbarste Inhalt der pädagogischen Selbstbildung der Eltern ist ein neues Menschenbild, ein neues anthropologisches Verständnis von Behinderung: "Die 'neuen' Mütter sehen die Behinderung ihres Kindes nicht mehr als ausschließlichen Dreh- und Angelpunkt seiner und ihrer Existenz an. Für die 'neuen' Mütter ist ihr behindertes Kind zuallererst ein KIND, und dann erst - behindert" (ROEBKE 1986, 11). Bei den 'neuen' Eltern ist das Eigenschaftswort "behindert" verpönt , es wird, wenn überhaupt, dann häufig mit Anführungszeichen verwendet. In feinsinniger Unterscheidung reden die Eltern nicht mehr von "behinderten" Kindern, sondern von Kindern mit Behinderungen. - Der Verfasser erinnert sich gerne der langjährigen Weg- und Kampfgefährtenschaft mit den 'neuen' Eltern, die ihm "die neue Sicht der Dinge" (KOERNER 1986) vermittelten.

Über die Bewußtseins- und Einstellungsbildung hinaus bringen es manche Eltern sogar zu einer beträchtlichen fachlichen Kompetenz. Sie nehmen integrative Schulen persönlich in

Augenschein und hospitieren im Unterricht, sie setzen sich mit einschlägiger, lesbarer Fachliteratur auseinander, sie diskutieren sachkundig über den Wert und Unsinn diverser Therapien, sie nehmen an Fachtagungen als Hörer und Referent teil, und sie schreiben und publizieren schließlich selbst.

Das Selbstbewußtsein der Eltern drückt sich aus in der unbeirrbaren Überzeugung, daß sie selbst die Experten ihres Kindes sind. "Die 'neuen' Mütter nehmen die fachliche Unterstützung, die ihnen Mediziner, Pädagogen, Verwaltungsbeamte und die verschiedensten Therapeuten anbieten, auch nicht mehr unbesehen hin. Sie sind im Gegenteil so selbstbewußt und kritisch geworden, daß sie sie, wenn es ihnen nötig erscheint, ohne zu zögern in Frage stellen. ... Die 'jungen Mütter' lassen sich längst nicht mehr so viel gefallen, nicht von denen, die von Berufs wegen mit ihren Kindern zu tun haben, die allesamt so gerne tun - und zum größten Teil auch davon überzeugt sind - als wüßten sie am besten, was dem Kind nottut und weiterhilft, sie, und nicht die eigene Mutter" (ROEBKE 1986, 10). Nicht unbedarfte und einfältige Laien sind die Erziehungspartner der Schule, sondern selbstbewußte, kompetente und aufgeklärte Eltern. Der Schule steht es gut an, das pädagogische Selbstverständnis ihrer Eltern, ihr Expertentum und ihr Engagement ernst zu nehmen und zu nutzen.

Die wechselseitige Verwiesenheit von Eltern und integrativer Schule ergibt sich weiterhin aus dem zur Genüge bekannten Erfordernis einer vertrauensvollen Zusammenarbeit von Elternhaus und Schule. Die erzieherische Kooperation muß um so intensiver sein, je mehr die Kinder in ihrer Entwicklung durch Behinderungen beeinträchtigt sind. Alle an der Förderung behinderter Kinder Beteiligten müssen voneinander wissen, welche Personen und Institutionen im Geschäft der Erziehung mitarbeiten, welche pädagogischen Wege und Hilfen jeweils gewählt werden und wie die verschiedenen pädagogischen Angebote bei den Kindern ankommen. Um einer gleichsinnigen Förderung willen ist bei behinderten Kindern die Zusammenarbeit von Eltern und Schule nachgerade unerläßlich, sollen diese sich nicht in einem unkoordinierten Wirrwarr pädagogischer und therapeutischer Maßnahmen und Personen verfangen.

Die Möglichkeiten und Formen, Eltern auch in unterrichtliche und schulische Aktivitäten einzubeziehen, können hier nicht dargestellt werden, dürfen aber nicht unerwähnt bleiben. Gerade binnendifferenzierter, offener Unterricht eröffnet vielfältige Möglichkeiten für Elternmitarbeit (BÖTTCHER &

SCHWARZ 1980). Der Umfang der Elternbeteiligung wird dabei von den pädagogischen Kompetenzen der Eltern, der Art und den Anforderungen der unterrichtlichen Aufgaben und billigerweise auch vom persönlichen Arbeitsstil der Lehrer abhängen. In jedem Falle ist es eine bleibende Aufgabe der Schule, mit den Eltern über Ziele, Wege und Bewertungsmaßstäbe einer integrativen Schularbeit im Gespräch zu bleiben und ihnen die neuartigen Probleme und Aufgaben gemeinsamen Lernens in der Schule offenzulegen.

Die unmittelbare Beteiligung der Eltern an der Arbeit der Schule mag mehr oder weniger nützlich und wünschenswert sein, unabdingbar notwendig ist sie nicht. Schulische Integration fällt primär in den Aufgaben- und Zuständigkeitsbereich der Schule, hier ist in erster Linie die professionelle Kompetenz der Pädagogen gefragt. Die Wirkungsmöglichkeiten der Schule sind jedoch weitgehend auf den schulischen Vormittag eingeengt. Eine darüber hinausgehende Unterstützung sozialintegrativer Erziehung in Familie und Freizeit, in der Nachbarschaft und im Stadtteil ist ein Aktivitäts- und Aufgabenfeld, das nicht der Schule, sondern den Eltern zufällt. Freiwillige Nachmittagsangebote (Schwimmen, Basteln, Singen), gemeinsame Ausflüge, Gestaltung von Kinderfesten, gegenseitige Einladungen der Kinder als Spielpartner - all diese Aktivitäten können die Eltern zu ihrer Sache machen.

Der Erfolg integrativer Erziehung wird auch davon abhängen, inwieweit inner- und außerschulische Erziehung Hand in Hand gehen und sich wechselseitig unterstützen. Die Kooperation von Schule und Elternhaus erweist und bewährt sich darin, daß jeder zunächst an seinem Platz das ihm Aufgegebene tut und beide zugleich um eine einvernehmliche Abstimmung ihres Tuns bemüht sind. In dieser komplementären Erziehungsaufgabe liegt eine überaus wichtige Bedeutung der Eltern für integrative Schulen.

Zusammenfassend: Die Bedeutung der Eltern für integrative Schulen besteht politisch in ihrer Lobbyistenfunktion, rechtlich in ihrer Legitimationsfunktion und pädagogisch in der komplementären Teilhaberschaft an der gemeinsamen Erziehungs- und Bildungsaufgabe.

Es war Aufgabe dieser Problemskizze, die wechselseitige Beziehung zwischen Eltern und integrativer Schule in den wesentlichen Grundzügen gedanklich aufzuhellen. Bei fortgeschrittenem Entwicklungs- und Erfahrungsstand integrativer Schularbeit werden differenziertere Analysen, materialreiche Ergänzungen und empirische Korrekturen möglich und notwendig sein.

2.2 Empirische Bestandsaufnahme

Zu Beginn der 80er Jahre gab es in der Bundesrepublik gerade eine Handvoll von Integrationsklassen und -schulen: die Montessorischule München, die Flämingschule Berlin, die Gorch-Fock-Schule Schenefeld, die Bodelschwingh-Schule Bonn. Der geringen Anzahl und dem jugendlichen Alter der integrativen Schulversuche im Primarbereich ist es zuzuschreiben, daß der wissenschaftliche Kenntnisstand über Motive, Meinungen, Interessen und Erwartungen von integrationserfahrenen Eltern notwendigerweise dürftig ist. Die erste und bislang einzige Untersuchung von Einstellungen und Erfahrungen von Integrationseltern ist die 1982 durchgeführte Elternbefragung an der Fläming-Grundschule Berlin (MUNDER 1983).

Die Berliner Elternbefragung soll aus einem doppelten Grund im folgenden ausführlicher referiert werden. Die institutseigene Publikation des Pädagogischen Zentrums Berlin ist nicht im Buchhandel erhältlich. Die Zugänglichkeit und die Kenntnis dieser Schrift können daher nicht allgemein vorausgesetzt werden. Darüber hinaus ist die Berliner Elternbefragung auch bewußt als methodische Vorlage für die eigenen Untersuchungen im Hamburger Modellversuch "Integrationsklassen" benutzt worden. Denn ein Vergleich der Berliner und Hamburger Ergebnisse eröffnet die Chance, Unterschiedliches und Gemeinsames, zeitbedingte Eigenheiten und epochale Trends aufzuspüren.

Das nachstehende Referat der Berliner Elternbefragung erfolgt in enger Anlehnung an den Originaltext. Die Sprachkürzel "Berliner Elternbefragung" oder "Berliner Eltern" sind immer auf die Elternbefragung an der Fläming-Grundschule Berlin von MUNDER (1983) zu beziehen.

Neben einem allgemeinen Interesse an einem objektivierbaren Meinungsbild der Elternschaft waren aktuelle Diskussionen um die Form der Leistungsbeurteilung und um die Fortsetzung des Integrationsversuchs an der Gesamtschule sowie ferner der erlebte Rückgang des Elternengagements die wesentlichen Anlässe der Eltern-Umfrage.

Zum Zeitpunkt der Erhebung bestand der Integrationsversuch an der Fläming-Grundschule aus einer Vorklasse und je einer Klasse des 1. bis 5. Schuljahres. Von den 89 befragten Eltern verweigerten 8 die Teilnahme, die Rücklaufquote beträgt damit 91 Prozent. Die Eltern wurden mittels eines umfänglichen, weitgehend standardisierten Fragebogens in einem etwa eineinhalbstündlichen mündlichen Einzelinterview zu folgenden Themenkomplexen befragt: Gründe für die Teilnahme am Integrationsversuch; Erziehungswertorientierungen; Vorstellungen zur Zusammensetzung einer Integrationsklasse und zur pädagogischen Betreuung; Eindrücke von ihrem Kind in der Integrationsklasse; Meinungen zum integrativen Unterricht, zur Leistungsbeurteilung und zur Weiterführung des Projekts; Schulabschlußerwartungen; Elternmitarbeit; Kontakte zu den Pädagogen; außerschulische Kontakte der Eltern und ihrer Kinder; Zufriedenheit mit dem Integrationsversuch und sozialstatistische Daten.

Die Elternschaft des Integrationsversuchs weicht in der sozialen Zusammensetzung bedeutsam von der soziologischen Struktur der Berliner Bevölkerung ab. Eltern mit Abitur und Hochschulabschluß, Beamte und Selbständige sind überrepräsentiert, Arbeiter- und Angestellteneltern sind weniger stark vertreten. Das monatliche Durchschnittseinkommen liegt erheblich über dem Durchschnittseinkommen der Berliner Haushalte. Eltern behinderter und nichtbehinderter Kinder unterscheiden sich in der Schul- und Berufsausbildung sowie in Art und Umfang der Berufstätigkeit nicht signifikant voneinander, d. h. nur wenige Arbeitereltern mit behinderten Kindern haben Zugang zu dem Integrationsversuch gefunden.

Fast alle Kinder haben irgendeine vorschulische Einrichtung besucht, fast die Hälfte der Kinder kommt aus Einrichtungen mit integrativen Kindergruppen (Kinderhaus u. a.).

Ausschlaggebendes Motiv für die Teilnahme am Integrationsversuch ist für die meisten Eltern die höhere pädagogische Qualität von Integrationsklassen: die von 2 Pädagogen geführte kleine Klasse und die Betonung des sozialen Lernens. Den "Kinderhaus"-Eltern ist darüber hinaus wichtig, die begonnene integrative Erziehung in der Schule fortzusetzen und die Kontinuität der sozialen Kontakte der Kinder und Eltern zu bewahren. Bezüglich der Wichtigkeit der Leistungsförderung in der Schule ist die Elternschaft gespalten. "Mehr leisten" ist für je ein Drittel der Eltern ein wichtiger, weniger wichtiger oder unwichtiger Grund.

Die 15-er-Frequenz von Integrationsklassen wird von den Eltern mehrheitlich bestätigt. Die Eltern bekräftigen ferner, daß grundsätzlich in einer Integrationsklasse Kinder mit verschiedenen Behinderungen unterschiedlichen Schweregrades sein sollen. Als Modifikation des Versuchskonzepts wünscht ein Drittel der Eltern, daß nicht mehr als 3 Kinder behindert sein sollen. Mit der Zusammensetzung der Integrationsklasse ihres Kindes zeigt sich nur die Hälfte der befragten Eltern zufrieden. Die unzufriedenen Eltern halten das Verhältnis von Jungen und Mädchen unter den behinderten Kindern für unausgewogen und beklagen eine zu große Belastung der Klassen durch verhaltensauffällige Kinder. Die pädagogische Betreuung der Integrationsklassen durch einen Lehrer und durch eine pädagogische Unterrichtshilfe wird von der großen Mehrheit der Eltern gutgeheißen.

Die Eltern haben einen überaus positiven Eindruck von ihrem Kind in der Integrationsklasse: Es hat eine vertrauensvolle Beziehung zu den Pädagogen und selten Schwierigkeiten im Umgang mit den behinderten Kindern. Es fühlt sich in der Klasse sehr wohl und hat Freude am Lernen. Nach den Eindrücken der Eltern erbringt es recht gute Leistungen im Rahmen seiner Möglichkeiten und fühlt sich weder über- noch unterfordert. Ein Drittel der Eltern von behinderten Kindern äußert allerdings die Ansicht, daß ihr Kind im Unterricht überfordert wird.

Eine überwältigende Mehrheit der Eltern ist mit dem Unterricht in den Integrationsklassen, den sie größtenteils aus eigener Anschauung kennen, zufrieden oder sogar sehr zufrieden. Nach Ansicht der meisten Eltern kommt der Unterricht sowohl traditionellen als auch integrativen Zielsetzungen gleichermaßen nach. Den Eltern zufolge werden sowohl behinderte als auch nichtbehinderte Kinder durch die Pädagogen ausreichend gefördert. Eine Minderheit eher leistungsorientierter Eltern wünscht eine stärkere Betonung von Leistung, Ordnung und Disziplin, eine andere kleine Gruppe eher integrationsorientierter Eltern möchte das gegenseitige Verständnis von behinderten und nichtbehinderten Kinder noch stärker gefördert wissen.

Fast alle Eltern ziehen Berichtszeugnisse einem Notenzeugnis vor. Die verbale Beurteilung entspricht den Erwartungen der Eltern nach differenzierten Informationen über Leistung, Verhalten und Entwicklung des einzelnen Kindes. Ein zusätzliches Notenzeugnis hält ein Fünftel der Eltern für wünschenswert, und zwar meistens ab Klasse 4 in der sechsjährigen Berliner Grundschule.

40 Prozent aller Eltern und immerhin 28 Prozent der Eltern behinderter Kinder erwarten, daß ihr Kind Abitur macht. Diese hohen Bildungserwartungen erklären sich aus dem hohen Anteil an Akademikern unter den Eltern. Ein Viertel der

Eltern kann oder will noch keine Angaben zum erwarteten Schulabschluß machen.

Die meisten Eltern können einer Fortführung des Integrationsversuchs an der Gesamtschule schon jetzt zustimmen, ein Fünftel ist noch unentschieden und nur 2 Eltern lehnen dies ab.

Die große Mehrheit der Eltern hat zu den Pädagogen der Integrationsklassen einen kontinuierlichen, intensiven und guten Kontakt. Diese hohe Kontaktdichte ergibt sich durch regelmäßige Besuche der monatlichen Elternabende, durch Begegnungen und Kontaktnahmen außerhalb der Elternabende sowie durch gelegentliche Teilnahme der Eltern am Unterricht oder an schulischen Vorhaben.

Die Hälfte der Eltern betrachtet beide Pädagogen, Klassenlehrer und pädagogische Unterrichtshilfe, als gleich wichtige Ansprechpartner für ihre Fragen und Probleme, ungefähr ein Drittel wendet sich bevorzugt an den Klassenlehrer.

War der erlebte Rückgang des Elternengagements noch der aktuelle Anlaß der Elternbefragung, so belegen die Befragungsergebnisse eher das Gegenteil; sie zeichnen das Bild einer weit überdurchschnittlich engagierten Elternschaft. Die Elternabende finden alle 4 Wochen statt, dreimal häufiger als gesetzlich vorgeschrieben, und werden von den meisten Eltern regelmäßig besucht. Gut ein Drittel der Eltern hat an der Entwicklung und Durchsetzung des Integrationsversuchs teilgenommen und/oder die Funktion eines Elternvertreters der Integrationsklasse wahrgenommen. Fast alle Eltern können sich auch in Zukunft die Mitarbeit in verschiedenen Bereichen und Funktionen vorstellen. Die bekundete Bereitschaft zur aktiven Mitarbeit kann als Ausdruck einer weitgehenden Identifikation mit dem Integrationsversuch verstanden werden. Die faktische Mitarbeit ist allerdings insbesondere auf klassenübergreifender Ebene nicht gleichverteilt, sondern konzentriert sich auf Eltern mit Abitur und Hochschulabschluß bzw. auf die Initiatoren und Pioniere des Integrationsversuchs.

Die Kontaktdichte außerhalb der Schule ist sowohl zwischen den Eltern als auch zwischen den Kindern ziemlich groß. Die meisten Eltern haben zu mehreren Eltern der Integrationsklasse ihres Kindes auch privaten Kontakt. Etwa die Hälfte der Kinder hat fast täglich Freizeitkontakte mit den Klassenkameraden in dem gemeinsam besuchten Schülerladen. Die Kontaktdichte der behinderten Kinder und ihrer Eltern ist allerdings geringer als die der nichtbehinderten Kinder und ihrer Eltern. Eltern behinderter Kinder haben weniger Kontakt zu anderen

Eltern, und auch die behinderten Kinder haben in ihrer Freizeit weniger Kontakt zu ihren Klassenkameraden.

Die große Mehrheit der Eltern hält eine außerschulische integrative Erziehung für wichtig bis sehr wichtig. Durch gemeinsame Freizeitaktivitäten soll ihrer Ansicht nach das gegenseitige Verständnis zwischen behinderten und nichtbehinderten Kindern vertieft und eine Isolation der behinderten Kinder vermieden werden. Die entschiedene Wertschätzung der außerschulischen Integration findet sich vor allem bei sehr aktiven Eltern, während ein anderes Viertel der Eltern eine Ausdehnung der integrativen Erziehung über die Schule hinaus nicht so wichtig findet und in der Freizeit weniger persönliche Kontakte mit behinderten Kindern und ihren Eltern wünscht.

Die Eltern behinderter Kinder sind in der Einschätzung der Wichtigkeit von außerschulischen Kontakten ihres Kindes mit ähnlich behinderten Kindern in zwei Lager gespalten. Die eine Hälfte sieht Begegnungen von ähnlichen behinderten Kinder als eine bedeutsame und unverzichtbare Chance der Identitätsfindung an, die andere Hälfte bewertet behinderungshomogene Freizeitgruppen und -kontakte eher als unwichtig und nachteilig.

Das soziale Umfeld der meisten Eltern steht dem Integrationsversuch wohlwollend gegenüber, dies gilt insbesondere für den Freundes- und Bekanntenkreis von Eltern mit hoher Schul- und Berufsausbildung. Relativ verbreitet sind unter Freunden und Bekannten Befürchtungen, daß die nichtbehinderten Kinder bei integrativer Schulerziehung zu kurz kommen.

Die große Mehrheit der befragten Väter und Mütter ist alles in allem mit dem Integrationsversuch an der Fläming-Grundschule zufrieden bis sehr zufrieden. Fast alle Eltern wären auch bereit, ihr Kind wieder in eine Integrationsklasse zu geben.

Gegen die verwendete Fragebogenmethode wurden mehrere Einwände vorgebracht. Fragebögen seien weniger geeignet, Unzufriedenheit, Probleme und Kritik zu erfassen. Sie zeichnen tendenziell ein positiveres Bild der Realität und begünstigen insbesondere bei Bewertungs- und Zufriedenheitsfragen die Tendenz zu sozial erwünschten Antworten. Zum anderen wird die Vereinzelung und Anonymisierung der Eltern durch die Fragebogenmethode kritisiert und eine solidarische Bearbeitung von Problemen, Ängsten, Erwartungen und Strategien auf Elternabenden als theoretisch erkenntnisträchtigere und praktisch konstruktivere Alternative angesehen.

Als Resümee der Elternbefragung an der Fläming-Grundschule kann folgendes festgehalten werden: Eine überwältigende Mehrheit der Eltern steht hinter dem Grundgedanken einer schulischen Integration behinderter und nichtbehinderter Kinder. Soweit kritische Vorbehalte und Unzufriedenheit artikuliert werden, beziehen sich die Vorbehalte nicht auf den Integrationsgedanken an sich, sondern auf gewisse Diskrepanzen zwischen Versuchserwartungen und Versuchsrealität sowie auf verschiedene Aspekte in der Durchführung des Integrationsversuchs.

Eine Minderheit von Eltern hat den Eindruck, daß der integrative Unterricht zu Lasten herkömmlicher Schulziele geht, und wünscht sich eine stärkere Beachtung traditioneller Leistungs- und Verhaltensanforderungen. Eine andere Minderheit integrationsorientierter Eltern erwartet im Gegenteil eine Reduktion gegenwärtiger Leistungs- und Disziplinanforderungen und eine stärkere Förderung des gegenseitigen Verständnisses von behinderten und nichtbehinderten Kindern.

Die schulische Integration der behinderten Kinder ist auf der Ebene der sozialen Beziehungen innerhalb der Klasse nach dem Eindruck der Eltern weitgehend gelungen. Auf der Leistungsebene besteht jedoch bei einem Drittel der behinderten Kinder nach Ansicht ihrer Eltern eine Überforderung.

Die außerschulische Integration behinderter Kinder und ihrer Eltern ist dagegen nicht so umfassend realisiert, denn die behinderten Kinder und ihre Eltern haben weniger nachmittägliche Kontakte zu den Klassenkameraden und ihren Eltern.

3. Methode der Untersuchung

Das allgemeine forschungsleitende Erkenntnisanliegen ist die Beschreibung der Meinungen und Einstellungen von Eltern, die Kinder in integrativen Grundschulklassen haben.

Das deskriptive Untersuchungsinteresse hat zunächst, wie einleitend dargestellt, eine projektinterne Rechtfertigung. Die Meinungen der Eltern sind das evaluative Feedback für die Mitarbeiter und Verantwortlichen des Schulversuchs, wie ihre Arbeit bei den Eltern ankommt.

Aufgrund der unterschiedlichen Vorgeschichte der einzelnen Elterngruppen wie auch aufgrund der durchaus unterschiedlichen Erfahrungen in den Integrationsklassen ist von vorneherein zu erwarten, daß die Meinungen und Einstellungen der

Eltern von Klasse zu Klasse stark variieren werden. Dies hat Folgen für die methodische Anlage der Untersuchung. Dem berechtigten Interesse an dem Meinungsprofil der eigenen Klasse kann methodisch nämlich nicht mehr durch die Befragung einer ausgewählten Stichprobe, sondern nur durch eine Vollerhebung entsprochen werden. Den einzelnen Integrationsklassen ist ja kaum mit einem Feedback geholfen, wie die Hamburger Eltern im allgemeinen denken und urteilen, sondern sie sind verständlicherweise zuallererst an dem Meinungsbild der eigenen Klassenelternschaft interessiert. Die Befragungsergebnisse sind entsprechend auch differenziert nach einzelnen Klassen darzustellen.

Die Interessenlage von Außenstehenden ist demgegenüber von den beschriebenen Informationsbedürfnissen der Projektbeteiligten und -verantwortlichen gänzlich verschieden. Der außenstehende Beobachter mag für das Rückmeldebedürfnis der einzelnen Klassen allenfalls noch Verständnis aufbringen, er wird aber wahrscheinlich das Meinungsbild der Klassen X, Y und Z unberührt und uninteressiert zur Kenntnis nehmen. Der außenstehende Beobachter hat eher ein allgemeines Erkenntnisanliegen. Er möchte wissen, wie denn im allgemeinen integrationserfahrene Eltern über Integrationsklassen denken und urteilen. Dieses allgemeine Erkenntisanliegen trifft sich mit dem grundlegenden Interesse wissenschaftlicher Forschungsbemühungen, klassenübergreifende und ortsunabhängige Aussagen über Eltern von integrativen Schulen zu machen.

Die vorliegende Untersuchung will also nicht nur Informationen von lokaler, projektinterner Relevanz vermitteln, sondern strebt darüber hinaus an, den allgemeinen Kenntnisstand über Eltern von integrativen Schulen zu erweitern und zu vertiefen. Um diesem allgemeinen Erkenntnisanliegen nachzukommen, ist angesichts des unzureichenden Forschungsstandes (Kapitel 2.2) die Replikation der Elternbefragung an der Fläming-Grundschule Berlin (MUNDER 1983) naheliegend. Die Wiederholung der Berliner Befragung eröffnet die reizvolle Möglichkeit, die Berliner und Hamburger Elternschaft miteinander zu vergleichen. Der Vergleich läßt nicht nur die unverwechselbare Eigenart der beiden Schulversuche deutlicher hervortreten, sondern macht auch die alle Eltern von Integrationsklassen kennzeichnenden Merkmale, eben das Gemeinsame und das Allgemeine, sichtbar.

Mit diesen Überlegungen ist das methodische Design dieser Untersuchung begründet und vorgezeichnet: Eine Vollbefragung aller Hamburger Eltern mit dem Fragebogen aus der Berliner

Elternbefragung.

Eine unmodifizierte Replikation der Berliner Untersuchung konnte jedoch nicht verwirklicht werden. Zum einen waren lokale Besonderheiten zu berücksichtigen. Zum "Kinderhaus" und zu den "Schülerläden" etwa gibt es in Hamburg keine Parallelen. Umgekehrt sind für den Hamburger Modellversuch das Drei-Pädagogen-Team und zwei Varianten von Integrationsklassen typisch. Diesen lokalen Eigenarten galt es Rechnung zu tragen.

Ferner konnten in Hamburg aus Zeit- und Kostengründen keine mündlichen Befragungen durch Interviewer durchgeführt werden. Der Wechsel von der Interview- zur Fragebogenmethode mußte auch bei der Konstruktion des Fragebogens berücksichtigt werden. Schriftliche Befragungen erfordern insbesondere einen sehr hohen Grad an Verständlichkeit und Klarheit sowie einen geringeren Umfang als mündliche Befragungen. Da offene Frageformulierungen eine höhere Bereitschaft und Fähigkeit zu schriftsprachlichen Äußerungen voraussetzen, wurden in der Hamburger Untersuchung ausschließlich geschlossene Fragen mit Antwortvorgaben "zum Ankreuzen" verwendet. Der notwendigen Kürzung des Fragebogens fielen die Themenbereiche "vorschulische Erziehung" und "außerschulische Kontakte der Eltern und Kinder" zum Opfer. Um der ersten Elternbefragung im Hamburger Modellversuch eine breite Akzeptanz zu sichern, wurde wegen der gewachsenen Informationsvorbehalte bei persönlichen Daten auf die Erhebung sozialstatistischer Angaben (Beruf, Schulbildung, Einkommen, u. ä.) verzichtet.

Aus Voruntersuchungen (BUCHHOLZ 1985) resultierte schließlich ein 7-seitiger Fragebogen, dessen Bearbeitung etwa eine halbe Stunde dauert. Die Themenbereiche des Fragebogens und die sprachliche und formale Struktur der Fragen können dem Ergebnisteil des Berichts entnommen werden.

Der Sicherung einer hohen Rücklaufquote, einem Hauptproblem schriftlicher Befragungen, wurde besondere Sorgfalt gewidmet. Die wichtigste Maßnahme war die persönliche Ansprache der Eltern durch Mitglieder der Wissenschaftlichen Begleitung. Auf Elternabenden wurde von der Wissenschaftlichen Begleitung der Sinn der Befragung dargestellt, die Frageformen und die Bearbeitungsmodi an Beispielen erläutert und die Eltern mit ausdrücklicher Zusicherung der Anonymität um Mitwirkung gebeten. Die wichtigsten Informationen wurden darüber hinaus in einer schriftlichen Instruktion zusammengefaßt und dem Fragebogen schwarz auf weiß beigefügt. Die Eltern erhielten schließlich die Zusage, daß sie beizeiten über die Ergebnisse der Umfrage informiert würden; dieses Versprechen konnte mittlerweile eingelöst werden.

Die Fragebögen waren zuhause zu beantworten und binnen einer Woche in einem verschlossenen Briefumschlag ohne Absenderangabe beim jeweiligen Klassenlehrer abzugeben. Die Befragung in den 7 Integrationsklassen erfolgte 2 bis 3 Wochen vor den Sommerferien im Juni/Juli 1985.

Abschließend knappe Erläuterungen zur Auswertung und Aufbereitung der Daten. Die statistische Analyse der Befragungsergebnisse erfolgte auf der EDV-Anlage der Universität Hamburg mit dem Programmpacket SPSS.

Um den Ergebnisbericht übersichtlich zu gestalten und nicht zu sehr mit Zahlen zu überfrachten, wurde auf die Wiedergabe der absoluten Zahlen verzichtet und in den Tabellen nur Mittelwerte oder Prozentwerte angegeben. Bei Prozentzahlen kann ohne Informationsverlust auf Dezimalstellen verzichtet werden.

Bei ordinal- und intervallskalierten Variablen wurden Stichprobenunterschiede zwischen den Eltern behinderter und nichtbehinderter Kinder mit dem T-Test, zwischen den Integrationsklassen varianzanalytisch auf statistische Signifikanz geprüft. Bei Variablen mit Nominalskalenniveau wurde auf die absoluten Zahlen der Chi-Quadrat-Test angewendet.

Zum Verständnis der Tabellen, die nach einem gleichbleibenden Schema aufgebaut sind, ist es unbedingt erforderlich, daß sich der Leser mit folgenden Abkürzungen und Symbolen vertraut macht:

Bh	=	Eltern behinderter Kinder
Nb	=	Eltern nichtbehinderter Kinder
HH	=	Eltern des Hamburger Modellversuchs
FB	=	Eltern der Fläming-Grundschule Berlin (MUNDER 1983)
*	=	statistisch signifikant (p = 0.05)

4. Ergebnisse der Untersuchung

4.1 Teilnahme an der Befragung

Schriftliche Befragungen werden in der sozialwissenschaftlichen Forschung vor allem wegen des geringen Zeit- und Kostenaufwandes gerne verwendet. Bei den Befragten selbst stößt die schriftliche Befragung jedoch auf weniger Gegenliebe. Die unterschiedliche Bereitschaft, bei einer schriftlichen Befragung mitzumachen, und die unterschiedliche Fähigkeit, Fragebögen zu lesen und auszufüllen, sind die wesentlichen Bedingungen, die das Maß der Beteiligung an einer schriftlichen Befragung beeinflussen.

Die Rücklaufquote, d. h. das Verhältnis der zurückgesandten zu den ausgegebenen Fragebögen, ist ein grundlegendes Problem schriftlicher Befragungen. Eine geringe Rücklaufquote stellt die Güte einer schriftlichen Befragung erheblich in Frage oder macht sie gar wertlos. Denn eine geringe Beteiligung läßt Zweifel aufkommen, ob die tatsächliche Stichprobe für die angesprochene Grundgesamtheit repräsentativ ist und ob zwischen den Teilnehmern und den Nichtteilnehmern Beantwortungsunterschiede ausgeschlossen werden können.

Die Beteiligung an der Hamburger Elternbefragung ist durch eine auffällige Besonderheit gekennzeichnet: Eine Elterngruppe hat sich kollektiv verweigert. An Stelle der Fragebögen gingen bei der Wissenschaftlichen Begleitung zwei anonyme Schreiben ein. Die beiden Schreiben stimmen in der inhaltlichen Begründung der Aussageverweigerung völlig überein und unterscheiden sich lediglich in der sprachlichen Abfassung. Ein Protestschreiben sei nachfolgend wörtlich wiedergegeben:

"Es bedarf keiner statistischen Erhebung, um die offensichtlichen Probleme der Integrationsklasse in . . . und ihrer Nachfolgeklasse zu erkennen und zu beschreiben. Um die Probleme in . . . zu lösen, bedarf es aber offensichtlich eines ziemlichen Arbeitsaufwandes und Engagements auf Seiten aller am Projekt interessierten Personen.

Die Probleme der Zusammensetzung der Klassen und die Personalprobleme können und sollten nicht von den Eltern gelöst werden.

Da in diesen Fragen nichts als ein Kompetenzenwirrwarr und ein sehr unterschiedliches Herangehen existiert, sollte, bevor unnötig negative Ergebnisse (bei ehrlicher Beantwortung des Fragebogens unweigerlich in . . . zu erwarten) fixiert werden, erst die strukturellen Grundprobleme gesehen u n d zumindestens im Ansatz gelöst werden. Derzeit ist nichts davon zu sehen.

Ich sehe keinen Sinn darin, die "Wissenschaft" zu unterstützen, solange ich den Eindruck habe, daß es um die "wertfreie, objektive" Protokollierung des allmählichen Überhandnehmens (Scheiterns?) der ungeklärten Probleme eines neuen Projekts geht.

Ich erwarte von Seiten der Wissenschaft Starthilfe und Problemlösungshilfe v o r O r t - und bin dann meinerseits auch bereit, Fragebögen auszufüllen und statistisches Material anzuliefern und dergleichen mehr, auch wenn ich selbst deren Sinn nicht erkennen kann oder nicht überblicke."

Die Teilnahmeverweigerung dieser Elterngruppe ist also auf zwei Gründe zurückzuführen:

1. Zum Zeitpunkt der Befragung war die pädagogische Situation in dieser Integrationsklasse unbefriedigend und krisenhaft. Eine ehrliche Beantwortung des Fragebogens hätte als negative Rückmeldung ausgelegt werden können und den Modellversuch zur gemeinsamen Erziehung behinderter und nichtbehinderter Kinder in ein ungünstiges Licht gerückt.

   Weil nachteilige Folgen einer offenen Beantwortung des Fragebogens befürchtet wurden, haben sich die Eltern dieser Klasse zur Aussageverweigerung entschieden. Die Verweigerung ermöglichte den Eltern, einerseits ungünstige Eindrücke in der Öffentlichkeit von dem Projekt fernzuhalten und andererseits zugleich auch die Aufrichtigkeit vor sich selbst zu bewahren.
2. Die Elterngruppe vermißt einen hinreichenden und wirksamen Beistand der Wissenschaftlichen Begleitung, um die pädagogischen Probleme in dieser Integrationsklasse zu bearbeiten und zu bewältigen. Die Probleme seien allen Beteiligten wohlbekannt, daher bedürfe es auch keiner wissenschaftlichen Erhebung. Die Elterngruppe versteht ihre Verweigerung deshalb auch als einen Protest gegen die Wissenschaftliche Begleitung, von der ein größeres Maß an Hilfe, Unterstützung und Beratung erwartet wird.

In den übrigen 6 Klassen des Hamburger Modellversuchs ist die Befragung - unbeschadet der Kritik an einzelnen Fragen - mit Anteilnahme und Interesse aufgenommen worden. Die Rücklaufquote betrug, bezogen auf diese 6 Klassen, 92,2 Prozent; sie liegt damit in vergleichbarer Höhe zur Elternbefragung der Fläming-Grundschule, an der 91,2 Prozent aller Eltern teilnahmen.

Die 7,8 Prozent Ausfälle verteilen sich gleichmäßig auf alle Klassen und auf die Eltern behinderter wie nichtbehinderter Kinder. Es liegen keine Hinweise vor, daß die Nichtteilnehmer sich von den Teilnehmern an der Befragung wesentlich unterscheiden und grundsätzlich anderer Auffassung wären.

Für die außergewöhnlich hohe Rücklaufquote dürften im wesentlichen folgende Gründe maßgeblich sein:

1. Die Eltern sind an der Sache selbst interessiert, das Thema ist für sie persönlich wichtig, es ist "ihr" Projekt. Sie haben deshalb auch eine Meinung zu dem Reformvorhaben und möchten diese Meinung auch kundtun.
2. Der Fragebogen wurde nicht verschickt, sondern auf Elternabenden von der Wissenschaftlichen Begleitung den Eltern erläutert und nahegebracht. Der Eindruck einer unpersönlichen, anonymen Massenbefragung konnte vermieden werden. Der persönliche Appell durch die Wissenschaftliche Begleitung hat die Teilnahmemotivation der Eltern befördert.

Die kollektive Verweigerung einer Elterngruppe hat Folgen. Die Ergebnisse der Elternbefragung sind nun nicht mehr für den gesamten Hamburger Modellversuch repräsentativ, sondern nur für 6 der 7 Integrationsklassen gültig. Weil von der fehlenden Elterngruppe "unweigerlich" "negative Ergebnisse" zu erwarten wären, unterliegen die nachfolgend mitgeteilten Ergebnisse einer positiven Verschiebungstendenz. Die systematische Verzerrung der Befragungsergebnisse zum Positiven hin ist ein wichtiger Sachverhalt, der bei der Lektüre stets bewußt zu halten ist; er wird bei der Interpretation der Untersuchung erneut aufgenommen und bedacht. - In den folgenden Tabellen wird die Klasse 6 jeweils fehlen.

4.2 Motive der Eltern

Was bewegt Eltern dazu, ihr Kind in eine Integrationsklasse zu geben? In der theoretischen Analyse der "Bedeutung integrativer Schulen für Eltern" wurden drei Motivgruppen unterschieden: pädagogische, emanzipative und politische Motive. Die Elternbefragung sollte einen Überblick über Art und Stellenwert der Motive vermitteln.

Die empirische Analyse des Fragenkomplexes läßt eine außergewöhnliche Vielfalt an Entscheidungsmotiven erkennen. Sie macht aber vor allem deutlich, daß die Entscheidung der Eltern für eine integrative schulische Förderung ihres Kindes in einem sehr hohen Maße von ganz persönlichen Gründen abhängig ist. Die Motivstrukturen der Eltern sind einzigartig.

Es gibt kaum Eltern, bei denen die gleichen Motive mit dem gleichen Gewicht und in der gleichen Verknüpfung wirksam geworden sind. Ja selbst bei einem Elternpaar kann auf die Frage, welche Motive bestimmend waren, welches relative Gewicht den einzelnen Motiven zukommt und in welcher Weise die Motive verknüpft sind, nicht immer eine für beide Elternteile gültige Antwort gegeben werden.

Die Einzigartigkeit der elterlichen Entscheidungsmotive trat auch bei der statistischen Analyse des empirischen Materials zutage. Der Versuch einer faktorenanalytischen Gruppierung der Motivitems gelang im ersten Anlauf nicht, die Motivfragen sperrten sich zunächst gegen eine Zusammenfassung zu Motivdimensionen. Manche Motive beanspruchen in der Tat Eigenarts- und Seltensheitswert. Hierzu zählen etwa die Fragen nach der Bekanntheit der Pädagogen, nach religiösen Beweggründen oder nach der Fortsetzung der integrativen Erziehung. In der Faktorenanalyse äußerte sich die Eigenheit dieser Motive in sehr geringen Kommunalitäten und unspezifischen Faktorenladungen.

Dem partiellen Mißerfolg faktorenanalytischer Strukturierungsversuche kann als methodologische Konsequenz eine wichtige Botschaft entnommen werden: Entscheidungsmotive für eine integrative Schule sind zu einem beträchtlichen Anteil eine höchst private Sache, ihre wissenschaftliche Diagnose ist daher gegenstandsangemessen wohl besser durch eine qualitative, verstehende Analyse von Einzelfällen als durch quantifizierende, auf Allgemeingültigkeit abzielende Beschreibungen zu leisten.

Nach Selektion aller seltenen Motive konnten auf faktorenanalytischem Wege drei Motivgruppen identifiziert werden. Diese Motivgruppen sollen im folgenden beschrieben werden.

Welche Bedeutung der Integrationsgedanke selbst für die Eltern hat, kann aus den Antworten zu 3 Fragen des Motivkomplexes erschlossen werden. Das erste Motivbündel wird durch die Fragen 3, 6 und 8 gebildet, die angesprochenen Inhalte können mit dem Begriff "Integrationsmotiv" zusammengefaßt werden. Das Integrationsmotiv gibt Aufschluß darüber, in welchem Maße die Eltern selbst "für eine besseres Verhältnis von Behinderten und Nichtbehinderten" (Frage 6) eintreten und den sozialen Umgang behinderter und nichtbehinderter Kinder (Frage 8) als wichtig ansehen.

Der zweite Motivkomplex wird durch 6 Fragen gebildet. Diese Fragengruppe beinhaltet wesentliche Aspekte, die als Vorteile von Integrationsklassen gelten: die kleinere Klasse (Frage 10), mehrere Pädagogen (Frage 4), bessere Möglichkeiten, auf Schwierigkeiten der Kinder einzugehen (Frage 7), bei geringerem Leistungsdruck (Frage 9) den Kindern zu besserer Leistungsfähigkeit (Frage 1) zu verhelfen. Der gemeinsame Beweggrund dieses Fragenbündels kann als "Pädagogische Qualität von Integrationsklassen" bezeichnet werden.

Schließlich die dritte Motivdimension: Der Wunsch, "mit anderen Kindern aus der Nachbarschaft in die gleiche Klasse zu gehen" (Frage 11) und das Anliegen eines kürzeren Schulweges (Frage 5) können als Motiv der "Wohnortnähe" zusammengefaßt werden.

Die faktorielle Bündelung der Motivfragen zu Dimensionen bzw. Faktoren hat unter anderem den Vorteil, die Vielfalt der numerischen Informationen zu reduzieren und die Befragungsergebnissse überschaubarer zu machen. Die Ergebnisse sind nun nicht mehr für die einzelnen Items, sondern lediglich für die übergeordneten Faktoren darzustellen. Zu diesem Zweck wurden für die Motivdimensionen Faktorwerte berechnet. Die Faktorwerte sind definiert als die Summe der Items eines Faktors dividiert durch die Anzahl der Items. Der maximale Faktorwert beträgt wie zuvor bei den einzelnen Items 3.0, das Wertminimum 1.0.

Tabelle 1 enthält nun die Ergebnisse für die beschriebenen Motivdimensionen "Pädagogische Qualität", "Integrationsmotiv" und "Wohnortnähe". An erster Stelle der Beweggründe steht nach der Selbstauskunft der Eltern das Integrationsmotiv. Die soziale Distanz zwischen Behinderten und Nichtbehinderten abzubauen, ist den Eltern ein sehr wichtiges Anliegen. Das mitmenschliche Miteinander von Behinderten und Nichtbehinderten gelingt am besten, wenn den Kindern von Anfang an Gelegenheiten zu sozialen Kontakten eröffnet werden.

Das Integrationsmotiv wird begleitet und gestützt durch den intensiven Wunsch, dem eigenen Kind "eine bessere Förderung" (Frage 18) zukommen zu lassen. Integrationsklassen sind für die befragten Hamburger Eltern die Verwirklichung pädagogischer Wunschvorstellungen. Die integrative Schule gilt als die bessere Grundschule. Dabei verbinden die Eltern ihr Verlangen nach einer Grundschule mit höherer pädagogischer Qualität keineswegs mit romantisierenden Vorstellungen von einer leistungsfreien Schule oder mit dem Verzicht auf eine volle Herausforderung und Beanspruchung des kindlichen Leistungsvermögens. Im Gegenteil: Die Mehrheit der Eltern ist der Auffassung, daß gerade in einer Integrationsklasse die Kinder bei geringerem Leistungsdruck mehr leisten können. Die Entscheidung für Integrationsklassen verbinden die Eltern in ihrer überwiegenden Mehrheit keineswegs mit einem Ver-

6. Nun geht es darum, aus welchen Gründen Sie Ihr Kind in eine Integrationsklasse gegeben haben. Wir haben hier eine Reihe von möglichen Gründen aufgezählt. Bitte geben Sie jeweils an, ob Sie mit der genannten Begründung **völlig, teilweise** oder gar **nicht** übereinstimmen. Machen Sie bitte bei jedem Satz ein Kreuz (X).

Ich habe mich für die Integrationsklasse entschieden, weil	stimmt völlig (3)	stimmt teilweise (2)	stimmt nicht (1)

Faktor I: Pädagogische Qualität von Integrationsklassen

(1) weil die Kinder dort mehr leisten können
(4) weil mehrere Pädagogen in der Klasse sind
(7) weil dort mehr auf die Schwierigkeiten der Kinder eingegangen werden kann
(9) weil der Leistungsdruck in solchen Klassen geringer ist
(10) weil die Klasse kleiner ist
(18) weil ich mir davon eine bessere Förderung meines Kindes verspreche

Faktor II: Wohnortnähe

(5) weil der Schulweg dann kürzer ist
(11) weil auch andere Kinder aus der Nachbarschaft in diese Klasse gehen

Faktor III: Integrationsmotiv

(6) weil ich für ein besseres Verhältnis von Behinderten und Nichtbehinderten bin
(8) weil mein Kind den Umgang mit behinderten bzw. nichtbehinderten Kindern lernen soll

	Gruppe			Klasse							Gesamt
Faktor	Bh	Nb	*	1	2	3	4	5	7	*	
I	2,5	2,3	*	2.4	2.4	2.4	2.4	2.2	2.3		2.3
II	1.5	1.2		1.1	1.3	1.3	1.1	1.3	1.1		1.2
III	3.0	2.9		2.9	2.9	3.0	2.9	3.0	2.8		2.9

6. Fortsetzung:

Sonstige Motive

(2) weil die integrative Erziehung des Kindergartens fortsetzt werden soll
(12) weil mein Kind sonst vielleicht in eine Sonderschule käme
(14) weil andere Eltern mich davon überzeugt haben
(15) weil ich Pädagogen dieser Klasse vorher kannte
(16) weil ich aus religiösen Gründen davon überzeugt bin
(17) weil ich selbst in meinem Bekanntenkreis öfter mit Behinderten zu tun habe

	Gruppe			Klasse							Gesamt
Nr	Bh	Nb	*	1	2	3	4	5	7	*	
2	2.5	1.2	*	1.4	1.2	1.2	1.3	1.1	2.8	*	1.3
12	2.9	1.0	*	1.3	1.2	1.1	1.1	1.0	1.3		1.1
14	1.1	1.1		1.1	1.1	1.1	1.2	1.2	1.1		1.1
15	1.0	1.1		1.0	1.0	1.0	1.1	2.6	1.0	*	1.1
16	1.0	1.1		1.0	1.0	1.1	1.1	1.1	1.1		1.1
17	1.3	1.3		1.1	1.2	1.6	1.2	1.2	1.5		1.3

Tabelle 1: Motive der Eltern für die Wahl einer Integrationsklasse (Maximum = 3.0, Minimum = 1.0)

zicht auf Leistungsförderung, sondern vielmehr mit der Hoffnung einer noch besseren Leistungsförderung! Die Vorstellungen über eine qualitativ bessere Grundschule sind untrennbar verbunden mit dem Wunsch einer optimalen Förderung schulischer Leistungen.

Differenziertere Analysen des empirischen Materials deuten im übrigen daraufhin, daß bezüglich der Wichtigkeit des Leistungsgedankens die Meinungen der Eltern nicht unerheblich auseinanderliegen. Insbesondere Eltern behinderter Kinder, aber auch integrationsüberzeugte Eltern betrachten die Vorstellung "mehr leisten bei weniger Leistungsdruck" eher mit Sorge und Skepsis. Integration und Leistung sind pädagogische Zielvorstellungen, die sich nach Auffassung überzeugter Integrationseltern nicht mühelos miteinander vereinbaren lassen, ja sich zum Teil widersprechen.

Die Befragungsergebnisse lassen untergründig einen Meinungskonflikt erkennen, der pointiert so formuliert werden kann: Für den größeren Teil der Eltern ist eine Schule ohne Leistung nicht die bessere, attraktivere Grundschule, für den kleineren Teil kann eine leistungsorientierte Grundschule keine integrative Schule sein.

Das Motiv der Wohnortnähe spielt bei der Entscheidung für eine integrative Schule eher eine nachgeordnete Rolle. Der geringe Stellenwert dieses Motivs überrascht auf den ersten Blick. Sonderschulen werden gemeinhin gerade wegen der weiten Schulwege und der Entfremdung der Kinder von ihrem Stadtteil kritisiert. Demgegenüber wird als Vorzug von Integrationsschulen ihre Nachbarschaftsnähe und Stadtteilorientierung hervorgehoben. Der niedrige Rang des Motivs Wohnortnähe ist indes auf einleuchtende Gründe zurückzuführen. Für die Eltern nichtbehinderter Kinder ist die Integrationsklasse allemal nicht näher als eine Parallelklasse an der gleichen Schule. Und manche Eltern behinderter Kinder nehmen auch weitere Schulwege in Kauf, um das Angebot einer integrativen schulischen Erziehung wahrzunehmen. Wohnortnähe wird von den Eltern zwar durchaus geschätzt, sie ist aber kein gewichtiger Beweggrund für die Wahl einer integrativen Schule.

Die letzte Gruppe von Fragen läßt sich inhaltlich nicht auf einen Begriff bringen. Was diese Motive allenfalls miteinander gemeinsam haben, ist ein formaler, äußerer Aspekt. Alle sonstigen Begründungen haben ausgesprochenen Seltenheitswert. Sie sind daher nicht von allgemeiner Bedeutung, sondern nur im individuellen Einzelfall entscheidungsbegründend. Religiöse Gründe (Frage 16) oder die Überzeugungskraft anderer Eltern (Frage 14) sind nahezu bedeutungslos. Hin und wieder gibt es Eltern, die in ihrem Bekanntenkreis mit Behinderten zu tun haben (Frage 17) und sich aufgrund dieser alltäglichen Umgangserfahrung für eine integrative Schulerziehung aufgeschlossen zeigen.

Die Einzigartigkeit der sonstigen Motive wird besonders bei den folgenden Fragen deutlich. Eine Elterngruppe (Klasse 5) entscheidet sich vor allem deshalb für die Integrationsklasse, weil sie die Lehrerin dieser Klasse kennt und über alles schätzt. Eine andere Integrationsklasse (Klasse 7) ist aus einer integrativen Vorschuleinrichtung erwachsen. Die Eltern behinderter Kinder schließlich sind selbstredend deshalb für Integration, weil ihr Kind sonst vielleicht in eine Sonderschule käme (Frage 12). Diese Befürchtung wird von den Eltern der nichtbehinderten Kinder nicht ein einziges Mal genannt.

Die "sonstigen Motive" verweisen insgesamt auf den wichtigen Sachverhalt, daß den Entscheidungen der Eltern für eine integrierte Beschulung vielfach recht individuelle Motive und Motivstrukturen zugrundeliegen. So mögen für manche Eltern außer den erfragten durchaus auch noch andere Motive von höchster persönlicher Wichtigkeit gewesen sein.

Zusammenfassend kann formuliert werden: Bei der Wahl einer integrativen Grundschule spielt das idealistische Motiv eines humanen Miteinander von Behinderten und Nichtbehinderten eine bedeutsame Rolle. Der Wunsch nach einer qualitativ besseren, förderungsorientierten Grundschule ist für die Eltern der nichtbehinderten Kinder der tragende Grund, der sie für den Integrationsgedanken aufschließt und einnimmt. Daneben gibt es eine Vielzahl unterschiedlicher Beweggründe wie Wohnortnähe, Bekanntheit des Klassenlehrers, Umgang mit Behinderten im Bekanntenkreis, die im Einzelfall höchstbedeutsam sein können, denen aber keine allgemeine Gültigkeit zukommt. Den Eltern behinderter Kinder ist vielfach die Fortsetzung integrativer Erziehung und die Nichtaussonderung in der Grundschule ein wichtiges Anliegen. Ferner hat für sie im Unterschied zu den Eltern nichtbehinderter Kinder die Förderung schulischer Leistungen eine eher nachrangige Bedeutung.

4.3 Erfahrungen und Einschätzungen

In diesem Abschnitt geht es um eine erste Bewertung (Evaluation) der Integrationsklassen durch die Eltern. Sicherlich sind die Eltern nicht die einzigen Bewertungsinstanzen für den Erfolg einer integrativen Beschulung. Die gedeihliche Entwicklung des Schulversuchs ist aber eben auch von den Erfahrungen und Einschätzungen der Eltern abhängig. Gute Noten wären eine Bestätigung der bisherigen Arbeit. Ein kritisches Feedback würde zu konstruktiven Verbesserungen des Modellversuchs "Integrationsklassen" auffordern. Kämen die Eltern selbst zu einer negativen Bilanz, wäre die Ausweitung des Reformvorhabens sicherlich in Frage gestellt. Die Rückmeldungen der Eltern sind also für die Beurteilung der geleisteten und die Gestaltung der künftigen Arbeit bedeutsam.

In der schriftlichen Befragung sind die Eltern gebeten worden, sich zum Unterricht in den Integrationsklassen (4.3.1) und zu der Entwicklung ihrer Kinder (4.3.2) zu äußern. Die Ergebnisse dieser beiden Fragenkomplexe sollen nun dargestellt werden.

4.3.1 Einschätzung des Unterrichts

Etwa ein Viertel der Eltern hat schon die Gelegenheit genutzt, im Unterricht der eigenen Klasse zu hospitieren. Wiederum ein Viertel hilft gelegentlich bei der Vorbereitung von Unterrichtsvorhaben. Aus solchen Aktivitäten, aus den Gesprächen mit den Pädagogen und anderen Eltern und nicht zuletzt aus der interessierten Anteilnahme an all dem, was die eigenen Kinder so aus der Schule mitbringen und für die Schule tun müssen, gewinnen die Eltern eine mehr oder weniger differenzierte Meinung über den Unterricht, der ihren Kindern zuteil wird.

Zur Beurteilung des Unterrichts wurden den Eltern 17 Fragen vorgelegt. Die gesamte Fragenbatterie wurde einer item- und faktorenanalytischen Überprüfung unterzogen. Frage 14 mußte aufgrund unzureichender statistischer Kennwerte eliminiert werden. Für die übrigen Fragen konnten in der Itemanalyse befriedigende bis gute Trennschärfekoeffizienten und in der Faktorenanalyse klare dimensionale Strukturen mit prägnanten Ladungszahlen ermittelt werden. Alle empirischen Kennwerte sprechen zugunsten einer brauchbaren Güte des Untersuchungsinstruments.

Die inhaltliche Kennzeichnung der vier Beurteilungsdimensionen bereitet keine Schwierigkeiten und dürfte auch ohne eingehende Interpretationen unmittelbar einsichtig sein. Die vier Faktoren spiegeln das Urteil der Eltern darüber wider,

- welche integrative Qualität der Unterricht besitzt (Faktor I),
- wie gut die behinderten Kinder gefördert werden (Faktor II),
- wie gut die nichtbehinderten Kinder gefördert werden (Faktor III),
- wie gut das selbständige und disziplinierte Arbeiten gefördert wird (Faktor IV).

Die 16 Fragen zur Einschätzung des Unterrichts wurden entsprechend ihrer faktoriellen Struktur zur Faktorenwerten verrechnet. Die Faktorenwerte ergeben sich aus der Summe aller zu einem Faktor gehörenden Fragen geteilt durch die Anzahl der Fragen. Inverse Items, in der Tabelle durch das Symbol (-) gekennzeichnet, wurden vor der Addition umgepolt.

13. Als Eltern hat man zwar nur einen begrenzten Einblick in den Unterricht, aber trotzdem bildet man sich natürlich aus Begegnungen mit den Pädagogen, aus Gesprächen mit anderen Eltern und aus Erzählungen des eigenen Kindes eine Meinung über den Unterricht in den Integrationsklassen. Wir haben wieder eine Reihe von Meinungen über den Unterricht zusammengestellt. Kreuzen Sie bitte wieder an, ob Sie mit der angeführten Meinung **völlig, teilweise** oder gar **nicht** übereinstimmen.

	stimmt völlig	stimmt teilweise	stimmt nicht
Ich bin der Meinung, . . .	(3)	(2)	(1)

Faktor I: Integrative Qualität des Unterrichts

(6) daß zu wenig auf individuelle Interessen und Probleme der Kinder eingegangen wird (-)
(8) daß Rücksichtnahme und Hilfsbereitschaft der Kinder zu wenig betont wird (-)
(12) daß mehr Förderunterricht angeboten werden muß (-)
(15) daß die behinderten Kinder mehr Therapie haben müssen (-)
(17) daß das gegenseitige Verständnis von behinderten und nichtbehinderten Kindern noch mehr gefördert werden könnte (-)

Faktor II: Förderung der behinderten Kinder

(3) daß die Pädagogen die behinderten Kinder genügend fördern
(10) daß die behinderten Kinder im Unterricht zu kurz kommen (-)

Faktor III: Förderung der nichtbehinderten Kinder

(4) daß zu wenig Leistung von den Kindern verlangt wird (-)
(5) daß die nichtbehinderten Kinder im Unterricht zu kurz kommen (-)
(7) daß die Pädagogen die nichtbehinderten Kinder ausreichend fördern
(11) daß zu wenig Hausaufgaben aufgeben werden (-)
(16) daß im Unterricht zuviel Zeit vertrödelt und verspielt wird (-)

Faktor IV: Förderung von Selbständigkeit und Arbeitsdisziplin

(1) daß die Selbständigkeit der Kinder ausreichend gefördert wird
(2) daß zu wenig Wert auf Ordnung und Disziplin gelegt wird (-)
(9) daß die Kinder eine gute Arbeitshaltung erworben haben
(13) daß es in der Klasse zu laut ist (-)

Faktor	Gruppe Bh	Nb	*	Klasse 1	2	3	4	5	7	*	Gesamt HH	FB
I	2.7	2.8		2.5	2.6	2.9	2.8	2.9	2.9		2.77	2.72
II	2.8	2.8		2.4	2.7	3.0	2.9	2.9	2.9	*	2.82	2.82
III	2.9	2.8		2.8	2.7	2.9	2.8	3.0	2.9	*	2.84	2.81
IV	2.8	2.6		2.4	2.4	2.9	2.6	2.9	2.6	*	2.66	2.65

Tabelle 2: Bewertung des Unterrichts
(Maximum = 3.0, Minimum = 1.0)

Der höchste Wert, der volle Wertschätzung zum Ausdruck bringt, beträgt 3.0, der geringste Wert 1.0.

Die Tabelle 2 vermittelt einen raschen Überblick über die erhaltenen Ergebnisse. Die Eltern geben dem Unterricht in den Integrationsklassen in allen vier Dimensionen "Integrative Qualität des Unterrichts", "Förderung der behinderten Kinder", "Förderung der nichtbehinderten Kinder" und "Förderung des selbständigen und disziplinierten Lernens" die allerbesten Noten. Alle Werte liegen nahe beim Idealwert 3. Keine Bewertungsdimension ist von diesem überaus positiven Urteil ausgenommen, alle Bewertungsdimensionen werden in etwa gleichmäßig mit dem Füllhorn der Zufriedenheit und der Anerkennung überschüttet.

Das relativ (!) geringste Lob haben die Eltern für die Unterrichtsdimension "Selbständigkeit und Lerndisziplin" ausgesprochen. Den relativ (!) schlechtesten Wert der gesamten Skala erhielt mit einem Mittelwert von 2.43 die Feststellung, "daß es in der Klasse häufig zu laut ist". Binnendifferenzierter Unterricht, wie er in den Integrationsklassen praktiziert wird, ist in den Augen der Eltern dem äußeren Eindruck nach unstrukturierter, unübersichtlicher und gelegentlich auch unruhiger, lebhafter und weniger geräuscharm als ein straff geführter Frontalunterricht. Das äußere Erscheinungsbild eines binnendifferenzierten Unterrichts entspricht nicht der traditionellen Vorstellung von einer ordentlichen Schule. Besorgnis oder gar Kritik kann aus der zurückhaltenden Anerkennung für die Unterrichtsdisziplin in Integrationsklassen aber wohl nicht herausgelesen werden.

In der positiven Bewertung des Unterrichts stimmen die

Eltern behinderter wie nichtbehinderter Kinder weitgehend überein. In keiner Bewertungsdimension sind statistisch bedeutsame Bewertungsunterschiede zu registrieren. Bei genauerer Betrachtung lassen die Zahlen aber unterschiedliche Bewertungstendenzen der Eltern von behinderten und nichtbehinderten Kindern aufscheinen. Während die Eltern von behinderten Kindern sich eine größere integrative Qualität des Unterrichts vorstellen können, möchten die Eltern nichtbehinderter Kinder das disziplinierte Lernen mehr beachtet wissen. In der Bewertung des Unterrichts werden also von den Eltern behinderter und nichtbehinderter Kinder in den Aspekten Leistungsorientierung und Integrationsorientierung die Akzente um einige Nuancen unterschiedlich gesetzt.

Auffällig sind die Bewertungsunterschiede zwischen einzelnen Klassen, die auch statistisch ins Gewicht fallen und Aufmerksamkeit verdienen. Da ähnliche Klassenunterschiede noch häufiger festzustellen sein werden, soll eine zusammenfassende Interpretation an späterer Stelle gegeben werden.

Die Berliner und Hamburger Eltern kommen zu nahezu identischen Urteilen über den Unterricht in ihren Integrationsklassen. Sofern den Werten der Fläming-Schule in Berlin Vorbild- und Orientierungsfunktion zugesprochen werden kann, wird dem Hamburger Modellversuch "Integrationsklassen" von den beteiligten Eltern ein gleichwertiges Qualitätstestat ausgestellt.

4.3.2 Entwicklung des eigenen Kindes

Ein indirektes Bild über die Qualität integrativer Schulerziehung im Hamburger Modellprojekt versuchen die Fragen zur Entwicklung des eigenen Kindes aufzuzeichnen. Die Eltern wurden gefragt, "wie sich Ihr Kind entwickelt hat, seitdem es in einer Integrationsklasse ist". Aus den Wahrnehmungen und dem Erleben der Eltern wird erschlossen, wie Kinder, die Integrationsklassen besuchen, sich entwickelt haben.

Die Fragenbatterie zur Entwicklung des eigenen Kindes wurde zunächst wiederum einer item- und faktorenanalytischen Überprüfung zugeführt. Mit Ausnahme einer Frage genügen alle Items den Kriterien befriedigender Trennschärfe und eindeutiger faktorieller Zugehörigkeit.

Die ermittelten fünf Faktoren sind inhaltlich gut interpretierbar. Der erste Faktor beinhaltet Fragen zur Lernfreude, zur Schulmotivation und zu den Beziehungen zu den Pädagogen; er kann mit dem Begriff "Einstellung zur Schule" überschrieben werden. Auf dem zweiten Faktor laden Fragen, die sich nach den sozialen Beziehungen der Kinder untereinander erkundigen; dieser Faktor wird "Verhältnis zur Klasse" genannt. Das "Verhältnis zu den behinderten Kindern" wird durch zwei Fragen erfaßt, die eine eigenständige Eindrucksdimension bilden. Der vierte Faktor wird durch Fragen konstituiert, die die "Zufriedenheit mit den Leistungen" zum Ausdruck bringen. Der fünfte Faktor "Passung der Anforderungen" informiert darüber, ob das eigene Kind sich nach dem Eindruck der Eltern angemessen herausgefordert fühlt oder sich eher langweilt.

Die für die fünf Faktoren jeweils aufsummierten und gemittelten Faktorenwerte sind in Tabelle 3 dargestellt. Im Wertebereich von 1 bis 3 drücken höhere Werte jeweils die positiven Eindrucksqualitäten aus.

Die große Mehrheit der Eltern hat einen außergewöhnlich günstigen Eindruck von der Entwicklung des eigenen Kindes. Gleichviel, welche Eindrucksdimension angesprochen wird, ob es um das Verhältnis zur Klasse, um die Einstellung zur Schule, um die Zufriedenheit mit den Leistungen, um das Verhältnis zu den behinderten Kindern oder um die richtige Passung der Leistungsanforderungen geht, in allen Dimensionen vermelden die Eltern, daß ihr Kind sich vorteilhaft und zu ihrer Zufriedenheit entwickelt hat. Die Situation der Kinder in Integrationsklassen stellt sich in der Wahrnehmung der Eltern außergewöhnlich positiv dar: Sie haben Freude am schulischen Lernen und eine vertrauensvolle Beziehung zu den Pädagogen, sie fühlen sich in der Klasse wohl und haben gute Kontakte untereinander, und darüber hinaus erbringen die Kinder auch ansprechende Leistungen und werden nicht unterfordert. Die positiven Eindrücke, die unterschiedslos für alle Bereiche gelten und auch von den Eltern behinderter wie nichtbehinderter Kinder geäußert werden, können durchaus als eine nachdrückliche Empfehlung integrativer Schulerziehung verstanden werden. Nach nahezu einhelliger Auffassung profitieren behinderte und nichtbehinderte Kinder von integrativer Erziehung in mehrfacher Hinsicht, sowohl kognitiv hinsichtlich der Leistungsentwicklung als auch motivational bezüglich der Lern- und Schulfreude als auch sozial in ihren Beziehungen untereinander. Eine Ausnahme bilden die Klassen 1 und 2; hier zeigen sich die Eltern mit der Leistungsentwicklung ihrer Kinder weniger zufrieden als in anderen Klassen. Ein Eindruck, der im übrigen durch objektive Leistungsuntersuchun-

17. Sie haben sicherlich viele Eindrücke gesammelt, wie sich Ihr Kind entwickelt hat, seitdem es in einer Integrationsklasse ist. Wir haben hier eine Reihe von möglichen Eindrücken zusammengestellt. Bitte kreuzen Sie jeweils an, ob Sie mit dem angegebenen Eindruck **völlig, teilweise** oder gar **nicht** übereinstimmen.

	stimmt völlig	stimmt teilweise	stimmt nicht
Mein Kind	(3)	(2)	(1)

Faktor I: Einstellung zur Schule

(2) hat Vertrauen zu den Pädagogen
(3) geht nicht so gerne in die Schule (-)
(6) hat häufiger mal Schwierigkeiten mit den Pädagogen (-)
(10) schimpft beim Mittagessen über die blöde Schule (-)
(11) macht gerne seine Hausaufgaben

Faktor II: Verhältnis zur Klasse

(7) fühlt sich in der Klasse sehr wohl
(9) hat guten Kontakt zu den nichtbehinderten Kindern
(14) hat häufiger Streit mit den nichtbehinderten Kindern (-)
(16) beklagt sich häufiger mal über die Mitschüler (-)

Faktor III: Zufriedenheit mit den Leistungen

(8) leistet weniger als es leisten könnte (-)
(13) erbringt recht gute Leistungen im Rahmen seiner Möglichkeiten

Faktor IV: Verhältnis zu den behinderten Kindern

(4) hat guten Kontakt zu den behinderten Kindern
(12) hat häufiger Schwierigkeiten mit den behinderten Kindern (-)

Faktor V: Passung der Anforderungen

(1) fühlt sich im Unterricht eher unterfordert (-)
(5) findet den Unterricht ziemlich langweilig (-)

	Gruppe			Klasse							Gesamt	
Faktor	Bh	Nb	*	1	2	3	4	5	7	*	HH	FB
I	2.5	2.7		2.6	2.6	2.7	2.7	2.8	2.7		2.66	2.75
II	2.7	2.7		2.6	2.7	2.9	2.7	2.7	2.5		2.71	2.64
III	2.8	2.7		2.5	2.5	2.8	2.6	2.9	3.0	*	2.72	2.61
IV	2.8	2.8		2.7	2.8	2.8	2.7	2.8	2.8		2.76	2.60
V	2.8	2.8		2.8	2.5	2.8	2.8	2.9	2.9		2.77	2.71

Tabelle 3: Eindrücke der Eltern von der Entwicklung ihres Kindes (Maximum = 3.0, Minimum = 1.0)

gen nicht bestätigt werden kann.

Aufgrund gleicher Fragen ist wiederum ein unmittelbarer Vergleich der Elternbefragungen in Berlin und Hamburg möglich. Im ganzen fallen die Einschätzungen der Hamburger Eltern ein Quäntchen positiver aus. Die geringfügig günstigeren Bewertungen bei der Hamburger Befragung dürften kaum eine real höhere Zufriedenheit widerspiegeln, sondern sind eher als ein Bonus zu verstehen, der dem jungen, noch unbetagten Hamburger Reformvorhaben von den Eltern gewährt wird.

4.4 Zusammenarbeit von Eltern und Pädagogen

Integrationsprojekte leben von der intensiven Zusammenarbeit der Eltern und Pädagogen, untereinander und miteinander. In der Anfangsphase eines Schulversuchs dürfte ein dichter Kontakt zwischen den Pädagogen und den Eltern eine wichtige, kaum verzichtbare Stütze sein. Aus diesem Grund wurde diese Thematik auch in den Fragebogen aufgenommen.

4.4.1 Wertschätzung der Pädagogen

Im Hamburger Modellversuch ist die Zusammenarbeit von drei

Pädagogen fest institutionalisiert. Grundschullehrer, Erzieher und Sonderschullehrer bilden ein Pädagogenteam, das in seiner Gesamtheit mit unterschiedlichen Stundenanteilen den Unterrichts-, Förder- und Therapiebedarf einer Integrationsklasse befriedigen soll.

Das Drei-Pädagogen-Team ist ungewöhnlich und keineswegs eine naturnotwendige Selbstverständlichkeit. In bundesrepublikanischen Modellversuchen herrscht allenthalben das Zwei-Pädagogen-Team vor. Da innerhalb des Hamburger Modellversuchs durchaus auch ein Zwei-Pädagogen-Team als sinnvoll und möglich erachtet wird, erschien es ratsam, hierzu auch die Meinung der Eltern einzuholen.

---

7. Die Integrationsklassen werden von drei Pädagogen betreut. Wie wichtig finden Sie die Mitarbeit der verschiedenen Pädagogen?

	sehr wichtig	wichtig	weniger wichtig
Grundschullehrer(in)	(3)	(2)	(1)
Sonderschullehrer(in)	(3)	(2)	(1)
Erzieher(in)	(3)	(2)	(1)

	Gruppe			Klasse							Gesamt
	Bh	Nb	*	1	2	3	4	5	7	*	
G	2.9	3.0		3.0	3.0	3.0	3.0	2.9	3.0		3.0
S	3.0	2.8		2.9	2.9	3.0	2.5	2.8	3.0	*	2.9
E	3.0	2.9		3.0	2.7	3.0	2.9	2.8	2.9		2.9

Tabelle 4: Die Wichtigkeit des Grundschullehrers (G), des Sonderschullehrers (S) und des Erziehers (E) für Integrationsklassen aus der Sicht der Eltern

Nach Auffassung der Eltern sind alle Pädagogen unterschi("sehr wichtig". Die Eltern möchten auf keinen Pädagogen, auch immer er sei, verzichten. Vermutlich war es nicht sin die Eltern in dieser Sache um eine Entscheidungshilfe zu b Wahrscheinlich mochten die Eltern in taktvoller Zurückhaltung nicht entschließen, den verschiedenen Pädagogen eine unterschie(Wichtigkeit beizumessen. Von Seiten der Eltern ergibt sich jede keine Notwendigkeit, das Muster der pädagogischen Versorgung von Integrationsklassen grundlegend zu verändern. Der Elternwille kann für Veränderungsabsichten nicht bemüht werden.

---

8. Wie häufig sprechen Sie mit den Pädagogen Ihres Kindes?

	häufig	selten	nie
mit dem(der) Grundschullehrer(in)	(3)	(2)	(1)
mit dem(der) Sonderschullehrer(in)	(3)	(2)	(1)
mit dem(der) Erzieher(in)	(3)	(2)	(1)

	Gruppe			Klasse							Gesamt
	Bh	Nb	*	1	2	3	4	5	7	*	
G	2.6	2.2		2.2	2.5	2.0	2.5	2.2	2.1		2.2
S	2.2	1.4	*	1.8	1.9	1.9	2.0	1.6	1.8	*	1.6
E	2.4	1.7	*	2.1	2.0	1.9	1.3	1.9	1.9		1.8

Tabelle 5: Häufigkeit von Gesprächen der Eltern mit dem Grundschullehrer (G), dem Sonderschullehrer (S) und dem Erzieher (E)

An der Häufigkeit der Kontakte der Eltern mit den Pädagogen kann abgelesen werden, welche Pädagogen für welche Kinder als bevorzugte Ansprechpartner angesehen werden. Die Eltern behinderter Kinder treten häufiger in Kontakt mit dem Sonderschullehrer und mit dem Erzieher, während die Eltern nichtbehinderter Kinder eher das Gespräch mit dem Grundschullehrer suchen. In der Vorstellung der Eltern gibt es innerhalb des Pädagogenteams eine Aufgaben- und Funktionsteilung. Für die nichtbehinderten Kinder, für die Klasse insgesamt und für den Unterricht im allgemeinen ist der Grundschullehrer zuständig und verantwortlich. Die behinderten Kinder sind im Zweifelsfalle eher der Obsorge des zweiten Pädagogen, also des Erziehers oder des Sonderschullehrers anheimgegeben.

4.4.2 Beteiligung der Eltern

Der Kontakt der Eltern untereinander wird auf vielfältige Weise realisiert. Beiläufige Gespräche anläßlich zufälliger Begegnungen, spontane Kontakte per Telefon, gelegentliche wechseitige private Einladungen, Nachmittagsaktivitäten mit den Kindern und unregelmäßige "Stammtische" sind mögliche und praktizierte Formen der Elternkontakte. Eine traditionelle Form der Elternbegegnung ist der in allen Schulmitwirkungsgesetzen verankerte Elternabend.

An den Elternabenden der Integrationsklasse ihres Kindes nehmen 80 Prozent der Eltern regelmäßig und 19 Prozent häufig teil. Die Teilnahme schwankt von Klasse zu Klasse erheblich. Die Beteiligung der Eltern an den Klassenelternabenden kann als überdurchschnittlich bezeichnet werden, wie

---

14. Wie oft konnten Sie bisher die Elternabende der Integrationsklasse Ihres Kindes besuchen?

(5) regelmäßig
(4) häufig
(3) manchmal
(2) selten
(1) nie

	Gruppe			Klasse							Gesamt	
Code	Bh	Nb	*	1	2	3	4	5	7	*	HH	FB
5	75	81		100	43	90	80	100	64		80	77
4	25	18		0	57	5	20	0	36		19	12
3	0	1		0	0	5	0	0	0		1	4
2	0	0		0	0	0	0	0	0		0	5
1	0	0		0	0	0	0	0	0	*	0	3

Tabelle 6: Häufigkeit des Besuchs von Elternabenden (Angaben in Prozent)

der Vergleich mit der gleichlautenden Frage in der Berliner Elternbefragung belegt.

Die Elternabende sollten mit bemessener Häufigkeit stattfinden. Die große Mehrheit der Hamburger Elternschaft findet einen vierteljährlichen Rhythmus angemessen. Etwa ein Drittel wünscht sich alle vier Wochen eine Zusammenkunft. Das ideale Maß mag in der Mitte bei etwa 8 Wochen liegen, wobei die Vorstellungen zur Häufigkeit von Elternabenden von Klasse zu Klasse stark variieren. Namentlich in den Klassen 2 und 7 wünschen sich viele Eltern häufigere Elternabende, zugleich ist gerade in diesen Klassen die Teilnahme weniger regelmäßig. Von einer bestimmten Belastungsgrenze an sind häufigere Elternabende nicht mehr kontaktfördernd, sondern mit nachlassendem Interesse und unregelmäßigerer Beteiligung verbunden.

15. Wie oft sollten Ihrer Meinung nach Elternabende stattfinden?

(1) wöchentlich
(2) alle 2 Wochen
(3) monatlich
(4) vierteljährlich
(5) halbjährlich
(6) jährlich

	Gruppe			Klasse							Gesamt
Code	Bh	Nb	*	1	2	3	4	5	7	*	
6	0	0		0	0	0	0	0	0		0
5	0	8		0	0	11	20	0	0		6
4	50	68		83	57	74	75	67	29		65
3	50	24		17	43	16	5	33	71		29
2	0	0		0	0	0	0	0	0		0
1	0	0		0	0	0	0	0	0	*	0

Tabelle 7: Gewünschte Häufigkeit von Elternabenden (Angaben in Prozent)

Die Eltern begleiten und unterstützen das Reformvorhaben durch vielfältige Aktivitäten. Alle Eltern machen in Gesprächen Bekannte, Freunde und Kollegen auf diesen Versuch

16. Wie schätzen Sie Ihre Beteiligung am Modellversuch "Integrationsklassen" ein?

(1) Ich habe an der politischen Durchsetzung von Integrationsklassen teilgenommen. ( ) ja ( ) nein

(2) Ich war bzw. bin Elternvertreter in einer Integrationsklasse ( ) ja ( ) nein

(3) Ich beteilige mich an den Gesprächen auf den Elternabenden ( ) ja ( ) nein

(4) Ich nehme gelegentlich am Unterricht in der Integrationsklasse teil ( ) ja ( ) nein

(5) Ich helfe hin und wieder bei der Vorbereitung und Durchführung von Unterrichtsvorhaben ( ) ja ( ) nein

(6) Ich nehme häufiger an öffentlichen Veranstaltungen zu dem Thema Integration teil ( ) ja ( ) nein

(7) In Gesprächen mit Freunden, Bekannten, Kollegen usw. mache ich auf diesen Versuch aufmerksam ( ) ja ( ) nein

(8) Meine berufliche und private Beanspruchung läßt mir leider zu wenig Zeit, mich aktiv zu beteiligen. ( ) ja ( ) nein

	Gruppe			Klasse							Gesamt	
Code	Bh	Nb	*	1	2	3	4	5	7	*	HH	FB
1	69	21	*	25	23	37	15	13	70	*	29	42
2	38	15	*	25	15	11	30	20	14		19	28
3	94	94		100	100	84	85	100	100		94	95
4	38	16	*	42	36	26	5	7	14	*	20	-
5	18	29		8	31	21	25	47	29		29	-
6	75	21	*	33	15	37	10	13	79	*	30	-
7	100	100		100	100	100	100	100	100		100	-
8	47	52		46	75	53	55	57	17	*	51	25

Tabelle 8: Beteiligung der Eltern am Modellversuch "Integrationsklassen". (Angaben in Prozent)

aufmerksam und beteiligen sich auch an Diskussionen auf den Elternabenden. Etwa ein Viertel kann dem harten Kern der aktiven Eltern zugerechnet werden. Dieser aktive Kern ist faktisch Träger und Motor der Elternbeteiligung und -mitarbeit. Es sind zumeist immer dieselben Eltern, die an öffentlichen Veranstaltungen teilnehmen, bei der Vorbereitung und Durchführung von Unterrichtsvorhaben mithelfen, gelegentlich im Unterricht hospitieren, sich als Elternvertreter engagieren und die politische Aufklärungs- und Durchsetzungsarbeit leisten.

Innerhalb der Elternschaft gibt es unübersehbare Unterschiede. Die Eltern behinderter Kinder sind in der Regel engagierter und zumeist das Aktivitätszentrum von Elterngruppen. Die Eltern von Nachfolgeklassen (Klasse 4 und 5) sind merklich weniger beteiligt als die Eltern der Pionierklassen.

Als Trend kündigt sich eine abnehmende Elternbeteiligung an. Das zurückgehende Elternengagement kann als eine charakteristische Begleiterscheinung schulischer Innovationen angesehen werden. In dem Maße, in dem Schulversuche institutionell etabliert und politisch abgesichert sind, geht auch das Engagement der Eltern zurück und pendelt sich bei Reformschulen auf einem Level etwas oberhalb des Üblichen ein. Den Wandel im Integrationsversuch Fläming-Grundschule hat METTKE (1982, 36) so beschrieben: "Aus der Betroffenen-Initiative wird durch die staatliche Akzeptation und durch das verstärkte Hinzutreten von engagierten Fachleuten ein Unternehmen von Betroffenen-Betreuern." Und für den Hamburger Modellversuch wurde festgestellt, daß die Eltern zwar als "Erfinder" von Integrationsklassen anzusehen sind, daß aber schon bald Lehrer, Erzieher, Schulleiter und Schulräte sich zu "Adoptiveltern" des Integrationsversuchs entwickelt haben (WOCKEN 1985).

Soweit vergleichbare Angaben vorliegen, ist ein deutlich höheres politisches Engagement der Berliner Eltern augenfällig. Dieser markante Unterschied zwischen den Berliner und Hamburger Eltern ist aus der andersartigen geschichtlichen Entstehung der beiden Integrationsprojekte zu verstehen. Die Gründergeneration der Fläming-Grundschule kam aus der antikapitalistischen Studenten- und antiautoritären Kinderladenbewegung, die schulische Integration nicht nur als eine pädagogische Innovation, sondern zugleich als eine gesellschaftspolitische Reformaufgabe begriff. Die Hamburger Elterninitiativen stehen eher in einem geschichtlichen Zusammenhang mit der Behindertenbewegung der 80er Jahre und sind stärker reformpädagogischen und humanistischen Motiven verpflichtet. Warum allerdings im Vergleich die Hamburger Eltern erheblich weniger Zeit, "sich aktiv zu beteiligen", erübrigen können, bleibt unerfindlich.

4.5. Erwartungen und Vorstellungen

4.5.1 Integrierbarkeit von Behinderungen

Der Begriff "Integrationsfähigkeit" hat insbesondere die ersten Runden der öffentlichen Diskussion um die Integration behinderter Kinder in allgemeine Schulen bestimmt. Man versuchte allein durch gedankliche Überlegungen und weniger durch praktische Erfahrungen herauszufinden, welche Behinderungen als noch integrationsfähig anzusehen sind und welche Behinderungen als nicht mehr integrierbar gelten können.

Welche Behinderungsgruppen am ehesten für eine gemeinsame schulische Förderung in Betracht kommen, haben STADLER (1976) bei Gesamtschullehrern und GRUNWALD, HÖRL & KLEIN (1975) bei Sonderschullehrern ermittelt. Danach werden die Integrationsmöglichkeiten für Schüler mit Behinderungen von Lehrern folgendermaßen eingeschätzt:

- Die Integrationschancen für Blinde, Gehörlose und Geistigbehinderte werden sehr gering eingestuft.
- Relativ gute Integrationschancen werden Schülern mit Körper-, Sprach- und Lernbehinderungen eingeräumt.
- Eine skeptische Einschätzung waltet bei Sehbehinderten, Schwerhörigen und Verhaltensgestörten vor.

Die Frage der schulischen Integrierbarkeit verschiedener Behinderungen ist bis auf den heutigen Tag theoretisch umstritten und wird auch in der Praxis unterschiedlich beantwortet. Verbreitet ist die Position einer selektiven Integration. In diesem Falle werden vorab Kriterien der Integrationsfähigkeit definiert und bestimmte Behinderungsarten oder -grade von vorneherein ausgeschlossen. Beispiele hierfür sind die Beschränkung auf körperbehinderte Schüler mit normaler Intelligenz oder die definitive Ausgrenzung geistigbehinderter Schüler.

Die nichtselektive Position möchte eine Aufspaltung Behinderter in integrationsfähige und nichtintegrationsfähige Schüler verhindern und strebt eine bedingungslose Aufnahme aller behinderter Kinder an (FEUSER 1985).

Der erfahrungsorientierten Position scheinen zum gegenwärtigen Zeitpunkt irgendwelche Vorentscheidungen nicht möglich und nicht ausreichend begründbar (STOELLGER 1983).

Selbstredend kann die strittige Frage auch nicht durch Meinungsumfragen sachlich geklärt werden. Die Erkundung von Vorstellungen über die Intgrationsfähigkeit behinderter Kinder soll zuvörderst über den Bewußtseinsstand der Eltern informieren. Das Erkenntnisinteresse richtet sich darauf, mit welcher Aktzeptanz gegenwärtig bei der Aufnahme bestimmter Behinderungen gerechnet werden kann und in welchen Fällen eher Konflikte, Barrieren und Zustimmungsverweigerung zu erwarten sind.

Die Frage nach den Integrationschancen behinderter Kinder ist, dies soll nicht unerwähnt bleiben, von einigen Eltern kritisch aufgenommen worden. Die Integrierbarkeit etwa körperbehinderter Kinder, so wurde zur Recht eingewendet, kann gar nicht generalisierend beantwortet werden, sondern nur bei Kenntnis des einzelnen Falles. Der Pflege- und Therapiebedarf oder die intellektuelle Ausstattung eines Kindes etwa sind einige Bedingungen, die zur Beurteilung seiner Integrationsmöglichkeiten herangezogen werden müssen.

Im allgemeinen werden die Integrationschancen behinderter Kinder von den Eltern kaum anders eingeschätzt als von Gesamt- und Sonderschullehrern. Für Integrationsversuche kommen auch nach Auffassung der Eltern am ehesten Kinder mit Körper-, Sprach- und Lernbehinderungen in Betracht. Dagegen werden die Integrationsmöglichkeiten für Sinnesgeschädigte, Verhaltensgestörte und Geistigbehinderte ungünstiger beurteilt.

Die Eltern behinderter Kinder beurteilen die Integrationschancen lern- und geistigbehinderter Kinder signifikant optimistischer als die Eltern nichtbehinderter Kinder. Möglicherweise lassen sich die Eltern nichtbehinderter Kinder bei ihrem Urteil von der Auffassung leiten, daß schulische Integration um so leichter zu bewerkstelligen ist, je besser behinderte Kinder intellektuell dem Unterricht in der Grundschule zu folgen vermögen.

Im Hamburger Modellversuch sind bislang keine Kinder mit Seh- und Hörbehinderungen aufgenommen worden. Mangels praktischer Erfahrungen werden deshalb auch wohl die Integrationschancen der Sinnesgeschädigten von allen Elterngruppen weniger profiliert eingeschätzt.

Die Eltern haben sich bei ihren Urteilen nachweislich von ihren bisherigen Erfahrungen leiten lassen. In den Klassen 4

5. Es gibt ja recht unterschiedliche Meinungen darüber, bei welchen behinderten Kindern eine Integration in der Grundschule sinnvoll und möglich ist. Was ist Ihre Meinung dazu? Geben Sie bitte bei den genannten Behinderungen jeweils an, ob eine Integration in der Grundschule im allgemeinen **sehr gut möglich, gut möglich, schwierig** oder **sehr schwierig** ist. Machen Sie bitte in jeder Zeile ein Kreuz!

	sehr gut möglich	gut möglich	schwierig	sehr schwierig
KB: körperbehinderte Kinder	(4)	(3)	(2)	(1)
SB: sehbehinderte Kinder	(4)	(3)	(2)	(1)
LB: lernbehinderte Kinder	(4)	(3)	(2)	(1)
SH: schwerhörige Kinder	(4)	(3)	(2)	(1)
GB: geistigbehinderte Kinder	(4)	(3)	(2)	(1)
SP: sprachbehinderte Kinder	(4)	(3)	(2)	(1)
VH: verhaltensgestörte Kinder	(4)	(3)	(2)	(1)

	Gruppe			Klasse							Gesamt
Art	Bh	Nb	*	1	2	3	4	5	7	*	
KB	3.8	3.9		3.6	3.7	3.9	3.8	3.9	3.9		3.84
SB	3.0	2.9		2.7	2.9	3.2	2.8	2.8	2.8		2.91
LB	3.8	3.1	*	2.9	3.6	3.5	3.0	3.2	3.4		3.21
SH	3.3	2.9		2.9	2.9	3.2	2.7	2.6	3.2		2.94
GB	3.4	2.6	*	2.7	2.8	3.5	2.2	2.6	3.0	*	2.76
SP	3.7	3.3		3.3	3.2	3.8	3.0	3.7	3.7		3.41
VH	3.3	2.8		2.0	2.7	3.1	2.5	3.1	3.3	*	2.85

Tabelle 9: Einschätzung der Integrierbarkeit von Behinderungen.

und 5, in denen keine geistigbehinderten Kinder sind, wird auch die Integrationsfähigkeit Geistigbehinderter signifikant ungünstiger als in den anderen Klassen beurteilt. Ferner äußern sich die Eltern der Klassen 1, 2 und 4, die Kinder mit erheblichen Verhaltensproblemen haben, beträchtlich skeptischer über die Möglichkeit einer schulischen Integration verhaltensgestörter Kinder. Erfahrungen mit schulischer Integration können also sowohl den Integrationsoptimismus als auch den Integrationsskeptizismus befördern.

4.5.2 Form der Zeugnisse

Für integrative Schulen wird gemeinhin die Abschaffung von Zensuren und Ziffernzeugnissen gefordert. Numerale Beurteilungen sind mit den Zielen gemeinsamer Erziehung behinderter und nichtbehinderter Kinder nicht vereinbar. Eine kurze Betrachtung mag diese Zusammenhänge verdeutlichen.

Noten messen die Leistungen einzelner Kinder am sozialen Vergleich mit den Leistungen einer Lerngruppe. Bessere Noten werden errungen, indem die Schüler miteinander in Wettbewerb treten und sich mit anderen messen. Der Wettbewerb um gute Noten verhindert gegenseitige Hilfe und Zusammenarbeit in der Gruppe. Hilfsbereitschaft und Kooperationsfähigkeit, zentrale Zielsetzungen integrativer Erziehung, werden durch Notenkonkurrenz nicht gefördert, sondern behindert und desavouiert. Ferner können die Umstände der Leistungserbringung, das Maß der Anstrengung und die Größe individueller Lernfortschritte bei der Notengebung keine Berücksichtigung finden. Der Aspektreichtum einer Leistung wird undifferenziert zu einer globalen Ziffer zusammengefaßt.

Demgegenüber vermögen verbale Schülerbeurteilungen die Intentionen integrativer Schulerziehung besser aufzunehmen und zu unterstützen. Verbale Beurteilungen ermöglichen, den einzelnen Schüler in den Blick zu nehmen und personbezogen zu würdigen. Die maßgebende Norm verbaler Beurteilungen ist nicht mehr das fragwürdige Postulat "Gleiche Aufgaben für alle", sondern der einzelne Schüler selbst. Es gilt zu beurteilen, ob der Schüler seine ihm ureigenen Möglichkeiten genutzt hat und jene Entwicklungsfortschritte gemacht hat, die ihm möglich sind.

Zum Zeitpunkt der Elternbefragung wurden für die Hamburger Grundschulen neue Zeugnisbestimmungen erarbeitet, die bereits zum Schuljahr 1985/86 in Kraft gesetzt wurden. Welche

9. In den Klassen 3 und 4 können die Eltern die Form der Zeugnisse wählen. Welches Zeugnis wünschen Sie sich für Ihr Kind?

(1) nur ein Ziffernzeugnis
(2) nur ein Berichtszeugnis
(3) beides zusammen: Ziffernzeugnis und Berichtszeugnis

	Gruppe			Klasse							Gesamt
Code	Bh	Nb	*	1	2	3	4	5	7	*	
1	0	10		0	29	5	10	7	0		9
2	81	44		42	50	90	20	27	71		50
3	19	46	*	58	21	5	70	67	29	*	41

Tabelle 10: Vorstellungen der Eltern über die Form des Zeugnisses (Angaben in Prozent)

Gegenliebe die reformierten Zeugnisbestimmungen bei der Elternschaft finden würden, wurde durch eine gesonderte Frage ermittelt.

Die Antworten der Eltern zu dieser Frage sind nicht überzeugend. Nur die Hälfte aller Eltern mag sich mit einem Berichtszeugnis zufrieden geben. 41 Prozent wünschen sich eine Ergänzung durch ein Ziffernzeugnis, und immerhin noch 9 Prozent bevorzugen ausschließlich ein Notenzeugnis. Die Unterschiede zwischen den Klassen und den Teilgruppen sind gravierend. Der Trend zu Ziffernzeugnissen ist bei den Eltern nichtbehinderter Kinder und bei den Nachfolgeklassen jeweils größer als bei den Erstlingsklassen und bei den Eltern behinderter Kinder.

Bei der Elternbefragung an der Fläming-Grundschule in Berlin bevorzugten 93 Prozent der Eltern eine verbale Beurteilung und 21 Prozent hielten ein zusätzliches Notenzeugnis für wünschenswert. Wenn auch wegen anderslautender Fragestellungen ein unmittelbarer Vergleich der Berliner und Hamburger Elternschaft nur mit Einschränkungen statthaft und verläßlich ist, so scheint doch die pädagogische Aufgeschlossenheit der Hamburger Eltern in dieser Frage weniger ausgeprägt. Während bei anderen Integrationsvorhaben nicht selten den Schulverwaltungen in zähen Kämpfen Zugeständnisse bezüglich der Form der Schülerbeurteilungen abgerungen werden müssen, wird der bereits zugestandene Freiraum von den Hamburger Eltern nicht in wünschenswertem Umfang genutzt. In Sachen Noten äußern die Hamburger Eltern ein geringeres Maß an Reformbereitschaft als von seiten der Schulverwaltung eingeräumt und gewünscht wird. Auf diesem Felde ist in Hamburg von Eltern und Pädagogen noch aufklärende Arbeit zu leisten.

4.5.3. Vorstellungen über den Schulabschluß

Die höhere pädagogische Qualität von Integrationsklassen ist für viele Eltern ein wichtiges Motiv ihrer Entscheidung für eine integrative schulische Förderung. Während die Eltern behinderter Kinder mit einer besseren Grundschule insbesondere sozialerzieherische Vorstellungen verbinden, ist für Eltern nichtbehinderter Kinder auch Leistungsförderung ein unverzichtbares Element der neuen Grundschule. Gelegentlich finden sich gar Eltern, die sich von Integrationsklassen vor allem noch bessere Noten, noch bessere Zeugnisse und eine noch sichere gymnasiale Empfehlung versprechen. Übersteigerte Leistungs- und Karriereerwartungen können aber eine integrative schulische Förderung empfindlich stören. Aus diesem Grunde sind die Vorstellungen der Eltern zum erwarteten Schulabschluß ihres Kindes von Interesse.
Fast die Hälfte aller Eltern hat noch keine genauen Vorstellungen über den Schulabschluß des eigenen Kindes. Am Ende des 1. oder 2. Schuljahres scheint es verfrüht, den Eltern mit einer solchen Frage zu kommen; hieraus erklärt sich zum großen Teil der hohe Anteil unbestimmter Bildungserwartungen. Auch in der Berliner Befragung hat ein Viertel der Eltern keine Abschlußvorstellungen geäußert. Neben begreiflicher Unkenntnis muß in manchen Fällen auch eine bewußte Verweigerung der Angabe angenommen werden. Bildungshoffnungen und Schulerwartungen werden von allen Eltern wohl vom ersten Schultag an still erwogen, aber ungern offen ausgesprochen. Die direkte Frage nach schulischen Aspirationen stößt scheinbar an ein Tabu, und wird von einigen Eltern mit Entrüstung abgewehrt.

Die Bildungserwartungen jener Eltern, die Angaben machen konnten oder wollten, bewegen sich durchaus im durchschnitt-

18. Welchen Schulabschluß sollte Ihr Kind nach Ihren Vorstellungen einmal erreichen?

(S) Sonderschulabschluß
(H) Hauptschulabschluß
(R) Realschulabschluß
(A) Abitur
(O) weiß ich noch nicht

	Gruppe			Klasse							Gesamt	
Code	Bh	Nb	*	1	2	3	4	5	7	*	HH	FB
S	36	0		17	14	0	0	0	7		6	3
H	14	5		17	21	0	5	0	0		7	11
R	0	14		17	0	6	35	7	0		12	22
A	0	35		25	36	35	20	36	29		30	40
O	50	45	*	25	29	59	40	57	64	*	46	24

Tabelle 11: Vorstellungen der Eltern über den Schulabschluß (Angaben in Prozent)

lichen Rahmen. Die Eltern nichtbehinderter Kinder erhoffen sich verständlicherweise höhere Schulabschlüsse als die Eltern behinderter Kinder, die durchaus realistische Vorstellungen äußern und sich keineswegs, wie häufig unterstellt wird, von integrativer Erziehung die "Heilung" von Behinderungen versprechen.

4.5.4 Fortsetzung in der Sekundarstufe

Für bildungspolitische Planungen wie für konzeptionelle pädagogische Überlegungen ist es von hohem Nutzen, wenn beizeiten die Nachfrage nach integrativer Schulerziehung in der Sekundarstufe abgeschätzt werden kann. Für die Weiterführung vollständiger Integrationsklassen wird als schulische Institution ausschließlich die Gesamtschule in Erwägung gezogen. Hauptschule, Realschule und Gymnasium kommen in der Sekundarstufe nicht in Betracht, weil unvermeidlich immer ein Teil der nichtbehinderten Schüler aus Integrationsklassen jeweils deplaziert wäre und einer Fortsetzung gemeinsamer Erziehung nicht teilhaftig werden könnte.

Das Interesse der Hamburger Eltern an einer integrierten Schulerziehung in Gesamtschulen wurde durch 2 Fragen erkundet. Die erste Frage zielt in unverbindlicher Form darauf ab, ob die Einrichtung von Integrationsklassen an Gesamtschulen überhaupt als wünschenswert angesehen wird. Die Anschlußfrage verlangt eine existentiell ernstere Antwort, ob auch für das eigene Kind der Besuch einer Integrationsklasse an einer Gesamtschule erwogen wird.

---

19. Halten Sie persönlich eine Integrationsklasse auch nach der Grundschule, also in den Klassen 5 - 10 für wünschenswert?

(3) ja
(2) unentschieden
(1) nein

	Gruppe			Klasse							Gesamt	
Code	Bh	Nb	*	1	2	3	4	5	7	*	HH	FB
3	88	64		25	64	79	85	60	79		68	80
2	13	24		50	29	16	5	33	14		22	17
1	0	12		25	7	5	10	7	7		10	3

Tabelle 12: Erwünschtheit von Integrationsklassen an Gesamtschulen (Angaben in Prozent)

Die Eltern sprechen sich mit großer Mehrheit für eine Integrationsklasse an einer Gesamtschule aus, ein Fünftel ist unentschieden und nur 10 Prozent ziehen eine Fortführung integrativer Erziehung im Sekundarbereich nicht in Erwägung. Erwartungsgemäß ist die persönliche Bereitschaft, das eigene Kind in eine Integrationsklasse der Gesamtschule zu geben, geringer als das Maß, in dem eine integrative Sekundarstufe als wünschenswert erachtet wird. Immerhin die Hälfte der befragten Eltern will das eigene Kind in eine Integrationsklasse der Gesamtschule geben, ein Drittel ist noch unentschlossen und etwa ein Fünftel schließt für sich persönlich eine integrative Förderung in einer Gesamtschule aus. Die bekundete Eigenbeteiligung variiert von Klasse zu Klasse erheblich. Die Eltern behinderter Kinder sind an einer langfristigen schulischen Integration erheblich interessierter, die Eltern nichtbehinderter Kinder zeigen hingegen mehr Reserve und Distanz. Die Nachfrage nach einer integrativen Gesamtschule ist bei den Hamburger Eltern merklich geringer als bei den Eltern der Fläming-Grundschule Berlin.

20. Nehmen wir einmal an, daß der Integrationsversuch an einer Gesamtschule fortgeführt werden kann. Würden Sie Ihr Kind dann in eine Integrationsklasse der Gesamtschule geben?

(3) ja
(2) unentschieden
(1) nein

	Gruppe			Klasse							Gesamt	
Code	Bh	Nb	*	1	2	3	4	5	7	*	HH	FB
3	88	44		25	43	74	45	33	80		51	80
2	13	36		42	21	21	35	60	14		32	17
1	0	21	*	33	36	5	20	7	7	*	17	3

Tabelle 13: Beteiligung an Integrationsklassen der Gesamtschule (Angaben in Prozent)

Den Befragungsergebnissen zufolge werden Eltern von Integrationsklassen am Ende der Grundschulzeit eine neue Entscheidung über die weitere Schullaufbahn ihres Kindes treffen. Der Übergang einer gesamten Integrationsklasse als geschlossener Gruppe von der Grundschule auf die Gesamtschule ist nicht anzunehmen. Die Entscheidung für oder gegen eine integrative Gesamtschule wird wesentlich von den Erfahrungen mit der eigenen Integrationsklasse in der Grundschule abhängen. Etwa die Hälfte der Eltern wird ein integratives Gesamtschulangebot in Anspruch nehmen, sofern nicht unzumutbare

Schulwege dem entgegenstehen.

4.6 Bewertungen

In diesem Abschnitt sollen Fragen zur Sprache kommen, die Eltern Gelegenheit zu bewertenden Stellungnahmen gaben. Die Eltern wurden gebeten, in direkter Form ihre Zufriedenheit mit der Zusammensetzung der Lerngruppe, mit dem Integrationsmodell, mit dem Integrationsversuch im allgemeinen und schließlich mit der eigenen Schulwahl auszudrücken.

4.6.1. Zufriedenheit mit der Zusammensetzung

Im Hamburger Modellversuch werden in eine Integrationsklasse verschiedenartig und unterschiedlich schwer behinderte Kinder aufgenommen. Mit diesem Grundprinzip einer vielfältigen Mischung von Behinderungsarten und -graden steht der Hamburger Modellversuch in der Nachfolge der Montessori-Schule München und der Fläming-Schule Berlin. Trotz grundsätzlicher Bewährung des Mischungsprinzips ist es bislang nicht in befriedigendem Maße gelungen, theoretisch begründete und praktisch bewährte Regeln zu formulieren, welche Behinderungsarten und -grade im günstigsten Falle miteinander kombiniert werden und welche zahlenmäßigen Anteile behinderte und nichtbehinderte Kinder bestenfalls haben sollen. Welche Kinder mit und ohne Behinderungen passen gut zusammen und wieviele sollen es jeweils in einer Lerngruppe sein, dies sind die interessierenden Fragen. Mit der gelungenen Zusammensetzung einer Lerngruppe wird der Grundstein einer erfolgreichen integrativen Schulerziehung gelegt.
Von den 6 Klassen sind 4 Elterngruppen mit der Zusammensetzung ihrer Klasse in vollem Umfange oder in überwiegendem Maße zufrieden. Kein Elternteil hat in diesen 4 Klassen die Antwortalternative "nein" gewählt. Für die Klasse 2 wurde ein Ergebnis ermittelt, das mit der Berliner Elternbefragung verglichen werden kann; hier zeigten sich durchschnittlich 57 Prozent mit der Zusammensetzung der Klassen zufrieden. Die Eltern der Klasse 1 artikulieren in deutlicher Form und in besorgniserreggendem Ausmaß Kritik an der Klassenzusammensetzung. Ihre Unzufriedenheit wird weniger durch die Teilgruppe der behinderten Kinder ausgelöst, sondern ist in der zusätzlichen Belastung der pädagogischen Arbeit durch Kinder

10. Sind Sie mit der Zusammensetzung der Kindergruppe Ihrer Integrationsklasse zufrieden?

(3) ja
(2) teils ja, teils nein
(1) nein

	Gruppe			Klasse							Gesamt
Code	Bh	Nb	*	1	2	3	4	5	7	*	
3	75	75		0	54	100	85	87	100		75
2	19	17		42	46	0	15	13	0		17
1	6	8		58	0	0	0	0	0		8

Tabelle 14: Zufriedenheit mit der Zusammensetzung der Klasse (Angaben in Prozent)

mit unerwarteten Lern- und Verhaltensproblemen begründet. Der gleiche Grund wird in ähnlicher Form auch von Eltern der Klasse 2 vorgebracht. Die Eltern sind beunruhigt, daß das Gleichgewicht einer vielfältigen Kindergruppe sich durch eine Häufung von Problemfällen in der Gruppe der sogenannten nichtbehinderten Kinder entstabilisiert und sich dadurch die Normalität der Vielfalt in ein Übergewicht der Besonderungen wandelt.

4.6.2 Zufriedenheit mit dem Integrationsmodell

Im Hamburger Modellversuch werden zwei Formen von Integrationsklassen angeboten, die der Fläming- und Uckermark-Schule in Berlin nachgebildet wurden und sich durch das anteilige Verhältnis von behinderten und nichtbehinderten Kindern unterscheiden. Das 11+4-Modell nimmt 11 nichtbehinderte und 4 behinderte Kinder auf, im 18+2-Modell finden 18 nichtbehinderte und 2 behinderte Kinder Aufnahme. Aufgabe des Schulversuchs ist es herauszufinden, welche Vorzüge und Nachteile mit welchen Modellen verbunden sind.

Die Klassen 1, 2 und 7 folgen dem 11+4-Modell, in den

11. Einmal angenommen, Sie könnten heute noch einmal frei wählen: Welche Zusammensetzung von behinderten und nichtbehinderten Kindern würden Sie dann bevorzugen?

(1) 18 nichtbehinderte und 2 behinderte Kinder
(2) 11 nichtbehinderte und 4 behinderte Kinder
(3) ich bin unentschieden

	Gruppe			Klasse							Gesamt
Code	Bh	Nb	*	1	2	3	4	5	7	*	
1	44	65		67	8	83	85	100	0		61
2	50	25		17	85	0	5	0	93		30
3	6	10		17	8	17	10	0	7		10

Tabelle 15: Zufriedenheit der Eltern mit dem Integrationsmodell (Angaben in Prozent)

Klassen 3, 4 und 5 wird das 18+2-Modell verwirklicht. Für eine qualifizierende Bewertung der beiden Modelle kann auch das Urteil der beteiligten Eltern herangezogen werden. In der Elternbefragung an der Fläming-Grundschule haben 80 Prozent der Eltern die 11+4-Form gutgeheißen. Gleichzeitig standen jenem Viertel, das den Anteil der behinderten Kinder im Prinzip gut fand, ein Drittel der Elternschaft gegenüber, die eine Beschränkung auf 3 behinderte Kinder in einer 15-er Gruppe wünschte oder vorschlug, das zahlenmäßige Verhältnis von der Art und dem Schweregrad der Behinderungen abhängig zu machen.

Sofern die Eltern ihr eigenes Modell bekräftigen, wird man dies als ein erfahrungsgesättigtes Zufriedenheitsvotum für das jeweilige Modell werten können. In Tabelle 16 sind - abweichend von der gewohnten Darstellungsform - die Antworten der Eltern nach ihrer Modellzugehörigkeit gruppiert worden. Die Tabelle vermittelt eine aufschlußreiche Tendenz. In beiden Modellen sind etwa 10 Prozent aller Eltern in der Modellfrage unentschieden und nicht festgelegt. Während aber nur 2 Prozent jener Eltern, die eigene Kinder in 18+2-Klassen haben, dem konkurrierenden 11+4-Modell zuneigen, äußern 23 Prozent der 11+4-Eltern eine Vorliebe für die

18+2-Klasse. Der Meinungswandel ist insgesamt nicht beträchtlich, verläuft aber einseitig vom 11+4-Modell in Richtung auf das 18+2-Modell. Obwohl dieser Abwanderungstrend auch statistisch erhärtet ist, sind Verallgemeinerungen verfrüht und unstatthaft: Die Elternschaft der Klasse 7 steht mit unerschütterlicher Treue zu ihrem 11+4-Modell!

	Eltern der Integrationsmodelle	
wählen ...	18+2	11+4
- das 18+2-Modell	89	23
- das 11+4-Modell	2	67
- sind unentschieden	9	10

Tabelle 16: Bevorzugung von Integrationsmodellen in Abhängigkeit von der eigenen Zugehörigkeit zu einem Integrationsmodell (Chi-Quadrat-Test der absoluten Werte: $p = 0.05$)

4.6.3 Allgemeine Zufriedenheit

Die Eltern wurden abschließend aufgefordert, ihre Erfahrungen, Eindrücke, Meinungen und Urteile zu bilanzieren und auf einer fünfstufigen Skala anzugeben, wie zufrieden sie "alles in allem" mit der Integrationsklasse ihres Kindes sind. Von den 94 befragten Eltern gibt bei einer Stimmenthaltung 1 Elternteil an, unzufrieden zu sein. 2 Eltern sind teils zufrieden, teils unzufrieden. 41 Eltern (44%) sind zufrieden und 49 Eltern (53%) sind gar sehr zufrieden. Die Eltern der Klassen 1, 2 und 4 äußern ein signifikant geringeres Maß an Zufriedenheit. Ferner sind die Eltern der behinderten Kinder bedeutsam zufriedener als die Eltern der nichtbehinderten Kinder. Zwischen den Eltern der Fläming-Grundschule Berlin und des Hamburger Modellversuchs sind, abgesehen von wenigen Berliner Eltern, die in akzentuierter Weise Unzufriedenheit bekunden, insgesamt keine bedeutsamen Unterschiede im Grad der Zufriedenheit festzustellen.

21. Wie zufrieden sind Sie alles in allem mit der Integration behinderter und nichtbehinderter Kinder in der Integrationsklasse Ihres Kindes?

(5) sehr zufrieden
(4) zufrieden
(3) weder zufrieden noch unzufrieden
(2) unzufrieden
(1) sehr unzufrieden

	Gruppe			Klasse							Gesamt	
Code	Bh	Nb	*	1	2	3	4	5	7	*	HH	FB
5	75	48		25	29	56	30	87	93		53	35
4	25	48		67	57	44	70	13	17		44	42
3	0	3		0	14	0	0	0	0		2	7
2	0	0		8	0	0	0	0	0		0	3
1	0	0	*	0	0	0	0	0	0	*	0	1

Tabelle 17: Zufriedenheit der Eltern mit dem Integrationsversuch (Angaben in Prozent)

4.6.4 Bekräftigung der Schulwahl

Der hohen Zufriedenheit entsprechend sind denn auch 91 Prozent der Eltern bereit, ihr Kind wieder in eine Klasse mit behinderten und nichtbehinderten Kindern zu geben. 8 Prozent der Eltern sind unsicher geworden, ob ihre damalige Entscheidung für eine integrative Erziehung in der Schule wirklich richtig war. Nur ein Elternteil (1 Prozent) sieht sich nicht in der Lage, die Schulwahl zu bekräftigen.

Die Erneuerung und Bekräftigung der Entscheidung für Integration fällt in den sechs Klassen sehr unterschiedlich aus. Während die Eltern der Klassen 4, 5 und 7 sich ausnahmslos mit der früher getroffenen Schulwahl identifizieren, ist in den Klassen 1 und 2 eine bedenkliche Unsicherheit zu beobachten.

22. Wenn Sie von Freunden, Bekannten, Kollegen, Nachbarn usw. gefragt würden, ob Sie Ihr Kind wieder in eine Klasse mit behinderten und nichtbehinderten Kindern schicken würden, was wäre dann Ihre Antwort?

(1) Ich würde mein Kind heute nicht mehr in eine Klasse mit behinderten und nichtbehinderten Kindern schicken.

(2) Ich müßte mir das heute noch einmal genauer überlegen

(3) Ich würde mein Kind wieder in eine Klasse mit behinderten und nichtbehinderten Kindern schicken.

	Gruppe			Klasse							Gesamt	
Code	Bh	Nb	*	1	2	3	4	5	7	*	HH	FB
1	0	1		0	0	5	0	0	0		1	2,5
2	6	8		33	15	5	0	0	0		8	3.7
3	94	91		67	85	90	100	100	100	*	91	93.8

Tabelle 18: Bekräftigung der Schulwahl durch die Eltern (Angaben in Prozent)

5. Interpretation der Ergebnisse

Die Ergebnisse der Elternbefragung zur gemeinsamen Erziehung behinderter und nichtbehinderter Kinder im Hamburger Modellversuch hinterlassen insgesamt einen überaus freundlichen Eindruck. Sie vermögen sorgenvolle Gesichter aufzuheitern und vermitteln allen, die für den Modellversuch Verantwortung tragen, die Bestätigung, daß der Hamburger Modellversuch den richtigen Kurs steuert und darauf hoffen kann, den Zielhafen zu erreichen. Das Projekt Integrationsklassen darf nach zweijähriger Laufzeit davon ausgehen, daß es weiterhin von der Zustimmung und dem Vertrauen jener getragen wird, die diesen Schulversuch gewollt haben, von den Eltern. Sofern die Eltern als die Initiatoren von Integrationsklassen auch als ihre Evaluatoren anerkannt werden, prägen diese Befragungsergebnisse dem Schulversuch ein Gütesiegel auf.

Zu überschwenglichem Eigenlob und geruhsamer Selbstzufriedenheit ist trotz des positiven Gesamteindrucks kein Anlaß gegeben. Die berechtigte Freude über die wertschätzende Rückmeldung der Eltern darf nicht übersehen lassen, daß hier und da auch kritische Zwischentöne und nachdenkliche Zurückhaltung zu vernehmen waren. Mit aller Nüchternheit gilt es daher zu prüfen, was die guten Kritiken der Eltern wirklich wert sind und ob man dem schönen Schein schmeichelhafter Komplimente unbesehen trauen darf. Bevor eine abschließende Bilanzierung der Ergebnisse angegangen wird, ist die Gültigkeit der Untersuchung zu diskutieren.

5.1 Gültigkeit der Ergebnisse

Es gibt in der Tat mehrere Hinweise, daß die Befragungsergebnisse um einige Prozente zu schön ausgefallen und in ein etwas bescheideneres Licht zu rücken sind. Die Gründe, die zu einer Relativierung des glanzvollen Eindrucks Anlaß geben, sind in thesenartiger Form folgende:

1. Die faktische Abmeldung nichtbehinderter Kinder aus dem Projekt schmälert den Wert verbaler Wertschätzungen.
2. Aufgrund der völligen Abstinenz einer kritischen Elterngruppe sind die Befragungsergebnisse systematisch zum Positiven verschoben.
3. Der Rechtfertigungs- und Erfolgsdruck, der auf einem gesellschaftlich umstrittenen Reformvorhaben lastet, veranlaßt die Eltern, im Sinne sozialer Erwünschtheit zu antworten.

Diese Thesen sollen nun näher ausgeführt werden.

1. Seit der Elternbefragung im Juli 1985 wurden bis zum Jahresende 1985 aus den Klassen 1 und 2 jeweils 2 nichtbehinderte Kinder von den Eltern abgemeldet. Die Eltern dieser beiden Klassen sind im Verlauf der Darstellung häufiger durch kritische Vorbehalte hervorgetreten. Im Vergleich mit anderen Klassen waren die Eltern der Klassen 1 und 2 in geringerem Maße zufrieden mit den Leistungen der Kinder und mit der pädagogischen Arbeit. Ferner haben sich diese Eltern auch deutlich unzufriedener mit der Zusammensetzung ihrer Klassen gezeigt. Beide Elterngruppen können sich nicht mehr vorbehaltlos mit dem eigenem 11+4-Modell identifizieren, sondern präferieren nun eher die 18+2-Klasse. Und schließlich ist die allgemeine Zufriedenheit mit dem Integrationsversuch und die Bereitschaft, das eigene Kind erneut in eine Integra-

tionsklasse zu geben, geringer.

Die Abmeldungen erfolgten also aus Klassen, deren Eltern sich durchgängig weniger positiv und zufrieden geäußert haben. Die Tatsache, daß verhaltener Beifall und zurückhaltende Zustimmung schon gleichbedeutend sein kann mit erheblicher Kritik oder gar mit der potentiellen Bereitschaft, dem Integrationsprojekt den Rücken zu kehren und das eigene Kind abzumelden, läßt Zweifel an dem wirklichen Wert guter Noten aufkommen.

Aufgrund der guten Befragungsergebnisse konnten Abmeldungen von Kindern eigentlich nicht erwartet werden. Auch wenn beide Elterngruppen des öfteren durch ungünstigere Bewertungen aufgefallen sind, verblieb doch unter dem Strich immer noch ein befriedigender Gesamteindruck. Die faktische Abmeldung von Kindern muß nun wohl als ein deutlicher Hinweis verstanden werden, daß schon befriedigende Noten merkliche Unzufriedenheit und Kritik zum Ausdruck bringen wollen. Die Eltern nutzen bei der Befragung gleichsam nicht die gesamte Notenskala aus, sondern begnügen sich mit den positiven Notenabstufungen. In diesem reduzierten Notenspektrum ist dann "befriedigend" auch nicht mehr eine mittlere Zensur, sondern ein Prädikat, das in einer freundlichen, ansehnlichen Verpackung Enttäuschungen und Kritik ausdrückt. Die sehr guten Noten, die die Hamburger Eltern dem Modellversuch Integrationsklassen ausstellen, müssen allesamt auf ein reduziertes Notenspektrum bezogen und interpretiert werden. Mittelmäßige Bewertungen sind demzufolge als verschlüsselte Signale von Kritik und Unzufriedenheit zu verstehen.

Integrationsklassen sind schulrechtlich Angebotsklassen, sie setzen auf die freiwillige Teilnahme der Eltern. Insofern ist die Abmeldung von Kindern durchaus konzeptgemäß und keineswegs ein untrügliches Indiz für den Mißerfolg eines Schulversuchs. Die Abmeldung von Kindern ist an sich eine durchaus normale Angelegenheit, die in allen Schulen vorkommt, sofern - wie im Falle von Sonderschulen - ihr Pflichtcharakter dies nicht verhindert. Bei Integrationsklassen können Abmeldungen zur Folge haben, daß sich das Zahlenverhältnis von behinderten und nichtbehinderten Kindern und damit die qualitative Struktur der Lerngruppe verändert. Auch aus diesem Grunde sollte jede einzelne Unzufriedenheitsäußerung von Eltern unabhängig von der prozentualen Größenordnung sehr ernst genommen werden. Eine Elternstimme bedeutet ein Kind in einer Klasse! Eine Unzufriedenheitsäußerung könnte, wie die Geschichte dieser Elternbefragung belegt, eine grundsätzliche Entscheidungsrevision und damit eine bevorstehende Abmeldung ankündigt.

2. Nun zu der zweiten These. An der Hamburger Elternbefragung haben nicht alle Eltern teilgenommen. Wie dargestellt, hat eine Elterngruppe sich geschlossen verweigert. Bei dieser Elterngruppe handelt es sich nicht um irgendwelche Eltern, deren Stimmenthaltung ohne Schaden für die Allgemeingültigkeit der Aussagen verschmerzt werden könnte, sondern um eine kritische Initiative, die die aktuellen Probleme ihrer Integrationsklasse nicht zu Protokoll geben mochte. Man darf annehmen, daß die Antworten dieser Elterngruppe in etwa den Ergebnissen für die Klassen 1 und 2 entsprechen. Der Fortfall dieser kritischen Untertöne aus dem Chor der Stimmen bedeutet eine harmonisierende Veränderung des Klangbildes. Durch den Ausfall dieser Elterngruppe ist die Stichprobe der Elternbefragung nicht mehr repräsentativ für die Elternschaft von Hamburger Integrationsklassen. Hätte auch diese Elterngruppe an der Befragung teilgenommen, wäre das Gesamtbild um einige Nuancen weniger positiv ausgefallen. Stellt man die positive Verzerrung der Befragungsergebnisse als durchgängigen Bonus in Rechnung, dann dürfte auch der stellenweise vorteilhaftere Eindruck, den die Hamburger gegenüber der Berliner Elternbefragung erweckt, vollends ausgeglichen sein.

3. Abschließend soll die dritte Interpretationsthese näher ausgeführt werden. Modellversuche zur schulischen Integration können gegenwärtig wohl noch nicht mit der Toleranz und Unterstützung durch eine breite gesellschaftliche Öffentlichkeit rechnen. Die Fronde der Gegner ist schwer zu lokalisieren, weil sie nur selten mit offenem Visier kämpft. Der Minderheit von Eltern, Fachleuten, Verbänden, Organisationen und Parteien, die sich aktiv für Integration engagieren, steht die diffuse Gegnerschaft einer desinteressierten und unaufgeklärten Mehrheit gegenüber. Der kultur- und bildungspolitische Wille der bundesrepublikanischen Gesellschaft ist derzeit nicht integrationsbejahend.

Angesichts dieser Meinungslage ist eine offene Meinungskundgabe mit unkalkulierbaren Risiken behaftet. Es ist zu befürchten, daß von integrativen Schulversuchen einseitig die kritischen Aspekte und offenen Probleme wahrgenommen und begierig aufgenommen werden, um eine ungeliebte und ungewollte Reform mit der stärksten Waffe zu schlagen, mit der

Kritik, die aus den eigenen Reihen kommt. Der öffentliche Erwartungsdruck und das Klima der Intoleranz wirken sich auf das Projekt als vorweggenommene Selbstzensur und zwanghafte Fassadenkosmetik aus. Man glaubt, das geliebte Kind Integration nur noch im Sonntagsstaat und auf Hochglanzbildern vorzeigen zu können. Um das Wunschkind vor öffentlicher Zurückweisung und Ablehnung zu bewahren, wird es im Sinne sozialer Erwünschtheit präsentiert. Bedenkliche Seiten seiner Entwicklung werden liebevoll bemäntelt und nur unter Eingeweihten ausgetauscht.

	Integrationsoptimismus	Integrationsengagement
Entwicklung des eigenen Kindes		
1. Einstellung zur Schule	0.15	-0.11
2. Verhältnis zu Klasse	0.37	0.07
3. Zufriedenheit mit Leistungen	0.28	0.22
4. Verhältnis zu den behinderten Kindern	0.19	0.00
5. Passung der Anforderungen	0.22	0.04
Bewertung des Unterrichts		
1. Integrative Qualität des Unterrichts	0.15	0.05
2. Förderung der behinderten Kinder	-0.02	-0.15
3. Förderung der nichtbehinderten Kinder	0.10	0.07
4. Förderung von Selbständigkeit und Arbeitsdisziplin	0.35	0.08
Allgemeine Zufriedenheit	0.35	0.19

Tabelle 19: Korrelationen zwischen "Integrationsoptimismus", "Integrationsengagement" und anderen Variablen des Elternfragebogens

Auch die Hamburger Eltern haben sich wohl kaum der Tendenz, politisch unbedenkliche und sozial erwünschte Antworten zu produzieren, gänzlich entziehen können. Mit wissenschaftlicher Gewißheit kann schwerlich abgeschätzt werden, welche Intensität die Tendenz zur sozialen Erwünschtheit angenommen hat. Aus den Befragungsergebnissen kann aber indirekt erschlossen werden, daß die positiven Verzerrungen vermutlich nicht beträchtlich sind.

In den voraufgehenden Kapiteln ist auch über Integrationsoptimismus (4.5.1) und Integrationsengagement (4.4.2) berichtet worden. Den optimistischen und engagierten Eltern darf wohl am ehesten unterstellt werden, daß sie "ideologisch verblendet" sind und die Wirklichkeit mit einer rosaroten Brille wahrnehmen, der sozialen Erwünschtheitstendenz also am stärksten erliegen. Setzt man nun Integrationsoptimismus und Integrationsengagement zu verschiedenen anderen Variablen des Fragebogens in Beziehung, so ergibt sich folgendes Bild (Tabelle 19).

Integrationsoptimismus und Integrationsengagement korrelieren stark miteinander ($r = 0.51$). Je optimistischer Eltern die Integrierbarkeit behinderter Kinder beurteilen, desto engagierter treten sie auch für die Sache ein. Demgegenüber sind die Korrelationen zwischen Integrationsoptimismus und Integrationsengagement einerseits und den Variablen "Entwicklung des eigenen Kindes", "Beurteilung des Unterrichts", "Zufriedenheit mit der Zusammensetzung" und "Allgemeine Zufriedenheit" schwach oder irrelevant. Der Integrationsoptimismus beflügelt also wohl das Integrationsengagement, führt aber nicht zu einer schönfärberischen Wirklichkeitswahrnehmung und -beurteilung.

6. Zusammenfassung

Innerhalb von nur 4 Jahren ist in Hamburg mit 22 Integrationsklassen der größte Schulversuch dieser Art in der Bundesrepublik entstanden. Die treibende Kraft dieser raschen und weitreichenden Grundschulreform sind Eltern. Eine Grundschulreform von historischem Rang kann, so wird man vermuten müssen, nicht das Werk gewöhnlicher Eltern sein. Die Fähigkeit und Bereitschaft, eine so grundlegende Veränderung der bildungspolitischen Landschaft zu initiieren und durchzusetzen, läßt auf ungewöhnliche, andere Eltern schließen. Ein erstes Anliegen dieser Untersuchung ist es gewesen, mit diesen "neuen" Eltern bekannt zu machen und sie zu beschreiben: Was sind das für Eltern, was denken, fühlen und wollen sie? Eine weitere Begründung erfahren die Untersuchungen aus ihrer Funktion als evaluative Rückmeldung für den Hamburger Modellversuch "Integrationsklassen". Die Elternbefragung soll zur Beurteilung der bisherigen Arbeit beitragen und zugleich Hinweise zur Gestaltung der künftigen Arbeit geben.

In den theoretischen Überlegungen wird eine wechselseitige

Verwiesenheit von Eltern und integrativer Schule herausgearbeitet. Integrative Schulen haben für Eltern eine pädagogische, politische und emanzipatorische Bedeutung. Die pädagogische Bedeutung einer integrativen Schule ergibt sich aus der Leitidee einer allgemeinbildenden Schule, die durch einen vielfältigen Lebens- und Erfahrungsraum allen Kinder, auch den schwachen, eine umfassende Entfaltung aller subjektiven Kräfte ermöglichen will. Unter politischem Aspekt ist die integrative Schule eine demokratische Institution, die durchdrungen von dem Bewußtsein gleicher, unveräußerlicher Würde aller Menschen Behinderte nicht von der Solidarität ausnimmt und Mitmenschlichkeit einübt und schon beizeiten praktiziert, "damit Auschwitz sich nicht wiederhole" (ADORNO 1970). Mit integrativen Schulen verknüpften Eltern-Selbsthilfegruppen kommt eine emanzipatorische Funktion zu, insoweit sie Eltern vielfältige Chancen eröffnen, die eigenen Möglichkeiten in Kooperation mit anderen zu entdecken und zu entfalten.

Umgekehrt sind Eltern für integrative Schulen aus politischen, rechtlichen und pädagogischen Gründen wichtig. Ihre politische Funktion besteht darin, als Lobby einer bildungspolitischen Reform von unten tätig zu werden. Unter rechtlichem Aspekt befriedigen Eltern qua Elternwillen den Legitimationsbedarf von Angebots- und Versuchsschulen. In pädagogischer Hinsicht sind die Eltern komplementäre Teilhaber an der gemeinsamen Erziehungsaufgabe. Sie können die sozialintegrative Erziehung in der Schule begleiten und unterstützen durch gleichsinnige Wertorientierungen und Grundhaltungen, durch eine einvernehmliche Abstimmung schulischer und außerschulischer Förder- und Therapieangebote, durch interessierte Teilnahme an der unterrichtlichen Arbeit der Klasse, sowie schließlich durch eigenverantwortliche Angebote und Aktivitäten, die die Gemeinschaft der Kinder außerhalb der Schule fördern und fortsetzen.

Ende des Schuljahres 1985/86 wurden die Eltern der 7 Integrationsklassen des Hamburger Schulversuchs über ihre Meinungen, Einstellungen und Erfahrungen zur gemeinsamen Erziehung behinderter und nichtbehinderter Kinder in der Grundschule befragt. Als Untersuchungsinstrument wurde ein standardisierter Fragebogen verwendet. Um vergleichende Aussagen zu ermöglichen, wurden die Fragen inhaltlich der Elternbefragung an dem Integrationsversuch Fläming-Grundschule in Berlin (MUNDER 1983) angelehnt.

Das Untersuchungsvorhaben ist von den Eltern sehr bereitwillig aufgenommen worden. Unzufriedenheit mit der Wissenschaftlichen Begleitung und eine zum Befragungszeitpunkt unbefriedigende Klassensituation veranlaßten jedoch die Eltern einer Integrationsklasse zu einer kollektiven Verweigerung. Die Befragungsergebnisse sind aufgrund der Teilnahmeverweigerung einer kritischen Elterngruppe im ganzen positiv verzerrt und nur bedingt repräsentativ. Die Rücklaufquote aus den übrigen Klassen betrug 92,2 Prozent.

Das Interesse an einer qualitativ besseren, förderungsorientierten Grundschule und das humanistische Anliegen eines mitmenschlichen Miteinander von Behinderten und Nichtbehinderten sind die zentralen Entscheidungsmotive der Eltern. Die Entscheidung für eine integrierte Unterrichtung verbinden die Eltern mehrheitlich auch mit der Erwartung einer optimalen Förderung der schulischen Leistungen. Eine Minderheit der Eltern sieht durch eine starke Leistungs- und Wettbewerbsorientierung die sozialintegrativen Zielsetzungen gefährdet. Die Entscheidung der Eltern für eine Integrationsklasse ist im übrigen von einer Vielzahl unterschiedlicher Motive abhängig. Religiöse Überzeugungen, Bekanntheit des Klassenlehrers, Fortsetzung integrativer Erziehung, Umgang mit Behinderten im Bekanntenkreis und andere Motive mehr können im individuellen Einzelfall von persönlicher Wichtigkeit sein, haben aber keine allgemeingültige Bedeutung. Wohnortnähe ist den Eltern wohl wichtig, ist aber kein integrationsbegründendes Entscheidungsmotiv.

Die Eltern haben von dem Unterricht in den Integrationsklassen eine überaus positive Auffassung. Nach ihrem Eindruck werden die behinderten und nichtbehinderten Kinder gleichermaßen gut gefördert und kommen sowohl die integrationspädagogischen Anliegen als auch grundlegende, allgemeine Unterrichtsziele (Ordnung, selbständiges Lernen, Arbeitsruhe) zu ihrem Recht.

Mit wenigen Ausnahmen haben die Eltern einen außergewöhnlichen günstigen Eindruck von der Entwicklung des eigenen Kindes. In der Wahrnehmung der Eltern haben alle Kinder Freude am schulischen Lernen und eine vertrauensvolle Beziehung zu den Pädagogen. Sie fühlen sich in der Klasse wohl und haben gute Kontakte miteinander. Darüber hinaus erbringen die Kinder nach Ansicht ihrer Eltern auch zufriedenstellende Leistungen und werden nicht unterfordert.

Das Drei-Pädagogen-Team wird von den Eltern vollauf bestätigt. In der Vorstellung der Eltern nehmen die Pädagogen unterschiedliche Aufgabenschwerpunkte wahr. Die behinderten Kinder sind eher der Obsorge des Sonderschullehrers und des

Erziehers anheimgegeben, während die pädagogische Gesamtverantwortung für die Integrationsklasse dem Grundschullehrer zukommt.

Das Reformvorhaben wird von den Eltern mit reger Anteilnahme und durch vielfältige Aktivitäten unterstützt. Etwa ein Fünftel ist dem Kern überdurchschnittlich engagierter Eltern zuzurechnen. Die Eltern behinderter Kinder sind im allgemeinen stärker beteiligt. Von den Pionier- zu den Nachfolgeklassen ist als Trend eine abnehmende Elternbeteiligung erkennbar.

Die Integrationschancen von lern-, sprach- und körperbehinderten Kindern werden sehr günstig eingeschätzt, Probleme erwarten die Eltern dagegen bei geistigbehinderten und verhaltensauffälligen Schülern. Zu den Integrationschancen von Sehbehinderten und Schwerhörigen haben die Eltern mangels praktischer Erfahrungen keine profilierte Meinung. Integrationsoptimismus bzw. -skeptizismus der Eltern sind durchaus von ihren Erfahrungen abhängig. In Klassen mit geistigbehinderten Kindern werden die Integrationsmöglichkeiten Geistigbehinderter positiver, in Klassen mit Verhaltensauffälligen die Integrationschancen dieser Kinder dagegen ungünstiger eingeschätzt.

Nur die Hälfte der befragten Eltern hält verbale Beurteilungen für die angemessene Zeugnisform, immerhin 40 Prozent wünschen sich eine Ergänzung durch ein zusätzliches Notenzeugnis und ein Zehntel bevorzugt gar ein Ziffernzeugnis. Die ermittelten Einstellungen der Eltern zu alternativen Zeugnisformen sind wenig überzeugend und machen aufklärende Gespräche über wünschenswerte und konzeptgemäße Beurteilungs- und Bewertungsformen dringlich.

Die Erwartungen der Eltern zum möglichen Schulabschluß ihres Kindes bewegen sich im durchschnittlichen Rahmen. Fast die Hälfte der Eltern läßt allerdings die Frage nach schulischen Abschlußerwartungen unbeantwortet, teils aus begreiflicher Unklarheit, teils als Abwehr einer zudringlichen Intimfrage.

Die Eltern halten mit großer Mehrheit eine Fortsetzung integrativer Schulerziehung in der Sekundarstufe für wünschenswert. Die Hälfte der befragten Eltern will dann auch, sofern möglich, das eigene Kind in eine Integrationsklasse der Gesamtschule geben, ein Drittel ist unentschieden und ein Fünftel schließt eine eigene Beteiligung aus. Der Übergang einer gesamten Integrationsklasse als geschlossener Gruppe ist keinem Fall anzunehmen.

Mit der Zusammenstellung ihrer Klasse zeigen sich 4 Elterngruppen zufrieden. In 2 Klassen ist ein überproportionaler Anteil lern- und verhaltensproblematischer Kinder in der Gruppe der Nichtbehinderten Anlaß zu deutlicher Kritik.

Von den 6 Klassen sind 5 Elterngruppen mit dem eigenen Integrationsmodell zufrieden. Die Eltern von 18+2-Klassen bestätigen ihr Modell deutlicher als die Eltern von 11+4-Klassen das eigene Modell. In den 11+4-Klassen ist insgesamt ein leichter Meinungsumschwung zugunsten des 18+2-Modells feststellbar.

Die Eltern zeigen sich alles in allem zu 97 Prozent zufrieden oder sehr zufrieden. 91 Prozent der Eltern bekräftigen ihre Schulwahl und würden ihr Kind erneut in eine Integrationsklasse geben.

Zwischen den einzelnen Integrationsklassen bestehen zum Teil beträchtliche Unterschiede. Die Klassenunterschiede sind als nachdrückliche Warnung zu verstehen, das Zustands- und Meinungsbild einer Integrationsklasse nicht zu verallgemeinern: "So wie in Klasse X sieht es in allen Integrationsklassen Hamburgs aus!" Was für die Klasse X gilt, kann in der Klasse Y schon anders sein.

Die Ergebnisse der Elternbefragung können insgesamt als kräftige Bestätigung und respektable Wertschätzung des Schulversuchs angesehen werden. Die Eltern als Erfinder und Auftraggeber von Integrationsklassen können die praktische Realisierung "ihrer" Reformidee vollauf akzeptieren. Die Befragungsergebnisse legen keine unmittelbaren Änderungen oder konkrete Verbesserungen nahe.

Die guten Kritiken der Eltern können nicht unbesehen als Abbild ihrer wahren Ansichten genommen werden. Die Eltern sehen sich durch den Rechtfertigungs- und Erfolgsdruck, dem ein gesellschaftlich umstrittenes Reformvorhaben ausgesetzt ist, veranlaßt, im Sinne sozialer Erwünschtheit zu antworten. Weiterhin sind aufgrund der Stimmenthaltung einer kritischen Elterngruppe alle Bewertungen leicht zum Positiven hin verschoben. Auch unter Berücksichtigung der genannten Relativierungen unterliegen jedoch Gültigkeit und Vertrauenswürdigkeit der Untersuchungsbefunde keinen wesentlichen Einschränkungen.

Die Elternbefragungen an der Fläming-Grundschule Berlin (MUNDER 1983) und im Hamburger Modellversuch kommen zu weitgehend übereinstimmenden Ergebnissen. Im Vergleich mit Hamburg sind in der Elternschaft der Fläming-Schule Eltern mit Abitur und Hochschulabschluß, Beamte und Selbständige stärker vertreten. Diese soziologischen Merkmale machen auch die höheren Schul- und Bildungserwartungen der Eltern verständlich. Die Berliner Eltern zeichnet ein stärkeres politisches Engagement und eine größere Aufgeschlossenheit für verbale Beurteilungen aus. Schließlich bekennen sie sich nachdrücklicher als die Hamburger Eltern dazu, die integrative Erziehung nach der sechsjährigen Berliner Grundschule an einer Gesamtschule fortzusetzen.

Faßt man die Ergebnisse der Berliner und Hamburger Elternbefragung zusammen in der Absicht, die Elternschaft von Integrationsklassen im allgemeinen durch generalisierende Merkmale zu beschreiben, so ergibt sich derzeit folgendes Bild:

1. Eltern von Integrationsklassen sind in einem sehr hohen Maße mit der Praxis schulischer Integration zufrieden. Sie haben einen positiven Eindruck von der Entwicklung des eigenen Kindes und eine hohe Meinung von der pädagogischen Qualität des Unterrichts. Die integrative Schule kann aus der Sicht der Eltern im großen und ganzen so bleiben wie sie ist. Die Eltern sind auch fast ausnahmslos bereit, ihr Kind wieder in eine Integrationsklasse zu geben. Das hohe Maß an Zufriedenheit ist weitgehend durch die freiwillige Teilnahme der Eltern zu erklären. Die Eltern nehmen nicht zufällig, unbedacht oder notgedrungen am Schulversuch teil, sondern haben sich das vorher gut überlegt und eine bewußte Wahl aus Interesse und Überzeugung getroffen. Das Prinzip der Freiwilligkeit hat sich bewährt: Freiwillige Eltern sind auch zufriedene Eltern.

2. Leistung und Integration stehen den Eltern zufolge in einem spannungsreichen Verhältnis. Das Begriffspaar Leistung und Integration bezeichnet einen pädagogischen Grundkonflikt, an dem sich wohl nicht nur die Geister der Eltern scheiden. Integrationsorientierte und leistungsorientierte Eltern befürchten je auf ihre Art, daß das eine Ziel immer nur zu Lasten und auf Kosten des jeweils anderen Ziels zu erreichen sei.

Pädagogische Theorie und pädagogische Praxis sind zur Bearbeitung dieses Grundkonflikts herausgefordert. Es bedarf gründlicher Überlegungen und nachhaltiger Anstrengungen, wie beide Ziele, Leistung und Integration, gleichzeitig und ausgewogen berücksichtigt werden können.

3. Für integrative Erziehung hat die Zusammensetzung der Lerngruppe eine im Wortsinne grundlegende Bedeutung. Das zentrale Problem ist dabei weniger die Größe der Lerngruppe, sondern eher der zahlenmäßige Anteil der behinderten Kinder und die Art ihrer Behinderung. Eltern von 11+4-Klassen aus

Berlin und aus Hamburg sprechen sich in den Befragungen häufiger für "weniger Behinderte" aus. Als tendenzieller Meinungskonsens kann eine Integrationsklasse mit maximal 3 behinderten Kindern gelten.

Das Mischungsprinzip, Kinder mit verschiedenen Behinderungen unterschiedlichen Schweregrades aufzunehmen, wird von den Eltern grundsätzlich gutgeheißen. Besondere Aufmerksamkeit verdienen bei der Bildung von Integrationsgruppen jene verhaltensauffällige Kinder, die zu starker Unruhe, aggressiven Auseinandersetzungen und aktivem Störverhalten neigen. Unverhältnismäßig viele verhaltensauffällige Kinder - gleichviel ob in der Gruppe der Behinderten oder der Nichtbehinderten - können die Arbeitsfähigkeit von Integrationsklassen übergebührlich belasten und in Frage stellen.

4. Inwieweit die gemeinsame Erziehung behinderter und nichtbehinderter Kinder als eine isolierte Maßnahme der Schule gesehen werden darf und erfolgversprechend sein kann, ist unter den Eltern umstritten. In der Fläming-Schule Berlin kommt die Hälfte der Kinder aus integrierten Vorschuleinrichtungen, wiederum die Hälfte der Kinder hat fast täglich Freizeitkontakte mit den Klassenkameraden in dem gemeinsam besuchten Schülerladen. Nach dem Selbstzeugnis der Berliner Eltern ist trotz der Gemeinsamkeit in der Schule und trotz einer allgemein hohen Kontaktdichte die außerschulische Integration der behinderten Kinder merklich geringer und weniger umfassend realisiert. Ob die soziale Integration der Kinder in gewachsene, alltägliche Lebenszusammenhänge (Freizeit, Nachbarschaft, peer group) eine hilfreiche Unterstützung oder notwendige Voraussetzung schulischer Integration ist und ob rückwirkend schulische Integration auch eine stärkere soziale Integration der Kinder in ihre alltägliche Lebenswelt begünstigt und anregt, bedarf weiterer Klärungen.

5. Innerhalb der Elternschaft gibt es systematische Unterschiede zwischen Eltern behinderter und nichtbehinderter Kinder einerseits und zwischen Erstlings- und Nachfolgeklassen andererseits. Die Eltern nichtbehinderter Kinder suchen seltener das Gespräch mit dem Sonderschullehrer oder mit der Erzieherin und legen mehr Wert auf Disziplin und Notenzeugnisse. Die Eltern behinderter Kinder sind weniger leistungsorientiert, in der Regel engagierter und von einem größeren Integrationsoptimismus beseelt. Sie äußern eine höhere allgemeine Zufriedenheit mit dem Integrationsversuch in der Grundschule und sind auch stärker an einer integrierten Erziehung in der Gesamtschule interessiert.

Die Unterschiede zwischen Erstlings- und Nachfolgeklassen sind weniger kräftig und auch nicht durchgängig gegeben. Für die Eltern von Erstlingsklassen ist, gemessen an den Kriterien Schulbildung und Stellung im Beruf, nicht selten einer höhere Statuslage kennzeichnend. Als allgemeines Charakteristikum von Pionierklassen kann ein stärkeres Engagement und eine größere Aufgeschlossenheit für verbale Beurteilungen und für eine integrierte Gesamtschulerziehung gelten. Als prognostizierbare Entwicklung der künftigen Elterngenerationen scheint eine zunehmende Normalisierung der sozialen Zusammensetzung, des Engagements, der Motive, Einstellungen und Erwartungen möglich.

In der sozialwissenschaftlichen Forschung treffen allgemeingültige Aussagen nicht in jedem einzelnen Fall zu, sondern lediglich in der Mehrzahl der Fälle. In der praktischen Arbeit einer integrativen Schule ist es daher trotz der ausgebrachten Verallgemeinerungen weiterhin unabdingbar, allen Eltern und jeder Klasse ohne generelle Vorannahmen zu begegnen und Ihnen die Würde der Individualität zuzubilligen.

VERZEICHNIS DER ABKÜRZUNGEN

Bh = Eltern behinderter Kinder
Nb = Eltern nichtbehinderter Kinder

HH = Eltern des Hamburger Modellversuchs
FB = Eltern der Fläming-Grundschule Berlin (MUNDER 1983)

* = statistisch signifikant ($p = 0.05$)

LITERATUR

ADORNO, TH. W.: Erziehung zur Mündigkeit. Frankfurt: Suhrkamp 1970

ARBEITSGEMEINSCHAFT "ELTERN FÜR INTEGRATION" (Hrsg.): Integration in Hamburg. Hamburg: Selbstverlag 1985

ARBEITSSTELLE INTEGRATIVE FÖRDERUNG (Hrsg.): Rechtsfragen bei der schulischen Integration Behinderter. Berlin: Technische Universität 1983

BÄRSCH, W.: Eltern gegen Aussonderung. In: KOERNER (Hrsg.) 1985, 4 - 9

BERNER, H. P.: Behindertenpädagogik und Faschismus - Aspekte der Fachgeschichte und Verbandsgeschichte. BEHINDERTENPÄDAGOGIK 1984, 306 - 331 und 1985, 2 - 37

BÖTTCHER, J. & SCHWARZ, H.: Mitarbeit von Eltern im Unterricht der Grundschule. Hamburg: Behörde für Schule und Berufsbildung 1980, 2. Auflage

BRAUNMÜHL, E. v.: Antipädagogik. Weinheim: Beltz 1975

BUCHHOLZ, G.: Einstellungen von Eltern Hamburger Integrationsklassen zur gemeinsamen Erziehung behinderter und nichtbehinderter Kinder in der Grundschule. Hamburg: Unveröffentlichte Prüfungsarbeit 1985

BUSCHBEK, H., ERNST, K. & REBITZKI, M.: (K)eine Schule wie jede andere. Weinheim: Beltz 1982

DEPPE-WOLFINGER, H. (Hrsg.): behindert und abgeschoben. Weinheim: Beltz 1983

DIETZE, L.: Das Recht des behinderten Kindes auf Besuch der allgemeinen Schule und das Elternrecht. In: ROSENBERGER (Hrsg.) 1985, 30 - 61

FEUSER, G.: Gemeinsame Erziehung behinderter und nichtbehinderter Kinder (Integration) als Regelfall?! Behinderte in Familie, Schule und Gesellschaft 1985, 2 - 49

FEUSER, G.: Integration: Humanitäre Mode oder humane Praxis? Demokratische Erziehung 1986, 22 - 27

GRUNWALD, A., HÖRL, G. & KLEIN, E.: Empirische Untersuchungen zu Einstellungen und Meinungen von Lehrern an Integrierten Gesamtschulen zur möglichen Integration behinderter Kinder in Gesamtschulsysteme. Zeitschrift für Heilpädagogik 1975, 368 - 384

ILLICH, I.: Entschulung der Gesellschaft. Reinbek: Rowohlt 1973

KLAFKI, W.: Neue Studien zur Bildungstheorie und Didaktik. Weinheim: Beltz 1985

KLEBER, E. W.: Schulische Integration? Zehn Jahre Bildungspolitik in der Bundesrepublik Deutschland, dem UK und den USA. Zeitschrift für Heilpädagogik 1984, 543 - 549

KOERNER, R.: Eltern gegen Aussonderung. 1. Bundesweites Treffen von Elterninitiativen gegen Aussonderung von Kindern mit Behinderung. Schenefeld: Selbstverlag 1985

KOERNER, R.: Die neue Sicht der Dinge. Zusammen 1986, Heft 2, 24 - 27

KÖHLING, G., HAARMAN, U. & ROEDER, M.: Das Schenefelder Integrationsprojekt. In: VAlTIN, SANDER & REINARTZ (Hrsg.) 1984,

MALCHAU, I.; NÖTZOLD, M.; SCHIRMACHER, A. & TEPP, K.: Das Hamburger Projekt: Förderung behinderter und von Behinderung bedrohter Kinder durch Sonderpädagogen an Grundschulen. In: MUTZEK & PALLASCH (Hrsg.) 1984, 65 - 85

METTKE, J. R.: Eltern als Integrations-Antreiber vom Dienst. In: MUTH u. a. 1982, 31 - 42

MÖCKEL, A.: Integration in der Grundschule - eine Rechnung ohne den Wirt? Die Grundschule 1983, Heft 10, 19 - 22

MUNDER, R.: Meinungen der beteiligten Eltern zum Integrationsversuch. Berlin: Pädagogisches Zentrum 1983

MUTH, J. u. a.: Behinderte in allgemeinen Schulen. Essen: Neue Deutsche Schule 1982

MUTZEK, W. & PALLASCH, W. (Hrsg.): Integration verhaltensgestörter Kinder. Weinheim: Beltz 1984

PREUSS-LAUSITZ, U.: Fördern ohne Sonderschule - Perspektiven für gemeinsame Erziehung. In: ROSENBERGER (Hrsg.) 1985, 21 - 30

ROEBKE, CHR.: Die "neuen" Mütter. Zusammen 1986, 10 f.

ROSENBERGER, M. (Hrsg.): Auch "behinderte" Kinder gehören in die Grundschule! Bericht vom 2. bundesweiten Elterntreffen gegen Aussonderung "behinderter" Kinder. Berlin: Selbstverlag 1985

ROSENBERGER, M.: Eltern kämpfen gegen die Aussonderung ihrer Kinder. Eine neue Elternbewegung entsteht. Demokratische Erziehung 1986, 28 - 31

STADLER, H.: Zum pädagogischen Selbstverständnis von Sonderschullehrern. Sonderpädagogik 1976, 108 - 118

STOELLGER, N.: Behinderte und nichtbehinderte Kinder in gemeinsamen Klassen der Fläming-Grundschule in Berlin. In: DEPPE-WOLFINGER (Hrsg.) 1983, 170 - 194

VALTIN, R., SANDER, A. & REINARTZ, A. (Hrsg.): Gemeinsam leben - gemeinsam lernen. Behinderte Kinder in der

Grundschule. Frankfurt: Arbeitskreis Grundschule 1984
WITTMANN, B.: Schulreform "von unten". Erster Schritt zur gemeinsamen Beschulung in NRW. Neue Deutsche Schule 1986, Heft 4, 18 f.
WOCKEN, H.: Integrationsklassen in Hamburg. In: ARBEITSGEMEINSCHAFT "ELTERN FÜR INTEGRATION" (Hrsg.) 1985, 73 - 77

Hans Wocken

SOZIALE INTEGRATION BEHINDERTER KINDER

Soziometrische Untersuchungen in Integrationsklassen

1. Einleitung

In der Erziehung behinderter Kinder und Jugendlicher ist soziale Integration ein pädagogisches Ziel, dem allseits herausragende Bedeutung und uneingeschränkte Geltung zuerkannt werden. Zur Eingliederung Behinderter in alle Bereiche des menschlichen Lebens gibt es recht bedacht keine vernünftige Alternative. In der wissenschaftlichen und öffentlichen Auseinandersetzung um die bestmögliche pädagogische Förderung behinderter Kinder und Jugendlicher ist nicht das Ziel der sozialen Integration umstritten, sondern einzig und allein der Weg, der zu diesem Ziel führt.

In der Bundesrepublik hat die Behindertenpädagogik auf die Frage nach dem angemessen institutionellen Lernort von Anbeginn an die Antwort gegeben: Förderung "sonderschulbedürftiger" Kinder und Jugendlicher in separaten Sonderschulen. Die eigenständige Sonderschule, von der Behindertenpädagogik mit unbeirrbarer Gewißheit als der einzig mögliche Weg angesehen, wurde auch zur ausschließlichen Richtlinie der Bildungspolitik. Bis in die Gegenwart setzt die herrschende Bildungspolitik auf Erhaltung und Ausbau des Sonderschulwesens, eine grundlegende Wende ist nicht in Sicht. Die Separierungsdoktrin hat schließlich ein hochdifferenziertes System der pädagogischen Sonderbehandlung behinderter Kinder und Jugendlicher hervorgebracht. "Von den Prozentzahlen der in Sonderschulen beschulten Kinder her hat die Bundesrepublik, neben der DDR, das am weitesten ausgebaute, segregierte Sonderschulsystem in Europa" (BLEIDICK 1986, 22). Dem äußeren Anschein zuwider dient das flächendeckende System von Sondereinrichtungen nach eigenem Bekunden indes "dem erklärten Ziel, nichts intensiver betreiben zu wollen, als die Integration behinderter Kinder und Jugendlicher" (HAUPT & JANSEN 1983, 84).

Die hergebrachte Lösungsformel "soziale Integration durch schulische Separation" wird in jüngerer Zeit der Unglaubwürdigkeit beschuldigt. Die Sonderschulen werden mit dem Vorwurf konfrontiert, gerade durch die institutionelle Besonderung der Stigmatisierung Behinderter Vorschub zu leisten. Die separierende Ausgrenzung bewirke eben nicht die soziale Integration, sondern das genaue Gegenteil, die soziale Isolation. Der integrativen Position zufolge kann das Ziel sozialer Integration auch nur mit dem Mittel der institutionellen Integration erreicht werden.

Das bedeutendste Dokument für diesen Meinungswandel in

der Institutionenfrage sind die Empfehlungen der Bildungskommission, die erklärtermaßen "das Prinzip der weitmöglichen Integration Behinderter" als "Leitgedanken" (1973, 25) wählen. Einleitend heißt es in den Empfehlungen: "Für diese neue Empfehlung mußte die Bildungskommission davon ausgehen, daß behinderte Kinder und Jugendliche bisher in eigens für sie eingerichteten Schulen unterrichtet wurden, weil die Auffassung vorherrschte, daß ihnen mit besonderen Maßnahmen in abgeschirmten Einrichtungen am besten geholfen werden könne. Die Bildungskommission folgt dieser Auffassung nicht. Sie legt in der vorliegenden Empfehlung eine neue Konzeption zur pädagogischen Förderung behinderter und von Behinderung bedrohter Kinder und Jugendlicher vor, die eine weitmögliche gemeinsame Unterrichtung von Behinderten und Nichtbehinderten vorsieht und selbst für behinderte Kinder, für die eine gemeinsame Unterrichtung nicht sinnvoll erscheint, soziale Kontakte mit Nichtbehinderten ermöglicht. Damit stellt sie der bisher vorherrschenden schulischen Isolation Behinderter ihre schulische Integration entgegen" (1973, 15f.).

Die Empfehlungen haben auf die Bildungspolitik des folgenden Jahrzehnts keine spürbaren Auswirkungen gehabt (MUTH 1983), sie haben aber wohl zu einem Perspektivenwechsel und Bewußtseinswandel beigetragen. Sonderpädagogik und Sonderschulen befinden sich seither in der Defensive und sehen sich zur Rechtfertigung ihrer Sondereinrichtungen aufgefordert. Von der Behindertenpädagogik ist das freimütige Eingeständnis zu vernehmen, daß die soziale Integration "ein offenes Problem" (STADLER 1985, 171) sei und mit dem Mittel der institutionellen Aussonderung nicht in wünschenswertem Maße gelingen konnte.

In der pädagogischen Förderung von Kindern und Jugendlichen mit Behinderungen ist die Institutionenfrage - Sonderschule oder Regelschule - zweifelsohne von erheblichem Gewicht. Der sozialistische Erziehungstheoretiker BERNFELD (1925) hat die Institutionen sogar als die wichtigste und entscheidende erzieherische Einflußgröße angesehen. Welche Bedeutung und Macht man auch immer der Institution zugestehen mag, - ob behinderte Kinder und Jugendliche die bestmögliche Förderung erfahren, kann dennoch wohl nicht einfach am Lernort selbst abgelesen werden, etwa nach der Faustregel: Wer eine Sonderschule besucht, wird schlecht gefördert, und wer in der allgemeinen Schule unterrichtet wird, wird gut gefördert. Der institutionelle Lernort allein ist kein ausreichendes Kriterium für die Qualität der pädagogischen Förderung. Auch bei institutioneller Separation können behinderte Kinder gute Entwicklungsfortschritte machen, und auch schulische Integration ist keineswegs schon eine Garantie für eine optimale Förderung. Diesem unsicheren und ungewissen Zusammenhang zwischen objektiven Förderbedingungen und subjektiven Fördererergebnissen soll in einer kurzen Betrachtung nachgegangen werden.

Aus dem alltäglichen Leben sind uns Menschen bekannt, denen es objektiv gut geht und die subjektiv dennoch sehr unzufrieden und unglücklich sind. Umgekehrt gibt es auch Menschen, die trotz belastender Probleme und objektiver Benachteiligungen ein hohes Maß an Lebenszufriedenheit und persönlichem Wohlbefinden ausstrahlen. Das Märchen der Gebrüder Grimm vom "Hemd des Zufriedenen" hat diese widersprüchliche Erfahrung zum Inhalt. Es erzählt die Geschichte von einem reichen, aber unglücklichen König und einem armen, jedoch zufriedenen Hirten. Offensichtlich besteht zwischen objektiven Lebensbedingungen und subjektivem Wohlergehen nur ein schwacher Zusammenhang, der jedenfalls geringer ist, als man eigentlich erwarten sollte.

In der Pädagogik ist es um den Zusammenhang zwischen objektiven Förderbedingungen und subjektiven Fördererergebnissen ähnlich bestellt. Die folgenden Überlegungen sind inhaltlich und begrifflich der sogenannten "Wohlfahrtsforschung" (GLATZER & ZAPF 1984) verpflichtet.

Wenn wir die objektiven Förderbedingungen - Förderung in der Regel- bzw. in der Sonderschule - mit den subjektiven Fördererergebnissen - hohes bzw. niedriges Wohlbefinden - kombinieren, dann erhalten wir im einfachsten Fall vier Qualitätstypen pädagogischer Förderung (Tabelle 1). Sofern die institutionelle Förderung in der allgemeinen Schule einhergeht mit persönlichem Wohlergehen der Kinder, wäre der Idealfall einer objektiv gegebenen und auch subjektiv erlebten Integration gegeben. Wenn die institutionelle Aussonderung verbunden ist mit negativen Befindlichkeiten und psychischen Belastungen der Kinder, liegt der ungünstige Fall einer real vorhandenen und psychisch wahrgenommen Deprivation vor.

In der 4-Felder-Tafel repräsentiert Integration das positive Extrem und Deprivation das negative Extrem auf der Qualitätsskala. In der pädagogischen Wirklichkeit sind Licht und Schatten allerdings höchst selten so klar geschieden und einseitig verteilt, wie es die antagonistischen Pole Integration und Deprivation nahelegen. Es ist recht unwahrscheinlich, daß alle objektiven und subjektiven Vorzüge auf Seiten der integrativen Schule und alle objektiven wie subjektiven Nachteile bei den Sonderschulen zu finden sind.

Aller Fortschritt unterliegt nach HORKHEIMER & ADORNO (1968) dem Gesetz der Dialektik. Technische Erfindungen und gesellschaftliche Reformen pflegen nicht nur bessere Lösungen für alte Probleme, mehr Wohlfahrt und spürbare Fortschritte herbeizuführen, sondern schleppen unvermeidlich immer auch bislang unbekannte Probleme und unerwartete Schwierigkeiten mit sich. Der Mikrochip revolutioniert die gesellschaftlichen Verhältnisse. Er schafft ungeahnte neue Befriedungsmöglichkeiten und zugleich einen Berg unbewältigter neuer Probleme. Auch pädagogische Innovationen gehorchen dem Gesetz des Fortschritts. Der Fortschritt kennt keine makellose endgültige Lösung, er ist immer nur relativ vollkommen.

objektive Förderbedingungen	subjektives Wohlbefinden hoch	niedrig
Regelschule	Integration	Unzufriedenheits-dilemma
Sonderschule	Zufriedenheits-paradox	Deprivation

Tabelle 1: Qualitätstypen behindertenpädagogischer Förderung

Die verbliebenen Felder der Matrix repräsentieren die Grautöne der pädagogischen Qualitätstypen. Die Sonderschulen aller Behinderungsarten können zahlreiche, seriöse Belege beibringen, daß die Schüler selbst ihre Sonderschule positiv bewerten und sich dort wohlfühlen. Eine Untersuchung in der Schule für Lernbehinderte etwa kommt zu der resümierenden Feststellung: "Die Sonderschule kann ... rechtens für sich in Anspruch nehmen, die Selbstwertschätzung lernbehinderter Schüler zu fördern und zu einem positiven Selbstkonzept beizutragen" (WOCKEN 1983, 122). Dieser Typus von Erziehungsqualität verdient den Namen "Zufriedenheitsparadox": Sonderschüler sind zufriedenene Benachteiligte. Trotz unerwünschter schulischer Separierung, also trotz objektiver Deprivation erleben Schüler mit Lernbehinderungen in der Sonderschule persönliches Wachstum und subjektives Wohlbefinden.

Den umgekehrten Fall einer negativen psychischen Befindlichkeit trotz positiv zu wertenden institutioneller Integration stellt das "Unzufriedenheitsdilemma" dar: Es gibt behinderte Schüler, die den objektiven Vorzug schulischer Integration keineswegs als annehmliche, bereichernde und förderliche Wohltat wahrnehmen, sondern sich unglücklich und unzufrieden zeigen, Mißbehagen, Vereinsamung und Ungeborgenheit erleben. Sie sind unzufriedene Priviligierte.

RADIGK vermittelt in einem Reisebericht über amerikanische Integrationsschulen einen anschaulichen Eindruck von der psychischen Problemlage, in der sich lern- und geistigbehinderte Kinder befinden können: "Es ist für sie ein ewiges Spießrutenlaufen, ein ewiges Ankämpfen gegen unerfüllbare Maßstäbe, denen sie ausgesetzt sind. Auch das Lob durch den Lehrer und die gelegentliche Anerkennung durch die Mitschüler kann nicht verhindern, daß sie ihre wahre Situation erkennen. Sie sind die Versager, die ewig Nachhinkenden, die Erfolglosen, die einem unbarmherzigen Schicksal, dem täglichen Vergleich mit leistungsfähigen, erfolgreichen Schülern ausgesetzt sind. Sie begreifen sich letztlich selbst als unfähig. Die tägliche Erfahrung geht in ihr Selbstverständnis ein. Es kommt zur Zerstörung des Selbstbewußtseins und des Leistungswillens. (...) Eine Folge dieser Situation ist, daß die Schulbesuchsquote bei Lernbehinderten und Geistigbehinderten rapide abfällt. Die Schüler versuchen, den unangenehmen und unangemessenen Lernsituationen und Lernanforderungen zu entfliehen. Sie entwickeln Ausweichtaktiken und Ersatzhandlungen. Oft ist die Flucht in die Krankheit der letzte Ausweg" (RADIGK 1982, 666).

Die Darstellung der Qualitätstypen von Erziehungslagen mag zu Nachfragen, kritischen Einschränkungen, differenzierenden Ergänzungen oder theoretischen Erklärungen anregen. An dieser Stelle sollen zwei Einsichten aus der Erörterung erwähnt werden. Zunächst: In der Institutionenfrage - Sonderschule oder Regelschule - dürfte es kaum um eine simple Entscheidung zwischen "gut" und "schlecht" gehen, sondern um ein differenziertes Abwägen zwischen institutionellen Alternativen, die je auf ihre Weise zugleich mit bestimmten Vor- und Nachteilen behaftet sind.

Sodann: Der institutionelle Lernort allein ist kein zureichendes Kriterium für die Qualität von Erziehung und Unterricht. Es kann gute Sonderschulen und schlechte Integrationsschulen geben. Schulische Integration ist nur dann ohne Einschränkungen positiv zu bewerten, wenn auch die realen Konsequenzen für die integrierten Schüler selbst positiv sind. Integration muß auch bei den Betroffenen selbst "ankommen". Integration als objektiv erstrebenswertes und vorteilhaftes Merkmal schulischer Institutionen sollte auch von den beteiligten Schülern subjektiv als wünschenswert, förderlich und befriedigend erlebt werden.

Schulische Integration und Separation sind lediglich institutionelle Mittel. Sie sind Mittel zu einem Zweck und nicht Selbstzweck. Sie sind daher nicht a priori gut oder schlecht, positiv oder negativ, sondern sie müssen ihre Wertigkeit in ihrem pädagogischen Nutzen für die gedeihliche Entwicklung von behinderten und nichtbehinderten Schülern erweisen. Gut ist, was den einzelnen Schüler weiterbringt, schlecht, was die allseitige Entfaltung seiner Möglichkeiten beeinträchtigt.

Die folgenden Untersuchungen fragen nach der sozialen Integration behinderter und nichtbehinderter Kinder, die Integrationsklassen besuchen. Die gemeinsame Schule für alle Kinder bietet ohne allen Zweifel die allerbesten Chancen zur Förderung des sozialen Lernens und der sozialen Integration. Durch gemeinsame Erziehung und Unterrichtung sind "objektiv" die denkmöglich günstigsten Voraussetzungen gegeben, um intensive Kontakte und gemeinsame Tätigkeiten zu ermöglichen und wechselseitiges Verstehen und gegenseitige Wertschätzung zu fördern. Was das Ziel der sozialen Integration angeht, so hat die gemeinsame Schule deutliche Chancenvorteile. Durch die institutionelle Trennung ist die Sonderschule auf dem Feld des sozialen Lernens "objektiv" klar im Nachteil: "Jede gesonderte Beschulung führt zwangsläufig dazu, daß Kontakte zwischen behinderten und nichtbehinderten Schülern erschwert bzw. verringert werden. Durch vielfältige Kooperationsmaßnahmen zwischen Sonderschulen und allgemeinen Schulen wird versucht, diesem Mangel abzuhelfen. Doch bleiben die so entstehenden Kontakte auf Bereiche beschränkt, die nicht im Zentrum des Lebens stehen" (VON MELLE, in: MÜLLER 1986, 2).

Der ungewisse Zusammenhang zwischen objektiven Förderbedingungen und subjektiven Förderergebnissen lehrt, daß objektiv bessere Förderchancen nicht automatisch auch bessere Förderergebnisse zur Folge haben müssen. Ob gemeinsame Erziehung und Unterrichtung behinderter und nichtbehinderter Kinder in der Grundschule auch tatsächlich zu einer besseren sozialen Integration führt, darf also nicht unbesehen als gegeben angenommen werden. Die leitende Fragestellung der vorliegenden Untersuchungen lautet mithin schlicht, ob schulische Integration behinderter und nichtbehinderter Kinder auch ihre soziale Integration bewirkt.

Die Sonderschulen haben unter realistischer Einschätzung der objektiv gegebenen Förderchancen offen eingeräumt, das soziale Lernen nicht in wünschenswertem Maße fördern zu können. Das sozialintegrative Defizit von Sondereinrichtungen wird als ein wichtiges Rechtfertigungsargument für institutionelle Gemeinsamkeit ins Feld geführt. Integrative Schulen sind explizit mit dem Anspruch angetreten, insbesondere die soziale Integration zu fördern. Für diese zentrale Zielsetzung obliegt integrativen Einrichtungen die Beweislast, wie sie der selbstgestellten Aufgabe praktisch nachkommen und ob sie die anspruchsvollste Zielsetzung der pädagogischen Reform zu erfüllen vermögen.

Die aufgeworfene Untersuchungsfrage macht zu ihrer Beantwortung eine Reihe von Arbeitsschritten erforderlich. An erster Stelle wird der schwierige Versuch stehen müssen, die normativen Bewertungskritierien für gelungene oder mißlungene soziale Integration zu ermitteln, zu begründen und verbindlich zu präzisieren. Sodann sind eingehende Erörterungen am Platze, mit welcher Methode denn gültige Erkenntnisse über die soziale Integration in Erfahrung gebracht werden können. Die normativen Überlegungen zum Kriterium sozialer Integration und die methodologischen Reflektionen zum eingeschlagenen Weg der Erkenntnisgewinnung müssen notwendigerweise einen breiten Raum in der Darstellung einnehmen. Die gewonnenen Ergebnisse sind nämlich allemal nur dann brauchbar, wenn sie mit einer tauglicher Methode ermittelt wurden. Und das evaluierende Urteil über die Untersuchungsergebnisse kann nur dann belangvoll sein, wenn auch das normative Bewertungskriterium Gültigkeit beanspruchen kann.

Ein Einblick in den Stand der theoretischen und empirischen Forschung zum Problem der sozialen Integration einer sehr heterogenen Lerngruppe kann an dieser Stelle nicht gegeben werden. Die Sichtung relevanter sozialpsychologischer Theorien (FREY & IRLE 1984, 1985; SECORD & BACKMANN 1980; HERKNER 1978, BIERHOFF 1984) und die kritische Diskussion einschlägiger empirischer Untersuchungen aus allen behindertenpädagogischen Fachrichtungen (VON BRACKEN 1976; KNIEL 1973; CLOERKES 1985; MARENBACH 1985; HAUPT & JANSEN 1983 u. a.) ist ein sehr umfängliches Vorhaben, das den Arbeitsrahmen dieser empirischen Studie überschreitet und eine gesonderte Darstellung erfordert.

2. Methode der Untersuchung

2.1 Die soziometrische Methode

Zur Diagnose der sozialen Beziehungen in Integrationsklassen wurde ein bekanntes Verfahren der empirischen Sozialforschung verwendet, die soziometrische Methode. Die Anfänge der Soziometrie reichen bis zur Jahrhundertwende zurück. Entscheidenden Anteil an der Entwicklung und Verbreitung soziometrischer Techniken hat MORENO, dessen Standardwerk "Who shall survive?" (1934, deutsch 1964) den Beginn der modernen Soziometrie markiert.

Gegenstand der Soziometrie ist die Analyse der Struktur und Dynamik von Gruppen. Bei MORENO (1965, 34) heißt es: "Der soziometrische Test ist eine Methode zur Erforschung sozialer Strukturen durch Messen der Anziehungen und Abstoßungen, die zwischen den Angehörigen einer Gruppe bestehen." Eine umfassende und gründliche Übersicht zur soziometrischen Methode hat DOLLASE (1976) vorgelegt. Das eigene Vorgehen ist an den Arbeiten von PETILLON (1978, 1980a; 1980b) orientiert.

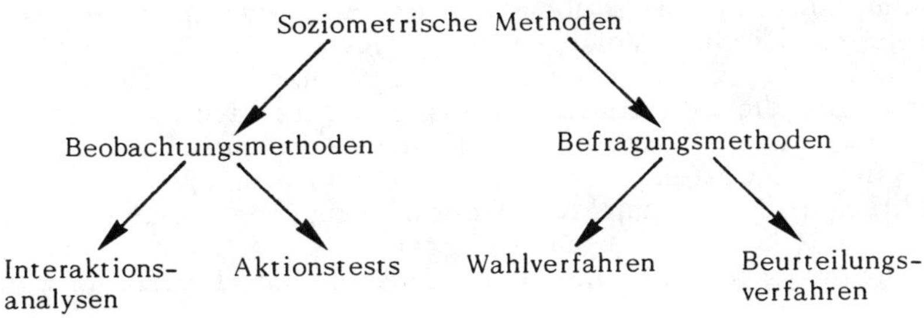

Abbildung 1: Systematik soziometrischer Methoden

Soziometrische Informationen können durch die methodischen Grundformen der Beobachtung und der Befragung erhoben werden. Beide Erhebungsverfahren lassen sich weiter untergliedern.

Zu den Beobachtungsverfahren zählen die Interaktionsanalyse (MERKENS & SEILER 1978) und sogenannte Aktionstests. Bei den interaktionsanalytischen Verfahren werden spontane Interaktionsprozesse einer systematischen Verhaltensbeobachtung unterworfen: "Wer macht was mit wem und wie oft?" Beispiele für Interaktionsanalysen wären etwa das Auszählen von Körper- und Blickkontakten, die Registrierung spontaner Spielgruppen auf dem Pausenhof oder die Feststellung häufiger Streitpartner.

Bei Aktionstesten werden die Gruppenmitglieder ausdrücklich aufgefordert, ihre interpersonellen Beziehungen in Handlungen, Spielen und Gesprächen darzustellen. Die interpersonellen Beziehungen werden dann durch die Beobachtung des realen Verhaltens in den arrangierten Situtationen erschlossen. Ein Beispiel ist das bekannte Kreisspiel: "Ich sitze im Grünen und liebe . . . !"

Die Befragungsformen lassen sich in Wahlverfahren und Beurteilungsverfahren unterscheiden. Bei soziometrischen Wahlverfahren werden die Probanden aufgefordert, nach einem vorgegebenen Kriterium (Sitznachbar, Sympathie, u. a.) Personen aus der Gruppe auszuwählen.

Bei den Beurteilungsverfahren sollen die Probanden zu den anderen Gruppenmitgliedern bewertend Stellung nehmen. Beispiele für Beurteilungsverfahren sind soziale Distanzskalen, Ratingskalen, semantische Differentiale, guess-who-Tests, Rangreihenbildung, Paarvergleiche, adjective-check-lists.

Die angeführten soziometrischen Erhebungsmethoden sind mit je spezifischen Vorzügen und Nachteilen behaftet (DOLLASE 1976). Als besonderer Vorzug aller Beobachtungsverfahren gilt die lebensnahe Erfassung der tatsächlichen Sozialbeziehungen, als nachteilig ist der beträchtliche zeitliche Aufwand zu werten. Ferner ist nicht selten die psychische Realität, also die subjektive Wahrnehmung von sozialen Beziehungen durch die Gruppenmitglieder, von größerem Interesse als die objektive Beschreibung tatsächlicher Interaktionsprozesse.

Auch bei dem Vergleich von Wahl- und Beurteilungsverfahren ist eine differenzierte Wertschätzung angezeigt. Nach derzeitigem Kenntnisstand liefern Beurteilungsverfahren genauere und stabilere Meßwerte; sie sind aber sehr zeitaufwendig und mit hohen Belastungen für die Probanden verbunden. Alle Gruppenmitglieder auf abgestuften Beurteilungsskalen einzuschätzen, ist eine psychische Anforderung, die insbesondere Grundschulkindern nicht zugemutet werden kann.

"Das Wahlverfahren hat den Vorteil, daß es versuchspersonenfreundlich ist, insofern es weniger Aufwand macht, einige Personen zu nennen als sich bei jeder Person eine Beurteilung auf einer gestuften Skala abzuringen" (DOLLASE

1976, 91). Das Wahlverfahren liefert immer dann hinreichend zeitstabile Meßwerte, wenn keine Begrenzung der Namensnennungen vorgenommen wird. DOLLASE (1976, 91) kommt nach einem kritischen Vergleich von Wahl- und Beurteilungsverfahren zu der Empfehlung, "das unbegrenzte Wahlverfahren als das bevorzugte Erhebungsverfahren der Soziometrie zu verwenden."

2.2 Das soziometrische Wahlverfahren

2.2.1 Wahlkriterium

Von erheblicher Bedeutung bei soziometrischen Wahlverfahren ist das Wahlkriterium. Es macht einen Unterschied, ob Schüler nach dem bevorzugten Klassensprecher, nach dem besten Freund oder nach dem gewünschten Sitznachbarn gefragt werden. Das beste Wahlkriterium schlechthin gibt es nicht. Durch die Änderung des Wahlkriteriums werden jeweils spezifische Aspekte des Gruppenlebens angesprochen. Die Einfluß- und Machtstruktur von Gruppen wird sichtbar, wenn nach Führungsrollen in der Gruppe (Vertrauensschüler, Klassensprecher, Spielführer) gefragt wird. Die Rollenstruktur von Gruppen kommt zum Vorschein, wenn die subjektiven Präferenzen für ganz bestimmte, inhaltlich definierte Tätigkeitsbeziehungen erfragt werden. Je spezifischer die Tätigkeiten sind, desto eher werden die Wahlen nach dem Kriterium der aufgabenbezogenen Tüchtigkeit vorgenommen. Bei der Wahl von Arbeitspartnern oder von Mannschaftskameraden für sportliche Wettkämpfe treten gefühlsmäßige Empfindungen der Zuneigung oder Abneigung in den Hintergrund, sie werden von instrumentellen Überlegungen überlagert. "Instrumentelle Wahlen werden gemacht, um bestimmte Ziele durch die Verbindung mit der jeweiligen Person zu erreichen" (DOLLASE 1976, 62). Die Sympathiestruktur von Gruppen wird ermittelt durch die Frage, welche anderen Gruppenmitglieder der Befragte mag oder nicht mag.

Gruppen sind keine bloße Ansammlung von Personen, Schulklassen nicht einfach ein Raum voller Kinder. Ein bloßes räumliches Beieinander von Menschen, ohne daß sie dabei irgendetwas empfinden, ist nicht vorstellbar. In Abwandlung eines kommunikationstheoretischen Grundsatzes (WATZLAWIK, BEAVIN & JACKSON 1974) könnte man sagen: Man kann nicht nichts fühlen. Indem Menschen sich wahrnehmen, empfinden sie auch etwas dabei. Durch häufige Kontakte lernen die Gruppenmitglieder sich kennen und entwickeln Gefühle füreinander. Mit der Zunahme der Interaktionen entwickelt sich aus dem beziehungslosen Nebeneinander ein emotionales Kräftefeld. Aus dem anfänglichen Stadium der affektiven Neutralität erwachsen im Prozeß der Gruppenbildung zwischen allen Gruppenangehörigen durch fortdauernde Kontakte emotionale Beziehungen, die sich mehr und mehr verfestigen. Die Qualität der emotionalen Beziehungen ist dabei als ein Kontinuum vorstellbar, das von Zuneigung bis Abneigung reicht und "die Hauptformen zwischenmenschlicher Gefühle, nämlich Beliebtheit, Gleichgültigkeit und Ablehnung" (MANN 1976, 54) umfaßt. In allen Gruppen begegnen sich die Mitglieder in unterschiedlichem Ausmaß mit Sympathie, Gleichgültigkeit und Antipathie. Diese einzigartige Konstellation der emotionalen Beziehungsverflechtungen einer Gruppe bildet eine Struktur, ein mehr oder weniger stabiles, wechselseitig verknüpftes Gefüge interpersoneller Gefühle.

Die soziometrische Methode ist ein Verfahren, mit dessen Hilfe man diese "Affektstruktur der Gruppe" (SECORD & BACKMANN 1980, 291) offenlegen und beschreiben kann. BJERSTEDT (1956) definiert: "Soziometrie ist die quantitative Untersuchung zwischenmenschlicher Beziehungen unter dem Aspekt der Bevorzugung, der Gleichgültigkeit und der Ablehnung in einer Wahlsituation."

Häufig wird die Forderung vorgetragen, bei soziometrischen Erhebungen nur solche Fragen zu stellen, die für die Schüler tatsächlich relevant sind. "Die wesentlichste Fehlerquelle soziometrischer Untersuchungen ist die Frage, das Kriterium. Je deutlicher erkennbar ist, daß für die Befragten mit den Wahlen auch Handlungskonsequenzen verbunden sind, je mehr sie also eine Umsetzung der Ergebnisse in die Praxis vermuten können, desto größer ist die Reliabilität und Stabilität der Ergebnisse" (FRIEDRICHS 1979, 268). Unverbindliche Fragen wie "Wen hast du in der Klasse gern?" führen dieser Auffassung zufolge dazu, daß die Wahlen nicht mehr ernst genommen und rein beliebige oder sozial erwünschte Antworten gegeben werden. Um der Forderung nach einer verbindlichen Wahlfrage Genüge zu tun, wird bei soziometrischen Erhebungen in Schulklassen vielfach das Wahlkriterium Sitznachbar bevorzugt. "Die Frage: 'Neben wem würdest du am liebsten sitzen?' hat in der Klasse Realitätscharakter. Allerdings muß der Lehrer dann auch die Sitzordnung den Wahlen anpassen"

(INGENKAMP 1985, 211).

Die eigenen soziometrischen Erhebungen in den Hamburger Integrationsklassen folgen der angeführten Argumentation nicht. Die verwendete Wahlfrage lautete: "Welche Kinder aus deiner Klasse magst du sehr gerne?" Folgende Überlegungen waren für diese methodische Entscheidung maßgeblich:

1. Die Wahl von Sitznachbarn wird nicht nur von Gefühlen, sondern auch von rationalen Überlegungen geleitet, "ob man von der schulischen Leistung des anderen profitieren könnte. Diese Wahlfrage mißt also vermutlich - in nicht zu entwirrender Weise - auf den beiden Dimensionen der Sympathie-Antipathie und der Leistungsfähigkeit" (MAYNTZ, HOLM & HÜBNER 1978, 123).
2. Feste Sitzordnungen sind in Grundschulklassen längst nicht mehr selbstverständlich, zumal dann nicht, wenn ein binnendifferenzierter Unterricht praktiziert wird. Der behauptete Realitätscharakter ist an tradionellen Vorstellungen über den Unterricht in Grundschulen orientiert.
3. Die wichtigste Begründung ergibt sich aus entwicklungspsychologischen Überlegungen. Bei Grundschulkindern bilden Gedanken und Gefühle, Verhalten und Erleben eine noch weitgehend ungeschiedene Einheit. Grundschulkinder sprechen offen und unbekümmert aus, was sie empfinden. Sie verhalten sich kongruent, in Übereinstimmung mit ihren Gefühlen. Sie können ihre Gefühle weniger gut verheimlichen, hinter einer Maske verbergen oder verfälschen. Es ist daher unbegründet, den Gefühlen von Schulanfängern "Realitätscharakter" abzusprechen und "Unverbindlichkeit" nachzusagen. Bei Grundschulkindern dürfte die direkte Erfragung persönlicher Zuneigungen und Abneigungen die Sympathiestruktur von Gruppen unverfälscht zum Ausdruck bringen.

Ein empirisches Indiz für die größere Kongruenz des Erlebens und Verhaltens bei Grundschulkindern bringt ausgerechnet ein Befürworter der Sitznachbarn-Kriterium bei. PETILLON ermittelte bei 884 Schülern die Korrelationen zwischen dem Wahlkriterium Sitznachbar und der Frage: "Mit wem kommst du gut aus?" Die soziometrischen Kriterien Sitznachbar und Sympathie korrelierten sehr stark miteinander. Auffällig dabei war, daß die Korrelationen mit zunehmendem Alter vom 3. bis zum 7. Schuljahr zunehmend geringer wurden. PETILLON (1980, 34) kommentiert das Ergebnis so: "Dies dürfte u. E. auf die Tatsache zurückgeführt werden, daß ältere Schüler stärker zwischen Situation und Interaktionspartner differenzieren." Damit dürfte die Sympathiefrage hinreichend als geeignetes Wahlkriterium legitimiert sein.

2.2.2 Begrenzung der Wahlen

In der soziometrischen Literatur wird übereinstimmend empfohlen, die Anzahl der Wahlen, die ein Schüler abgeben kann, nicht zu begrenzen. Folgende Gründe werden genannt:

1. "Das sozial-expansive Individuum wird durch die Wahlbegrenzung zu einer willkürlichen Auswahl gezwungen, während das sozial-restrikte Individuum zu einer willkürlichen zusätzlichen Benennung von anderen Personen gezwungen wird" (DOLLASE 1976, 42).
2. Das unbegrenzte Wahlverfahren liefert zusätzliche Informationen über die Wahl- und Ablehnungsbereitschaft von Personen.
3. Das unlimitierte Wahlverfahren zeichnet sich durch eine höhere Stabilität der Meßwerte aus.

2.2.3 Negative Wahlfragen

Die eigenen soziometrischen Untersuchungen verwenden auch die negative Wahlfrage. Sie lautete: "Welche Kinder aus deiner Klasse magst du nicht so gerne?" Die Erfragung negativer Wahlen löst bei Pädagogen vielfach Unbehagen aus und ist nicht zuletzt auch bei den Eltern auf Kritik gestoßen. Durch die negative Wahlfrage würden den Kindern verborgene, schlummernde Aversionen allererst bewußt gemacht, die Kinder zur Intoleranz und Aggression ermutigt. Die Ablehnungsfrage gefährde ferner den sozialen Frieden eines unbefangenen Zusammenlebens.

Antipathien sind ein Bestandteil der sozialen Realität. "Es wäre ein verhängnisvolles Verkennen der Realität, wenn der für die Gruppe Verantwortliche die Existenz negativer Gefühle einfach negieren und so tun würde, als ob nicht sein kann, was nicht sein darf" (HÖHN & SEIDEL 1976, 18). Durch negative Nennungen wird die Diagnose von Gruppen um wesentliche Informationen bereichert. Erst Negativwahlen ermöglichen die Aufdeckung von Gruppenspannungen und eine sichere Identifikation von Abgelehnten und Außenseitern. Negative

Wahlen tragen schließlich auch zu einer instrumentell verläßlicheren Diagnose bei. "Interne Konsistenz und Stabilität der negativen Wahlen sind erheblich größer als die der positiven Wahlen" (DOLLASE 1976, 95).

Um ungünstige Folgewirkungen bei der Erhebung negativer Wahlen zu verhindern, muß den Kindern unbedingte Vertraulichkeit der Informationen zugesichert und abverlangt werden. In den eigenen Untersuchungen wurden die Kinder abschließend gebeten, das Gespräch als "Geheimnis" zu betrachten und nichts weiterzuerzählen.

2.2.4 Gütekriterien

Die Durchführungs- und Auswertungsobjektivität soziometrischer Erhebungen wird im allgemeinen als gegeben angesehen. Sie wurde in unserer Untersuchung durch Interviewerschulung sichergestellt.

Gültigkeit und Zuverlässigkeit soziometrischer Erhebungen werden dagegen oft angezweifelt. Eine gründliche Erörterung der Gütekritierien findet man bei DOLLASE (1976).

Die Zuverlässigkeit einer soziometrischen Erhebung wird immer wieder in Frage gestellt. Eltern und Lehrer erleben die positiven und negativen Gefühle der Kinder als instabil: "Kinder streiten sich heute und vertragen sich morgen wieder." Aufgrund dieser Alltagserfahrung messen sie auch soziometrischen Befunden eine geringe Zuverlässigkeit bei. Soziometrische Untersuchungen werden mit einer Momentaufnahme verglichen, die allenfalls eine Augenblickssituation gültig abbildet, deren zeitliche Geltung aber kaum über den Tag hinausdauert.

Die Alltagserfahrung der Eltern und Lehrer steht nicht im Einklang mit den Ergebnissen der empirischen Forschung. Dem Forschungsstand zufolge hängt die Übereinstimmung zwischen zwei soziometrischen Befragungen wesentlich von der Relevanz des Wahlkriteriums und von dem Alter der Probanden ab. PETILLON (1980a) ermittelte für ein Zeitintervall von 3 Wochen Reliabilitätskoeffizienten, die von 0.81 im 3. Schuljahr kontinuierlich bis zu 0.92 im 7. Schuljahr ansteigen. Die Werte für den Wahl- und Ablehnungsstatus im anderen Geschlecht sind dabei durchweg weniger reliabel - ein überaus wichtiger Hinweis, der dazu auffordert, den Statuswerten für das eigene Geschlecht eine größere diagnostische Präzision beizumessen.

Die Stabilität soziometrischer Kennwerte soll noch durch einen weiteren Untersuchungsbefund belegt werden. Bei einem Wechsel von Klasse 4 der Grundschule in einen neuen Klassenverband der Sekundarstufe behielten etwa 70 Prozent aller Schüler den gleichen sozialen Status (PETILLON 1981). Soziometrische Einstufungen reichen also weit über die Kurzlebigkeit eines sozialen Schnappschusses hinaus und sind eher "bestürzend stabil" (INGENKAMP 1985, 219).

Die Stabilität von Messungen darf nicht mit völliger Unveränderlichkeit verwechselt werden. Allem Sozialen ist grundsätzlich eine gewisse Flüchtigkeit eigen, wie man es sich am Beispiel einer Bundestagswahl klarmachen kann. Nach einer Woche, einem Monat oder nach einem Jahr wird mancher Wähler eine andere Partei als am Tage der Bundestagswahl bevorzugen. Ungeachtet eines stetigen Stimmungs- und Meinungswechsels bei den Wählern bleiben jedoch die grundsätzlichen Strukturen in der politischen Willensbildung relativ stabil. Erdrutschartige Veränderungen der politischen Landschaft sind eher selten.

Aus pädagogischen Gründen scheint es überdies nicht wünschenswert, eine höhere Stabiltät soziometrischer Erhebungen zu fordern. Hohe Stabilitätskoeefizienten implizieren geringe Chancen, den sozialen Status von Schülern zu beeinflussen. Je höher die Stabilität soziometrischer Meßwerte, desto geringer der Spielraum für pädagogische Einflußnahmen.

Ähnliche Ergebnisse liegen für das Gütemerkmal Validität vor. Die Gültigkeit soziometrischer Befunde ist immer dann und auch nur solange gegeben, wie bei der Interpretation der Daten das verwendete Wahlkriterium beachtet wird und darüber hinausgehende Schlußfolgerungen vermieden werden. Sympathiestrukturen sind etwas anderes als Macht-, Erwartungs- oder Kommunikationsstrukturen.

Die Validität soziometrischer Diagnosen wird auch durch Untersuchungen bestätigt, die PETILLON (1980a) im Zusammenhang mit der Standardisierung des soziometrischen Tests ST3-7 durchführte. Die Korrelationen der soziometrischen Statuswerte mit der Fremdeinschätzung der Beliebtheit durch Mitschüler und Lehrer liegen allesamt in einer Größenordnung, die eine brauchbare Gültigkeit verbürgen. Da die soziometrischen Ergebnisse schließlich auch mit einem Aktionstest befriedigend korrelieren, können sie "als gute Prädiktoren des Verhaltens der Personen in anderen Situationen" (FRIEDRICHS 1979, 269) verwendet werden.

2.2.5 Durchführung der Erhebung

Bei Kindern des 1. Schuljahres können noch keine schriftlichen Befragungen durchgeführt werden. Der Umgang mit Fragebögen ist ihnen noch unvertraut, und in einigen Fällen ist auch die Lesefertigkeit noch nicht ausreichend. Die soziometrischen Informationen wurden deshalb immer im Einzelinterview erhoben.

Die Kinder kamen nacheinander in den Gruppenraum und wurden dort befragt. Als Untersuchungsleiter waren den Kindern vertraute Personen tätig, wobei die Klassenlehrer allerdings bewußt ausgenommen wurden. Die Interviews wurden von Sonderschullehrern und von dem Verfasser selbst durchgeführt.

Die Kinder haben bereitwillig an der Befragung teilgenommen. Antwortverweigerungen kamen nicht vor. Auch an die abgesprochene Vertraulichkeit des Gesprächs haben sich die Kinder ausnahmslos gehalten.

Den behinderten Kindern kam die diagnostische Situation eines mündlichen Einzelinterviews sehr entgegen. Soweit erforderlich wurde ihnen zur Stützung ihres Erinnerungsvermögens ein Klassenfoto vorgelegt. Bei jenen Kindern, die ihre Wahlen und Ablehnungen weder verbal äußern noch symbolisch zeigen konnten, wurde das Wahlverfahren durch ein Expertenurteil ersetzt. Die Pädagogen der Integrationsklassen wurden gebeten, unabhängig voneinander stellvertretend für das behinderte Kind seine Wahlen und Ablehnungen abzugeben. Die Einschätzungen von mindestens 2 Pädagogen wurden sodann auf ihre Stimmigkeit hin geprüft und im Gespräch einer konsensualen Lösung zugeführt.

2.3 Stichprobe der Erhebung

Die soziometrischen Erhebungen wurden in 3 aufeinanderfolgenden Schuljahren jeweils am Schuljahrsende in den neu eingerichteten Integrationsklassen durchgeführt. An der Untersuchung haben insgesamt 13 Integrationsklassen mit 219 Erstklässlern teilgenommen. Auf der soliden Grundlage dieser Stichprobengröße können Erkenntnisse gewonnen werden, deren Geltung über den Hamburger Modellversuch hinausweist und die dem Range allgemeingültiger Aussagen nahestehen.

Schuljahr	Klassen	Schüler	Geschlecht		Kategorie	
			Jungen	Mädchen	NB	BH
1983/84	3	45	20	27	38	9
1984/85	4	69	37	32	57	12
1985/86	6	103	52	51	85	18
Summe	13	219	109	110	180	39

Tabelle 2: Stichprobe der soziometrischen Erhebung (NB = Nichtbehinderte; BH = Behinderte)

2.4 Die Auswertung der soziometrischen Erhebung

Das soziometrische Wahlverfahren wurde bislang als eine Methode beschrieben, mit dessen Hilfe empirische Informationen über die wechselseitigen Beziehungen von Gruppenmitgliedern eingeholt werden können. Von 218 Schülern des 1. Schuljahres liegen ausgefüllte Interviewbogen mit positiven und negativen Nennungen auf dem Tisch, so ist derzeit der Stand der Dinge. Nun geht es um das Problem, wie eine soziometrische Erhebung ausgewertet werden kann. Die Erhebungsdaten sollen so aufbereitet werden, daß dabei auch die sozialen Beziehungen der Individuen und die soziale Struktur der Gruppe deutlich hervortreten, klar beschrieben und gültig interpretiert werden können.

Die Auswertung soziometrischer Erhebungen erfolgt mit Hilfe von Diagrammen, Matrizen und Indizes. Großer Beliebtheit erfreut sich die grafische Darstellung soziometrischer Daten durch ein Soziogramm. Seine Popularität verdankt das Soziogramm der Anschaulichkeit. Soziogramme erfüllen ihren Zweck in der symbolischen Repräsentation von Beziehungsstrukturen, einen darüber hinausgehenden Nutzen haben sie nicht. Soziogramme können die sozialen Beziehungen von Gruppen wohl anschaulich machen, sie beantworten aber nicht in einer intersubjektiv nachvollziehbaren Weise die hier interessierende Frage, wann von einer geglückten sozialen Integration gesprochen werden kann. Ein empfindlicher Nachteil von Soziogrammen ist überdies, daß für das gleiche Datenmaterial unterschiedliche Lösungen gefunden werden können. Diese Subjektivität von Soziogrammen schränkt die Vergleichbarkeit von soziometrischen Erhebungen in verschiedenen Gruppen erheblich ein. Soziogramme sind daher für eine wissenschaftliche Beschreibung und Analyse von Gruppen nicht geeignet und scheiden damit als Auswertungstechnik für den anstehenden Untersuchungszweck aus.

Eine weitergehende Analyse soziometrischer Erhebungen wird durch die Anwendung mathematischer und statistischer Methoden ermöglicht. Für die Auswertung soziometrischer Untersuchungen sind eine Vielzahl von Indizes, Techniken und Strategien vorgeschlagen worden, die hier nicht annähernd dargestellt werden können (DOLLASE 1976). Die spezifische Fragestellung dieser Untersuchung macht indes auch eine detaillierte Übersicht über die gesamte Auswertungsmethodik durchaus entbehrlich. Für unseren Zweck wird es genügen, die Auswertung der soziometrischen Erhebung mit enger Bindung an die leitende Fragestellung nach der sozialen Integration in problembezogener Auswahl darzustellen.

Die gedankliche Gliederung der folgenden Darstellung sei kurz skizziert. Zunächst wird in bündiger Kürze das begriffliche Raster vorgestellt, das als analytische Sonde an die soziometrischen Rohdaten angelegt wird. In einem weiteren Schritt wird dann die Gleichgewichtigkeit der sozialen Beziehungen zwischen behinderten und nichtbehinderten Kindern als Idealnorm und Kriterium sozialer Integration eingeführt. Abschließend werden das begrifflich-analytische Raster und das normative Kriterium der Gleichgewichtigkeit aufeinander bezogen und für das Postulat der Gleichgewichtigkeit empirische Operationalisierungen angeboten. Als Orientierungshilfe für die Ausführungen kann die Tabelle 3 genutzt werden.

2.4.1 Aspekte sozialer Integration

Soziale Beziehungsnetze können unter dem doppelten Aspekt der Beziehungsstruktur und der Beziehungsrelationen betrachtet werden.

Der strukturelle Aspekt weist auf die Binnengliederung sozialer Gruppen hin. Zu ihrer Selbsterhaltung schaffen sich soziale Gruppen eine innere Ordnung, die die Teilaufgaben der Gruppenmitglieder festlegt und jedem Gruppenmitglied einen mehr oder minder genau umrissenen Platz im sozialen Gefüge zuweist. Eine strukturanalytische Betrachtung von

Gruppen nimmt einerseits die funktionale Rollenverteilung, andererseits die vertikale Statushierarchie in den Blick.

In der strukturellen Sichtweise erscheint die Gruppe als ein statisches soziales Gebilde. Der relationale Aspekt hebt die dynamische, prozessuale Seite der Gruppe hervor. Der relationale Aspekt richtet die Aufmerksamkeit darauf, wer mit wem in welcher Beziehung steht und wie das Verhältnis von Teilgruppen zueinander beschaffen ist. Die relationsanalytische Betrachtung von Beziehungsnetzen ist einerseits auf die Häufigkeit der Beziehungen zwischen den Teilgruppen, andererseits auf die Qualität der Beziehungen zwischen den Teilgruppen ausgerichtet.

Aspekte		Kriterien
struktureller Aspekt	1. vertikale Struktur	1. Gleichverteilung der Statuswerte
	2. funktionale Struktur	2. Proportionalität der Rollenverteilung
relationaler Aspekt	1. Quantität der Beziehungsrelationen	1. Proportionalität der Beziehungsakte
	2. Qualität der Beziehungsrelationen	2. Kongruenz der Beziehungsmuster

Tabelle 3: Aspekte und Kriterien sozialer Integration

2.4.1.1 Verteilung der sozialen Rollen

Jede soziale Gruppe tendiert dazu, die Aufgaben, Zuständigkeiten und Anforderungen auf ihre Mitglieder unterschiedlich zu verteilen. In den Sozialwissenschaften wird diese Funktionsträgerschaft mit dem Begriff Rolle bezeichnet. Die funktionale Differenzierung einer Gruppe meint also ihre Rollendifferenzierung. Auch im affektiven Haushalt von Gruppen gibt es funktionale Differenzierungen. Bekannte Beispiele aus affektiven Rollensystemen sind etwa der "Star", das "schwarze Schaf" oder der "Außenseiter".

Die funktionsanalytische Betrachtung von Gruppen kann

dazu verhelfen, einen bestimmten Aspekt sozialer Integration zu beleuchten. In welchem Verhältnis etwa gesellschaftliche Subgruppen zueinander stehen, kann der Rollenverteilung zwischen ihnen entnommen werden. Ausländer und Einheimische nehmen nicht gleichberechtigt am gesellschaftlichen Rollensystem teil, die ungleiche Rollenverteilung sagt etwas über die soziale Integration der Ausländer aus.

2.4.1.2 Verteilung des sozialen Status

Rollen sind bewertungsfreie Beschreibungen von Verhaltensanforderungen und Aufgabenzuweisungen. Die genannten soziometrischen Rollen "Star" und "Außenseiter" machen deutlich, daß Gruppen den verschiedenen sozialen Rollen ein unterschiedliches Prestige beimessen. Der Gruppenführer genießt ein höheres Ansehen als sein Gefolge. Soziale Gruppen bestimmen den Status ihrer Mitglieder, indem sie den verschiedenen Rollen eine unterschiedliche Wertigkeit zuweisen. Durch das Hinzutreten von Bewertungen verwandelt sich die funktionale Differenzierung von Gruppen in Rollensysteme in ein hierarchisch gestuftes System von Statuspositionen. Die vertikale Struktur von Gruppen hat ihre funktionale Differenzierung in Rollen zur Voraussetzung und als Grundlage.

Das Maß der sozialen Integration kann auch an der Statusverteilung abgelesen werden. Stände-, Kasten- und Klassengesellschaften, also Gesellschaften mit einer ausgeprägten Hierarchie, sind sicherlich weit vom Zustand der Integration entfernt.

2.4.1.3 Häufigkeit der Beziehungsrelationen

Die Häufigkeit von positiven, indifferenten und negativen Beziehungsrelationen zwischen den Teilgruppen eines sozialen Kollektivs, also etwa zwischen Schwarzen und Weißen, gibt nicht nur Aufschluß über Dichte und Intensität der sozialen Austauschbeziehungen, sondern zugleich über die Distanz und Nähe der Teilgruppen zueinander. Sofern eine Teilgruppe ihre Sympathien überwiegend auf Mitglieder der eigenen Gruppe richtet und den Mitgliedern der anderen Teilgruppe mit Ablehnung begegnet, liegt das soziale Phänomen einer geringen Binnendistanz und großen Außendistanz vor. Im allgemeinen führt die Intensivierung von Binnenkontakten und die Reduzierung von Außenkontakten zu einer Festigung des "Wir-Gefühls" und weiterhin zur Abgrenzung von den anderen durch ein "Ihr-Gefühl". "Kontakt schafft menschliche Nähe, und umgekehrt; verminderter Kontakt schafft menschliche Distanz und umgekehrt. Es liegt auf der Hand, daß die Manipulation der Kontaktdichte damit zu einem Hauptmittel der Gefühlslenkung wird. ... Die Reise- und Kontaktbeschränkungen, die Regierungen mitunter ihren Untertanen auferlegen, dienen sehr deutlich der Absicht, ein starkes Gefühl der Zugehörigkeit zu einer bestimmten Binnengruppe zu schaffen" (HOFSTÄTTER 1966, 318). Gruppendynamische Selbsterfahrungsgruppen und Flitterwochen sind andere Exempel für gesteigerte Binnenkontakte bei gleichzeitiger Reduktion der gewohnten Außenkontakte.

2.4.1.4 Qualität der Beziehungsrelationen

Die Qualität zwischenmenschlicher Beziehungen kommt im eigentlichen Sinne erst dann zum Vorschein, wenn nicht nur die Häufigkeit der Beziehungsakte, sondern zugleich die Art der sozialen Relationen berücksichtigt wird. Von Interaktionen kann ja erst dann gesprochen werden, wenn das Handeln der Partner aufeinander bezogen ist, wenn die Handlungen der einen Person die Handlungen der anderen Person beeinflussen. Nicht nur, wie man in den Wald hineinruft, sondern auch, wie es aus dem Wald zurückschallt, beides zusammen macht erst eine Interaktion aus.

Bei soziometrischen Erhebungen kann man das Verhältnis zu anderen Personen durch die emotionalen Elementarformen der Zuneigung, der Nichtbeachtung und der Ablehnung zum Ausdruck bringen. Kombiniert man die aktiven und reaktiven Beziehungsakte einer sozialen Interaktion miteinander, so ergeben sich 9 mögliche Beziehungsmuster (Tabelle 4).

Es wird nicht notwendig sein, die tabellarisch aufgeführten Beziehungsmuster allesamt inhaltlich zu beschreiben. Ein Beispiel mag genügen: Sofern eine Person A die Person B wählt, von der Person B aber abgelehnt wird, besteht zwischen diesen beiden Personen ein konträres Verhältnis (Beziehungsmuster 3). In der Sprache der Szene würde man die beschriebene Interaktion mit "abblitzen" beschreiben.

Jedes Gruppenmitglied ist durch eine einzigartige, nur ihm eigene Kombination von Beziehungsmustern mit seiner sozialen Umwelt verbunden. Die Verteilung der Beziehungsmuster in

Abgabe	Erhalt		
	Wahl	Enthaltung	Ablehnung
Wahl	1	2	3
Enthaltung	4	5	6
Ablehnung	7	8	9

Tabelle 4: Beziehungsmuster bei soziometrischen Wahlen
1 = positive Gegenseitigkeit
2 = Kontaktwunsch
3 = konträre Gegenseitigkeit
4 = Kontaktwunsch
5 = indifferente Gegenseitigkeit
6 = Distanzwunsch
7 = konträre Gegenseitigkeit
8 = Distanzwunsch
9 = negative Gegenseitigkeit

der gesamten Gruppe sagt etwas aus über das soziale Klima, das in dieser Gruppe vorherrscht. Über die soziale Integration von Teilgruppen kann man dann etwas sagen, wenn man weiß, welche Beziehungsmuster in dem beiderseitigen Verhältnis tonangebend sind.

Damit ist das analytische Raster umrissen, mit dem das soziometrische Rohmaterial konfrontiert werden soll. Wenn wir wissen,

- welche Rollen behinderte Schüler innehaben (struktureller Aspekt, funktionale Struktur);
- welcher Status ihnen beigemessen wird (struktureller Aspekt, vertikale Struktur);
- welche Beziehungsakte sie tätigen und empfangen (relationaler Aspekt, Quantität der Beziehungsrelationen);
- welche Beziehungsmuster sie mit nichtbehinderten Schülern verknüpfen (relationaler Aspekt; Qualität der Beziehungsrelationen);

wenn all diese Informationen vorliegen, dann können wir Auskunft geben über die soziale Integration behinderter Kinder.

2.4.2 Kriterien sozialer Integration

Die Fragen, die zu stellen sind, sind nunmehr bekannt. Offen ist, mit welchen Antworten wir uns zufrieden geben wollen. Wie gut müssen die Antworten ausfallen, damit mit vollem Recht von einer gelungenen sozialen Integration gesprochen werden kann? Welcher Maßstab soll dem Urteil über Erfolg und Mißerfolg zugrundegelegt werden?

Eine ehrenhafte Urteilsfindung verlangt, daß schon vorher, vor Kenntnisnahme der Untersuchungsergebnisse, die Erwartungsnormen, an denen die Güte der Ergebnisse gemessen werden soll, bedacht werden. Die Ergebnisse sind nach vorher offengelegten Kriterien zu beurteilen. Auch in der Rechtsprechung müssen Straftaten nach Rechtsnormen beurteilt werden, die zur Tatzeit bereits gültig waren. Wer sich nicht dem Verdacht aussetzen will, es passe sein Urteil opportunistisch den faktischen Verhältnissen an, ist aufgefordert, die Bewertungskriterien vorher darzulegen.

2.4.2.1 Die Norm der Gleichgewichtigkeit

Die gleiche Personwürde aller Menschen ist ein fundamentaler Wert. Er wird durch keinen anderen Wert übertroffen und kann durch nichts außer Kraft gesetzt oder relativiert werden. Der Grundwert der Personwürde beansprucht unbedingte, absolute Geltung. In der personalen Wertigkeit sind alle Menschen gleich, Männer und Frauen, Schwarze und Weiße, Behinderte und Nichtbehinderte. In der Personwürde gibt es keinerlei Unterschiede zwischen den Menschen.

Die grundsätzliche Gleichheit aller begründet, daß auch die Ordnungen menschlichen Zusammenlebens dem Postulat der Gleichberechtigung folgen müssen. Alle Menschen haben unterschiedslos grundsätzlich gleiche Teilnahmerechte am gesellschaftlichen Leben und sozialen Verkehr. Es gibt keinerlei Vernunftgründe, die eine prinzipielle Bevorzugung oder Benachteiligung von Menschen rechtfertigen könnten, gleichviel ob es sich um eine Verschiedenheit der Rasse, der Schicht, der Religion, des Geschlechts, der Herkunft oder der Gesundheit handelt.

Ob Völker, Gruppen oder Personen gleichberechtigte Beziehungen miteinander unterhalten, kann an der Gleichgewichtigkeit ihres Verhältnisses abgelesen werden. Überall dort, wo Geld und Güter, Macht und Einfluß, Ansehen und Ehre ungleich verteilt sind, ist das Kriterium der Gleichgewichtigkeit verletzt. Wenn einer das Sagen hat und die anderen folgen müssen; wenn Hab und Gut einer kleinen Gruppe größer sind als das Vermögen unzähliger Habenichtse; wenn Wohlfahrt, Lebensqualität und Lebensglück regelhaft in gewissen Kreisen vorzufinden ist und immer die gleichen anderen leer ausgehen müssen, dann sind die Verhältnisse zwischen den Menschen, Gruppen, Organisationen und Nationen im Ungleichgewicht.

Auch im Verhältnis von Behinderten und Nichtbehinderten hat niemand einen legitimen Anspruch darauf, wertvoller und wichtiger zu sein. Es wäre unerträglich und inakzeptabel, wenn die Behinderten grundsätzlich unten und schlechter wären, und die Nichtbehinderten grundsätzlich oben und besser.

WERT: Gleiche Personwürde

↓

NORM: Gleichberechtigung

↓

KRITERIUM: Gleichgewichtigkeit

Abbildung 2: Begründungslogik für das Kriterium der Gleichgewichtigkeit

Für die Güte der sozialen Beziehungen zwischen Behinderten und Nichtbehinderten ist also das Kriterium der Gleichgewichtigkeit geltend zu machen. Die Begründungslogik ist noch einmal in Abbildung 2 zusammengefaßt. Der Grundwert der gleichen Personwürde fundiert die soziale Norm der Gleichberechtigung. Ob die Norm der Gleichberechtigung auch in der Realität eingelöst wird, ist nach dem Gleichgewichtigkeitskriterium zu beurteilen.

Das allgemeine Kriterium der Gleichgewichtigkeit nimmt konkretere Gestalt an, wenn es im folgenden auf das oben entwickelte begriffliche Raster von Aspekten sozialer Integration bezogen wird.

2.4.2.2 Gleichverteilung der Statuswerte

Zunächst: Was bedeutet Gleichgewichtigkeit der sozialen Beziehungen zwischen behinderten und nichtbehinderten Kindern, wenn der strukturelle Aspekt ins Auge gefaßt wird? Unter strukturellem Aspekt - so wurde ausgeführt - wurde die Gruppe als ein soziales Gefüge von Rollen, Positionen, Schichten und Subgruppen verstanden. Eine strukturelle Gleichgewichtigkeit meint dann ganz allgemein, daß alle Gruppenmitglieder bzw. Subgruppen gleichberechtigt am Status- und Rollensystem der Gesamtgruppe teilhaben und ihnen der Zugang zu allen Lebensbereichen und Handlungsspielräumen des Kollektivs offensteht.

Die allgemeine Gleichgewichtigkeitsregel für Gruppenstrukturen läßt sich jeweils für die vertikale und die funktionale Struktur noch genauer beschreiben. Gleichgewichtigkeit in der vertikalen Dimension bedeutet, daß auf allen Etagen einer gesellschaftlichen Hierarchie die Angehörigen von Subgruppen, also etwa Männer und Frauen, Schwarze und Weiße, Behinderte und Nichtbehinderte, in etwa gleich stark vertreten sind. Nicht Ungleichheit und Hierarchie an sich sind störend und normwidrig, sondern die Unausgewogenheit der Statusverteilung. Sofern immer die gleichen Leute einer bestimmten Ebene der gesellschaftlichen Stufenleiter zugeordnet sind, grassiert das Club-, Kasten- und Klassenwesen in einem solchen Maße, daß von einer sozialen Integration im Sinne einer gleichgewichtigen Teilhabe aller nicht gesprochen werden kann. Wenn Ausländer, Schwarze, Frauen oder Behinderte vornehmlich auf den niederen Rängen und unteren Positionen in der Statushierarchie anzutreffen sind, wird das Gleichgewichtigkeitsempfinden verletzt. Das Gleichgewichtigkeitspostulat fordert eine "durchwachsene" Statushierarchie. Behinderte und Nichtbehinderte sollen auf allen Ebenen der sozialen Statusleiter präsent sein und im Mittel etwa den gleichen Statuswert haben. Überzufällige Gruppenunterschiede im Wahl- und Ablehnungsstatus sind mit dem Gleichgewichtigkeitsgebot nicht zu vereinbaren. Das Kriterium sozialer Integration für den vertikalen Aspekt von Gruppenstrukturen lautet also kurz: Gleichverteilung der Statuswerte!

2.4.2.3 Proportionalität der Rollenverteilung

Nun zum funktionalen Aspekt von Gruppenstrukturen, der Rollendifferenzierung. Was gleichgewichtige Teilhabe am Rollensystem von Gruppen und Kollektiven bedeutet, kann an Beispielen aus dem politischen Raum deutlich gemacht werden. Überall dort, wo es um "Ausgewogenheit" geht, ist die Rede vom gesellschaftlichen Proporz. Die sogenannten gesellschaftlich relevanten Gruppen fordern, in angemessener Weise in den Aufsichtsgremien der öffentlichen Rundfunk- und Fernsehanstalten vertreten zu sein. Der hohe Anteil von Beamten unter den Abgeordneten des Deutschen Bundestages wird als ärgerliches Mißverhältnis zu ihrem relativen Anteil an der Wahlbevölkerung gesehen. Auf den Kandidatenlisten von Parteien und in politischen Gremien wollen die Frauen proportional vertreten sein.

Entsprechend fordert die Gleichgewichtigkeitsregel eine proportionale Teilhabe von Behinderten und Nichtbehinderten am System soziometrischer Rollen. Sofern Behinderte etwa die Rollen des "Außenseiters", des "schwarzen Schafes" oder des "Mauerblümchens" innehätten und die sozialen Führungsrollen für die Nichtbehinderten reserviert blieben, wäre kein soziales Gleichgewicht gegeben. Das Kriterium sozialer Integration für den funktionalen Aspekt von Gruppenstrukturen lautet mithin: Proportionalität der Rollenverteilung!

2.4.3.2 Proportionalität der Beziehungsakte

Die Gleichgewichtigkeitsregel ist jetzt auf den relationalen Aspekt von Beziehungsnetzen anzuwenden. Beginnen wir mit der Quantität von Beziehungsrelationen.

Es ist zutiefst menschlich, Gefühle der Zuneigung, der Gleichgültigkeit oder der Abneigung zu empfinden, und es ist legitim, diese Gefühle zu haben und auch zu äußern. Es ist völlig normal und in Ordnung, andere Menschen sympathisch zu finden, sie zu ignorieren oder auch sie abzulehnen. Bedenklich wird die Sache erst in dem Moment, wenn die Äußerung von Sympathie, Indifferenz und Antipathie grundsätzlich abhängig gemacht wird von bestimmten Merkmalen der Beziehungspartner, etwa von dem Merkmal der Leistungsfähigkeit oder der "Normalität". Es wäre schwer verständlich, wenn positive Gefühle überwiegend den Einheimischen, den Weißen oder eben den Nichtbehinderten entgegengebracht würden, hingegen die Ausländer, die Schwarzen und die Behinderten regelhaft auf emotionalen Widerstand stießen. Es kann vernünftigerweise wohl nicht gefordert werden, daß alle Behinderten ohne Ausnahme sympathisch befunden werden. Es ist unser aller gutes Recht, auch behinderte Menschen nicht zu mögen und sie abzulehnen. Der Vorwurf einer behindertenfeindlichen Einstellung ist erst dann gerechtfertigt, wenn die Distanzierung von Behinderten zum Verhaltensgrundsatz erhoben wird.

Auch bezüglich der Verteilung zwischenmenschlicher Gefühle kann es um der Gleichgewichtigkeit willen keine grundsätzliche Bevorrechtigung der einen oder der anderen Seite geben. Behinderte "verdienen" genausoviel Sympathie, Indifferenz und Antipathie wie andere auch, nicht mehr und nicht weniger. Am gefühlsmäßigen Austausch der Menschen sind Behinderte und Nichtbehinderte gleichgewichtig, proportional zu beteiligen. Ein quantitatives Gleichgewicht positiver, indifferenter und negativer Beziehungsakte ist demzufolge dann gegeben, wenn in Integrationsklassen behinderte Kinder von allen Wahlen, Nichtbeachtungen und Ablehnungen jeweils soviel erhalten, wie es ihrem proportionalen Anteil an der Klasse entspricht. Das Kriterium der Gleichgewichtigkeit fordert für die Quantität der Beziehungsrelationen also konkret: Proportionalität der Beziehungsakte!

2.4.3.5 Kongruenz der Beziehungsmuster

Zuguterletzt ist das Gleichgewichtigkeitskriterium auf die Qualität von Beziehungsnetzwerken anzuwenden und näher zu bestimmen, was man sich unter gleichgewichtigen interpersonellen Beziehungsrelationen vorzustellen hat.

Als soziometrisches Beziehungsmuster wird eine Einheit von emotionaler Aktion und emotionaler Reaktion verstanden. Die 9 möglichen Beziehungsmuster, die in Tabelle 4 aufgeführt sind, sollen hier zu "Resonanzmustern" und "Reaktionsmustern" zusammengefaßt werden. Im folgenden sollen durch einführende Beispiele Inhalt und Begriff dieser beiden Beziehungstypen verständlich werden.

Zur Feier seiner Volljährigkeit gibt ein junger Mann eine große Geburtstagsparty. Er lädt jeweils 50 gute Bekannte und Freunde aus der Schule und aus seinem Sportverein ein, und ist ganz gespannt, wer seiner Einladung folgen wird (Abbildung 3). 10 Schulkameraden und 5 Sportfreunde mußten absagen und haben sich unter Angabe der verschiedensten Gründe vorher entschuldigt. Zur Party erschienen 10 Bekannte aus der Schule und 35 Bekannte aus dem Sportverein. Ohne Angabe von Gründen blieben von den eingeladenen Schulfreunden 30, von den eingeladenen Sportfreunden 10 der Party fern. Die Einladung zur Geburtstagsfeier hat offensichtlich eine unterschiedliche "Resonanz" gefunden. Allem Anschein nach kommt der junge Mann in seinem Verein besser an als

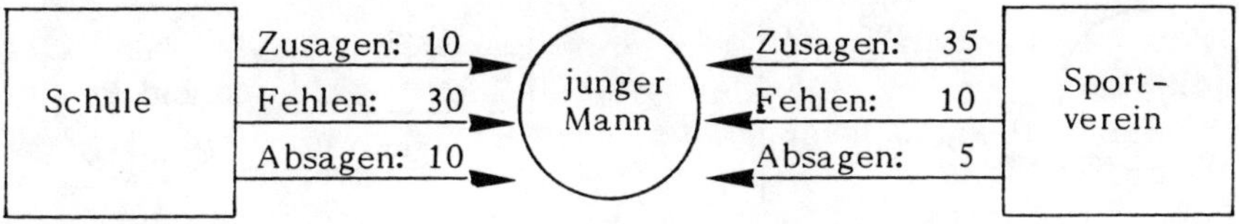

Abbildung 3: Beispiel für ein inkongruentes Resonanzmuster

in seiner Schule.

Das fiktive Beispiel macht den Begriff Resonanzmuster deutlich. Resonanzmuster sind gleichsam das soziale Echo, das eine Beziehungsinitiative, im Beispiel die Einladung, findet. Gleichgewichtige Beziehungsrelationen sind immer dann gegeben, wenn die Beziehungsakte einer Person oder einer Teilgruppe in allen Teilgruppen eines sozialen Kollektivs in etwa auf gleiche Resonanz stoßen. Es wäre etwa bedenklich, wenn positive Beziehungsangebote (Wahlen) der behinderten Kinder nur in der Gruppe der Behinderten freundlich aufgenommen und beantwortet würden, in der Gruppe der nichtbehinderten Kinder dagegen auf frostiges Schweigen stießen oder gar ostentativ zurückgewiesen würden. Ein gleich gutes Verhältnis der behinderten Kinder zu den behinderten und nichtbehinderten Klassenkameraden ist nur dann gegeben, wenn auch die Beziehungsantworten der beiden Teilgruppen übereinstimmen, d. h. wenn die Resonanzmuster kongruent sind. Die Gleichgewichtigkeit der qualitativen Beziehungsrelationen erweist sich also am Kriterium: Kongruenz der Resonanzmuster!

Im Falle der Resonanzmuster geht die soziale Initiative von dem Empfänger selbst aus. Er spricht eine Einladung aus und wartet dann das soziale Echo ab. Bei den nun darzustellenden Reaktionsmustern ist der Empfänger nicht initiativ tätig, sondern er reagiert auf soziale Botschaften, die an ihn herangetragen werden. Ein Beispiel möge wiederum einführen.

Ein umworbener Popstar erhält je 50 Einladungen aus verschiedenen Städten der Länder A und B. Schon aus Termingründen kann der Star die Konzerteinladungen nicht alle annehmen, er muß auswählen. Abbildung 4 zeigt, wie der Star auf die Einladungen reagiert.

Je 15 Einladungen aus beiden Ländern läßt der Star unbeantwortet. Im übrigen bedenkt der Popstar die Länder A und B nicht gleichmäßig mit Zusagen und Absagen, sondern macht seine Antworten ganz offenkundig davon abhängig, aus welchen

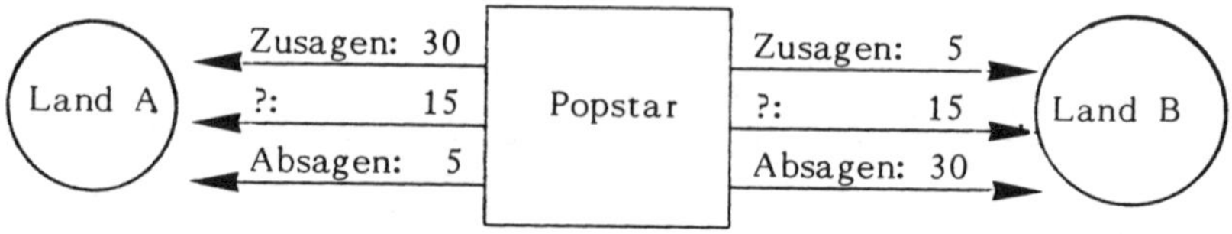

Abbildung 4: Beispiel für inkongruente Reaktionsmuster

Ländern die Einladungen erfolgten. Es sieht so aus, als hätte der Star eine Vorliebe für Städte des Landes A und eine gewisse Abneigung gegen das Land B.

Wir wollen dem Popstar seine länderspezifischen Neigungen nicht verübeln. Als Vorbild für Gleichgewichtigkeit können wir das Reaktionsverhalten des Stars allerdings nicht nehmen. Gleichgewichtige Reaktionsmuster sind nur dann gegeben, wenn die Antworten auf verschiedene Teilgruppen in etwa gleichsinnig ausfallen, mit anderen Worten, wenn die sozialen Reaktionen übereinstimmend, kongruent sind.

Auch für das Verhältnis von Behinderten und Nichtbehinderten ist im Sinne der Gleichgewichtigkeit die Kongruenz der Reaktionsmuster zu fordern. Die nichtbehinderten Kinder sollen sich ihren behinderten Klassenkameraden gegenüber ganz normal verhalten, eben so, wie das nun einmal ihre Art ist. Nichtbehinderte sollen auf Behinderte genauso reagieren wie auf ihresgleichen. Aus der Anwendung des Gleichgewichtigkeitspostulats auf die Qualität von Beziehungsrelationen ergibt sich somit als letztes Kriterium: Kongruenz der Reaktionsmuster!

Die Ausgangsfrage der Überlegungen war, anhand welcher Indizien und Kriterien man erkennen und beurteilen kann, ob behinderte und nichtbehinderte Kinder in Integrationsklassen wirklich sozial integriert sind. Wir sind nun imstande, diese Frage zu beantworten. Ob die soziale Integration behinderter und nichtbehinderter Kinder gelungen ist, kann mit Hilfe der vier soziometrischen Kriterien (1.) Gleichverteilung der Statuswerte, (2.) Proportionalität der Rollenverteilung, (3.) Proportionalität der Beziehungsakte und (4.) Kongruenz der Resonanz- und Reaktionsmuster bestimmt werden.

2.4.3 Indices und statistische Verfahren

Die entwickelten Kriterien haben eine solche Konkretion erreicht, daß empirisch prüfbar und entscheidbar ist, ob soziale Integration gelungen ist oder nicht. Im folgenden ist in Kürze anzugeben, welche soziometrischen Meßwerte für die einzelnen Kriterien herangezogen werden, und mit welchen statistischen Verfahren überprüft wird, ob die angesprochenen Erwartungsnormen erfüllt werden.

Zunächst zur Berechnung der Statusindices. Will man den sozialen Status von Personen aus verschiedenen Gruppen miteinander vergleichen, müssen auch die speziellen Merkmale der jeweiligen Gruppen, denen die Personen angehören, berücksichtigt werden. Bei der Berechnung von Statuswerten sind 2 Gruppenmerkmale zu beachten:

1. Gruppengröße.
   Die maximale Anzahl von Wahlen bzw. Ablehnungen, die eine Person erhalten kann, ist abhängig von der Gruppengröße. Schüler, die 4 Stimmen aus einer Klasse mit 12 bzw. 30 Schülern erhalten, sind hinsichtlich ihrer sozialen Stellung im Klassenverband nicht miteinander vergleichbar.
2. Wahl- und Ablehnungsbereitschaft der Gruppe.
   Die Anzahl von Wahlen und Ablehnungen, die eine Person erhält, ist ferner abhängig von der Wahl- und Ablehnungsbereitschaft der Gruppe. In wahlfreudigen Klassen können Schüler mehr Stimmen bekommen als in zurückhaltenden Klassen. Bei gleich großen Gruppen beeinflußt die durchschnittliche Wahl- und Ablehnungsbereitschaft die Menge der erhaltenen Wahlen und Ablehnungen.

Es ist das Verdienst von PETILLON (1978), Größe und Wahlfreudigkeit der Gruppen als wichtige Variablen erkannt zu haben. Beide Einflußgrößen werden in den von PETILLON (1978) entwickelten Statusindices angemessen berücksichtigt. Die Berechnungsformel für den Wahlstatus (WST) lautet:

$$WST = 1 + \frac{EW - M(W)}{MAX}$$

WST	=	Wahlstatus
EW	=	Anzahl von Wahlen, die ein Schüler erhält
MAX	=	Höchstzahl der Wahlen, die ein Schüler in einer bestimmten Gruppe erhalten kann
M(W)	=	durchschnittliche Anzahl von Wahlen, die Schüler einer bestimmten Gruppe erhalten

Die Statuswerte werden getrennt für das eigene und fremde Geschlecht berechnet. Die Werte können von 0,20 (Minimum) bis 1,90 (Maximum) variieren. Schüler mit einer durchschnittlichen Anzahl von Wahlen bzw. Ablehnungen erhalten den Statuswert 1,00, da dann EW = M(W).

Für die Einschätzung der Statuswerte können folgende Orientierungen angegeben werden (PETILLON 1980a):

		$<$	0,70	sehr niedriger Status
	0,70	-	0,80	niedriger Status
WST bzw. AST:	0,80	-	1,20	durchschnittlicher Status
	1,20	-	1,30	hoher Status
		$>$	1,30	sehr hoher Status

Nun zur Methodik der soziometrischen Typenbildung. Für die Rollenfindung aus soziometrischen Daten sind unterschiedliche Auswertungsstrategien vorgeschlagen worden (DOLLASE 1976). PETILLON (1980b, 106) versteht unter soziometrischen Typen "die Inhaber unterschiedlicher soziometrischer Positionen". Die Typen werden konstruiert, indem die Werte für den Wahl- und Ablehnungsstatus zu einer zweidimensionalen Matrix verknüpft werden. Die soziometrischen Typen nach PETILLON sollen hier nicht weiter verfolgt werden, da wir einen anderen Weg eingeschlagen haben.

Zur soziometrischen Typenbildung haben wir uns eines statistischen Verfahrens bedient, der Clusteranalyse. Die Clusteranalyse ist ein heuristisches Verfahren, mit dessen Hilfe Personen nach Maßgabe ihrer Ähnlichkeit in Gruppen (Cluster) eingeteilt werden, die jeweils in sich möglichst homogen sind und sich zugleich voneinander deutlich unterscheiden. "Auf der Basis von Ähnlichkeiten gruppieren clusteranalytische Verfahren die Objekte so, daß die Unterschiede der Objekte eines Clusters möglichst klein, und die Unterschiede zwischen den Clustern möglichst groß sind" (BORTZ 1985, 691).

Bedauerlicherweise kann keines der zahlreichen clusteranalytischen Verfahren gewährleisten, daß wirklich die richtige Anzahl von Clustern und die beste Gruppierung der Objekte gefunden wird. BORTZ (1985) kommt nach einer methodenkritischen Diskussion zu der Empfehlung, die hierarchische und die nicht-hierarchische Clusteranalyse in kombinierter Form anzuwenden. Dieser Empfehlung haben wir uns angeschlossen. Zunächst wurde mit einem hierarchischen Verfahren nach der Ward-Methode die Gruppenanzahl bestimmt. Die Variablenmittelwerte dieser Clustergruppen wurden im folgenden Schritt als "starting points" für eine nicht-hierarchische Clusterung nach der k-means-Methode verwendet.

Für den Klassifikationsprozeß wurden 4 Variablen herangezogen, und zwar die Werte für den Wahl- und Ablehnungsstatus im eigenen und im anderen Geschlecht. Die rechnerische Realisierung dieser Auswertungsstrategie erfolgte mit den Programmprozeduren CLUSTER und QUICK-CLUSTER aus dem statistischen Programmpaket SPSS-X am Rechenzentrum der Universität Hamburg. Bei der Auswertung der soziometrischen Erhebung wurden die soziometrischen Typen bzw. Rollen also nicht aufgrund theoretischer Überlegungen deduktiv definiert, sondern auf empirisch-induktivem Wege ermittelt.

Für die Auswertungsprobleme "Proportionalität der Beziehungen" und "Kongruenz der Beziehungsmuster" kommen weder komplexe Indexbildungen noch multivariate statistische Verfahren zur Anwendung. Hier können die relevanten Meßwerte unmittelbar dem Datenmaterial entnommen werden und durch einfache statistische Verfahren (Chi-Quadrat-Test) auf überzufällige Abweichungen von der erwarteten Verteilung geprüft werden.

Damit ist die Methodik der soziometrischen Untersuchung beschrieben. Insbesondere die inhaltliche Beschreibung der analytischen Kategorien und die Begründung der normativen Kriterien haben die breite und ausführliche methodische Darstellung notwendig gemacht. Wissenschaft ist ein Unternehmen, das auf methodisch begründete und intersubjektiv nachprüfbare Art Erkenntnisse zu gewinnen trachtet.

3. Ergebnisse

3.1 Gleichverteilung der Statuswerte

Der Ergebnisbericht soll eröffnet werden mit der Darstellung der Statuswerte. In die Berechnung der Statuswerte - dies sei erinnert (2.4.3) - gehen als Grundgrößen die Anzahl der erhaltenen Wahlen bzw. Ablehnungen, die Größe und die durchschnittliche Wahl- und Ablehnungsbereitschaft einer Klasse ein. Die Statuswerte beantworten in komprimierter Form die Frage, welchen Platz ein Schüler auf der Beliebtheits- und Unbeliebtheitsrangordnung einnimmt. Das Kriterium der Gleichgewichtigkeit fordert, daß Behinderte und Nichtbehinderte durchschnittlich den gleichen Rangplatz einnehmen und daß ihre Statuswerte vergleichbare Streuungen aufweisen. Die Ergebnisse der soziometrischen Erhebungen sind in Tabelle 5 numerisch und in Abbildung 5 grafisch dargestellt.

		eigenes Geschlecht		anderes Geschlecht	
		WST	AST	WST	AST
Nichtbehinderte	M	1.02	0.99	0.99	1.00
	s	0.20	0.14	0.17	0.18
Behinderte	M	0.89	1.02	1.03	0.97
	s	0.19	0.24	0.20	0.23
t-Test		0.001	n.s.	n.s.	n.s.
F - Test		n.s.	0.001	n.s.	0.05

Tabelle 5: Mittelwerte (M) und Streuungen (s) der behinderten und nichtbehinderten Schüler im Wahlstatus (WST) und Ablehnungsstatus (AST) im eigenen und anderen Geschlecht, t-Test zur Überprüfung der Mittelwertdifferenzen und F-Test zur Prüfung der Homogenität der Varianzen (n.s. = nicht signifikant)

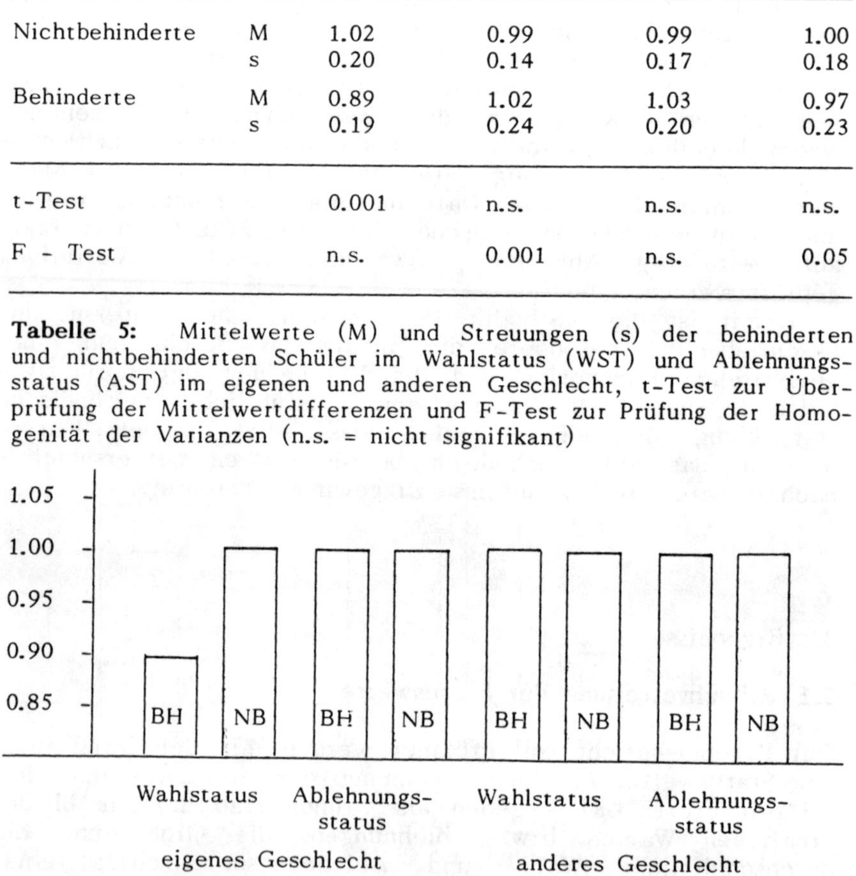

Abbildung 5: Mittelwerte behinderter und nichtbehinderter Kinder im Wahl- und Ablehnungsstatus des eigenen und des anderen Geschlechts (BH = behinderte Kinder; NB = nichtbehinderte Kinder)

Die Abbildung 5 vermittelt einen sehr ausgewogenen Eindruck. Bei 3 der 4 Prüfvariablen liegen Behinderte und Nichtbehinderte in ihrer durchschnittlichen sozialen Stellung gleichauf. Im Wahl- und Ablehnungsstatus beim anderen Geschlecht sowie im Ablehnungsstatus beim eigenen Geschlecht gibt es keinerlei Unterschiede zwischen Behinderten und Nichtbehinderten. Der optische Eindruck einer egalitären Statusverteilung wird auch durch die statistischen Prüfungen bestätigt. Eine Ausnahme bildet der Wahlstatus im eigenen Geschlecht. Behinderte haben im eigenen Geschlecht einen überzufällig niedrigeren Beliebtheitsstatus als Nichtbehinderte.

Die geringere Akzeptanz, die behinderte Kinder bei Klassenkameraden des eigenen Geschlechts finden, veranlaßt dazu, den geschlechtsspezifischen Einflüsssen auf die Beliebtheit und Unbeliebtheit genauer nachzugehen. Sind es die behinderten Jungen, die bei ihren Klassenkameraden weniger Anerkennung finden, oder eher die behinderten Mädchen, die in der eigenen Gruppe nicht zu gefallen vermögen? In Abbildung 6 ist das Statusprofil der Jungen und Mädchen mit Behinderungen aufgezeichnet.

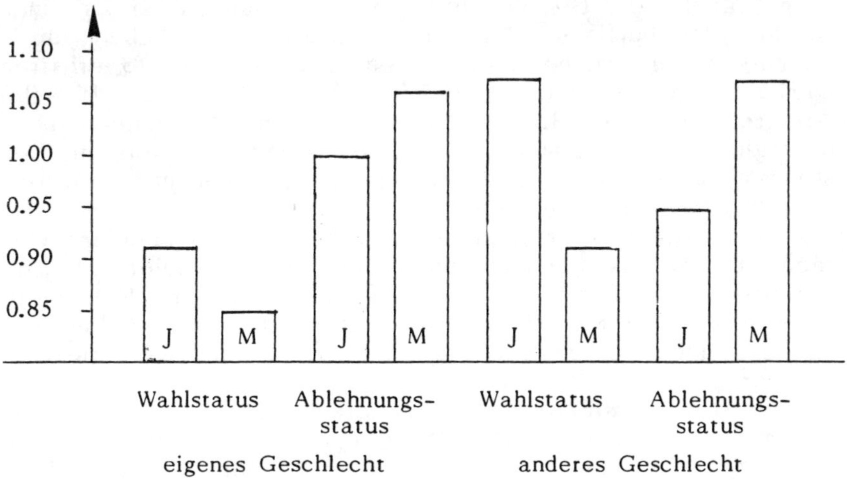

Abbildung 6: Mittelwerte der Jungen und Mädchen mit Behinderungen im Wahl- und Ablehnungsstatus des eigenen und des anderen Geschlechts (J = Jungen; M = Mädchen)

Wegen der geringen Stichprobengröße wurde auf statistische Signifikanzprüfungen verzichtet. Die Ergebnisse können nicht als verallgemeinerbare Trends gelten, sondern sind lediglich als gültige Beschreibungen der Hamburger Stichprobe anzusehen. Demzufolge haben es bei den behinderten Kindern die Mädchen offenkundig schwerer, eine geachtete Position in den Statusordnungen einzunehmen. Ihr Wahlstatus ist sowohl im eigenen wie im anderen Geschlecht niedriger. Während die behinderten Jungen von den Mädchen durchschnittliche Wertschätzung und wenig Ablehnung erfahren, bringen die Jungen den behinderten Mädchen wenig Sympathie und ein mittleres Maß an Ablehnung entgegen. Es muß derzeit völlig offen bleiben, ob die ungünstigere Statuslage der behinderten Mädchen ein zufälliger Effekt in der Hamburger Stichprobe ist, oder ob etwa von den gleichaltrigen Mitschülern bei der gefühlsmäßigen Bewertung von Behinderungen unterschiedliche Standards wirksam sind und Behinderungen bei Mädchen als gravierender empfunden werden.

Neben dem Vergleich der durchschnittlichen Statuslagen von Behinderten und Nichtbehinderten verdienen auch die Streuungen der Statuswerte in den beiden Teilgruppen Beachtung (Tabelle 2). Die Bedeutung von Streuungen sei an einem Beispiel verdeutlicht. Bei einer Klassenarbeit haben die 5 Mitglieder der Gruppe A die Noten 1, 2, 3, 4 und 5 erhalten. Die 5 Mitglieder der Gruppe B erhielten allesamt für ihre Arbeiten die Note 3. Die Gruppen A und B erzielen beide den gleichen Mittelwert von 3. Aufgrund der starken Leistungsstreuung würde aber kaum jemand behaupten wollen, Gruppe A und B seien gleich.

Die Statuswerte streuen bei den behinderten Schülern vielfach stärker als bei den nichtbehinderten Schülern. In der Teilgruppe der Behinderten gibt es also stärkere Rangunterschiede auf den Rangskalen der Beliebtheit und Unbeliebtheit. Die extremen Statuslagen sind bei den Behinderten kräftiger ausgeprägt.

Die stärkeren Streuungen der Statuswerte bei den Behinderten mahnen zur Zurückhaltung bei generalisierenden Feststellungen. Es gibt viele behinderte Kinder, die von ihren Klassenkameraden voll akzeptiert werden, und es gibt ebenso viele behinderte Schüler, deren soziale Akzeptanz nicht befriedigen kann. Die emotionale Akzeptanz scheint häufiger vom individuellen Einzelfall abzuhängen und ist nicht generell prognostizierbar. Es gibt bei den behinderten Kindern Beispiele, in denen die soziale Integration besser als erwartet verläuft, und es gibt auch Fälle, bei denen die soziale Randstellung offensichtlich ist. Den gelungenen, "vorzeigbaren" Beispielen für soziale Integration stehen ungünstige und unbefriedigende Einzelfälle gegenüber. Der Besucher einer Integrationsklasse etwa mag geneigt sein, seine persönlichen Beobachtungen und Eindrücke zu verallgemeinern. Was auch immer der Besucher in dieser einen Klasse gesehen und erlebt haben mag, die empirisch ermittelte Streuungsbreite der Statuswerte erlaubt die Zusage, daß jenem Besucher auch das Gegenteil seiner singulären Erfahrung präsentiert werden könnte.

Die unterschiedliche Streuung der Statuswerte bei den Behinderten und Nichtbehinderten wurde hier mit kräftigen Worten beschrieben. Dem möglicherweise entstandenen Eindruck, Behinderte seien vorwiegend auf den Extrempositionen der Beliebtheits- und Unbeliebtheitsrangordnung zu finden, ist aufklärend entgegenzutreten. Eine genaue und realistische Vorstellung vermitteln die Häufigkeitsverteilungen der Statuswerte (Tabelle 6 und 7). Beim Wahlstatus liegen 69 Prozent der Nichtbehinderten und 61 Prozent der Behinderten im mittleren Statusbereich, beim Ablehnungsstatus haben 88 Prozent der Nichtbehinderten und 74 Prozent der Behinderten durchschnittliche Werte. Der weit überwiegende Anteil der behinderten Kinder ist also im Normalbereich der Statusrangordnungen angesiedelt. Die stärkere Streuung der Statuswerte und die höhere Repräsentanz der Behinderten auf den Extrempositionen der Statusverteilungen ist lediglich ein differenzierender Hinweis, der jedoch nicht vergessen machen darf, daß mehr als zwei Drittel der behinderten Schüler durchschnittlich beliebt oder unbeliebt sind.

Eine zusammenfassende Würdigung zum Abschnitt "Gleichverteilung der Statuswerte" hat zu berücksichtigen, daß den Statuswerten im eigenen Geschlecht wegen ihrer größeren Zuverlässigkeit ein stärkeres Gewicht beizumessen ist. Insofern kein durchgängiger, statistisch relevanter Statusunterschied zwischen Behinderten und Nichtbehinderten zu erkennen ist, kann das postulierte Kriterium "Gleichverteilung der Statuswerte" als erfüllt gelten. Die positive Gesamteinschätzung ist jedoch mit der relativierenden Einschränkung zu versehen, daß gerade bei den aussagekräftigen Variablen Wahl- und Ablehnungsstatus im eigenen Geschlecht die behinderten Kinder ungünstiger abschneiden. Behinderte Kinder haben im eigenen Geschlecht einen niedrigeren Beliebtheitsrang und sind etwas häufiger in der Gruppe stark abgelehnter Schüler zu finden.

Wahlstatus	sehr niedrig	niedrig	durch-schnittlich	hoch	sehr hoch
NB	5	10	69	10	6
BH	13	18	61	5	3

Tabelle 6: Prozentuale Häufigkeiten behinderter und nichtbehinderter Kinder in den Statusklassen beim Wahlstatus im eigenen Geschlecht (Klassifikation nach PETILLON 1980a) (NB = nichtbehinderte Kinder; BH = behinderte Kinder)

Ablehnungs-status	sehr niedrig	niedrig	durch-schnittlich	hoch	sehr hoch
NB	1	4	88	4	3
BH	0	10	74	8	8

Tabelle 7: Prozentuale Häufigkeiten behinderter und nichtbehinderter Kinder in den Statusklassen beim Ablehnungsstatus im eigenen Geschiecht (Klassifikation nach PETILLON 1980a) (NB = nichtbehinderte Kinder; BH = behinderte Kinder)

3.2 Proportionalität der sozialen Rollen

Die Statuswerte der Erstklässler aus Integrationsklassen wurden im vorigen Abschnitt als einzelne Merkmale behandelt und gesondert betrachtet. In diesem Abschnitt werden die Statuswerte miteinander kombiniert zu einer "sozialen Rolle". Die vier Werte eines Schülers für den Wahl- und Ablehnungsstatus im eigenen und im anderen Geschlecht bilden sein individuelles Profil, seine soziale Rolle. Zunächst ist ohne alle Umschweife das Ergebnis der clusteranalytischen Rollengruppierung darzustellen.

In der Hamburger Stichprobe von 13 Integrationsklassen wurden auf empirisch-analytischem Weg 6 soziometrische Cluster identifiziert. Die Statusprofile der 6 Typen (Tabelle 8) wurden um der Übersichtlichkeit willen in mehreren Gra-

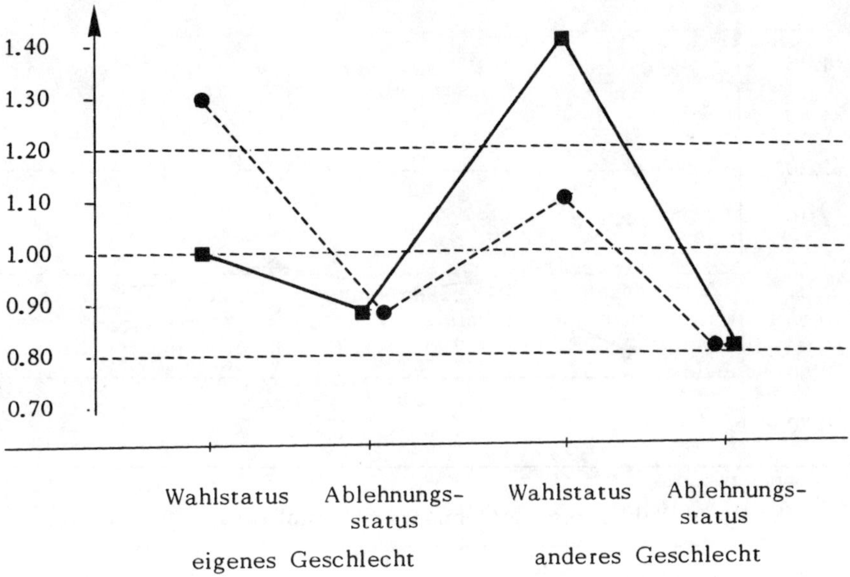

Abbildung 7: Statusprofil der sozialen Rollen "Beliebte" und "Lieblinge" (● = "Beliebte"; ■ = "Lieblinge")

fiken (Abbildung 7, 8 und 9) abgebildet. Die 6 Typen sollen nun kurz beschrieben und begrifflich benannt werden.

Cluster 1: "Beliebte"

Die beliebten Schüler erhalten sehr viele Wahlen und sehr wenige Ablehnungen, und zwar sowohl im eigenen als auch im anderen Geschlecht. Anzahl: 29 (13 Prozent).

Cluster 2: "Lieblinge"

Die Schüler dieses Clusters imponieren durch einen sehr hohen Wahlstatus und einen sehr niedrign Ablehnungsstatus im anderen Geschlecht! In der eigengeschlechtlichen Gruppe sind sie eher unauffällig. Die begriffliche Benennung dieser ungewöhnlichen Gruppe fällt nicht eben leicht. In Ermangelung eines besseren Namens werden sie als "Lieblinge" etikettiert. Die Schüler dieser Gruppe sind nicht "Lieblinge" der ganzen Klasse, sondern nur beim anderen Geschlecht. Jeweils 7 Jungen und 7 Mädchen gehören zu dieser Gruppe. Anzahl: 14 (6 Prozent).

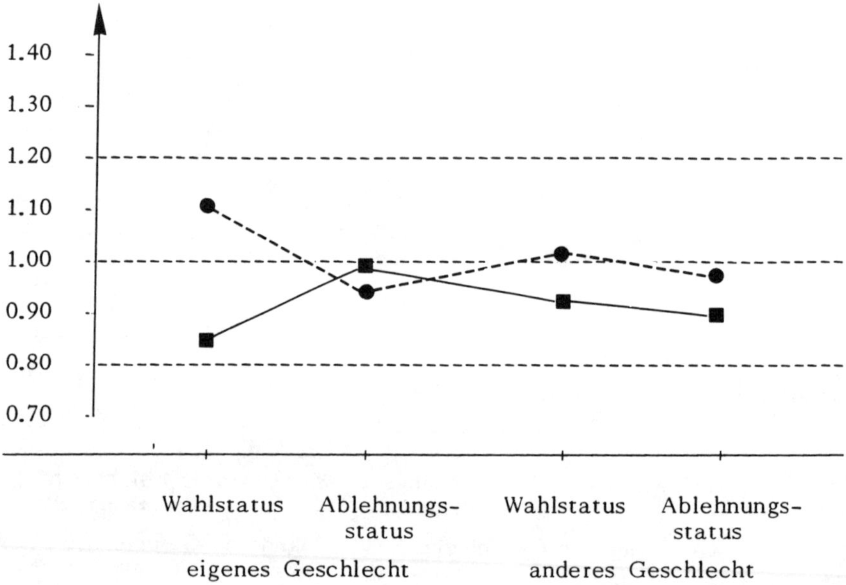

Abbildung 8: Statusprofil der sozialen Rollen "Anerkannte" und "Unauffällige" (● = "Anerkannte; ■ = "Unauffällige")

Cluster 3: "Anerkannte"

Die anerkannten Schüler erhalten etwas mehr Wahlen und geringfügig weniger Ablehnungen als der Durchschnitt. Anzahl: 67 (31 Prozent)

Cluster 4: "Unauffällige"

Den Schülern dieser Gruppe wird im eigenen wie im anderen Geschlecht wenig Beachtung geschenkt. Sie sind weder beliebt noch auch unbeliebt. Ihr typisches Merkmal ist eine relative sozioemotionale "Unterversorgung", sowohl bei den Wahlen als auch bei den Ablehnungen. Anzahl: 52 (24 Prozent)

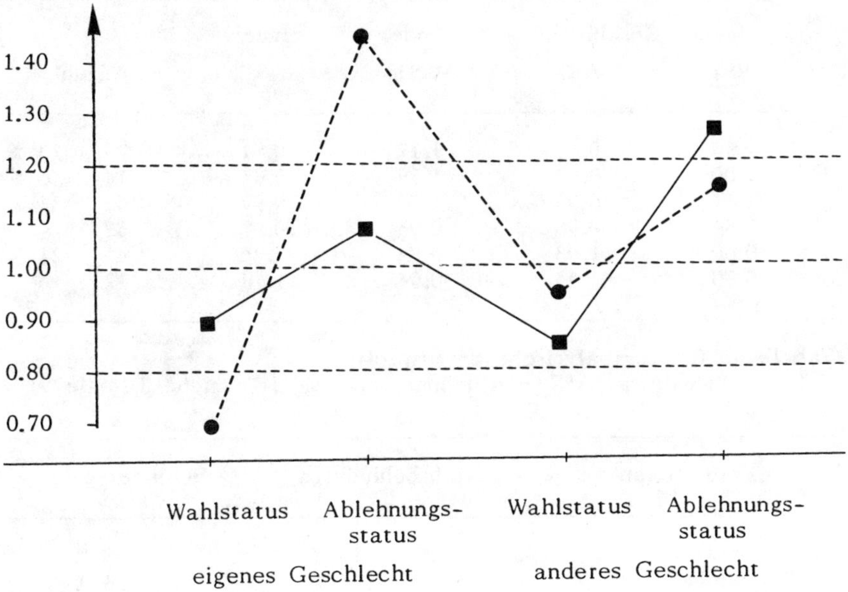

Abbildung 9: Statusprofil der sozialen Rollen "Unbeliebte" und "Außenseiter" (■ = "Unbeliebte"; ● = "Außenseiter")

Cluster 5: "Unbeliebte"

Auf die unbeliebten Schüler entfallen überdurchschnittlich viele Ablehnungen und unterdurchschnittliche viele Wahlen. Die Schüler dieser Gruppe stoßen insbesondere beim jeweils anderen Geschlecht auf weniger Gegenliebe und ein gerüttelt Maß an Antipathie. Anzahl: 45 (21 Prozent).

Cluster 6: "Außenseiter"

Der Außenseiter fällt durch einen extrem hohen Ablehnungsstatus in Verbindung mit einem sehr niedrigen Wahlstatus im eigenen Geschlecht auf. Beim anderen Geschlecht ist das Bild des Außenseiters zwar nicht so extrem ungünstig, aber keineswegs vorteilhaft. Anzahl: 12 (6 Prozent).

Nun soll die eigentlich im Zentrum des Interesses stehende Frage geprüft werden, ob Behinderte gleichgewichtig am sozialen Rollensystem ihrer Gruppe teilnehmen und im propor-

	eigenes Geschlecht		anderes Geschlecht			
Nr	WST	AST	WST	AST	Anzahl	
1	1.30	0.88	1.12	0.81	29	13 %
2	1.00	0.88	1.39	0.81	14	6 %
3	1.11	0.95	1.02	0.97	67	31 %
4	0.84	0.98	0.93	0.92	52	24 %
5	0.89	1.08	0.84	1.26	45	21 %
6	0.70	1.44	0.94	1.14	12	6 %

Tabelle 8: Clusteranalytische Statusprofile
(WST = Wahlstatus; AST = Ablehnungsstatus; Nr = siehe Tabelle 9)

Nr	Soziale Rollen	Nichtbehinderte		Behinderte	
1	"Beliebte"	26	14 %	3	8 %
2	"Lieblinge"	9	5 %	5	13 %
3	"Anerkannte"	64	36 %	3	8 %
4	"Unauffällige"	37	21 %	15	39 %
5	"Unbeliebte"	37	21 %	8	21 %
6	"Außenseiter"	7	4 %	5	13 %

Tabelle 9: Verteilung der sozialen Rollen auf nichtbehinderte und behinderte Kinder (Chi-Quadrat = 21.3; p = 0.000)

tionalen Verhältnis auf die vorgestellten soziometrischen Typen verteilt sind (Tabelle 9). Behinderte und nichtbehinderte Schüler sind auf die 6 soziometrischen Typen statistisch überzufällig ungleich verteilt. Im Verhältnis zu den Nichtbehinderten finden sich in den Reihen der Behinderten

- weniger "Beliebte",
- mehr "Lieblinge",
- weniger "Anerkannte",
- mehr "Unauffällige",
- mehr "Unbeliebte",
- mehr "Außenseiter".

Nimmt man eine globale Bewertung vor, so könnte man die "Beliebten", "Lieblinge" und "Anerkannten" als positive soziale

Rollen, die "Unbeliebten" und "Außenseiter" als negative Rollen und die "Unauffälligen" als neutrale Rollen ansehen. Auf der Grundlage dieser Bewertungen sind

- 55 Prozent der Nichtbehinderten und 28 Prozent der Behinderten in positiven Rollen zu finden;
- 25 Prozent der Nichtbehinderten und 33 Prozent der Behinderten in negativen Rollen anzutreffen;
- 21 Prozent der Nichtbehinderten und 39 Prozent der Behinderten in einer neutralen sozialen Rolle.

Die disproportionale Rollenverteilung zwischen Behinderten und Nichtbehinderten ergibt sich also aus dem geringeren Anteil an positiv und dem höheren Anteil an neutral und negativ bewerteten Sozialrollen.

Die Feststellung einer ungleichgewichtigen, disproportionalen Rollenverteilung läßt die Frage aufkommen, ob diese Diagnose für alle Behinderungsarten gleichermaßen gilt. Das Interesse an dem differentiellen Einfluß der Behinderungsart auf den Grad der sozialen Integration soll berücksichtigt werden, allerdings mit einigen kritischen Vorbehalten, die zunächst anzusprechen sind.

In integrationspädagogischen Kontexten wird der Zuordnung behinderter Kinder zu den herkömmlichen Sonderschularten keine Bedeutung beigemessen. Die klassifikatorische Zuordnung ist ferner mit erheblichen Problemen und Unsicherheiten verknüpft. Etliche Kinder mit minimaler cerebraler Dysfunktion (MCD) können fast nach Belieben als körper-, verhaltens-

Soziale Rollen	VH	SP	LB	GB	KB
"Beliebte"				2	1
"Lieblinge"				3	2
"Anerkannnte"			1	1	1
"Unauffällige"	2	1	3	7	2
"Unbeliebte"	3	1	2	2	
"Außenseiter"	2		1	2	
Summe	7	2	7	17	6

Tabelle 10: Verteilung der sozialen Rollen nach Behinderungsarten (VH = Verhaltensauffällige; SP = Sprachbehinderte; LB = Lernbehinderte; GB = Geistigbehinderte; KB = Körperbehinderte)

oder lernbehindert verrechnet werden. Und schließlich können einige mehrfachbehinderte Kinder sowohl als körperbehindert wie auch als geistigbehindert eingeordnet werden. Die angeführten Gründe und darüber hinaus auch die geringe Stichprobe veranlassen zu dem nachdrücklichen Ersuchen, die differentiellen Befunde nicht zu verallgemeinern und lediglich als vorläufige Tendenz anzusehen.

Mit diesem erklärten Vorbehalt ist die Tabelle 10 zu lesen. In der Hamburger Stichprobe bestehen auffällige Unterschiede zwischen körper- und geistigbehinderten Kindern einerseits und verhaltensauffälligen, sprach- und lernbehinderten Kindern andererseits. Als begründete Hypothese könnte formuliert werden, daß Kinder mit sichtbaren Behinderungen gleichgewichtig am Rollensystem von Grundschulklassen teilnehmen, während Kinder mit Verhaltens-, Sprach- und Lernproblemen, also mit optisch eher unauffälligen Beeinträchtigungen in sozialen Rollen anzutreffen sind, die weniger positiv bewertet werden. Die Visibilität von Behinderungen, ihre Sichtlichkeit und unmittelbare Erkenntlichkeit scheint bei nichtbehinderten Kindern spontanes Verständnis zu finden und ihre Bereitschaft zu fördern, sich prosozial zu verhalten.

Zusammenfassend: Dem Gleichgewichtigkeitskriterium Proportionalität der Rollenverteilung wird in den untersuchten Integrationsklassen nicht voll entsprochen.

3.3 Proportionalität der Beziehungsakte

Bei der Analyse der Statusordnungen und der Rollenverteilung stand der strukturelle Aspekt von Gruppenbeziehungen im Blickpunkt. In diesem Abschnitt richtet sich die Aufmerksamkeit erstmals auf das gruppendynamische Innenleben. Erste Hinweise auf die emotionale Verflechtung von behinderten und nichtbehinderten Kindern in Integrationsklassen ergeben sich aus der Häufigkeit jener Beziehungsakte (Wahlen und Ablehnungen), die zwischen den Teilgruppen ausgetauscht werden. Die in der Hamburger Stichprobe ermittelten Austauschbeziehungen sind in Abbildung 10 dargestellt. Die komplexe Grafik soll nun schrittweise übersetzt werden.

Das Kriterium der Proportionalität verlangt, daß Behinderte und Nichtbehinderte gleichgewichtig am emotionalen Austausch beteiligt sind und sich Abgabe und Erhalt von Wahlen bzw. Ablehnungen nach ihrem zahlenmäßigen Anteil an der gesamten Gruppe richten. Die 39 behinderten Kinder sollen also

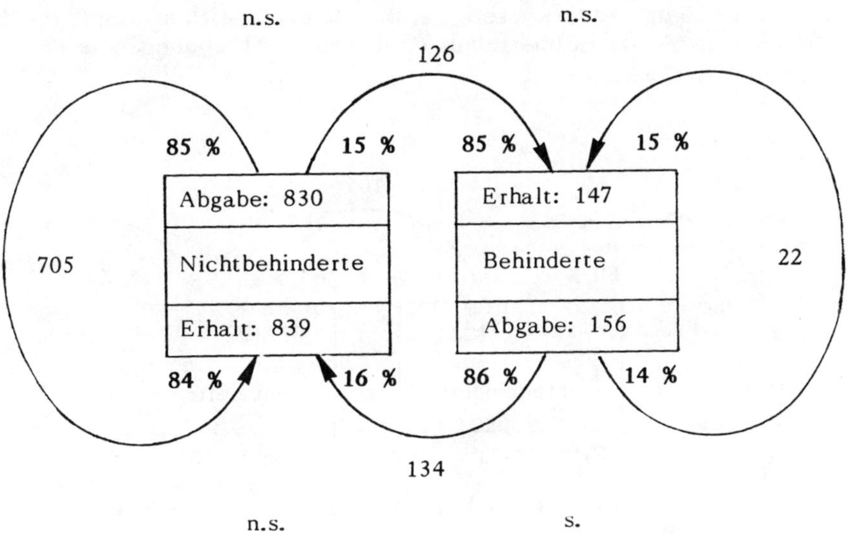

Abbildung 10: Proportionalität der Wahlen
(n.s. = nicht signifikant; s. = signifikant)

mit 17,8 Prozent, die 180 nichtbehinderten Kinder mit 82,2 Prozent an Abgabe und Erhalt von Zuneigung und Abneigung beteiligt sein.

Bei den Wahlen wird das Kriterium der Proportionalität nahezu perfekt erfüllt. Ein geduldiges Studium der affektiven Ströme zwischen Behinderten und Nichtbehinderten macht auf beeindruckende Weise deutlich, wie ausgeglichen der Austausch positiver Affekte zwischen Behinderten und Nichtbehinderten ist. Das Bild der Ausgeglichenheit wird lediglich an einer Stelle durch eine überzufällige Abweichung gestört. Die behinderten Schüler äußern insgesamt 156 Wahlen. Von diesen 156 Wahlen gehen 22 Stimmen (14 Prozent) an die eigene Gruppe und 134 Stimmen (86 Prozent) an die Gruppe der Nichtbehinderten. Im Sinne der Proportionalität hätten 32 Stimmen auf die behinderten Mitschüler und 124 Stimmen auf die nichtbehinderten Klassenkameraden entfallen müssen. Die behinderten Kinder adressieren also überproportional ihre Sympathien an ihre nichtbehinderten Mitschüler und suchen etwas seltener eine emotionale Beziehung zu Kindern mit Behinderungen. Dieser Trend ist zwar statistisch erhärtet, aber quantitativ nicht sehr kräftig ausgeprägt.

Ein wenig anders stellt sich die Verhältnismäßigkeit der affektiven Austauschbeziehungen bei den Ablehnungen dar.

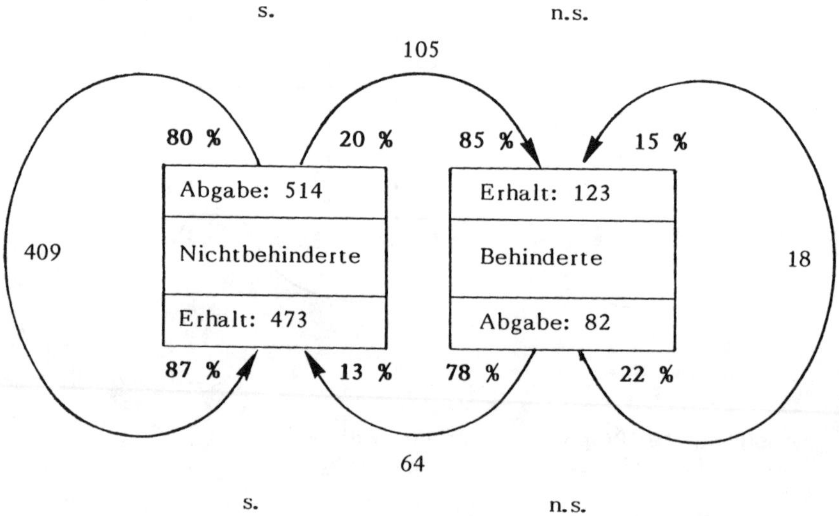

Abbildung 11: Proportionalität der Ablehnungen (n.s. = nicht signifikant; s. = signifikant)

Während die behinderten Kinder in ausgewogenem Verhältnis Ablehnungen aussprechen und entgegennehmen, ist bei den nichtbehinderten Schülern eine disproportionale Schieflage zu beobachten. Die nichtbehinderten Schüler grenzen sich etwas stärker als erwartet von den behinderten Mitschülern ab. Bei proportionalem Ablehnungsverhalten wäre ein Anteil von 88 Ablehnungen angemessen gewesen, in Wirklichkeit werden 105 negative Stimmen für die Teilgruppe der Behinderten abgegeben. Die leichte Distanzierungstendenz der Nichtbehinderten wird ihnen von den Behinderten nicht mit gleicher Münze vergolten. Am gesamten Aufkommen von Ablehnungen (Erhalt: 473) sind die behinderten Schüler, die ja nur 17,8 Prozent der Stichprobe ausmachen, nur mit 13 Prozent beteiligt.

Die berichteten Ergebnisse zum affektiven Austausch zwischen Behinderten und Nichtbehinderten liegen insgesamt durchaus auf der Linie der postulierten Proportionalität. Die wenigen statistisch bestätigten, aber doch geringfügigen Abweichungen von der Erwartungsnorm dürfen nicht überbewertet werden; sie sind quantitativ unbeträchtlich und stören den Gesamteindruck gleichgewichtiger Austauschbeziehungen nicht wesentlich. Von der Quantität der wechselseitigen Beziehungsakte her kann eigentlich gar nicht von klar identifizierbaren Teilgruppen gesprochen werden, von Teilgruppen nach Art geschlossener Gesellschaften und Cliquen, die überwiegend Binnenkontakte pflegen und sich nach außen hin abschotten. Die mäßig überhöhte Abgrenzungstendenz der Nichtbehinderten darf zwar nicht überschlagen werden, aber nichtsdestoweniger übersehen lassen, daß 85 Prozent aller Zuneigungen, die den Behinderten widerfährt, von den nichtbehinderten Klassenkameraden kommt. Die behinderten Kinder sind keineswegs auf die eigene Gruppe fixiert, sondern bekunden im Gegenteil eher ein waches Interesse an ihren nichtbehinderten Mitschülern.

3.3 Kongruenz der Beziehungsmuster

Einer vertiefenden Analyse der Beziehungsrelationen zwischen Behinderten und Nichtbehinderten kommen wir auf die Spur, wenn wir uns den Resonanz- und Reaktionsmustern der beiden Teilgruppen zuwenden.

Bei den Resonanzmustern geht es um die Frage, welches soziale Echo eine Person bzw. eine Gruppe findet. Erinnert sei an das Demonstrationsbeispiel: Es wird eine Einladung ausgesprochen. Wie reagieren die eingeladenen Gäste auf die positive Ansprache?

Die Reaktionsmuster fragen nach der aktiven Antwort einer Person bzw. einer Gruppe auf eine Ansprache. Als beispielhafte Veranschaulichung diente ein umworbener Popstar, der Einladungen zu Konzerten annimmt, ablehnt oder unbeantwortet läßt.

Im ersten Schritt soll jetzt untersucht werden, ob bei den Wahlen die Beziehungsrelationen zwischen Behinderten und Nichtbehinderten dem Kriterium der Gleichgewichtigkeit genügen und kongruent sind. Abbildung 12 enthält in verdichteter Form die Ergebnisse. Die Abbildung geht von folgender Grundsituation aus: Von den behinderten und nichtbehinderten Kindern werden positive Beziehungsangebote (Wahlen) geäußert. Nun wird erstens gefragt, wie die geäußerten Zuneigungen

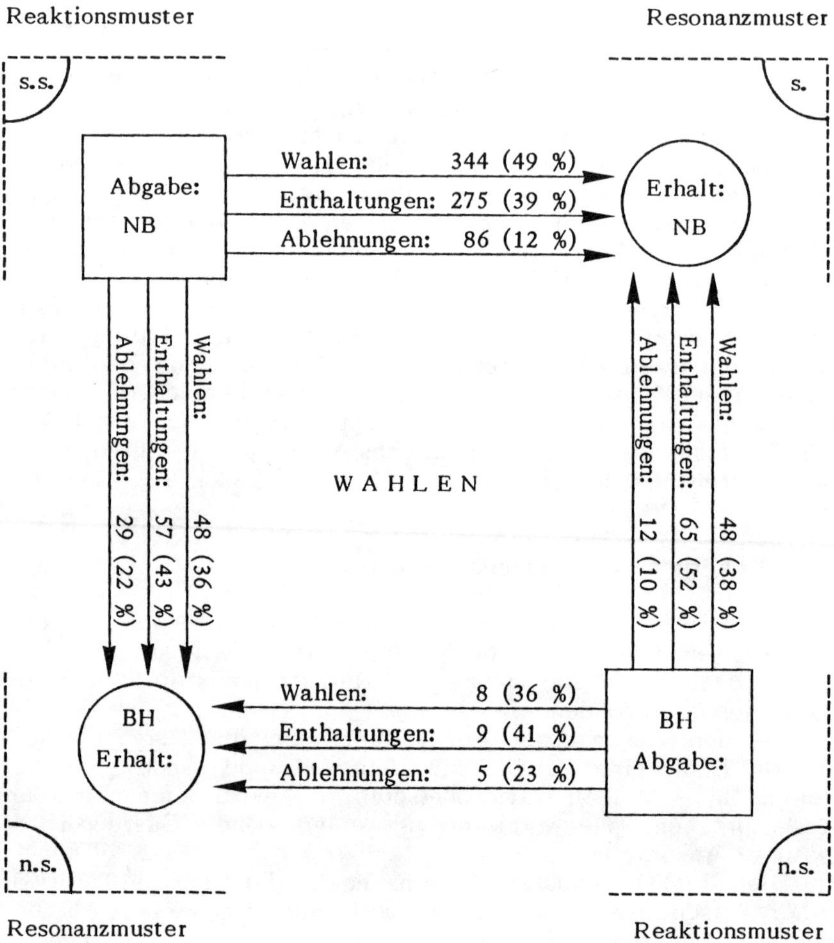

Abbildung 12: Kongruenz der Resonanz- und Reaktionsmuster bei Wahlen.

- Resonanzmuster: Welche Antworten bekommen Behinderte und Nichtbehinderte auf Wahlen?
- Reaktionsmuster: Welche Antworten geben Behinderte und Nichtbehinderte auf Wahlen?

(Chi-Quadrat-Test: n.s. = nicht signifikant; s. = signigikant; s.s. = sehr signifikant; NB = Nichtbehinderte; BH = Behinderte) bei den anderen ankommen (Resonanzmuster), und zweitens, wie auf geäußerte Zuneigungen anderer reagiert wird (Reaktionsmuster).

Die Resonanzmuster der nichtbehinderten Kinder sind signifikant unterschiedlich. Ihre Beziehungsangebote werden von der eigenen Gruppe häufiger aufgegriffen als von den behinderten Mitschülern. Von den Nichtbehinderten werden die Wahlen zur Hälfte (49 Prozent), von den Behinderten nur zu einem guten Drittel (38 Prozent) positiv erwidert. Die behinderten Kinder lassen jedes zweite Beziehungsangebot der Nichtbehinderten (52 Prozent) unbeachtet. Ein höheres Maß an positiver Gegenseitigkeit scheitert mithin keineswegs an der mangelnden Zuneigungsbereitschaft der Nichtbehinderten, sondern an der Zurückhaltung der Behinderten.

Die Resonanzmuster der behinderten Kinder sind dagegen völlig ausgeglichen. Sie stoßen in beiden Gruppen auf ein gleich starkes Echo. Jede dritte Wahl der Behinderten (36 Prozent) wird positiv erwidert, und zwar von beiden Teilgruppen gleichermaßen.

Nun zu den Reaktionsmustern. Die nichtbehinderten Kinder reagieren auf Sympathieangebote der beiden Teilgruppen signifikant verschieden. Die nichtbehinderten Kinder lassen Klassenkameraden mit Behinderungen schon mal "abblitzen" und weisen jedes fünfte Beziehungsangebot (22 Prozent) ab. Auch die positive Gegenseitigkeit mit Schülern der beiden Teilgruppen ist unterschiedlich ausgeprägt. Die Nichtbehinderten erwidern die Hälfte der Zuneigungen aus der eigenen Gruppe (49 Prozent), dagegen nur ein Drittel (36 Prozent) der Sympathien Behinderter.

Die Reaktionsmuster der behinderten Kinder befinden sich demgegenüber im Lot. Sofern ihnen Zuneigung entgegengebracht wird, beantworten sie die Sympathien der beiden Gruppen mit dem gleichen Ausmaß an Gegenliebe, Nichtbeachtung oder Ablehnung.

Die Analyse der Resonanz- und Reaktionsmuster bei vorliegender positiver Wahl vermittelt insgesamt ein Bild zufriedenstellender Kongruenz. Lediglich an zwei Stellen des affektiven Austauschs scheinen Verbesserungen möglich. Zum einen nutzen die Behinderten nicht in vollem Umfang die gegebenen Beziehungschancen, sie lassen manche Kontaktwünsche der Nichtbehinderten schlicht unbeachtet. Die Behinderten verhalten sich gleichsam wählerisch, sie wollen durchaus nicht mit allen nichtbehinderten Kindern, die auf sie zugehen, etwas zu tun haben. Ein so ausgesuchtes, "anspruchsvolles" Beziehungs-

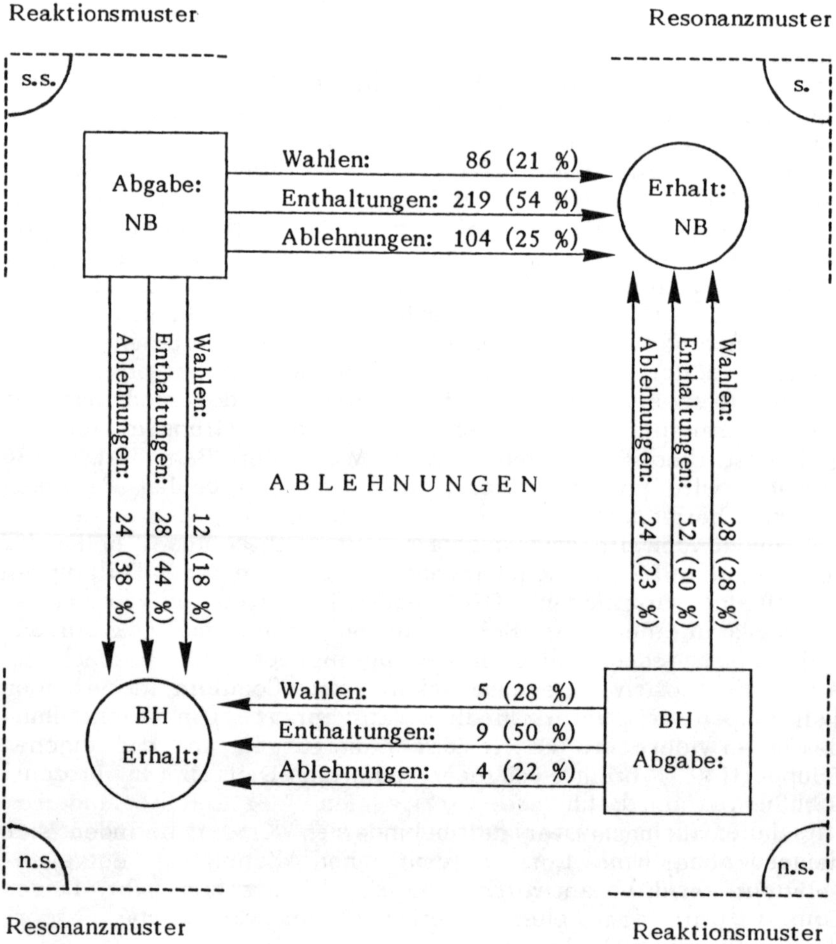

Abbildung 13: Kongruenz der Resonanz- und Reaktionsmuster bei Ablehnungen

- Resonanzmuster: Welche Antworten bekommen Behinderte und Nichtbehinderte auf Ablehnungen?
- Reaktionsmuster: Welche Antworten geben Behinderte und Nichtbehinderte auf Ablehnungen?

(Chi-Quadrat-Test: n.s. = nicht signifikant; s. = signifikant; s.s. = sehr signifikant; NB = Nichtbehinderte; BH = Behinderte) verhalten ist nicht ohne Risiko. Es fordert als kompensatorische Ergänzung, daß dann auch das eigene Kontaktbemühen entsprechend erfolgreich ist und daß man bei den Kontaktpartnern eigener Wahl auf Gegenliebe stößt. Das ist aber leider nicht in ausreichendem Maße der Fall. Die Behinderten äußern häufiger Wunschwahlen und suchen sich für ihre Sympathien ausgerechnet solche nichtbehinderten Schüler aus, die die Zuneigungen nicht erwidern mögen.

Ein recht ähnliches Bild der Resonanz- und Reaktionsmuster ergibt sich bei den Ablehnungen.

Die Resonanz- und Reaktionsmuster der Behinderten sind wiederum völlig kongruent. Wenn die behinderten Kinder mit Antipathien konfrontiert werden, dann machen sie ihre emotionale Antwort nicht davon abhängig, ob die Ablehnung von einem behinderten oder einem nichtbehinderten Mitschüler kommt. Auch ihre eigenen Antipathien werden von beiden Teilgruppen gleichermaßen erwidert. Die Hälfte der antipathetischen Gefühle wird gar nicht erst zur Kenntnis genommen und bleibt unbeantwortet. Je ein Viertel der Ablehnungen findet positive und negative Resonanz bei den behinderten und nichtbehinderten Mitschülern.

Bei den nichtbehinderten Kindern weichen die Resonanz- und Reaktionsmuster in einem solchen Maße von der geforderten Kongruenz ab, daß sie statistisch signifikant werden und daher nicht mehr mit dem Zufall erklärt werden können. Bei den Resonanzmustern ist der leicht erhöhte Anteil an konträren Beziehungsmustern zwischen Behinderten und Nichtbehinderten auffällig. In 28 Fällen lassen sich die behinderten Schüler auch durch die Antipathien der nichtbehinderten Mitschüler nicht davon abhalten, auf sie werbend und kontaktsuchend zuzugehen.

Die Diskongruenzen sind allerdings kräftiger bei den Reaktionsmustern der Nichtbehinderten. Wenn behinderte Schüler ihnen gegenüber Abneigungen empfinden, können sie bei ihren nichtbehinderten Klassenkameraden nicht mit großer Nachsicht rechnen. Die Nichtbehinderten konfrontieren etwa jede vierte Ablehnung der eigenen Gruppe (25 Prozent) und etwa jede dritte Ablehnung aus der anderen Gruppe (38 Prozent) mit einer Gegenablehnung. Die Ablehnungen aus den eigenen Reihen werden in 54 Prozent aller Fälle von den Nichtbehinderten großzügig ignoriert. Kommen die aversiven Gefühle dagegen von den behinderten Mitschülern, enthalten sich die Nichtbehinderten nur in 44 Prozent einer negativen Reaktion. Sofern den nichtbehinderten Schülern also Ablehnung widerfährt, messen sie mit zweierlei Maß. Wie ihre Antwort auf die Ablehnung ausfällt, ist in einem bestimmten Umfang auch davon abhängig, ob die Anfeindung von einem behinderten oder einem nichtbehinderten Mitschüler kommt.

Die getrennten Darstellungen der Resonanz- und Reaktionsmuster im Bereich der Wahlen und der Ablehnungen sind nun gedanklich zusammenzuführen. Die beiden Teilergebnisse müssen zu einer einzigen, zusammenfassenden Antwort auf die Frage, ob Behinderte und Nichtbehinderte sich zueinander kongruent verhalten, aufsummiert werden.

Die Zusammenfassung wird wesentlich dadurch erleichtert, daß die Teilanalysen zu Ergebnissen geführt haben, die in die gleiche Richtung weisen. Sowohl bei den Wahlen als auch bei den Ablehnungen werden für die behinderten Schüler kongruente und für die nichtbehinderten Schüler diskongruente Resonanz- und Reaktionsmuster festgestellt. Die Antwort auf die Prüffrage muß also zweigeteilt ausfallen. Die behinderten Schüler erfüllen das Kriterium eines kongruenten Beziehungsverhaltens, die nichtbehinderten Schüler nicht.

Die behinderten Schüler verhalten sich "normal", sie sind offen für Beziehungen mit allen Schülern. Das Merkmal "Behinderung" oder "Normalität" spielt für ihr Beziehungsverhalten keine ausschlaggebende Rolle. Sie machen keine Unterschiede zwischen Kindern mit und ohne Behinderung.

Die nichtbehinderten Kinder verfügen am Ende des 1. Schuljahres über beachtliche soziale Kompetenzen im Umgang mit behinderten Mitschülern. Zwischen den 180 Nichtbehinderten und den 39 Behinderten in den 13 Integrationsklassen gibt es 24 gegenseitige Sympathiebeziehungen und 122 einseitige Sympathiebezeugungen. Dem stehen nur 12 gegenseitige Ablehnungen und 80 einseitige Ablehnungsäußerungen gegenüber. Die Gesamtbilanz schließt mit einem deutlichen Überschuß an positiven Beziehungsrelationen. Und dennoch: Die Idealnorm eines kongruenten Beziehungsverhaltens erfüllen die nichtbehinderten Schüler nicht. Sie verhalten sich den behinderten Mitschülern gegenüber nicht genauso wie gegenüber ihrer eigenen Teilgruppe. Ihr Verhältnis gegenüber den Behinderten ist durch ein höheres Maß an negativen Affekten gekennzeichnet. Diese höhere Negativität kann als Ausdruck von Abwehr, Angst, Abgrenzung, eben von sozialer Distanz gesehen werden. Die Distanzierungstendenzen bleiben nur unmerklich hinter den idealen Erwartungen zurück, aber sie dürfen ungeachtet ihrer schwachen Ausprägung nicht übersehen werden.

3.5 Zusammenfassung der Ergebnisse

Die soziometrischen Untersuchungen zur sozialen Integration behinderter und nichtbehinderter Kinder in gemischten Grundschulklassen sind von einer anspruchsvollen Erwartung ausgegangen. Aus der grundsätzlich gleichen Personwürde aller Menschen wurde die Norm der Gleichberechtigung abgeleitet und gefolgert, daß auch die sozioemotionalen Beziehungen behinderter und nichtbehinderter Kinder dem Kriterium der Gleichgewichtigkeit genügen müssen. Die Beziehungen zwischen Behinderten und Nichtbehinderten wurden daraufhin untersucht,

- ob Behinderte und Nichtbehinderte im Durchschnitt gleichviel Wahlen und Ablehnungen erhalten (Gleichverteilung der Statuswerte);
- ob Behinderte und Nichtbehinderte an den soziometrischen Rollen "Beliebte", "Lieblinge", "Anerkannte", "Unauffällige", "Unbeliebte", "Außenseiter" in gleichem Maße partizipieren (Proportionalität der Rollenverteilung);
- ob Behinderte und Nichtbehinderte ihre affektiven Austauschbeziehungen gleichgewichtig gestalten und der anderen Teilgruppe jeweils soviele Wahlen, Nichtbeachtungen und Ablehnungen zukommen lassen, wie es ihrem Anteil an der Gesamtgruppe entspricht (Proportionalität der Beziehungsakte);
- ob Behinderte und Nichtbehinderte in beiden Teilgruppen die gleiche Resonanz finden und auch selbst auf beide Teilgruppen emotional ausgeglichen reagieren (Kongruenz der Beziehungsmuster).

Die Ausgangsfrage der Untersuchungen, ob die soziale Integration behinderter und nichtbehinderter Kinder im Sinne gleichgewichtiger sozioemotionaler Beziehungen gelungen ist, kann den Untersuchungsergebnissen zufolge weder mit einem klaren Ja noch mit einem klaren Nein beantwortet werden. Aus den Untersuchungsresultaten kann weder ein voller Erfolg der sozialen Integration noch erst recht nicht ein voller Mißerfolg abgelesen werden. Unter welchem der vier Aspekte auch immer die soziometrische Erhebung analysiert wurde, es wurden jeweils zugleich erwartungskonforme und erwartungsdiskrepante Ergebnisse ermittelt, also einerseits Ergebnisse, die dem Gleichgewichtspostulat voll und ganz entsprechen, und andererseits auch solche Ergebnisse, die dem idealen Kriterium gleichgewichtiger Beziehungen nicht in vollem Umfang genügen.

Im einzelnen zeigte sich:

- Behinderte Kinder erfahren von den Mitschülern des eigenen Geschlechts weniger Zuneigung und mehr Ablehnung. Im übrigen sind zwischen Behinderten und Nichtbehinderten keine relevanten Unterschiede in der mittleren Anzahl der erhaltenen Wahlen und Ablehnungen festzustellen.
- Behinderte Kinder nehmen seltener die positiv zu bewertenden soziometrischen Rollen "Beliebte" und "Anerkannte" ein, sind aber häufiger unter den "Lieblingen" im anderen Geschlecht zu finden. Im Vergleich mit den Nichtbehinderten gibt es bei den Behinderten mehr "Unauffällige", "Unbeliebte" und "Außenseiter". In den negativ bewerteten Sozialrollen "Unbeliebte" und "Außenseiter" sind etwa ein Drittel aller Behinderten und ein Viertel aller Nichtbehinderten anzutreffen.
- Die affektiven Austauschbeziehungen zwischen Behinderten und Nichtbehinderten sind in hohem Maße ausgeglichen. Sympathien, Nichtbeachtungen und Antipathien werden der jeweils anderen Gruppe in einem ganz normalen, proportionalem Umfang zuteil. Die nichtbehinderten Schüler grenzen sich allerdings geringfügig stärker von den behinderten Mitschülern ab.
- Die nichtbehinderten Schüler erwidern die Hälfte aller Sympathieangebote aus den eigenen Reihen, aber nur ein Drittel der Zuneigungen von Behinderten positiv. Werden Nichtbehinderte abgelehnt, so erwidern sie bei nichtbehinderten Mitschülern jede vierte Ablehnung, bei behinderten Schülern jede dritte Ablehnung mit einer Gegenablehnung. Im übrigen ergibt sich zwischen beiden Teilgruppen ein sehr ausgeglichenes Bild. Behinderte und Nichtbehinderte finden in der jeweils anderen Gruppe für ihre Sympathien und Antipathien ein gleich starkes Echo und sie beantworten auch selbst die erhaltenen Zuneigungen und Abneigungen unabhängig davon, von welcher Teilgruppe sie geäußert werden.

Sofern man zusammenfassend charakterisieren möchte, in welchem Verhältnis das ideale Ziel und die reale Wirklichkeit der sozialen Integration zueinander stehen, so könnte man sagen, daß die sozialen Beziehungen zwischen Behinderten und Nichtbehinderten "nicht voll und ganz" der postulierten Gleichgewichtigkeit entsprechen. Immer dann nämlich, wenn statistisch überzufällige Unterschiede von der erwarteten Idealverteilung zu berichten waren, lehrte eine genaue Inspektion der Untersuchungsresultate auch, daß diese Abweichungen von der idealen Erwartungsnorm quantitativ geringfügig waren. Statistische Signifikanz und praktische Relevanz von Unterschieden sind nicht das Gleiche; gelegentlich wurden schon Unterschiede signifikant, über deren konkretes Ausmaß sich kaum zu reden lohnt.

4. Diskussion der Ergebnisse

Die Diskussion der Untersuchungsergebnisse soll sich nicht mit theoretischen Erklärungen befassen, warum die Ergebnisse so und nicht anders ausgefallen sind. Theoretische Erklärungsversuche wären nur dann sinnvoll, wenn die einschlägigen Theorien auch im vorhinein zur Sprache gebracht worden wären. Das Design der Untersuchungen ist überdies eh nicht auf eine experimentelle Überprüfung von Theorien angelegt, sondern hat deskriptiven Charakter.

Im folgenden sollen zwei Fragen näher bedacht werden. Erstens ist eine kritische Vergewisserung wichtig, ob das gewählte normative Kriterium gleichgewichtiger sozialer Beziehungen zwischen behinderten und nichtbehinderten Kindern angesichts der faktischen Ergebnisse weiterhin aufrecht zu erhalten ist. Zweitens muß erneut die Frage aufgegriffen werden, ob mit der soziometrischen Methode wirklich relevante Ergebnisse über das Konstrukt "soziale Integration" gewonnen werden können. Das kritische Überdenken gilt also der Gültigkeit der Norm und der Gültigkeit der Methode.

4.1 Gültigkeit der Norm

Die Ergebnisse der soziometrischen Untersuchungen in Integrationsklassen entsprechen, so haben wir festgestellt, "nicht voll und ganz" dem idealen Kriterium gleichgewichtiger Beziehungen. Wenn Anspruch und Realität sozialer Integration nicht zur vollen Zufriedenheit übereinstimmen; wenn gesetzte Erwartungsnormen und wirkliche Verhältnisse eine Handbreit weit auseinanderliegen; wenn die Ziele pädagogischen Handelns nicht in vollem Umfange erreicht werden, dann wird man auch rückfragen müssen, ob die formulierten Ziele und Erwartungen richtig waren. Ist das Postulat gleichgewichtiger Beziehungen möglicherweise eine überzogene und völlig unrealistische Erwartung? Ist die normative Meßlatte zu hoch gelegt worden, so hoch, daß ein voller Erfolg sozialer Integration nahezu ausgeschlossen ist? Ist Gleichgewichtigkeit eine idealistisch überhöhte Norm, die den Blick für das Mögliche verloren hat? Müssen wir, wenn es um das Ziel der sozialen Integration geht, bescheidener werden, unsere Ansprüche und Erwartungen ein wenig zurücknehmen und von dem hohen Ideal abrücken?

Ob Gleichgewichtigkeit eine gültige Norm für die sozialen Beziehungen zwischen Behinderten und Nichtbehinderten sein kann, ist zuguterletzt eine Wertfrage und kein wissenschaftliches Sachproblem. In der Wissenschaft geht es um die methodische, intersubjektiv nachprüfbare Erzeugung von Sachaussagen, "das heißt von Sätzen, für die eindeutig entscheidbar ist, ob sie richtig oder falsch sind" (KLAUER 1977, 76). "Soll-Axiome sind keine Aussagen, Leitziele sind nicht richtig oder falsch, sondern man bekennt sich dazu oder man bekennt sich nicht dazu" (KLAUER 1977, 79). Normen und Werte können nach der erkenntnistheoretischen Auffassung des Kritischen Rationalismus mit wissenschaftlichen Mitteln weder bewiesen noch widerlegt werden. Die folgenden Überlegungen zur Gültigkeit der Gleichgewichtsnorm werden deshalb nicht mit der Autorität wissenschaftlicher Richtigkeit vorgetragen, sondern sind persönliche Überzeugungen des Verfassers. Der Leser ist aufgerufen, einen eigenen Standpunkt zu beziehen.

Gewiß, Gleichgewichtigkeit der sozialen Beziehungen zwischen Behinderten und Nichtbehinderten ist eine höchst anspruchsvolle Erwartung, ein ebenso erstrebenswertes wie auch schwer erreichbares Ideal. Jedoch auch dann, wenn die Wirklichkeit der sozialen Integration "nicht voll und ganz" der idealen Norm entspricht, sollte an diesem hohen Ziel mit unbeirrbarer Festigkeit festgehalten werden. Die geringfügige Diskrepanz von Anspruch und Wirklichkeit der sozialen Integration ist kein zureichender Grund, der beobachteten Wirklichkeit die normative Kraft des Faktischen zuzubilligen, das Ideal solange zuzupassen und zurechtzurücken, bis der noch nicht voll befriedigenden Realität der Makel der Unzulänglichkeit genommen ist.

Welche Normen richtig und gültig sind, muß unabhängig von der vorfindbaren Realität bestimmt werden. Das "Sollen" kann nicht aus dem "Sein" abgeleitet werden. Einige Beispiele mögen verdeutlichen, daß die Soll-Werte gesellschaftlichen Lebens nicht aus ihren Ist-Werten gewonnen werden können.

- Jahr für Jahr werden zigtausend Menschen im Straßenverkehr verletzt und kommen Tausende auf den Straßen ums Leben. Trotz der bestürzenden Anzahl von Verkehrsverletzten und -toten kommt niemand auf die abstruse Idee, die Norm, sich im Straßenverkehr so zu verhalten, daß weder Personen noch Sachen zu Schaden kommen, in Frage zu stellen oder abzumildern.
- Jährlich werden Tausende von Ehen geschieden. Trotz der hohen Anzahl von Ehescheidungen bleibt das grundsätzliche Verständnis der gesellschaftlichen Institution Ehe als einer monogamen Dauerbeziehung davon unberührt. Die Eheleute geloben sich heute wie ehedem lebenslange Treue, bis daß der Tod sie scheidet.

Gesellschaftliche Ideale verlieren auch dann nicht ihren Sinn und ihren Geltunganspruch, wenn sie unerreichbar und unerfüllbar sind. Es wäre daher der falsche Weg, die Norm der Gleichgewichtigkeit abzuschwächen.

Wie soll man nun damit umgehen, wenn Idealität und Realität der sozialen Integration "nicht voll und ganz" übereinstimmen? Die Untersuchungsergebnisse sind nicht im mindesten Anlaß zur ernsthaften Beunruhigung, zur aufrichtigen Sorge oder gar zur nervösen Aufgeregtheit. Wir wissen sehr wohl, daß die Realität der sozialen Integration besser sein könnte. Wir wissen aber auch, daß die sozialen Beziehungen zwischen behinderten und nichtbehinderten Kindern in integrierten Klassen am Ende des 1. Schuljahres dem Gleichgewichtigkeitsideal recht nahe kommen. Die Resultate übertreffen manche pessimistischen Prognosen sozialpsychologischer Theorien beträchtlich und sie heben sich auch vorteilhaft von anderen, weniger günstigen Forschungsergebnissen (z. B. MARENBACH 1985; BLESS 1986) ab.

Bei der Würdigung der Untersuchungsergebnisse ist nicht zuletzt zu bedenken, daß Integrationsklassen lediglich ein Teil der gesellschaftlichen Wirklichkeit und nur eine von vielen Kräften sind, die erzieherisch auf Kinder Einfluß nehmen. Integrierte Grundschulklassen sind pädagogische Provinzen in einem gesellschaftlichen Umfeld, in dem die Gemeinsamkeit von Behinderten und Nichtbehinderten immer noch die Ausnahme ist. Gegenwärtig erziehen integrative Schulen immer noch gegen den Zeitgeist, gegen die Vorherrschaft der Wertvorstellungen von Schönheit, Leistungsfähigkeit und Angepaßtheit, gegen die "Arroganz der Normalität" (BÄRSCH 1985). Langfristig können integrative Schulen nur dann ihre volle Wirksamkeit entfalten, wenn sie nicht einsame Inseln der Gemeinsamkeit von Behinderten und Nichtbehinderten bleiben, sondern wenn ihre Arbeit von gesellschaftlichen Lernprozessen begleitet und unterstützt wird.

Eine besonnene und abwägende Würdigung der Untersuchungsergebnisse wird deshalb die geringfügige Unvollkommenheit der sozialen Integration nicht schelten und abqualifizieren, sondern sie so akzeptieren können. Angesichts durchaus guter, aber doch nicht idealer Ergebnisse ist bemessene Zufriedenheit erlaubt und nachsichtige Toleranz angebracht. Wir tun gut daran, mit dem Quäntchen Unvollkommenheit zu leben.

4.2 Gültigkeit der Methode

Für die sozialen Beziehungen zwischen Behinderten und Nichtbehinderten soll die Norm der Gleichgewichtigkeit weiterhin uneingeschränkte Gültigkeit haben. Wie aber steht es um die Gültigkeit der Methode? "Die Gültigkeit oder Validität eines Verfahrens sagt aus, ob tatsächlich das gemessen wird, was man messen will, und nicht irgend etwas anderes" (INGENKAMP 1985, 40). Die kritische Vergewisserung ist deshalb auf die Frage zu beziehen, was eigentlich gemessen werden sollte und was tatsächlich gemessen wurde.

Der zu diagnostizierende Untersuchungsgegenstand ist "soziale Integration". Mit dem komplexen Begriff "soziale Integration" können nun recht unterschiedliche Vorstellungen verbunden werden. "Soziale Integration" könnte unter anderem daran ermessen werden,

- ob Behinderte und Nichtbehinderte sich emotional wertschätzend begegnen und füreinander Zuneigung empfinden (Kriterium: Sympathie);
- ob Behinderte und Nichtbehinderte reale Kontakte miteinander pflegen und in ein gemeinsames Interaktionsnetzwerk eingebunden sind (Kriterium: reale Kontakte);
- ob Behinderte und Nichtbehinderte gelernt haben, miteinander umzugehen, und sich "sozial" verhalten, also wo immer erforderlich Hilfe annehmen und Hilfe geben (Kriterium: soziale Kompetenzen und prosoziales Verhalten);
- ob Behinderte und Nichtbehinderte sich gerade trotz gegebener Unterschiede akzeptieren, ein jeder dem anderen das Recht auf individuelle Eigenarten einschließlich unerwünschter Unzulänglichkeiten zugesteht (Kriterium: humane Akzeptanz).

Die Gültigkeit der soziometrischen Methode kann schlechterdings allgemein beurteilt werden, sondern nur im Hinblick auf jenes inhaltliche Verständnis von sozialer Integration, das als bedeutsam erachtet wird.

Die eigenen Untersuchungen haben ja das Kriterium der Sympathie verwendet, in der Annahme, daß die affektiven Beziehungen eine relevante Bestimmungsgröße sozialer Integration sind. Mit der Wahl des Sympathie-Kriteriums ist notwendigerweise dann auch der Geltungsbereich der soziometischen Untersuchungen eingeschränkt. Die soziometrischen Untersuchungen können keine umfassende und erschöpfende Gültigkeit für das Konstrukt "soziale Integration" beanspruchen, sondern machen lediglich gültige Aussagen über die affektiven Beziehungsstrukturen von Integrationsklassen. Für andere Begriffsauslegungen von "sozialer Integration", also etwa über die realen Interaktionsbeziehungen, über hilfreiches und sozialkompetentes Umgangsverhalten oder über die Bereitschaft zu humaner Akzeptanz, können keine direkten Aussagen gemacht werden; hier erscheinen allenfalls abgeleitete Schlußfolgerungen möglich.

Die soziometrischen Untersuchungen werden also mit dem ausdrücklichen Hinweis auf ihre relative, eingeschränkte Gültigkeit vorgelegt. Sie sollen nicht die falsche Annahme nähren, wenn man nur erst einmal die Sympathiebeziehungen integrierter Klassen erfaßt habe, dann könne man auch schon hinreichend verläßliche Angaben über das tatsächliche Sozialverhalten, über das prosoziale Verhalten und über das Maß humaner Akzeptanz machen.

Um den Geltungsrahmen der soziometrischen Befunde noch etwas genauer zu bestimmen, sollen im folgenden die konkurrierenden Validitätskriterien (1) reale Kontakte, (2) prosoziales Verhalten und soziale Kompetenzen sowie (3) humane Akzeptanz kurz zur Sprache gebracht werden. Mittels einer kontrastierenden Validitätsbestimmung wird dann besser in Erfahrung zu bringen sein, inwieweit die soziometrische Analyse von Affektstrukturen das Konstrukt "soziale Integration" aufzuklären vermag, wo es Berührungspunkte und Verwandtschaften zu den angrenzenden, alternativen Validitätsaspekten gibt, und wo die inhaltliche Aussagekraft des Sympathiekriteriums erschöpft ist.

(1) Zunächst einige Anmerkungen zum Verhältnis von emotionalen Beziehungen und realem Sozialverhalten. Wie behinderte und nichtbehinderte Kinder wirklich miteinander umgehen, darüber machen die soziometrischen Untersuchungen

zwar keine direkten Aussagen, aber hier erscheint es durchaus nicht abwegig, eine befriedigende Übereinstimmung der emotionalen und interaktionalen Beziehungen anzunehmen. Gefühle und Verhalten bedingen und beeinflussen sich wechselseitig. Wer des öfteren in aggressive Auseinandersetzungen mit einem verhaltensauffälligen Kind verwickelt war, wird gewiß mit geringerer Wahrscheinlichkeit diesem Kind gegenüber sympathische Empfindungen hegen. Umgekehrt werden wohl vornehmlich jene Kinder miteinander spielen und lernen, die sich auch mögen oder miteinander befreundet sind. Aufgrund der wechselseitigen Bedingtheit zwischen Gefühlen und Verhalten wird die Häufigkeit und Qualität der realen Kontakte kaum wesentlich anders sein als die soziometrisch erfaßte Häufigkeit und Qualität der emotionalen Beziehungen. Wir gehen davon aus, daß die soziometrisch ermittelten Sympathiestrukturen und die realen Interaktionsstrukturen in hohem Maße übereinstimmen.

(2) Nun zu einem weiteren Gültigkeitsaspekt. Mit dem Konstrukt "soziale Integration" schwingt auch die Vorstellung mit, daß die Gemeinsamkeit von behinderten und nichtbehinderten Kindern die Entwicklung sozialer Kompetenzen fördert und zu prosozialem Verhalten anregt. Unter prosozialem Verhalten ist dabei jenes Handeln zu verstehen, "das darauf gerichtet ist, das Wohlergehen anderer zu fördern" (HECKHAUSEN 1980, 324): altruistisches, hilfreiches, uneigennütziges, karitatives, fremddienliches, mitmenschliches, eben "soziales" Verhalten.

Die Förderung sozialer Kompetenzen und prosozialen Verhaltens wird vom Deutschen Bildungsrat ausdrücklich als Ziel sozialer Integration angesprochen. Die Kontakte zwischen behinderten und nichtbehinderten Kinder werden als Anlässe zu sozialem Lernen betrachtet. "Die Nichtbehinderten müssen das Zusammenleben mit Behinderten lernen, das heißt sie sollten Erfahrungen im Umgang und im Zusammenleben mit Behinderten gewinnen. Sie sollen etwa die Techniken der Kompensation, die Behinderte anwenden, und die Schwierigkeiten der Kommunikation kennen und anerkennen (zum Beispiel auf die Überartikulation eines Gehörlosen natürlich reagieren und sich ihm beim Sprechen zuwenden, einem Blinden die eigene Anwesenheit im Raum akustisch deutlich machen, mit Zurückhaltung die Anstrengungen eines Spastikers beim Sprechen durchhalten) und die für Behinderte in einzelnen Lebenssituationen notwendigen Hilfen selbst übernehmen. Dadurch intensiviert sich das Zusammenleben, und es können sich Kommunikationsmöglichkeiten ergeben, die Vorurteile abbauen, Diskriminierung verhindern und zu einer humanen Annahme der Behinderten durch die Nichtbehinderten führen" (DEUTSCHER BILDUNGSRAT 1973, 28f.). Die Nichtbehinderten sollen also "ein angemessenes Verhalten gegenüber ihren behinderten Mitschülern lernen (Unbefangenheit im Umgang, Toleranz, Hilfsbereitschaft, Techniken der Verständigung)" (DEUTSCHER BILDUNGSRAT 1973, 93).

Auch für die behinderten Kinder wird schulische Integration als Chance für das Erlernen sozialer Verhaltensweisen begriffen. "Behinderte sollen mehr über ihre nichtbehinderten Mitschüler erfahren; denn sie müssen Verständnis auch für die Bedürfnisse und Verhältnisse der nichtbehinderten Kinder erwerben" (DEUTSCHER BILDUNGSRAT 1973, 93). Behinderte sollen lernen, erforderliche Hilfen zu erbitten und anzunehmen und unnötige Hilfen abzulehnen. Sie sollen von sich aus Kontakte zu nichtbehinderten Kindern aufnehmen, sich an gemeinsamen Aktivitäten beteiligen und sich nicht isolieren.

Das gesamte Bedeutungsspektrum sozialer Kompetenzen und prosozialen Verhaltens ist an dieser Stelle nicht weiter zu entfalten. Die soziometrischen Untersuchungen machen zu diesem Aspekt sozialer Integration ganz offensichtlich keine Aussagen. Welche sozialen und prosozialen Kompetenzen die Kinder integrierter Grundschulklassen durch die gemeinsame Unterrichtung erworben haben, kann aus den vorliegenden Untersuchungen nicht erschlossen werden. Ob die Kinder gelernt haben, "rücksichtsvoller und liebevoller miteinander umzugehen, zu helfen und sich helfen zu lassen" (MUMSSEN 1986, 18) ist eine Fragestellung, die gesonderter wissenschaftlicher Forschungsbemühungen bedarf und fürwahr auch würdig ist.

(3) Auch das Validitätskriterium humane Akzeptanz gibt Anlaß, die Gültigkeit der soziometrischen Untersuchungen kritisch zu relativieren. Denn es ist im besten Sinne fragwürdig, ob die gefühlsmäßigen Beziehungen und Bindungen zwischen Behinderten und Nichtbehinderten wirklich ein taugliches Indiz sozialer Integration im Sinne humaner Akzeptanz sind. Auch wenn positive Affekte zwischen Behinderten und Nichtbehinderten in außerordentlichem Maße wünschenswert und förderlich sind, das letztlich gültige Kriterium sozialer Integration ist nicht Sympathie, sondern Akzeptanz. Humane Akzeptanz als oberstes Ziel sozialer Integration ist vom DEUTSCHEN BILDUNGSRAT (1973, 27) folgendermaßen bechrieben worden: "Vorrangig wird es darauf ankommen, daß die Behin-

derten von den Nichtbehinderten human angenommen werden. Humane Annahme bedeutet, daß die Abweichung des Behinderten von gesellschaftlichen Erwartungen und Setzungen nicht als Minderwertigkeit, sondern als individuelle Eigenart angesehen wird. Diese Einsicht wird im Bewußtsein der Menschen zur Anerkennung des Behinderten als eines gleichwertigen Partners in allen Lebensbereichen führen." Die gewählten Formulierungen machen überdeutlich, daß humane Annahme zuvörderst keine Emotion, sondern ein rationaler Akt ist, der in der bewußten Überzeugung von der gleichen Personwürde aller Menschen gründet (vgl. Kapitel 2.4.2.).

Humane Annahme ist letztlich eine menschliche Pflicht, die grundsätzlich und in jedem Falle unabhängig von persönlichen Zuneigungen und Abneigungen geschuldet ist. Eine Verpflichtung, behinderte Menschen sympathisch zu finden, kann es demgegenüber nicht geben, "weil sich den Emotionen der Menschen keine Befehle erteilen lassen" (MUTH 1986, 134). Niemand ist gehalten, Häßliche, Unangepaßte, Unintelligente oder Schwache sympathisch zu finden. Humane Annahme fordert gerade nicht, daß wir Behinderte attraktiv und sympathisch finden, sondern daß wir sie trotzdem, trotz mancher unerwünschter Eigenschaften und trotz unliebsamer Eigenarten akzeptieren. Gegebenenfalls verlangt humane Annahme von uns, daß wir nicht auf die Stimme der Gefühle hören, sondern dem Anruf der Mitmenschlichkeit folgen. Je schwerer Behinderte sich selbst integrieren können, je hilfsbedürftiger und abhängiger sie sind, desto mehr verlieren die Gefühle ihr gutes Recht und desto stärker unterliegt die Beziehung zwischen Behinderten und Nichtbehinderten dem Gebot der sozialen Verantwortlichkeit.

Humane Annahme bedeutet, auch Behinderten das Recht auf Andersartigkeit und Unterschiedlichkeit zuzugestehen, ohne dafür bestimmte Vorleistungen von ihnen zu erwarten und ohne als Gegengabe dafür ihnen den Verzicht auf die Gemeinsamkeit mit uns abzufordern. Humane Annahme erfüllt sich in der unwiderruflichen und nicht an Bedingungen geknüpften Zusage menschlicher Solidarität und verzichtet darauf, Behinderte aus den Revieren der Normalität abzudrängen und aus der Gemeinschaft mit uns auszuschließen. In diesem Sinne könnte man mit dem jüdischen Philosophen BUBER (1962, 55) definieren: Integration ist "Bewältigung der Andernheit in der gelebten Einheit."

Auf diesen Aspekt sozialer Integration beziehen sich auch die Feststellungen des Projektleiters im Hamburger Modellversuch: "Kein Kind braucht zu fürchten, aufgrund bestimmter Leistungsschwächen menschlich weniger akzeptiert oder gar aus der Gemeinschaft ausgeschlossen zu werden. Auch für nichtbehinderte Kinder bieten sich hier unersetzliche Lernchancen. Sie erfahren geradezu exemplarisch, daß Leistungsfähigkeit nicht der Maßstab für menschliche Zuwendung sein kann" (MÜLLER 1986, 8). Die vorliegenden Untersuchungen können diese persönlichen Eindrücke weder belegen noch auch widerlegen; sie sind schlichtweg überfragt. Der Bedeutungsaspekt humane Akzeptanz liegt außerhalb des Gültigkeitsanspruchs dieser Untersuchungen.

Zusammenfassend: Die soziometrischen Untersuchungen beschreiben unmittelbar die gefühlshaften Austauschbeziehungen zwischen behinderten und nichtbehinderten Kindern, die mittelbar als brauchbare Prädiktoren des konkreten Sozialverhaltens gelten können. Über die Fähigkeit und Bereitschaft zu prosozialem Handeln, über den Erwerb sozialer Kompetenzen sowie über die Aneignung bewußter humaner Wertüberzeugungen können weder unmittelbare Sachaussagen noch abgeleitete Schlußfolgerungen mitgeteilt werden. Dies ist der Rahmen, der die Gültigkeit der soziometrischen Untersuchungen absteckt.

Die eingeschränkte, relative Aussagekraft der soziometrischen Untersuchungen wurde mit einer solchen Nachdrücklichkeit herausgearbeitet, daß man verunsichert fragen möchte, ob denn die Untersuchungen überhaupt noch irgendetwas taugen, wenn doch "nur" die affektiven Beziehungen zwischen Behinderten und Nichtbehinderten analysiert wurden. Ja, weiß Gott, wir könnten die Ergebnisse getrost beiseite legen, wenn denn die zwischenmenschlichen Gefühle nichts gelten und wenn sie für die Entwicklung der Kinder nichts bedeuten. Ist dem aber so? Menschliches Leben kann nicht gedeihen ohne einen sozialen Mutterschoß (PORTMANN). Wohlbefinden und Wachstum von Kindern haben ihre emotionale Einhausung in menschliche Bindungen zur Voraussetzung und Grundlage (SPITZ). Das Gefühl der Geborgenheit; die wohltuende Gewißheit, die Zuneigung anderer zu besitzen; das unerschütterliche Vertrauen darauf, in den eigenen sozialen Verhältnissen wohlgelitten und angenommen zu sein; sie sind ein unverzichtbares Fundament der seelischen Gesundheit und Entwicklung von Kindern.

Die Untersuchungen wären auch dann minder belangvoll, wenn es zwischen den Gefühlen der Menschen einerseits und ihren bewußten Überzeugungen und wirklichem Verhalten andererseits keinerlei verbindende Brücken gäbe, wenn Denken

Fühlen und Handeln voneinander völlig unabhängig wären und das eine mit dem anderen rundherum nichts zu tun hätte. In welchem Verhältnis die klassischen Elemente menschlicher Erfahrung - Kognitionen, Emotionen, Aktionen - zueinander stehen, ist eine schwierige und weithin ungeklärte Frage. Immerhin kommt CLOERKES (1985, 92) nach einer sorgsamen Abschätzung der Bedingungsverhältnisse und nach einer kritischen Würdigung einschlägiger empirischer Arbeiten zu der Aussage: "Der emotional-affektive Aspekt muß als bedeutsamster Bestimmungsfaktor für die soziale Reaktion auf Behinderte angesehen werden." Auch wenn wir die Stärke des Zusammenhangs zwischen dem, was wir denken, was wir fühlen und was wir tun, nicht mit wissenschaftlicher Sicherheit angeben können, es wäre wohl abwegig, jedweden Bedingungszusammenhang überhaupt zu leugnen. Positive Gefühle machen mitmenschliches, prosoziales Verhalten und humane Akzeptanz wahrscheinlicher, sie erleichtern soziale Haltungen und Handlungen.

Im gleichen Maße, in dem den Gefühlen verhaltenswirksame Kräfte zukommen, im gleichen Maße gewinnen auch die soziometrischen Untersuchungen der emotionalen Beziehungen zwischen behinderten und nichtbehinderten Kinder an Relevanz für das Konstrukt "soziale Integration". Sicherlich meint der Begriff der sozialen Integration mehr als nur die gefühlsmäßigen Beziehungen, aber wohl kaum etwas völlig anderes oder gar Entgegengesetztes. Die Gültigkeit des soziometrischen Untersuchungsansatzes sollte deshalb nicht in Schwarz-Weiß-Manier beurteilt und weder unkritisch überschätzt noch als gänzlich irrelevant verworfen werden.

5. Zusammenfassung

Die Bildungskommission des Deutschen Bildungsrates hat in den "Empfehlungen zur Förderung behinderter und von Behinderung bedrohter Kinder und Jugendlicher" "eine weitmögliche gemeinsame Unterrichtung von Behinderten und Nichtbehinderten" (DEUTSCHER BILDUNGSRAT 1974, 16) vorgeschlagen. Sinn aller integrativen Maßnahmen und Einrichtungen ist, "daß Behinderte und Nichtbehinderte miteinander in Beziehung treten können" (1974, 92).

Die Begegnungen zwischen behinderten und nichtbehinderten Kindern sind fruchtbare Anlässe zu sozialem Lernen, sie haben allerdings nicht zwangsläufig auch wünschenswerte Wirkungen. "Solche Kontakte sind zwar eine Chance für das Erlernen sozialer Verhaltensweisen, sie stellen aber hohe Anforderungen an die Beteiligten. Sie können, wenn dieses Lernen nicht gelingt, Unsicherheit und Vorurteile verstärken und zu unerwünschten Formen des Zusammenlebens, zu Ablehnungen und Diffamierungen führen" (1974, 92). Die gemeinsame Erziehung und Unterrichtung behinderter und nichtbehinderter Kinder bietet gewiß die günstigsten Chancen zur Förderung sozialer Gegenseitigkeit und humaner Akzeptanz. Chancen sind aber lediglich die Ankündigung einer Möglichkeit, nicht schon die Einlösung einer Hoffnung. Die vorliegenden Untersuchungen zur sozialen Integration behinderter und nichtbehinderter Kinder in Hamburger Integrationsklassen gehen deshalb der Frage nach, ob sich die erwarteten positiven Folgen auch wirklich einstellen. Die leitende Fragestellung lautet: Bewirkt schulische Integration behinderter und nichtbehinderter Kinder auch ihre soziale Integration?

Zur Diagnose der sozialen Beziehungen in Integrationsklassen wurde eine weithin bekannte Methode, das soziometrische Wahlverfahren verwendet. In den methodologischen Überlegungen wird das soziometrische Wahlverfahren eingehend beschrieben; die kritischen Einwände werden sorgsam geprüft und die methodischen Entscheidungen im einzelnen begründet. Die wichtigsten Entscheidungsgründe für die Wahl dieser Methode waren die Zuträglichkeit für die Kinder und der sparsame, ökonomische Untersuchungsaufwand. Die Wahl der soziometrischen Methode wird darüber hinaus gerechtfertigt durch ausgewiesene instrumentelle Gütemerkmale. Soziometrische Diagnosen besitzen eine befriedigende Stabilität, die über die Flüchtigkeit einer sozialen Momentaufnahme beträchtlich hinausgeht, und sie bilden die wirklichen Beziehungstrukturen von Gruppen in befriedigender Weise ab.

Die sozialen Beziehungen zwischen behinderten und nichtbehinderten Kindern in den Hamburger Integrationsklassen werden unter den Aspekten der Sympathie, Indifferenz und Antipathie untersucht. Die positive Wahlfrage lautete: "Welche Kinder aus deiner Klasse magst du sehr gerne?" Die negative Wahlfrage lautete: "Welche Kinder aus deiner Klasse magst du nicht so gerne?" Die Anzahl der Wahlen und Ablehnungen, die ein Schüler abgeben konnte, wurde nicht begrenzt.

Die soziometrischen Erhebungen wurden jeweils am Ende des 1. Schuljahres durchgeführt. An der Befragung haben insgesamt 180 nichtbehinderte und 39 behinderte Kinder aus

13 Integrationsklassen teilgenommen. Die soziometrischen Informationen zu den beiden Wahlfragen wurden immer mündlich im Einzelinterview mit den Kindern erhoben.

Für die Auswertung der Untersuchungen mußte ein neues, der Fragestellung angepaßtes analytisches Raster entwickelt werden. An die soziometrischen Daten wurden vier Fragen gerichtet:

1. Wieviele Wahlen und Ablehnungen erhalten behinderte und nichtbehinderte Kinder?
2. Welche sozialen Rollen im Beziehungsgefüge einer Klasse (z. B. Außenseiter, Star) bekleiden Behinderte und Nichtbehinderte?
3. Wieviele Wahlen und Ablehnungen erhalten Behinderte aus den Teilgruppen der behinderten und der nichtbehinderten Mitschüler?
4. Wie werden Sympathien und Antipathien der Behinderten von den nichtbehinderten Mitschülern beantwortet? Reagieren Nichtbehinderte auf Zuneigungen und Abneigungen, die sie von Behinderten erhalten, genauso wie auf Zuneigungen und Abneigungen von Nichtbehinderten?

In den methodologischen Überlegungen werden vorab die Kriterien offengelegt, an denen die Güte der Ergebnisse gemessen werden soll. Aus der grundsätzlich gleichen Personwürde aller Menschen wird die Norm der Gleichberechtigung abgeleitet und gefolgert, daß auch die emotionalen Beziehungen zwischen Behinderten und Nichtbehinderten dem Kriterium der Gleichgewichtigkeit genügen müssen. Für die 4 Fragestellungen werden 4 Kriterien einer gelungenen sozialen Integration formuliert.

Von einer gelungenen sozialen Integration kann dann gesprochen werden,

1. wenn Behinderte und Nichtbehinderte etwa gleich viele Wahlen und Ablehnungen erhalten (Kriterium: Gleichverteilung der Werte für den Wahl- und Ablehnungsstatus);
2. wenn Behinderte und Nichtbehinderte gleichberechtigt am Rollensystem von Integrationsklassen teilhaben und die sozialen Rollen auf Behinderte und Nichtbehinderte so verteilt sind, wie es ihrem Anteil an der Gesamtgruppe entspricht (Kriterium: Proportionalität der Rollenverteilung);
3. wenn behinderte und nichtbehinderte Kinder von der anderen Teilgruppe jeweils soviele Wahlen und Ablehnungen enthalten, wie es ihrem Anteil an der Gesamtgruppe

entspricht (Kriterium: Proportionalität der Beziehungsakte);
4. wenn Behinderte und nichtbehinderte Kinder "normale" emotionale Beziehungen zueinander unterhalten, d. h. wenn Nichtbehinderte auf Wahlen und Ablehnungen von Behinderten in etwa genauso reagieren wie auf Wahlen und Ablehnungen von Nichtbehinderten (Kriterium: Kongruenz der Reaktions- und Resonanzmuster).

In den sozialen Beziehungen von Grundschülern macht sich ein starker Einfluß der Geschlechtszugehörigkeit bemerkbar. Die Jungen pflegen vorwiegend Beziehungen zu Jungen und grenzen sich von Mädchen ab; die Mädchen tun es hierin den Jungen gleich. Weil die gleichgeschlechtlichen Beziehungen für Grundschüler eine größere Bedeutung haben und auch dauerhafter sind, wurden die soziometrischen Daten auch geschlechtsspezifisch ausgewertet.

Zu den 4 Teilfragen wurden folgende Ergebnisse ermittelt:

1. Behinderte Kinder erfahren von den Mitschülern des eigenen Geschlechts weniger Zuneigung. In der durchschnittlichen Anzahl der Ablehnungen aus dem eigenen Geschlecht bestehen dagegen zwischen Behinderten und Nichtbehinderten keine Unterschiede.
   Im eigenen Geschlecht haben etwa zwei Drittel aller behinderten wie nichtbehinderten Kinder einen durchschnittlichen Wahlstatus. Einen mittleren Ablehnungsstatus im eigenen Geschlecht nehmen drei Viertel aller Behinderten und neun Zehntel aller Nichtbehinderten ein.
   Die Werte für den Ablehnungsstatus im eigenen Geschlecht streuen bei den Behinderten beträchtlich. Im Vergleich mit ihren nichtbehinderten Mitschülern finden sich unter den Behinderten prozentual doppelt soviele Kinder, die kaum oder gar nicht abgelehnt werden, aber auch doppelt soviele Kinder, die stark oder sehr stark abgelehnt werden.
   Von Mitschülern des anderen Geschlechts werden Behinderte und Nichtbehinderte im gleichen Maße geschätzt oder abgelehnt.
2. Durch ein multivariates statistisches Verfahren (Clusternalyse) wurden 6 soziometrische Rollen identifiziert. In positiver Reihenfolge sind dies die "Beliebten", die "Lieblinge" im anderen Geschlecht, die "Anerkannten", die "Unauffälligen", die "Unbeliebten" und die "Außenseiter". Diese soziometrische Rollen sind signifikant unterschiedlich auf behinderte und nichtbehinderte Kinder verteilt. Je ein Fünftel aller Behinderten und Nichtbehinderten gehören zu

den "Beliebten" und "Lieblingen". Von den Nichtbehinderten nehmen etwa ein Drittel, von den Behinderten etwa ein Zehntel die Rolle von "Anerkannten" ein. Zu den "Unauffälligen" zählen ein Fünftel der Nichtbehinderten, hingegen zwei Fünftel der Behinderten. Die negativen Sozialrollen "Unbeliebte" und "Außenseiter" werden von einem Fünftel der Nichtbehinderten und einem Drittel der Behinderten bekleidet.

Die Rollenverteilung zwischen Behinderten und Nichtbehinderten genügt nicht dem Kriterium der Gleichgewichtigkeit und ist disproportional; auf die behinderten Kinder entfällt ein geringerer Anteil an positiv bewerteten Sozialrollen und ein größerer Anteil an neutral und negativ bewerteten Rollen.

Bei einer Aufgliederung nach Behinderungsarten wird als hypothetischer Trend erkennbar, daß körper- und geistigbehinderte Kinder über die gesamte Rollenskala verteilt sind, während Kinder mit Lernbehinderungen und Verhaltensstörungen eher in den neutralen und negativen Rollen anzutreffen sind.

3. Der emotionale Austausch zwischen behinderten und nichtbehinderten Kindern ist in hohem Maße ausgewogen. Behinderte und Nichtbehinderte erhalten von der jeweils anderen Teilgruppe soviele Wahlen, wie es ihrem Anteil an der Gesamtgruppe entspricht. 85 Prozent aller Zuneigungen, die behinderten Kindern entgegengebracht wird, kommen von nichtbehinderten Kindern. Die Nichtbehinderten grenzen sich allerdings etwas stärker als erwartet durch eine mäßig überhöhte Ablehnungstendenz von den Behinderten ab. Da die festgestellten Abweichungen von den gesetzten Erwartungsnormen quantitativ unbeträchtlich sind, kann das Kriterium proportionaler Austauschbeziehungen als erfüllt gelten.
4. Die behinderten Kinder richten ihre Sympathien und Antipathien gleichmäßig an behinderte und nichtbehinderte Kinder. Sie sind emotional nicht auf die eigene Gruppe fixiert und sie zeigen keine Tendenzen, irgendeine Teilgruppe zu bevorzugen.

   Anders bei den Nichtbehinderten. Im Beziehungsverhalten nichtbehinderter Kinder spielt die Zugehörigkeit zu einer Teilgruppe eine nicht unwesentliche Rolle. Sie verhalten sich behinderten Kindern gegenüber nicht genauso wie gegenüber ihrer eigenen Gruppe. Sie bevorzugen bei ihren Sympathienennungen eher Kinder der eigenen Gruppe und richten an behinderte Kinder ein höheres Maß an Ablehnungen.

Aufs ganze gesehen ist zwischen den behinderten und nichtbehinderten Kindern in den Integrationsklassen eine alltägliche Beziehung, wie sie unter Kindern nun mal üblich ist, gewachsen. Die emotionalen Beziehungen zwischen Behinderten und Nichtbehinderten entsprechen "nicht voll und ganz" dem Kriterium der Gleichgewichtigkeit, jedoch sind die Abweichungen von den idealen Erwartungsnormen durchweg geringfügig. Der Eindruck eines normalen Verhältnisses herrscht vor, wobei in diesem Verhältnis bei den nichtbehinderten Grundschülern ein Rest von sozialer Distanz zu behinderten Kindern mitschwingt.

Die Diskussion der Ergebnisse befaßt sich zunächst mit der Frage, ob die gewählte Norm gleichgewichtiger Beziehungen zwischen Behinderten und Nichtbehinderten unangemessen und möglicherweise überhöht ist. Die Norm der Gleichgewichtigkeit wird etwa weder in den gesellschaftlichen Beziehungen zwischen Männern und Frauen oder zwischen Ausländern und Deutschen erfüllt. Wie kann sie dann für das Verhältnis von Behinderten und Nichtbehinderten geltend gemacht werden?

An dem Ideal gleichgewichtiger Beziehungen zwischen Behinderten und Nichtbehinderten sollte grundsätzlich festgehalten werden, auch dann, wenn es unerreichbar zu sein scheint. Einer unerwünschten oder unzulänglichen Wirklichkeit kann man nicht die normative Kraft des Faktischen zubilligen. Anstelle einer Änderung erstrebenswerter Ideale ist es angemessener, die Untersuchungsergebnisse so zu akzeptieren und mit dem Quäntchen Unvollkommenheit in Gelassenheit zu leben.

Eine kritische Einschätzung ist bezüglich der Validität der verwendeten Untersuchungsmethode angebracht. Das soziometrische Wahlverfahren kann über den Untersuchungsgegenstand "soziale Integration" keine umfassenden und erschöpfenden Auskünfte geben. Die Untersuchungen machen vertrauenswürdige Aussagen über die emotionalen Beziehungen der Kinder, also darüber, ob behinderte und nichtbehinderte Kinder Zuneigung, Gleichgültigkeit oder Abneigung füreinander empfinden. Mit guten Gründen darf man ferner annehmen, daß auch die realen Kontakte der Kinder weitgehend ihren gefühlshaften Empfindungen füreinander entsprechen.

Anders dagegen verhält es sich mit der Gültigkeit der

soziometrischen Methode, wenn man soziale Kompetenzen, prosoziales Verhalten sowie humane Akzeptanz als Kriterien im Auge hat. Ob Behinderte und Nichtbehinderte gelernt haben, miteinander umzugehen (soziale Kompetenzen), sich hilfreich zu verhalten (prosoziales Verhalten), darüber können den Untersuchungen keine verläßlichen Informationen entnommen werden. Auch zum Kriterium der humanen Akzeptanz, also der Bereitschaft, andere trotz ihrer Andersartigkeit und auch dann, wenn sie nicht sympathisch sind, zu akzeptieren, enthalten die Untersuchungen keine unmittelbar belangvollen Aussagen. Diese eingeschränkte Gültigkeit der Untersuchungen ist zu beachten.

Die Bedeutung der soziometrischen Untersuchungen steht und fällt mit dem Gewicht, das den affektiven Beziehungen zwischen den Kindern für die Frage nach ihrer sozialen Integration beigemessen werden kann. Die Gewißheit, die Zuneigung anderer zu besitzen, ist für das persönliche Wohlbefinden von Kindern, für ihre seelische Gesundheit und für ihr allseitiges Wachstum gewiß förderlich, möglicherweise unverzichtbar. Wer möchte schon in einer Gruppe leben, in der er abgelehnt wird? Ferner darf man annehmen, daß zwischenmenschliche Gefühle der Sympathie soziales Handeln und soziale Haltungen begünstigen und wahrscheinlicher machen. Positive Affekte sind eine gute Grundlage für mitmenschliches Verhalten und humane Annahme.

LITERATUR

BERNFELD, S.: Sisyphos oder die Grenzen der Erziehung. (1925). Frankfurt: Suhrkamp 1970

BIERHOFF, H. W.: Sozialpsychologie. Stuttgart: Kohlhammer 1984

BLESS, G.: Soziometrischer Status des integrierten Hilfsschülers. Vierteljahreschrift für Heilpädagogik und Nachbargebiete 1986, 49 - 58

BLEIDICK, U.: Rahmenbedingungen für die soziale Integration Behinderter in das Bildungs- und Gesellschaftssystem. Gutachten im Auftrag des Bundesministeriums für Bildung und Wissenschaft. Manuskript 1986

BORTZ, J.: Lehrbuch der Statistik. Berlin: Springer 1985

VON BRACKEN, H.: Vorurteile gegenüber behinderten Kindern, ihre Familien und Schulen. Berlin: Marhold 1976

CLOERKES, G.: Einstellung und Verhalten gegenüber Behinderten. Berlin: Marhold 1985, 3. Auflage

CROTT, H.: Soziale Interaktion und Gruppenprozesse. Stuttgart: Kohlhammer 1979

DEUTSCHER BILDUNGSRAT, Empfehlungen der Bildungskommission: Zur pädagogischen Förderung behinderter und von Behinderung bedrohter Kinder und Jugendlicher. Stuttgart: Klett 1983

DOLLASE, R.: Soziometrische Techniken. Weinheim: Beltz 1976, 2. Auflage

FEGER, H.: Soziale Beziehungen. In: KLAUER, K. J. (Hrsg.): Handbuch der Pädagogischen Diagnostik. Düsseldorf: Schwann 1978, 485 - 502

FREY, D. & GREIF, S. (Hrsg.): Sozialpsychologie. München: Urban & Schwarzenberg 1983

FREY, D. & IRLE, M. (Hrsg.): Theorien der Sozialpsychologie. 3 Bände. Bern: Huber 1983, 1984, 1985

FRIEDRICHS, J.: Methoden der empirischen Sozialforschung. Reinbek: Rowohlt 1979

GLATZER, W. & ZAPF, W. (Hrsg.): Lebensqualität in der Bundesrepublik. Darmstadt: Wissenschaftliche Buchgesellschaft 1984

HAUPT, U. & JANSEN, G. W.: Modelle der integrativen Erziehung von körperbehinderten und nichtbehinderten Kindern und Jugendlichen. In: HAUPT, U. & JANSEN, G. W. (Hrsg.): Pädagogik der Körperbehinderten. Berlin: Marhold 1983, 83 - 104

HECKHAUSEN, H.: Motivation und Handeln. Berlin: Springer 1980
HERKNER, W.: Einführung in die Sozialpsychologie. Bern: Huber 1981, 2. Auflage
HÖHN, E. & SEIDEL, G.: Soziometrie. In: GRAUMANN, C. F. (Hrsg.): Sozialpsychologie. 1. Halbband. Göttingen: Hogrefe 1969,
HOFSTÄTTER, P.: Einführung in die Sozialpsychologie. Stuttgart: Kröner 1966
HOFSTÄTTER, P.: Gruppendynamik. Reinbek: Rowohlt 1971
HORKHEIMER, M. & ADORNO, TH. W.: Dialektik der Aufklärung. Frankfurt: Fischer 1968
INGENKAMP, KH.: Lehrbuch der Pädagogischen Diagnostik. Weinheim: Beltz 1985
KLAUER, K.J.: Erkenntnismethoden der Lernbehindertenpädagogik. In: KANTER, G.O & SPECK, O. (Hrsg.): Pädagogik der Lernbehinderten. Berlin: Marhold 1977, 76 -89
KNIEL, A.: Die Schule für Lernbehinderte und ihre Alternativen. Rheinstetten: Schindele 1979
KNIEL, A.: Schulische Integration als eine Voraussetzung für den Abbau von Vorurteilen gegenüber Behinderten. In: BÄRSCH, W. u. a.: Behinderte - inmitten oder am Rande der Gesellschaft. Berlin: Marhold 1973, 61 - 77
KNIEL, A. & CHR.: Behinderte Kinder in Regelkindergärten. München: Deutsches Jugendinstitut 1984
MANN, L.: Sozialpsychologie. Weinheim: Beltz 1976, 2. Auflage
MARENBACH, J.: Gruppendynamik zwischen Körperbehinderten und Nichtbehinderten. Berlin: Marhold 1985
MAYNTZ, R., HOLM, K. & HÜBNER, P.: Einführung in die Methoden der empirischen Soziologie. Opladen: Westdeutscher Verlag 1978, 5. Auflage
MERKENS, H. & SEILER, H.: Interaktionsanalyse. Stuttgart: Kohlhammer 1978
MORENO, J. L.: Die Grundlagen der Soziometrie. Köln: Opladen 1967, 2. Auflage
MOSER, U.: Das Selbstkonzept des lernbehinderten Schülers. Vierteljahresschrift für Heilpädagogik und ihre Nachbargebiete 1986, 151 - 160
MÜLLER, H.: Integration behinderter Kinder in der Grundschule. Vortrag am Institut für Lehrerfortbildung am 10. Februar 1986. Hamburg: Manuskript
MUMSSEN, D.: Der Hamburger Modellversuch und die Grundschule Nettelnburg. In: GEW (Hrsg.): Integration fördern

statt behindern. Im Brennpunkt 1986, 16 - 19
MUTH, J.: Die Empfehlung des Deutschen Bildungsrates und ihre Wirkungen. Die Grundschule 1983, Heft 10, 15 - 18
MUTH, J.: Integration von Behinderten. Essen: Neue deutsche Schule 1986
PETILLON, H.: Der ungeliebte Schüler. Braunschweig: Westermann 1978
PETILLON, H.: Soziometrischer Test für 3. - 7. Klassen, ST3-7. Weinheim: Beltz 1980a
PETTILON, H.: Soziale Beziehungen in Schulklassen. Weinheim: Beltz 1980 b
PETILLON, H.: Validität und Reliabilität des soziometrischen Tests. In: INGENKAMP, K. (Hrsg.): Wert und Wirkung von Beurteilungsverfahren. Weinheim: Beltz 1981
PREUSS-LAUSITZ, U.: Schule ohne Aussonderung - Stadtteilschule für alle. In: GEW, Bezirksverband Lüneburg (Hrsg.): Beiträge zur Gestaltung einer anderen Schule. Soltau: Verlag Schulte 1986, 18 - 26
RADIGK, W.: Integration Behinderter in den USA. Z. Heilpädagogik 1982, 662 - 667
SCHUBÖ, W. & UEHLINGER, H.-M.: SPSS-X. Stuttgart: Fischer 1984
SECORD, P. F. & BACKMANN, C. W.: Sozialpsychologie. Frankfurt: Fachbuchhandlung für Psychologie 1976
STADLER, H.: Hilfen zur Integration junger Körperbehinderter. Sonderpädagogik 1985, 171 - 180
STRAUB, E.: Entwicklung prosozialen Verhaltens. München: Urban & Schwarzenberg 1982
WATZLAWICK, P.; BEAVIN, J. & JACKSON, D. D.: Menschliche Kommunikation. Bern: Huber 1974, 4. Auflage
WOCKEN, H.: Am Rande der Normalität. Rheinstetten: Schindele 1983

Hans Wocken

SCHULLEISTUNGEN IN INTEGRATIONSKLASSEN

1. Fragestellung

Auf der dritten Tagung der Bundesarbeitsgemeinschaft "Gemeinsam leben, gemeinsam lernen - Eltern gegen Aussonderung behinderter Kinder" in Saarbrücken (1985) wurde eine Arbeitsgruppe angeboten mit dem Thema: "Welche Rolle spielen "Leistungen" in Integrationsklassen?" Der Begriff Leistung findet sich hier eigens durch Gänsefüßchen eingerahmt und eingekleidet in einen Fragesatz. Aus der äußeren Form des Themas spricht in symbolischer Dichte ungläubiges Erstaunen über die unerwartete enge Verbindung, die Leistung und Integration eingegangen sind. Integrative Erziehung und Förderung schulischer Leistungen scheinen nicht selbstverständlich zusammenzugehören und für eine harmonische Beziehung nicht geschaffen. Die Beziehung zwischen Integration und Leistung wird als fragwürdig, ja als widersprüchlich und konfliktträchtig wahrgenommen und beurteilt. Einige Konturen dieser problemreichen Beziehung sollen einleitend skizziert werden.

Die pädagogischen Ziele integrativer Erziehung werden sehr häufig durch die Kurzformel "gemeinsam leben lernen" zum Ausdruck gebracht. Auf Veranstaltungsplakaten und Informationsbroschüren findet sich immer wieder diese knappe Zielvorstellung. So trägt etwa die Schrift der Integrativen Montessorischule Münsterland genau diesen Titel: "Gemeinsam leben lernen" (1985). Neben manchen örtlichen Elterninitiativen führt ja auch die Bundesarbeitsgemeinschaft der Eltern in ihrem Namen die Leitidee "Gemeinsam leben, gemeinsam lernen". Ferner kann auf einen einschlägigen Sammelband hingewiesen werden: "Gemeinsam leben - gemeinsam lernen" (VALTIN, SANDER & REINARTZ 1984).

Die Beispiele ließen sich fortsetzen. Integrativen Bestrebungen geht es offenkundig nicht nur darum, daß behinderte und nichtbehinderte Kinder in schulischen Einrichtungen gemeinsam lernen und gemeinsam unterrichtet werden, sondern das gemeinsame Lernen soll auch einen bestimmten Inhalt haben, nämlich das gemeinsame Leben. Die Programmatik "gemeinsam leben lernen" beinhaltet mithin ein neues Verständnis der Ziele und Aufgaben der Schule. Das gemeinsame Leben, das Miteinander behinderter und nichtbehinderter Kinder soll fortan ein wichtiges Aufgabenfeld der Schule sein, es soll neben der Vermittlung grundlegender Fähigkeiten, Fertigkeiten und Kenntnisse in der neuen, integrativen Schule besondere Berücksichtigung finden. Durch integrative Erziehung soll die wechselseitige "humane Annahme" (BILDUNGSRAT 1973, 27) gefördert und Mitmenschlichkeit praktisch eingeübt werden.

Nun sind Wissensvermittlung und Umgangslernen, kognitives und soziales Lernen gewiß nicht pädagogische Ziele, die unbedacht und beliebig miteinander verbunden werden könnten. Die Vorstellungen über die grundsätzliche Vereinbarkeit und über das rechte Mischungsverhältnis von sozialem Lernen und schulischem Lernen gehen weit auseinander, mitunter werden sie sogar als konkurrierende Erziehungsziele oder als sich ausschließende Alternativen verstanden. Wo immer eines der konkurrierenden Erziehungsziele in besonderer Weise betont wird, muß dies nach verbreiteter Auffassung notwendig auf Kosten des anderen Erziehungsziels gehen.

So wird etwa befürchtet, daß das Leistungslernen das Umgangslernen nicht hinreichend zur Entfaltung kommen läßt und empfindlich beeinträchtigt. Eine starke oder einseitige Betonung des Leistungsgedankens gilt als unvereinbar mit dem Anliegen integrativer Erziehung. Insbesondere dort, wo sich die Leistungsorientierung mit einem rigiden Zensuren-, Zeugnis- und Versetzungssystem verbindet, geraten sozialerzieherische Intentionen ins Hintertreffen. Durch Sitzenbleiben werden Lerngruppen auseinandergerissen, durch Zeugnisse erhalten die Leistungsfächer faktische Priorität vor anderen Zielen, durch Benotungen wird eine egalitäre Klassengemeinschaft in eine hierarchische Leistungsgesellschaft verwandelt. In der leistungsorientierten Schule gelten gute Leistungen mehr als prosoziales Verhalten. Der Wettbewerb um die knappen guten Noten erfordert kein partnerschaftliches Miteinander, sondern die Tüchtigkeit des Einzelnen, die sich in der Konkurrenz mit anderen erweist und im Bessersein als andere bewährt. In einem Klima individueller Leistungskonkurrenz kann die Bereitschaft zu kooperativem Verhalten nicht gedeihen. Durch Leistungs- und Konkurrenzlernen, so wird befürchtet, werden sozialintegrative Lernprozesse verhindert, unterdrückt, ja korrumpiert.

Die Integrationsbewegung befindet sich deshalb in einer kritischen Distanz zum Leistungsprinzip, das als möglicher Gegenspieler und Widersacher des Integrationsgedankens mit argwöhnischer Aufmerksamkeit bedacht wird. Die Leistungskritik rückt die Integrationsbewegung in die Nähe jener Strömungen und Gruppen, die zu postmaterialistischen Wertorientierungen tendieren, sich für reformpädagogische Konzepte aufgeschlossen zeigen und sich eine kindgerechte Grundschule wünschen. Aufgrund mancher ideologischer Verwandtschaften mit alternativen Orientierungen wird die Integrationsbewegung für bürgerlich-konservative Kreise nicht gerade attraktiver, sonder eher suspekt. Die Leistungskritiker geraten unversehens und ungewollt in den Verdacht der Leistungsverweigerung. Im Bewußtsein der Leistungsgesellschaft hat sich die hartnäckige und schier unkorrigierbare Alternative eingenistet: Wer für Integration ist, ist gegen Leistung; wer für Leistung ist, kann nicht für Integration sein.

In offiziellen Dokumenten von Schulversuchen sowie in theoretischen Beiträgen wird die angesprochene Leistungskritik allenfalls verhalten geäußert. Konzeptionelle Entwürfe enthalten vielfach den lapidaren Satz, daß in integrierten Klassen nach den landesrechtlich geltenden Richtlinien und Lehrplänen unterrichtet wird. Damit sind unmißverständlich auch die Leistungsanforderungen der Schule im Grundsatz anerkannt.

Im behördlichen Genehmigungsschreiben der Fläming-Schule etwa wird davon ausgegangen, "daß der Unterricht in den als abweichende Organisationsform geführten 'Integrationsklassen' auf der Grundlage der geltenden Rahmenpläne organisiert wird". STOELLGER (1983, 176) schreibt kommentierend: "Der Rahmenplan der Grundschule gilt voll für alle nichtbehinderten Kinder und einen Teil der behinderten Kinder. Sie sollen auch die für die jeweilige Klassenstufe ausgewiesenen Lernziele erreichen."

Einer Abschwächung der üblichen Leistungsanforderungen an nichtbehinderte Kinder dürften auch erhebliche pädagogische und verfassungsrechtliche Bedenken gegenüberstehen. Aus dem Grundrecht der freien Persönlichkeitsentfaltung ergibt sich die verfassungsrechtlich gebotene Aufgabe der Schule, die individuellen Begabungen und Fähigkeiten a l l e r Schüler zu entfalten. Das gleiche Grundrecht aller Kinder auf freie Entfaltung ihrer Persönlichkeit gebietet, alle Kinder ihren Möglichkeiten entsprechend zu fördern, die verschiedenen Fähigkeiten und Entwicklungsbedürfnisse behinderter wie nichtbehinderter Kinder angemessen zu berücksichtigen und keine Gruppe zu Lasten der anderen unterrichtlich zu bevorzugen. Dieser Gedanke findet in dem Genehmigungsschreiben des Integrationsversuchs an der Fläming-Schule ausdrückliche Erwähnung: "Es muß abzusehen sein, daß behinderte Kinder durch ihre Behinderung nicht andere Kinder in ihren Entwicklungsmöglichkeiten beeinträchtigen." Und der Bildungsrat formuliert: "Andererseits darf auch durch die gemeinsame Unterrichtung das Lernen der Nichtbehinderten nicht beeinträchtigt werden" (BILDUNGSRAT 1973, 17).

Die Skizzierung der problemreichen Beziehung zwischen

Integration und Leistung muß hier abgebrochen werden; sie ist einer gediegenen gedanklichen Erörterung würdig, jedoch nicht Thema und Anliegen dieses Beitrages. Integrative Grundschulen sind gehalten, die Leistungsmöglichkeiten nichtbehinderter Kinder in vollem Umfange herauszufordern und zu erschließen. Sie dürfen in der Erfüllung ihrer Bildungaufgaben bei nichtbehinderten Kindern nicht hinter den Regelschulen zurückbleiben. Der Nachweis einer gleichwertigen Leistungsförderung ist in erster Linie den nichtbehinderten Kindern selbst, sodann auch der kritischen Öffentlichkeit geschuldet. Ohne diesen Nachweis dürfte es um die Legitimation von Integrationsklassen und um die Nachfrage nach Integrationsklassen gleichermaßen schlecht bestellt sein. In öffentlichen Veranstaltungen zum Thema Integration wird mit ängstlicher Besorgnis immer wieder und immer wieder mit großen Nachdruck gefragt, ob denn die Schulleistungen nichtbehinderter Kinder in Integrationsklassen genauso gut sind wie in Regelklassen. Diese Frage ist Gegenstand der nachstehenden Untersuchungen.

2. Hypothesen

Trotz erheblicher Nachfrage hat die Schulleistungsthematik in der wissenschaftlichen Begleitung von Integrationsversuchen erstaunlicherweise wenig Beachtung gefunden. Soweit Untersuchungen durchgeführt wurden, werden die Untersuchungsberichte vielfach nur als projektinterne Information behandelt und nicht einer breiteren Öffentlichkeit zugänglich gemacht. Ein Resumé zum Stand der einschlägigen Forschung kann daher an dieser Stelle aufgrund des Materialmangels nicht vorgelegt werden. Auf die Frage nach einer vergleichbaren Leistungsentwicklung von Integrations- und Regelschulklassen sollen deshalb in Form genereller Hypothesen mutmaßliche Antworten gegeben werden.

Bei einem Vergleich der Schulleistungen nichtbehinderter Kinder in regulären und integrierten Grundschulklassen können grundsätzlich fünf Ergebnisse erwartet werden:

2.1. Die Deprivationshypothese

Tiefsitzenden Ängsten und verbreiteter Meinung zufolge tragen einseitig die nichtbehinderten Kinder Risiko und Folgen einer integrierten Erziehung. Die erheblichen Förderbedürfnisse der behinderten Kinder beanspruchen in einem solchem Maße die Aufmerksamkeit und die Kräfte der Lehrer, daß die nichtbehinderten Kinder pädagogisch unterversorgt werden und zu kurz kommen.

Eine Leistungssteigerung der Regelschule ist dieser Hypothese zufolge allein dann möglich, wenn sie vom "Ballast" der behinderten Kinder "befreit" wird. Regelschulen nämlich, die von der pädagogischen Obsorge um behinderte Kinder entlastet sind, können ihre Bildungsbemühungen ausschließlich auf jene Kinder konzentrieren, die aufgrund zureichender Lernvoraussetzungen den schulspezifischen Anforderungen zu entsprechen vermögen. In Integrationsklassen dagegen wird durch die Anwesenheit der behinderten Kinder das Fördervermögen der Schule herabgesetzt. Weil die Entlastungsfunktion der Sonderschule in integrierten Einrichtungen ausfällt, wird folglich eine Deprivation der Leistungsentwicklung nichtbehinderter Kinder angenommen.

Die Entlastungsfunktion der Sonderschulen ist beileibe kein neuzeitlicher Gedanke, sondern ein historisches Motiv für die Einrichtung von Hilfsschulen gewesen. 1864 schrieb STÖTZNER:

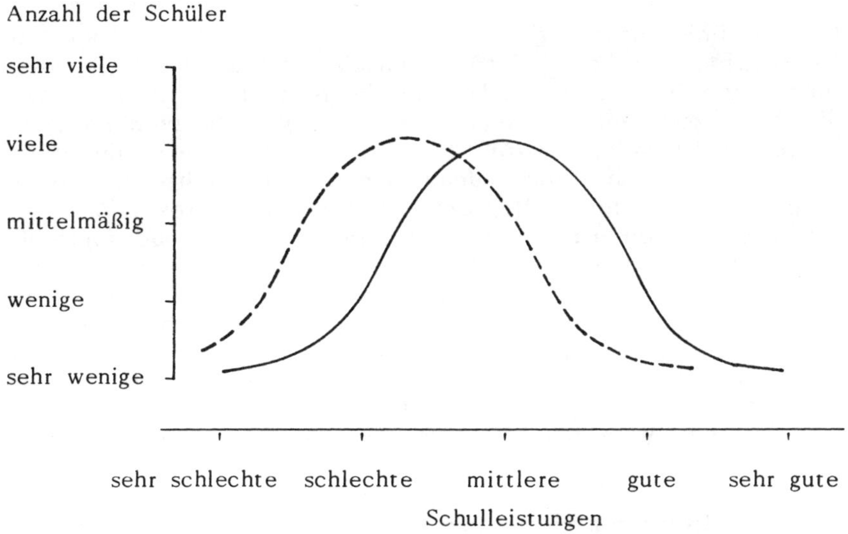

Abbildung 1: Die Deprivationshypothese
Im Vergleich mit Regelklassen ist in Integrationsklassen bei gleicher Streuung ein niedrigerer Mittelwert der Schulleistungen zu erwarten. (— Regelklassen; -- Integrationsklassen)

"Die Volksschule hat andere Aufgaben zu lösen, als sich mit geistig Schwachen und Stumpfsinnigen herumzumühen. Diese hindern und hemmen nur. Wieviel Höheres würde sie erreichen können, wenn sie von der Sorge um diese befreit würde! Man nehme die Schwächsten aus der Volkschule heraus, und man wird letztere in den Stand setzen, umso eher den Forderungen der Gegenwart nachzukommen" (STÖTZNER 1963, 7).

100 Jahre später äußert sich die Konferenz der Kultusminister in ihrem "Gutachten zur Ordnung des Sonderschulwesens" (1960) sehr ähnlich. Bei der Einweisung in eine Sonderschule sei zu prüfen, "ob und inwieweit Sonderschulbedürftige ihre Mitschüler in der allgemeinen Schule stören oder gefährden" (1960, 11).

Die Deprivationshypothese äußert sich empirisch in einem allgemeinen Rückgang der Schulleistungen. Im Vergleich mit Regelklassen ist in Integrationsklassen bei gleicher Streuung ein niedrigerer Mittelwert zu erwarten (Abbildung 1).

2.2 Die Optimierungshypothese

Die Optimierungshypothese ist das konträre Gegenstück zur Deprivationshypothese. Integrationsklassen werden allerorten immer durch mehrere Pädagogen betreut, in aller Regel ist die gleichzeitige Anwesenheit von zwei Pädagogen gewährleistet. In Hamburg wird die Arbeit des Grundschullehrers unterstützt durch eine Pädagogische Unterrichtshilfe sowie durch einen Sonderschullehrer, der pro behindertes Kind etwa 2,5 Stunden einbringt. Die Aufstockung des pädagogischen Personals in Integrationsklassen ergibt in Verbindung mit einer Senkung der Klassenfrequenz auf 20 bzw. 15 Kinder eine sehr günstige Lehrer-Schüler-Relation. Die hohe Betreuungsdichte dürfte allen Kindern zugute kommen und das Leistungsprofil der Klasse insgesamt zum Positiven hin verändern. Empirische Indizien der Leistungsoptimierung sind ein höherer Mittelwert bei unveränderter Streuung (Abbildung 2).

2.3. Die Nivellierungshypothese

Das Nivellierungsargument ist aus der Gesamtschuldiskussion bekannt. Den Vertretern der Nivellierungshypothese ist rundherum unbegreiflich, daß der Unterricht mit extrem hetero-

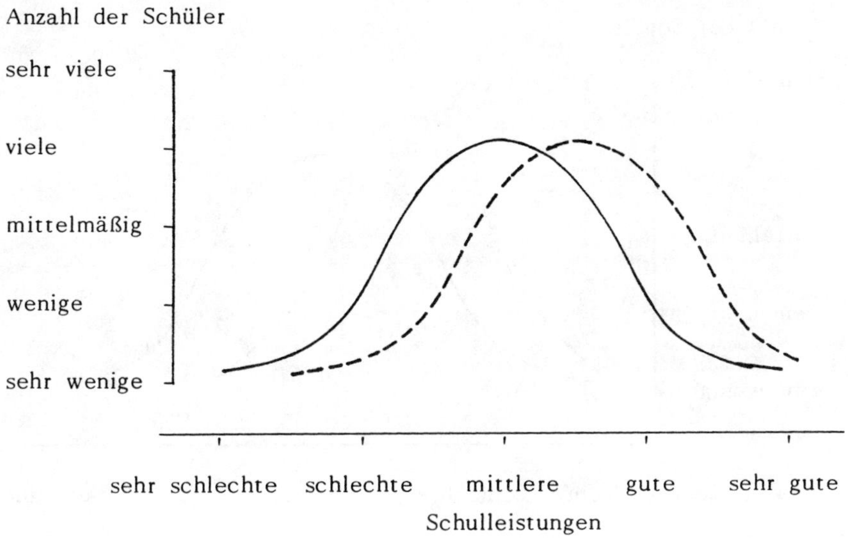

Abbildung 2: Die Optimierungshypothese
Im Vergleich mit Regelklassen ist in Integrationsklassen bei gleicher Streuung ein höherer Mittelwert der Schulleistungen zu erwarten.
(— Regelklassen; -- Integrationsklassen)

genen Gruppen für alle Beteiligten nutzbringend sein kann. Die ungewöhnliche Vielfalt einer integrativen Lerngruppe kann ihrer Auffassung nur dadurch bewältigt werden, daß die Lehrer die unterrichtlichen Angebote auf ein imaginäres Mittelmaß zuschneiden und die Anforderungen insgesamt herabsetzen. Bei dieser "Gleichmacherei" kommen notwendigerweise die besser begabten Schüler zu kurz. Hochbegabte Schüler werden bei integrativer Förderung in ihrer Entwicklung gebremst und zurückgestutzt. Die Nivellierungshypothese prognostiziert einen leicht reduzierten Mittelwert sowie eine erheblich geringere Streuung: Durch Integration geht die Leistungspitze einer Klasse verloren (Abbildung 3).

2.4 Die Homogenisierungshypothese

Die Homogenisierungshypothese verbindet die negative Prognose der Nivellierungshypothese für die guten Schüler mit einer positiven Prognose für die schwachen Schüler. Der integrativen

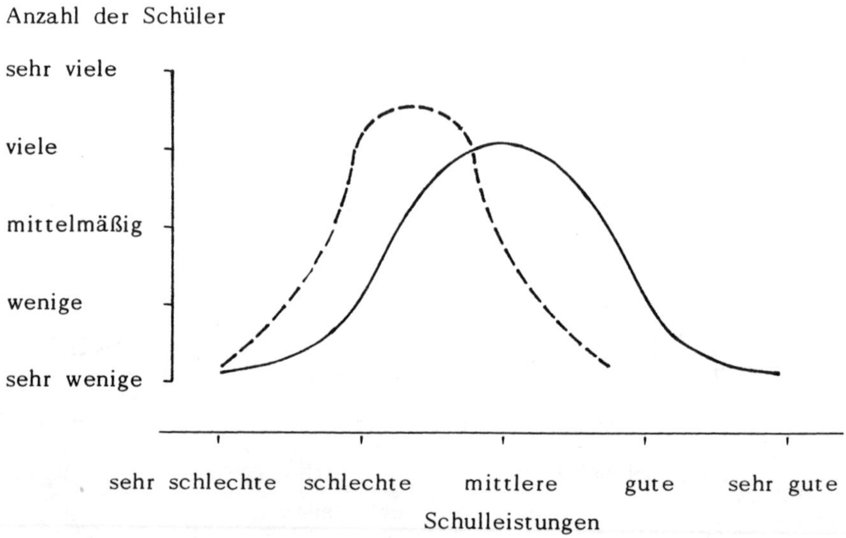

Abbildung 3: Die Nivellierungshypothese
Im Vergleich mit Regelklassen sind in Integrationsklassen ein geringerer Mittelwert und eine geringere Streuung der Schulleistungen zu erwarten. (— Regelklassen; -- Integrationsklassen)

Erziehung wird zugestanden, daß sie sich der schwachen Schüler in besonderer Weise annimmt und ihre Leistungschancen deutlich verbessert. Von integrativer Erziehung profitieren die Schwachen auf Kosten der Starken. Die Vielfalt einer integrativen Lerngruppe wird mehr und mehr eingeebnet, es gibt keine Leistungsspitze mehr, aber auch keine Leistungsversager. Alle Schüler werden durch Integration zunehmend "gleicher". Empirisch ist bei unverändertem Mittelwert vor allem eine drastisch geringere Streuung der Schulleistungen zu erwarten (Abbildung 4).

2.5 Die Patthypothese

Die angeführten Hypothesen können alle miteinander mehr oder minder plausible Begründungen für ihre Annahmen anführen. Denkbar erscheint schließlich, daß sich die günstigen wie ungünstigen Bedingungen integrativer Erziehung in ihrer kumulativen Wirkung insgesamt aufheben und letztendlich neutrali-

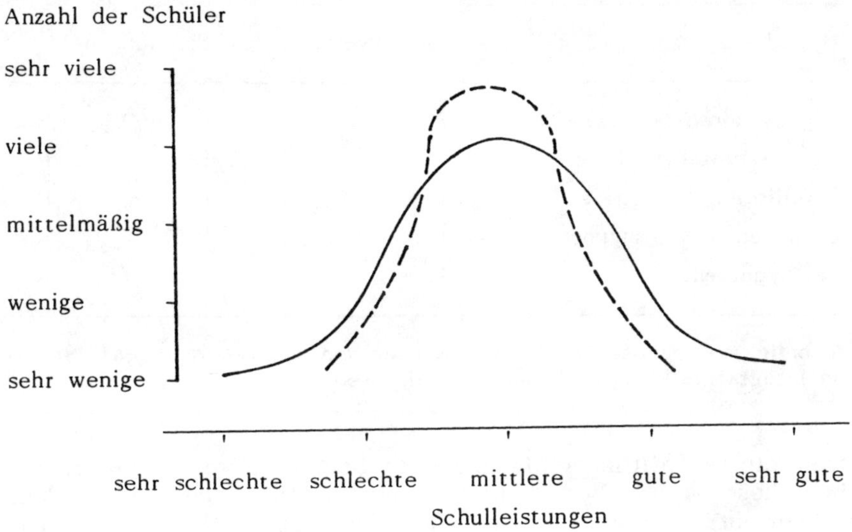

Abbildung 4: Die Homogenisierungshypothese
Im Vergleich mit Regelklassen ist in Integrationsklassen bei gleichem Mittelwert eine erheblich geringere Streuung der Schulleistungen zu erwarten. (— Regelklassen; -- Integrationsklassen)

sieren. Weder die Regelklassen noch die Integrationsklassen können durchgängig deutliche Vorteile in der Leistungsförderung von nichtbehinderten Kindern für sich verbuchen. Unter dem Strich bleibt alles beim alten.
Tabelle 1 stellt die Prognosen der angeführten Hypothesen zusammenfassend dar. Eine Hypothese kann dabei nur dann als bestätigt gelten, wenn beide empirischen Indizien (Mittelwert und Streuung) gleichzeitig zutreffen.

Abschließend gilt es vorab in Unkenntnis der Ergebnisse zu bedenken, wie die einzelnen Hypothesen zu bewerten sind, welche Hypothesen pro oder contra Integration sprechen. Eine Bestätigung der Nivellierungshypothese und der Deprivationshypothese wäre unter dem Aspekt einer gleichwertigen Förderung der Schulleistungen nichtbehinderter Kinder als Mißerfolg integrativer Bemühungen zu werten. Auch eine Verifizierung der Homogenisierungshypothese ist nicht unbedingt ein schmeichelhaftes Kompliment für schulische Integration; sie setzt Diskussionen darüber in Gang, ob der Bildungsanspruch schwächerer Schüler stärker zu gewichten ist als

Hypothese	Mittelwerte			Streuungen		
Deprivationshypothese	I	<	R	I	=	R
Optimierungshypothese	I	>	R	I	=	R
Nivellierungshypothese	I	<	R	I	<	R
Homogenisierungshypothese	I	=	R	I	<	R
Patthypothese	I	=	R	I	=	R

Tabelle 1: Prognose der Schulleistungen von nichtbehinderten Schülern in Integrationsklassen (I) und Regelklassen (R).

das Selbstentfaltungsrecht besserer Schüler. Die Optimierungshypothese - dies bedarf kaum einer ausführlichen Begründung - spricht uneingeschränkt für integrative Erziehung. Die Patthypothese schlußendlich bringt die Kritiker schulischer Integration in Argumentationsnöte. Wenn nämlich integrative Erziehung für die Leistungsentwicklung nichtbehinderter Schüler nicht nachteilig ist, warum sollten dann behinderte Kinder als "Ballast" ausgegrenzt werden?

3. Methode der Untersuchung

3. 1. Untersuchungsdesign

Nichtbehinderte Kinder sollen in Integrationsklassen genau soviel lernen wie in normalen Grundschulklassen, so lautet eine Zielsetzung integrativer Grundschulklassen. Es gilt empirisch zu überprüfen, ob dieser Anspruch einer gleichwertigen Leistungsförderung nichtbehinderter Kinder von den Integrationsklassen in Hamburg wirklich eingelöst wird.

Die Fragestellung, ob Integrationsklassen mit anderen Grundschulklassen vergleichbare Schulleistungen erbringen, weist schon in der Formulierung auf eine Kontrollgruppenanordnung hin. Die Schulleistungen der Integrationsklassen als Experimentalgruppe sind mit den Schulleistungen anderer Grundschulklassen als Kontrollgruppe zu vergleichen.

Für die vergleichenden Untersuchungen können auf zweierlei

Wegen Kontrollklassen herangezogen werden. Zunächst bietet es sich an, von jenen Grundschulen, die Integrationsklassen führen, Parallelklassen einzubeziehen. Dies hat den Vorteil, daß die schulische und außerschulische Umwelt der Versuchs- und Kontrollgruppenschüler vergleichbar ist. Allerdings kann Parallelklassen, die mit dem Schulversuch eigentlich nichts zu tun haben und nur "aus wissenschaftlichen Gründen" einbezogen werden, die Notwendigkeit vergleichender Untersuchungen nicht immer einsichtig gemacht werden. Sie sind deshalb auch schwieriger für eine Mitarbeit zu gewinnen.

Eine andere Möglichkeit besteht darin, standardisierte Testverfahren zu verwenden und die Testergebnisse der Eichstichprobe als Vergleichswerte heranzuziehen. Voraussetzung für dieses Verfahren ist, daß für die verwendeten Teste aktuelle, nicht überalterte Standardisierungsnormen vorliegen.

Für die vergleichenden Untersuchungen der Schulleistungen nichtbehinderter Kinder in Integrations- und Regelklassen wurde ein gemischtes Untersuchungsdesign gewählt. Im 1. Schuljahr dient die Standardisierungsstichprobe eines Tests als Kontrollgruppe, im 2. Schuljahr bilden einige Parallelklassen von integrativen Grundschulen die Kontrollgruppe.

Leitender Gesichtspunkt für die Wahl der zu überprüfenden Leistungsbereiche war das Kriterium der Relevanz. Die ausgewählten Leistungsbereiche sollten wichtige Lernziele der Grundschule repräsentieren. Im Verständnis der Grundschulrichtlinien wie der Öffentlichkeit gehört die Vermittlung der Kulturtechniken Lesen, Schreiben und Rechnen zu den zentralen Aufgaben der Grundschule. Da das Rechtschreiben mindestens in den ersten Grundschuljahren von nachrangiger Bedeutung ist, verbleiben als relevante Prüfbereiche Lesen und Rechnen.

Bei der Auswahl der Prüfbereiche und Prüfverfahren fanden ferner psychohygienische und untersuchungsökonomische Gesichtspunkte Beachtung. Die Durchführung von Testuntersuchungen muß den Kindern in der Häufigkeit und im zeitlichen Umfang zuträglich sein und darf ferner in der Art der Durchführung nicht allzusehr von gewohnten Unterrichtsritualen abweichen. Auch die Lehrer sollten durch die Testungen möglichst wenig beansprucht werden.

Insgesamt ging es darum, mit geringem Aufwand und sparsamen Mitteln möglichst verläßliche Informationen darüber zu gewinnen, wie es um die Schulleistungen nichtbehinderter Kinder in den Hamburger Integrationsklassen bestellt ist. Zu diesem Zweck erschienen jährliche Vergleichsuntersuchungen

Schuljahr	Leistungsbereich	Versuchsgruppe	Kontrollgruppe
1	"Lesefertigkeit"	13 Integrationsklassen	Eichstichprobe
2	"Zahlenrechnen"	7 Integrationsklassen	7 Parallelklassen
	"Leseverständnis"	7 Integrationsklassen	10 Parallelklassen

Tabelle 2: Untersuchungsplan

ausreichend.

Aus den angestellten Überlegungen ergibt sich zusammenfassend folgendes Untersuchungsdesign (Tabelle 2): Jeweils zum Schuljahrsende werden vergleichende Untersuchungen zur Überprüfung schulischer Leistungen durchgeführt. Im 1. Schuljahr wird die "Lesefertigkeit" nichtbehinderter Kinder aus Integrationsklassen mit den Testergebnissen der Eichstichprobe verglichen. Im 2. Schuljahr werden in Integrationsklassen und ihren Parallelklassen das "Leseverständis" und das "Zahlenrechnen" überprüft.

3. 2. Untersuchungsverfahren

Für die Leistungsbereiche "Lesen" und "Rechnen" in den Klassen 1 und 2 liegen eine ganze Reihe von Testverfahren vor (INGENKAMP 1985). Für das 1. Schuljahr kam es im "Lesen" besonders darauf an, ein Testverfahren mit aktueller Normierung zu finden, um die Eichstichprobe als Quasi-Kontrollgruppe einsetzen zu können. Hier fiel die Wahl auf den "Diagnostischen Lesetest zur Frühdiagnose" (DLF 1-2) von MÜLLER (1984).

Für das 2. Schuljahr erschien der Subtest "Leseverständnis" aus dem "Allgemeinen Schulleistungstest für 2. Klassen" (AST 2) ein brauchbares Verfahren. Im Rechnen kamen die verfügbaren Testverfahren wegen unzureichender Übereinstimmung mit den Hamburger Richtlinien und Lehrplänen nicht in Betracht. Hier wurde ad hoc eine eigene informelle Aufgabenprobe zusammengestellt.

Die verwendeten Prüfverfahren sollen nun im einzelnen genauer beschrieben werden.

3.2.1 "Lesefertigkeit"

Der "Diagnostische Lesetest zur Frühdiagnose" (DLF 1-2) ist ein Wort-Lesetest zur Erfassung der Lesefertigkeit. Er enthält 33 einzelne Wörter unterschiedlichen Schwierigkeitsgrades. Die Wörter wurden vom Testautor nach 4 Gesichtspunkten ausgesucht:

1. Besonders häufige Wörter (Untertest "Speichern"). Beispiele: ich, Mutter.
2. Seltene, aber einfach aufgebaute Wörter (Untertest "Synthese"). Beispiele: Amerika, Pauke
3. Kompliziert aufgebaute Wörter mit Konsonantenkombinationen (Untertest "Analyse"). Beispiele: anstrengen, Schnupfen
4. Zusammengesetzte Wörter (Untertest "Segmentierung"). Beispiele: Wagenräder, Bananeneis

Der DLF 1-2 ermöglicht eine objektive und zuverlässige Feststellung der Lesefertigkeit von Schülern des 1. und 2. Schuljahres. Das sinnerfassende Lesen wird nicht diagnostiziert. Die qualitative Auswertung der Leseleistung nach Wortgruppen kann diagnostische Hinweise auf Schwächen in Teilbereichen des Lesens geben.

Bei Validitätsüberprüfungen wurde eine gute Übereinstimmung zwischen dem Lehrerurteil und Testergebnis (r = 0.73) und ein geringer Zusammenhang mit einem sprachfreien Intelligenztest (r = 0.29) ermittelt. Es liegen 2 in Schwierigkeit und Zuverlässigkeit äquivalente Parallelformen vor, die Paralleltest-Zuverlässigkeit ist sehr hoch (r = 0.96).

Der DLF 1-2 ist relativ leicht; er eignet sich vornehmlich zur Diagnose leseschwacher Schüler und besitzt im oberen Leistungsbereich keine ausreichende Differenzierungskraft.

Der DLF 1-2 ist ein Einzeltest. Die Wörter müssen von den Kindern einzeln laut gelesen werden. Protokolliert werden jeweils Lesefehler und Lesezeit. Die maximale Lesezeit pro Wort beträgt 20 Sekunden. Als Lesefehler gelten falsch gelesene und nicht innerhalb der Zeitgrenze gelesene Wörter sowie nicht korrigierte Falschlesungen.

Der DLF 1-2 ist grundsätzlich von Mitte Klasse 1 bis Mitte Klasse 2 anwendbar. Wegen des raschen Lernzuwachses zu Beginn des Lesenlernens sind die Normen allerdings nur kurzzeitig gültig, nämlich für Ende Klasse 1 und Mitte Klasse 2. Da die vorliegenden Untersuchungen im letzten Monat des 1. Schuljahres durchgeführt wurden, können auch die Normentabellen des Tests Anwendung finden.

Der DLF 1-2 ist insgesamt ein für den anstehenden Untersuchungszweck brauchbares Verfahren zur objektiven und zuverlässigen Feststellung der Lesefertigkeit.

Die praktische Durchführung der Testungen lag in den Händen von Personen, die nicht den Pädagogenteams angehörten und mit den Testinstruktionen vertraut waren. Die Durchführungszeit betrug pro Kind etwa 4 bis 8 Minuten.

Da bei den vergleichenden Untersuchungen das evaluative Interesse im Vordergrund stand, wurde bei der Auswertung auf eine qualitative Diagnose nach Teilleistungen verzichtet und lediglich eine quantitative Bewertung der Leseleistungen nach Lesefehlern vorgenommen.

3.2.2 "Zahlenrechnen"

Die Entwicklung eines eigenen Prüfverfahrens zur Feststellung der Rechenfertigkeit von Grundschülern des 2. Schuljahres erfolgte in starker Anlehnung an den Subtest "Zahlenrechnen" aus dem "Allgemeinen Schulleistungstest für 2. Klassen" (AST 2) von RIEDER (1971).

Der informelle Test besteht aus 28 Aufgaben. Überprüft wird die Rechenfertigkeit in den Aufgabenklassen

- Addition und Subtraktion von Einern und Zehnern mit Zehnerüberschreitung im Zahlenraum bis 100;
- Multiplikation von Einern (Kleines Einmaleins) einschließlich der Umkehroperationen.

Der Test wurde als Gruppentest gleichzeitig mit allen Kindern der Klasse durchgeführt. Die Testbearbeitung wurde anhand von 2 Beispielaufgaben eingeübt. Die Testdurchführung lag in den Händen der Klassenlehrer. Der Test wurde ohne Zeitbegrenzung durchgeführt, allerdings wurde die benötigte Arbeitszeit in Minuten protokolliert.

Um die instrumentelle Güte des Prüfverfahrens abzusichern, wurde eine Aufgabenanalyse durchgeführt. Tabelle 3 enthält die Ergebnisse. Wegen unzureichender Trennschärfe wurden die Aufgaben 1 und 2 eliminiert. Die Endfassung des Tests "Zahlenrechnen" (ZR) beinhaltet somit 26 Aufgaben. Jede richtige Lösung wurde mit einem Punkt bewertet.

Die Aufgaben des ZR sind relativ leicht. Die durchschnittliche Aufgabenschwierigkeit beträgt $p = 0.67$, d. h. die Aufga-

Item	Zahlenrechnen Schwierigkeit	Trennschärfe	Leseverständnis Schwierigkeit	Trennschärfe
1	0.94	0.22 *	0.75	0.25 *
2	0.92	0.29 *	0.83	0.32
3	0.80	0.46	0.78	0.12 *
4	0.77	0.46	0.71	0.35
5	0.82	0.37	0.83	0.40
6	0.82	0.33	0.75	0.52
7	0.64	0.40	0.77	0.28 *
8	0.69	0.43	0.77	0.44
9	0.60	0.49	0.81	0.42
10	0.39	0.41	0.65	0.41
11	0.60	0.56	0.63	0.39
12	0.60	0.55	0.41	0.26 *
13	0.63	0.63	0.67	0.46
14	0.57	0.62	0.63	0.51
15	0.53	0.59	0.56	0.32
16	0.59	0.63	0.39	0.34
17	0.86	0.41	0.48	0.47
18	0.82	0.56	0.46	0.43
19	0.87	0.65	0.18	0.19 *
20	0.85	0.59	0.23	0.28 *
21	0.76	0.50		
22	0.60	0.45		
23	0.71	0.62		
24	0.72	0.68		
25	0.58	0.66		
26	0.62	0.64		
27	0.56	0.64		
28	0.53	0.55		

Tabelle 3: Itemanalyse der Prüfverfahren "Zahlenrechnen" (ZR) und "Leseverständnis" (LV) (* = seligierte Items)

ben wurden durchschnittlich von 67 Prozent der Schüler gelöst. Die Trennschärfekoeffizienten sind gut bis sehr gut. Die Aufgaben sind also geeignet, zwischen guten und schlechten Schülern zu differenzieren.

Die instrumentelle Zuverlässigkeit, berechnet als innere Konsistenz, ist mit Cronbach-Alpha = 0.92 so gut wie bei publizierten Tests. Von den Lehrern wurde die Lehrplangültigkeit bestätigt. Die Objektivität der Testdurchführung wurde durch schriftliche Instruktionen sichergestellt.

Der Test ZR genügt alles in allem den testdiagnostischen Gütekriterien in hohem Maße und ist deshalb für die Feststellung der Rechenfertigkeit von Grundschülern der Lernstufe 2 geeignet.

3.2.3 "Leseverständnis"

Um das Urteil über das Schulleistungsniveau von Integrationsklassen weiter abzusichern, wurde als ergänzendes Sichtungsverfahren ein Leseverständnistest hinzugezogen.

Das gewählte Verfahren ist ein Untertest aus dem "Allgemeinen Schulleistungstest für 2. Klassen" (AST 2). In der Handanweisung wird die diagnostische Zielsetzung des "Leseverständnistests" (LV) folgendermaßen beschrieben: "Das Kind soll hier zeigen, inwieweit es in der Lage ist, im stillen Lesen den Sinn eines Satzes zu erfassen. Es zeigt dies dadurch, daß es zunächst einen Satz liest und dann aus jeweils 4 vorgegebenen Wörtern das Wort aussucht, das inhaltlich am besten zu dem Satz paßt" (RIEDER 1971, 3). Ein Beispiel mag die Struktur der Leseverständnisaufgaben verdeutlichen:

Vater streicht den Lattenzaun an.
a) Nagel b) Hammer c) Pinsel d) Zange

Die ursprüngliche Absicht, die Güte der Testergebnisse anhand der Testnormen abzuschätzen, konnte nicht verwirklicht werden. Von den Lehrern wurde der Test als zu schwer, nicht kindgemäß und als heimlicher Intelligenztest klassifiziert.

Dieser Kritik wurde durch eine erneute Aufgabenanalyse (Tabelle 3) Rechnung getragen. Der Itemanalyse zufolge besteht der LV aus mittelschweren bis leichten Aufgaben. Bei einer mittleren Aufgabenschwierigkeit von p = 0.65 kann von einem schweren Test, der die Leseverständnisfähigkeit der Kinder überfordert, nicht die Rede sein.

Die vermutete Intelligenzabhängigkeit konnte nicht überprüft werden. Ein Zusammenhang von Intelligenz und Leseverständnis erscheint naheliegend und kann in gemäßigter Stärke durchaus akzeptiert werden. Laut Handanweisung korreliert der Test LV mit der Lehrerbeurteilung im Lesen (r = 0.64) und mit dem Lesetest LT 2 (r = 0.71) hoch; zuvörderst wird durch den LV also wohl das sinnverstehende Lesen und nicht Intelligenz geprüft.

Aufgrund unzureichender Trennschärfewerte (r 0.30) mußten 6 Aufgaben (1, 3, 7, 12, 19, 20) ausscheiden. Die analysierte Endfassung besteht also aus 14 Aufgaben mit befriedigenden Schwierigkeits- und Trennschärfewerten sowie einer für Untersuchungszwecke ausreichenden Reliabilität (Alpha = 0.79).

Der LV kann nach den Ergebnissen der Aufgabenanalyse als ein brauchbares Prüfinstrument zur Feststellung des Leseverständnisses angesehen werden.

4. Ergebnisse

4. 1. "Lesefertigkeit"

Die Ergebnisse zum DLF 1-2 sind in Tabelle 4 numerisch und in Abbildung 5 grafisch dargestellt. Bei der Interpretation der Zahlen ist zu beachten, daß es sich um Lesefehler handelt. Je höher der Wert, desto schlechter die Lesefertigkeit.

Gruppe	Mittelwert	Streuung	Schülerzahl
1	8.8	7.1	9
2	7.6	9.2	10
3	12.5	7.8	18
4	8.8	7.3	17
5	3.3	4.9	17
6	6.3	5.7	11
7	1.0	2.0	11
8	6.6	8.2	18
9	8.4	7.4	11
10	7.5	7.9	16
11	9.6	10.2	9
12	3.8	6.0	11
13	2.4	3.3	18
Klasse 1 - 13	6.64	7.41	176
Teststichprobe	8.35	8.35	320

Tabelle 4: Mittelwerte und Streuungen der Lesefehler der Integrationsklassen und der Teststichprobe im "Diagnostischen Lesetest zur Frühdiagnose von Lesestörungen" (DLF 1-2)

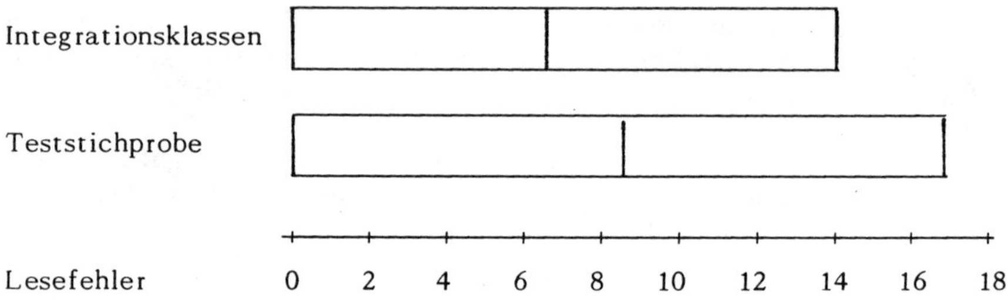

Abbildung 5: Leseleistungen der Integrationsklassen im Vergleich mit der Stichprobe des Tests DLF 1-2

Zwischen der Teststichprobe und den Integrationsklassen bestehen statistisch bedeutsame Leistungsunterschiede (t-Test: t = 2.31; p = 0.05). Die Integrationsklassen machen im Mittel fast zwei Lesefehler weniger. Auch die Streuung der Leistungen ist in den Integrationsklassen überzufällig geringer als in der Teststichprobe (F-Test: F = 1.27; p = 0.05). Die Integrationsklassen sind also in sich homogener und haben weniger Schüler mit gravierenden Leseproblemen. Im Test machen laut Testmanual 10 Prozent aller Schüler mehr als 21 Lesefehler und 25 Prozent mehr als 14 Fehler. In den Integrationsklassen sind es demgegenüber nur 6 Prozent der Schüler mit mehr als 21 Lesefehlern und 18 Prozent mit mehr als 14 Fehlern.

Die augenfälligste Differenz ist allerdings nicht zwischen der Versuchs- und Kontrollgruppe zu beobachten, sondern in der Versuchsgruppe selbst lokalisiert. Die 13 Integrationsklassen der Schuljahre 1983/84, 1984/85 und 1985/86 unterscheiden sich in ihrer Lesefertigkeit beträchtlich (Varianzanalyse: F = 3.2; p = 0.000). Hier machen die Erstklässler des zweiten und dritten Versuchsjahres (Klasse 4 bis 13) weitaus weniger Lesefehler und imponieren auch durch eine größere Leistungsdichte. Auch nach Rücksprache mit den Pädagogen konnten keine belegbaren Erklärungen für die unterschiedlichen Leseleistungen der einzelnen Klassen gefunden werden.

Klasse	Mittelwert	Streuung	Schülerzahl
I 1	21.1	3.1	8
I 2	18.4	6.3	10
I 3	19.3	5.6	18
I 4	16.3	6.5	16
I 5	21.1	4.2	16
I 6	18.5	6.4	12
I 7	21.8	4.3	12
K 1	19.8	3.9	23
K 2	11.0	8.3	23
K 3	14.6	6.8	25
K 4	16.4	6.7	22
K 5	21.4	4.4	24
K 6	11.2	9.0	12
K 7	18.7	4.6	13
Klassen I 1 bis I 7	19.4	5.6	92
Klassen K 1 bis K 7	16.4	7.3	142

Tabelle 5: Mittelwerte und Streuungen der Rechenleistungen der Integrationsklassen (I) und der Kontrollklassen (K) im Test "Zahlenrechnen" (ZR)

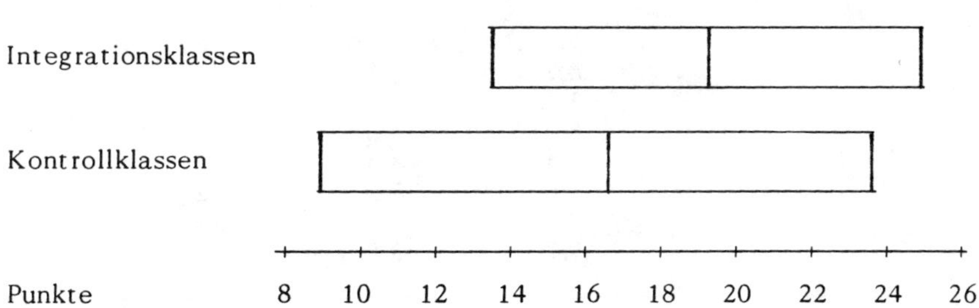

Abbildung 6: Rechenleistungen der Integrationsklassen im Vergleich mit den Kontrollklassen im Test "Zahlenrechnen" (ZR)

4. 2. "Zahlenrechnen"

Im "Zahlenrechnen" (ZR) konnten maximal 26 Punkte erzielt werden. Die 7 Integrationsklassen erreichen im Zahlenrechnen durchschnittlich 19.4 Punkte bei einer Streuung von s = 5.6. Für die 7 Kontrollklassen wurde ein Mittelwert von M = 16.4 und eine Streuung von s = 7.3 errechnet (Tabelle 5 und Abbildung 6). Die Integrationsklassen übertreffen also die Parallelklassen im Zahlenrechnen um 3 Punkte; diese Mittelwertdifferenz ist statistisch signifikant (Varianzanalyse: F = 11.1; p = 0.001). Ferner ist die Leistungsstreuung in den Integrationsklassen signifikant geringer (F-Test: F = 1.72; p = 0.01).

Die Leistungsunterschiede in der Rechenfertigkeit von nichtbehinderten Kinder aus verschiedenen Grundschulklassen

Klasse	Mittelwert	Streuung	Schülerzahl
I 1	8.8	4.4	10
I 2	10.5	3.7	10
I 3	10.5	2.2	18
I 4	7.0	4.0	17
I 5	12.2	1.6	16
I 6	9.4	3.5	12
I 7	11.6	1.9	12
K 1	9.2	2.2	22
K 2	8.1	3.7	20
K 3	9.4	2.5	18
K 4	8.7	3.5	24
K 5	8.5	3.4	21
K 6	8.2	2.8	24
K 7	8.5	3.3	25
K 8	9.8	3.3	22
K 9	7.7	4.0	12
K 10	9.7	3.5	13
Klassen I 1 bis I 7	10.0	3.5	95
Klassen K 1 bis K 10	8.8	3.2	201

Tabelle 6: Mittelwerte und Streuungen der Leseleistungen der Integrationsklassen (I) und der Kontrollklassen (K) im Test "Leseverständnis" (LV).

mögen vielfältige Gründe haben. Von der Größe der Klassen geht kein systematischer Einfluß auf den Leistungsstand im Rechnen aus. Dagegen hat die Tatsache, ob es sich um integrierte oder reguläre Grundschulklassen handelt, durchaus etwas mit den Leistungsunterschieden zwischen den Klassen zu tun.

4. 3. "Leseverständnis"

Der Test zur Erfassung des sinnverstehenden Lesens (LV) (Tabelle 6 und Abbildung 7) erbrachte bei der varianzanalytischen Prüfung statistisch relevante Unterschiede zwischen Integrations- und Kontrollklassen (Varianzanalyse: F = 8.79; p = 0.003). Der Leistungsvorsprung der Integrationsklassen ist allerdings sehr knapp und macht gerade einen Punkt im Leseverständnistest aus. Die geringfügig größere Streuung der Testleistungen in den Integrationsklassen muß als zufallsbedingt angesehen werden (F-Test: F = 1.18; p = 0.20). Innerhalb der Stichprobe der Integrationsklassen sind die Leistungsunterschiede beträchtlich. Sowohl die leistungsbeste als auch die leistungsschlechteste Klasse ist in den Reihen der Integrationsklassen zu finden.

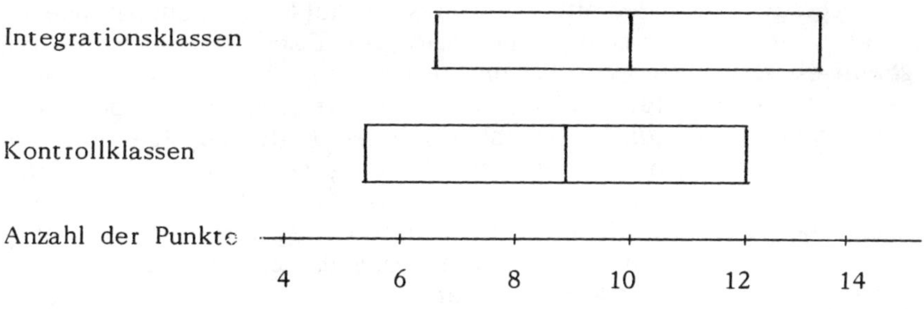

Abbildung 7: Leseleistungen der Integrationsklassen im Vergleich mit den Kontrollklassen im Test "Leseverständnis" (LV)

5. Interpretation der Ergebnisse

Die vergleichenden Untersuchungen der Schulleistungen nichtbehinderter Kinder in Integrationsklassen und Regelklassen können nicht auf den Weg gebracht werden, ohne sich ihres

Sinns und ihrer Legitimität in kritischer Weise zu vergewissern. Die Untersuchung schulischer Leistungen ist begründet in dem Anspruch aller Kinder, in all ihren Fähigkeiten ihren jeweiligen Möglichkeiten entsprechend gefordert und gefördert zu werden. Der Nachweis einer gleichwertigen Leistungsförderung nichtbehinderter Kinder in Integrations- und Regelklassen ist methodisch nur über den Vergleich zu führen. An dieser Stelle gerät nun ein durchaus berechtigtes Untersuchungsanliegen in Widerspruch zu pädagogischen Grundauffassungen einer integrativen Erziehung. Integrative Erziehung sucht "den Vergleich der Schüler untereinander zu vermeiden" (MUTH 1986, 136). Ein integrativer Unterricht ist auf die Individualisierung von Lernerwartungen und Lernprozessen aus; er orientiert sich in den Leistungsanforderungen und in der Leistungsbewertung am individuellen Vermögen jedes einzelnen Schülers und macht allen Schülern Lernfortschritte durch den Vergleich mit sich selbst erfahrbar (RHEINBERG 1980). Der Konflikt zwischen dem methodisch erforderlichen Vergleich und einem pädagogisch sinnvollen Leistungsverständnis fordert dazu auf, vergleichende Untersuchungen von Schulleistungen sparsam und sensibel durchzuführen.

Bei einer interpretierenden Würdigung der Ergebnisse sind die Einschränkungen, die sich aus dem Ziel und der Anlage der Untersuchung ergeben, tunlichst zu beachten:

Untersucht wurde die Leistungsentwicklung nichtbehinderter Kinder in Integrations- und Regelklassen. Die Förderung schulischer Leistungen ist unstreitig ein wichtiges Ziel einer integrativen Schule, aber keineswegs das einzige. Leistungsuntersuchungen in Integrationsklassen sind demzufolge für die Bewertung integrativer Schulversuche gewiß unerläßlich, aber doch nur ein Baustein aus einem größeren Mosaik relevanter Kriterien. Die Verengung des Leistungsbegriffs auf kognitive Leistungen, auf Schulleistungen ist bewußt zu halten.

Der Untersuchungsbericht bezieht sich ferner nur auf 7 Klassen eines 2. Schuljahres und 13 Klassen eines 1. Schuljahres. Die geringe Anzahl der Klassen läßt kein verallgemeinerungsfähiges Urteil über die Leistungsförderung nichtbehinderter Kinder in Integrationsklassen zu.

Über den geringen Stichprobenumfang hinaus verpflichtet auch die unvollständige Zeitperspektive zu zurückhaltenden Interpretationen. Untersucht wurden lediglich die Schulleistungen von Kindern des 1. und 2. Schuljahres. Die 2. Hälfte der Grundschulzeit steht noch aus. Wie die Leistungsentwicklung von nichtbehinderten Kindern aus Integrationsklassen im 3.

und 4. Schuljahr verlaufen wird, ist Aufgabe künftiger Untersuchungen und kann nicht im mindesten aus den Resultaten der ersten Grundschuljahre abgeleitet werden. Die zunehmende Leistungsprogression und -differenzierung und der wachsende gymnasiale Erwartungsdruck in der zweiten Hälfte der Grundschulzeit sind Bedingungskonstellationen, die eine gültige Prognose der künftigen Leistungsentwicklung nicht zulassen. Zur Halbzeit ist ein abschließendes Wort zum Thema "Schulleistungen in Integrationsklassen" allemal zu früh.

Die einschränkenden Bemerkungen wollen allen Versuchungen zu vorschnellen und unkritischen Generalisierungen entgegensteuern. Die Relativierung des Geltungsanspruchs macht die Untersuchungsergebnisse aber keineswegs gänzlich wertlos. Auch Halbzeitergebnisse sind Ergebnisse.

Die Bewertung der Untersuchungsergebnisse erfolgt zweckmäßigerweise nach den eingangs formulierten Hypothesen. Im "Leseverständnis" (LV) wurde für die Integrationsklassen ein besserer Leistungsdurchschnitt bei unveränderter Leistungsstreuung notiert. Die höheren Mittelwerte und geringeren Streuungen in der "Lesefertigkeit" (DLF 1-2) und im "Zahlenrechnen" (ZR) weisen auf einen Leistungsvorsprung der Integrationsklassen hin. Damit steht unabweisbar fest: Die Integrationsklassen stehen in ihren schulischen Leistungen nicht schlechter da als vergleichbare Grundschulklassen. Sowohl die Deprivationshypothese als auch die Nivellierungshypothese müssen angesichts dieser Befunde als falsifiziert angesehen werden.

Von den verbliebenen Untersuchungserwartungen gehören die Optimierungshypothese und die Homogenisierungshypothese zu den stärksten Konkurrenten. Auf den ersten Blick sprechen alle Anzeichen zugunsten der Optimierungshypothese. Bei allen 3 Prüfverfahren wurden signifikant höhere Mittelwerte für die Integrationsklassen ermittelt, also genau jene empirischen Kennwerte, die für eine allgemeine Steigerung der Lernleistungen einer Gruppe charakteristisch sind. Die geringeren Streuungen in den Testen "Lesefertigkeit" (DLF 1-2) und "Zahlenrechnen" (ZR) passen allerdings gar nicht zu den Annahmen der Optimierungshypothese, die bessere Durchschnittsleistungen bei unveränderten Streuungen behauptet (siehe 2.2). Gerade die verminderten Streuungen weisen nun empfehlend auf die Homogenisierungshypothese hin. Einer vollen Bestätigung der Homogenisierungshypothese stehen wiederum die deutlich besseren Mittelwerte entgegen. Weder die Optimierungshypothese noch die Homogenisierungshypothese haben damit beide empirischen Indizien - Mittelwert und Streuung - zugleich auf ihrer Seite. Bei dieser Befundlage kann folglich keine der beiden Hypothesen unbedenklich ratifiziert werden. Eine sachgerechte Interpretation der Untersuchungsergebnisse erfordert eine differenzierte Diskussion der konkurrierenden Hypothesen.

Prüfen wir zunächst die Homogenisierungsvermutung. Ein auffälliges Merkmal von Integrationsklassen scheint eine größere Leistungsdichte zu sein. In Integrationsklassen liegen die schwächeren und die stärkeren Kinder in ihren Leistungen gar nicht soweit auseinander. Integrationsklassen scheinen, soweit es die Schulleistungen nichtbehinderter Kinder betrifft, homogener zu sein. Dieser Anschein einer größeren Homogenität von Integrationsklassen ist vermutlich falsch.

Die Teste "Zahlenrechnen", "Leseverständnis" und "Lesefertigkeit" sind, wie aus der Beschreibung der Untersuchungsinstrumente erinnerlich, relativ leicht. Nun sind leichte Tests nicht in der Lage, zwischen guten und schlechten Schülern zu differenzieren. Bei leichten Tests haben viele Schüler eine Chance, gut abzuschneiden. Gute Schüler können erst bei mittelschweren bis schweren Aufgaben ihr wahres Können zeigen. Sie sammeln dann, wenn andere Schüler schon passen müssen, Punkte und setzen sich dadurch vom Klassendurchschnitt ab. Leichte Tests haben einen "Deckeneffekt", der die wahre Größe leistungsstarker Schüler nicht zur vollen Entfaltung kommen läßt. Die empirisch bemerkte größere Homogenität der Integrationsklassen könnte demzufolge auch ein Artefakt eines zu leichten Tests sein. Ein leichter Test erzeugt Homogenität als Kunstprodukt. Die größere Homogenität der Integrationsklassen ist vermutlich nur scheinbar gegeben, sie wurde durch den "Deckeneffekt" zu leichter Testverfahren künstlich erzeugt. Die Homogenisierungshypothese wird daher zurückgewiesen.

Und wie steht es um die Glaubwürdigkeit der Optimierungshypothese? Auch die Optimierungshypothese ist nicht hinreichend solide abgesichert. Nicht nur die geringeren Streuungen hindern daran, der Optimierungsvermutung zu folgen. Von einer wirklichen Leistungsüberlegenheit der Integrationsklassen kann wohl nur dann mit vollem Recht gesprochen werden, wenn die Differenz zwischen Integrationsklassen und Regelklassen in ihrem Ausmaß erwähnenswert und über alle Zweifel erhaben ist. Zwar sind die nichtbehinderten Kinder in Integrationsklassen nachweislich im Durchschnitt um 1, 2 oder gar 3 Punkte besser als Schüler aus Parallelklassen, aber dieser Leistungsvorteil ist eher vordergründig gegenüber einem anderen, wesentlicheren Befund.

Die eigentlichen Unterschiede sind nämlich den Untersuchungsergebnissen zufolge nicht z w i s c h e n den Systemen "Integrationsklasse" und "Regelklasse", sondern i n n e r h a l b der Systeme zu finden. Vom System selbst geht kein entscheidender Einfluß auf die Leistungsentwicklung nichtbehinderter Kinder aus. Durchgängige Leistungsunterschiede findet man hingegen sowohl zwischen den einzelnen Integrationsklassen als auch zwischen den einzelnen Kontrollklassen.

Ob die unterschiedlichen Schulleistungen nichtbehinderter Kinder in Integrations- und Regelklassen eher durch die Zugehörigkeit zu bestimmten Schulklassen oder eher durch die Zugehörigkeit zu einem bestimmten Grundschulsystem bedingt sind, kann empirisch durch die Eta-Statistik von Varianzanalysen (BORTZ 1985, 338) präzisiert werden. Nach Tabelle 7 ist die Unterschiedlichkeit der Schulleistungen etwa zu 20 Prozent auf den Faktor Schulklasse und nur zu 5 Prozent auf den Faktor Schulsystem zurückzuführen. Der durchschlagende Effekt ist also nicht der Systemeffekt, sondern der Klasseneffekt. Es gibt gute Klassen und es gibt weniger gute Klassen, und zwar in beiden Systemen.

	unabhängige Variablen	
abhängige Variablen	Schulsystem	Schulklassen
"Lesefertigkeit"		0.19
"Zahlenrechnen"	0.05	0.26
"Leseverständnis"	0.03	0.14

Tabelle 7: Eta-Quadrate für die gemeinsame Varianz zwischen den unabhängigen Variablen Schulklassen und Schulsystem (Regelklasse versus Integrationsklasse) und den abhängigen Variablen "Lesefertigkeit", "Zahlenrechnen" und "Leseverständnis"

Weil auch die Optimierungshypothese nicht auf sicheren Füßen steht, entschließen wir uns, in diesem Falle - wie es in der Sprache der Statistik heißt - "konservativ" zu argumentieren und die sichere, aber weniger vorteilhafte Patthypothese zuungunsten der zwar günstigeren, aber ungewissen Optimierungshypothese anzunehmen. Integrationsklassen bedürfen zu ihrer Rechtfertigung nicht der Optimierungshypothese. Integrationsklassen haben ja in erster Linie gar nicht die Absicht, nichtbehinderte Kinder in den schulischen Leistungen noch besser zu fördern als Regelklassen der Grundschule; dies ist daher auch nicht zu beweisen. Sie wollen hingegen nichtbehinderte Kinder mindestens genauso gut fördern, wie dies überlicherweise in Grundschulen geschieht. Genau dieser Anspruch einer gleichwertigen Leistungsförderung wird durch die Untersuchungsergebnisse in solider Weise und mit einer beruhigenden Sicherheitsmarge eingelöst.

Anstelle vollmundiger großer Worte und ungewisser Überlegenheitsbehauptungen entschließen wir uns daher zu der "konservativen", sehr verläßlichen Annahme der Patthypothese: Nichtbehinderte Kinder lernen in Integrationsklassen genau so viel wie in anderen Grundschulklassen; in dem einen oder anderen Falle möglicherweise sogar mehr, aber das mag dahingestellt bleiben und eine willkommene Zutat sein.

Damit sind weder besorgte Befürchtungen, daß nichtbehinderte Kinder in Integrationsklassen weniger leisten, noch auch optimistische Annahmen, daß nichtbehinderte Kinder in Integrationsklassen noch bessere Leistungen erreichen, gerechtfertigt. Eine integrierte Grundschulklasse ist für die Leistungsentwicklung nichtbehinderter Kinder weder schädlich oder nachteilig noch besonders förderlich oder vorteilhaft. Zwischen integrierten und regulären Grundschulklassen gibt es in den schulischen Leistungen der nichtbehinderten Kinder keine systematischen Unterschiede, sondern ein Patt.

Die Untersuchungergebnisse und ihre Interpretation liegen auf der Linie der neueren Schulforschung (FEND 1980). So ist etwa der wissenschaftlichen Begleitforschung der Gesamtschulen in Nordrhein-Westfalen der aufschlußreiche Befund zu entnehmen, daß die Unterschiede zwischen den einzelnen Gesamtschulen sehr viel größer sind als zwischen den beiden zu vergleichenden Schulsystemen.

Auch der Rutter-Studie (RUTTER u. a. 1980) zufolge sind Lernverhalten und Lernerfolg von Schülern kaum von den administrativen, strukturellen und organisatorischen Merkmalen einer Schule abhängig. Von besonderer Bedeutung ist allenthalben die leistungsmäßige Zusammensetzung von Lerngruppen. Es ist außerordentlich wichtig, daß der Unterricht sich "auf einen soliden Stamm von Schülern mit durchschnittlicher Leistungsfähigkeit" (RUTTER 1980, 211) stützen kann. Darüber hinaus ist aber Heterogenität an sich weder eine nachteilige noch eine förderliche Lernbedingung. Die entscheidenden Einflüsse gehen eher von einer Vielzahl situativer Bedingungen aus, wie z. B. Lehrerverhalten, Häufigkeit von Anerkennungen und Bestrafungen, Gestaltung des Klassenraumes, Klassenklima, Mitverantwortung der Schüler, Qualifikation der Lehrer und anderes mehr, also von Bedingungen, die die Klassen selbst in der Hand haben, die von Lehrern und Kindern mitgestaltet werden können.

Die Schulleistungen nichtbehinderter Kinder sind also in Integrationsklassen per se weder besser noch schlechter als in Regelklassen. Es kommt gar nicht in erster Linie auf das System, sondern auf die einzelne Klasse an. Was und wieviel Kinder lernen, ist eben keine automatische Folge von Systembedingungen, sondern wird wesentlich von der Pädagogik vor Ort bestimmt. Dies ist eine ermutigende Botschaft. Bei allem notwendigen Streit um das richtige Schulsystem ist es weiterhin unerläßlich, überaus lohnend und wahrlich der Mühe wert, sich um die liebevolle Gestaltung all der vielen kleinen und größeren Dinge vor Ort zu kümmern, die den Schulalltag von Kindern letztlich ausmachen und tagaus tagein ihr Wohlbefinden und ihre gesamte Entwicklung beeinflussen.

6. Zusammenfassung

Integrationsklassen haben sich zum Ziel gesetzt, alle Kinder mit und ohne Behinderungen in all ihren Möglichkeiten umfassend zu fördern. Alle Kräfte und Fähigkeiten, "Kopf, Herz und Hand" (Pestalozzi) sollen durch den gemeinsamen Unterricht aller Kinder angeregt werden. In diesem Rahmen einer allseitigen Allgemeinbildung aller Kinder ist auch die Förderung schulischer Leistungen eine unverzichtbare und wichtige Teilaufgabe integrativer Erziehung. Die Untersuchungen gelten der speziellen Frage, ob nichtbehinderte Kinder in Integrations- und Regelklassen gleichviel lernen und vergleichbare Schulleistungen erbringen.

Über die schulischen Leistungen von Kindern in integrativen Klassen werden äußerst widersprüchliche Behauptungen und Vermutungen geäußert. Die Deprivationshypothese unterstellt eine generelle Verschlechterung der Leistungen, die Optimierungshypothese geht umgekehrt von einem allgemeinen Anstieg der Schulleistungen aus. Für die Nivellierungs- und Homogenisierungshypothese ist insbesondere die Annahme einer geringeren Streuung der Schulleistungen wesentlich; gute und begabte Schüler werden dauernd unterfordert und tragen einseitig die Kosten der gemeinsamen Unterrichtung einer heterogenen Lerngruppe. Eine rationale Klärung dieser höchst strittigen und emotional bewegenden Streitfrage kann nicht durch engagierte Diskussionen oder durch Abstimmungsverfahren mit Mehrheitsentscheid herbeigeführt werden, sondern ist allein auf erfahrungswissenschaftlichem Wege möglich.

Zur empirischen Überprüfung der Schulleistungen wurde im 1. Schuljahr die "Lesefertigkeit" von 13 Integrationsklassen mit den Ergebnissen der Teststichprobe und im 2. Schuljahr das "Zahlenrechnen" und das "Leseverständnis" von 7 Integrationsklassen mit 7 bzw. 10 Kontrollklassen verglichen. Im Vergleich mit den jeweiligen Kontrollgruppen erreichen die Integrationsklassen signifikant bessere Mittelwerte und bedeutsam geringere Streuungen. Die größere Leistungsdichte in den Integrationsklassen wird nicht auf Homogenisierungseffekte zurückgeführt, sondern als ein methodisches Artefakt leichter Prüfverfahren interpretiert. Die ermittelten Leistungsvorteile von Integrationsklassen werden als quantitativ geringfügig und nicht belangvoll bewertet. Die Unterschiedlichkeit der Schulleistungen nichtbehinderter Kinder in den Systemen Regelklasse und Integrationsklasse ist zu überwiegenden Anteilen durch Unterschiede zwischen den einzelnen Klassen bedingt und daher eher dem Klassen- als dem Systemeffekt zuzurechnen.

Die vergleichenden Untersuchungen der Schulleistungen in Integrations- und Regelklassen ergeben damit insgesamt ein Patt der konkurrierenden Systeme: Zwischen Integrationsklassen und Regelklassen bestehen keine bedeutsamen Leistungsunterschiede. Die günstige Pädagogen-Schüler-Relation und damit größere Betreuungsdichte von Integrationsklassen führen also nicht zu einer durchgängigen und nennenswerten Leistungsüberlegenheit der nichtbehinderten Kinder. Umgekehrt wird aber auch durch die Anwesenheit von behinderten Kindern das Leistungsniveau in integrierten Grundschulklassen weder gesenkt noch nivelliert. Entgegen ängstlichen Befürchtungen und pessimistischen Prognosen stören oder hemmen behinderte Kinder die Leistungsentwicklung nichtbehinderter Kinder in integrierten Klassen nicht. Die Ausgrenzung behinderter Kinder aus Grundschulen kann daher mit etwaigen Beeinträchtigungen der Leistungsentwicklung nichtbehinderter Kinder nicht begründet und legitimiert werden.

Das begrenzte Untersuchungsfeld (7 bzw. 13 Integrationsklassen) und der begrenzte Untersuchungszeitraum (1. und 2. Schuljahr schränken die Geltung der Aussagen ein und lassen noch keine abschließenden Antworten auf die Frage nach einer gleichwertigen Leistungsförderung nichtbehinderter Kinder in Integrations- und Regelklassen zu.

LITERATUR

BORTZ, J.: Lehrbuch der Statistik. Berlin: Springer 1985

DEUTSCHER BILDUNGSRAT, Empfehlungen der Bildungskommission: Zur pädagogischen Förderung behinderter und von Behinderung bedrohter Kinder und Jugendlicher. Stuttgart: Klett 1976, 2. Auflage

FEND, H.: Theorie der Schule. München: Urban & Schwarzenberg 1980

INGENKAMP, K.: Verzeichnis der deutschsprachigen Schultests. In: Tests und Trends: Jahrbuch der Pädagogischen Diagnostik. Weinheim: Beltz 1985, 215 - 232

INTEGRATIVE MONTESSORISCHULE MÜNSTERLAND: Gemeinsam leben lernen. Borken: Selbstverlag 1985

MÜLLER, R.: Diagnostischer Lesetest zur Frühdiagnose von Lesestörungen (DLF 1-2). Weinheim: Beltz 1984

MUTH, J.: Integration von Behinderten. Essen: Neue Deutsche Schule 1986

RHEINBERG, F.: Leistungsbewertung und Lernmotivation. Göttingen: Hogrefe 1980

RIEDER, O.: Allgemeiner Schulleistungstest für 2. Klassen (AST 2). Weinheim: Beltz 1971

RUTTER, M; MAUGHAN, B.; MORTIMER, P. & OUSTON, J.: Fünfzehntausend Stunden. Schulen und ihre Wirkung auf Kinder. Weinheim: Beltz 1980

STOELLGER, N.: Behinderter und nichtbehinderte Kinder in gemeinsamen Klassen der Fläming-Grundschule in Berlin. In: DEPPE-WOLFINGER, H. (Hrsg.): behindert und abgeschoben. Weinheim: Beltz 1983, 170 - 194

STÖTZNER, H. E.: Schulen für schwachbefähigte Kinder. (1864). Berlin: Marhold 1963

VALTIN, R.; SANDER, A. & REINARTZ, A. (Hrsg.): Gemeinsam leben - gemeinsam lernen. Frankfurt: Arbeitskreis Grundschule 1984

Andreas Hinz

SCHWERSTBEHINDERTE UND INTEGRATIONSKLASSEN

Überlegungen zu einem "unvorstellbaren" Thema

Bei Gesprächen und Diskussionen zum Thema "Geistigbehinderte Kinder in Integrationsklassen" taucht häufig der Vorwurf auf, hier würde lediglich die crème de la crème der Geistigbehinderten einbezogen, etwa gut geförderte Kinder mit Down-Syndrom, und diese würden zudem noch als "soziale Maskottchen" (Berlins Schulsenatorin LAURIEN; vgl. LOFT 1986) mißbraucht. Integrationsprojekte schmückten sich also eigentlich zu Unrecht mit der Behauptung, auch geistigbehinderte Kinder zu integrieren.

Wer nur einige Klassen des Hamburger Projekts kennt, der weiß, daß dieser Vorwurf an dessen Realität vorbeigeht. Er weist jedoch auch auf die grundsätzliche Frage hin, wo denn die Grenzen der pädagogischen Tragfähigkeit solcher Integrationsprojekte liegen. Vom Berliner Senat werden geistigbehinderte Kinder von vornherein von schulischer Integration ausgeschlossen, in Hamburg gibt es diese amtlich festgesetzte Grenze glücklicher- und vernünftigerweise nicht.

Wenn Integration unteilbar ist (FEUSER 1986, 24), wenn Integration mit dem Anspruch einer "Schule ohne Aussonderung" auftritt, dann müssen sich Integrationsprojekte nicht nur für geistigbehinderte, sondern auch für schwerstbehinderte Kinder öffnen. Täten sie dieses nicht, würde Integration insofern pervertiert, als zwei neue Kategorien von Behinderten, integrierbare und nicht integrierbare, entständen. Die Aufnahme und Einbeziehung schwerstbehinderter Kinder stellt für Integrationsprojekte eine entscheidende Bewährungsprobe dar.

Da in Gegenwart und Zukunft schwerstbehinderte Kinder auf Integrationsklassen zukommen und die Aufnahmekommissionen sich mit ihrer Anmeldung auseinandersetzen müssen, ist es dringend notwendig, zu diesem Thema Überlegungen anzustellen.

Dieser Artikel erlaubt sich den Luxus von Gedankenspielen, welche Barrieren und Probleme, aber auch welche Chancen und Möglichkeiten in der Einbeziehung schwerstbehinderter Kinder in Integrationsklassen liegen. Er versteht sich nicht als fertiges Konzept, sondern als Beitrag zur Diskussion zum Thema der Integration von Schwerstbehinderten, das im übrigen nicht nur Pädagogen in Integrationsklassen, sondern ebenso Pädagogen in Schulen für Geistig- und Körperbehinderte betrifft.

1. Zum Personenkreis

Der Begriff "schwerstbehindert" (entsprechend: schwer mehrfach- (FRÖHLICH 1983), intensiv- (BREITINGER & FISCHER 1981), schwer geistig behindert (BUNDESVEREINIGUNG LEBENSHILFE 1978)) umfaßt eine derartig heterogene Gruppe behinderter Menschen, daß er in seinem inhaltlichen Umfang in etwa dem Begriff "Nicht-Piloten" entspricht: Zu ihnen gehören mit an Sicherheit grenzender Wahrscheinlichkeit der Bundeskanzler, Ruhrkumpel, Pädagogikprofessoren, Nichtseßhafte, Hausfrauen, Fließbandarbeiter, Schulräte, Mitarbeiter in Werkstätten für Behinderte und viele andere mehr. So gibt es in Hamburger Klassen für Schwerst-Mehrfachbehinderte ("MF-Klassen") Kinder, die sich kaum bewegen können und Kinder, die ständig und nahezu ausschließlich im Raum herumlaufen; Kinder, die mit hohen Dosierungen von Anfalls-Medikamenten wie apathisch im Rollstuhl liegen und Kinder, die andere und sich selbst zu schlagen, kratzen und beißen drohen; Kinder, für die massive körperliche Zuwendung die gegebene positive Kontaktmöglichkeit ist und Kinder, die Kontaktangebote von anderen ignorieren oder kaum ertragen können. Die Aufzählung ließe sich weiterführen.

Obwohl Definitionen von "Schwerstbehinderungen" oft entweder in der Aufzählung von Negativ-Merkmalen oder im schiefen Vergleich mit dem Entwicklungsalter nichtbehinderter Säuglinge steckenbleiben, ist es angesichts einer zunehmenden Inflationierung des Begriffs für nahezu jedes schwerer behinderte Kind notwendig zu skizzieren, wer hier gemeint ist.

Nach FRÖHLICH handelt es sich bei diesem Personenkreis um Menschen,

- die sich - auch kriechend oder krabbelnd - nicht alleine fortbewegen können,
- die ihre Hände nicht gezielt einsetzen können,
- die über keine aktive verbale Sprache verfügen,
- die nur auf unmittelbar Erlebtes reagieren können,
- die einfachste Abstraktionen (z.B. Wiedererkennen von Gegenständen auf Bildern) nicht vollziehen können,

- die allenfalls auf Kontaktangebote anderer reagieren können,
- die in allen alltäglichen Verrichtungen (An- und Ausziehen, Waschen, Nahrungsaufnahme, Körperausscheidungen, Kommunikation etc.) auf die Hilfe von anderen angewiesen sind (FRÖHLICH 1986, 1).

Diese enge und eher körperbehindertenpädagogisch orientierte Definition schwerstbehinderter Menschen, von deren Merkmalen vielleicht nicht alle, sicher aber mehrere auf den Einzelnen zutreffen, bezweckt keine statische Festschreibung für das Individuum, denn dieses kann sich aus dem Status des Schwerstbehindertseins herausentwickeln.

2. Barrieren für die Aufnahme schwerstbehinderter Kinder in Integrationsklassen

Unter den 71 behinderten Kindern in 22 Integrationsklassen an 10 Schulen in Hamburg (Stand Schuljahr 1986/87) befindet sich kein schwerstbehindertes Kind, obwohl dieses nach den Bestimmungen der Schulbehörde möglich wäre, wenn nämlich zu erwarten ist, "daß das Kind in dieser Klasse seinen Möglichkeiten entsprechend gefördert werden kann" (WOCKEN 1985, 3). In der Bundesrepublik sollen erstmalig zum Schuljahr 1986/87 zwei schwerstbehinderte Kinder in eine Klasse einer Grundschule in Bremen aufgenommen worden sein.

Natürlich gibt es gegenüber der Aufnahme schwerstbehinderter Kinder Unsicherheiten, Ängste und ein allgemeines "... man kann sich das einfach nicht vorstellen" (BOBAN & WOCKEN 1983), das sich nun verstärkt auf ganz spezielle Aspekte bezieht. Für die Nicht-Meldung und/oder Nicht-Aufnahme schwerstbehinderter Kinder liegen bei den beteiligten Personen, Eltern und Pädagogen, sowie bei den Schulen, deren Umstände ebenfalls eine Rolle spielen können, folgende Gründe vor:

- Eltern schwerstbehinderter Kinder sind oft vor allem froh, daß es heute für ihre, noch vor relativ kurzer Zeit für "bildungsunfähig" erklärten Kinder Einrichtungen und Förderansätze gibt. Sie besitzen deshalb oft nicht das Selbstbewußtsein und die Offensivität, für die Einbeziehung ihrer Kinder in normale Klassen einer Schule für Geistig- oder Körperbehinderte einzutreten. Wieviel mehr Härte, "Dreistigkeit" und Mut ist nötig für die Forderung nach einer Integrationsklasse (= soziale Distanz).

- Schon viele Lehrer an Schulen für Geistig- oder Körperbehinderte halten "Schule" und "Unterricht" mit schwerstbehinderten Kindern, also Kindern, die scheinbar nicht lernen können, sondern "nur" leben, für unmöglich (vgl. hierzu die Thesen von SCHUMACHER 1983). Um wieviel weiter liegen die Welten einer - wenn auch differenzierten - Grundschulpädagogik und einer Pädagogik zur Förderung Schwerstbehinderter auseinander. Kein Grundschullehrer wird sich in der Lage fühlen, die Verantwortung für ein schwerstbehindertes Kind auf sich zu nehmen, es sei denn, er ist freundschaftlich oder sonderpädagogisch "vorbelastet".
- Pädagogen in Integrationsklassen lernen, auch bei Kindern unter dem Leistungsdurchschnitt der Klasse das Können und nicht primär das Nicht-Können zu sehen. Je schwerer Kinder behindert sind, umso schwerer fällt den Pädagogen das Sehen des Könnens. Sehr große Probleme haben Pädagogen damit, "passives Dabeisein" als Möglichkeit aktiven Lernens für schwerstbehinderte Kinder wahrzunehmen und zu akzeptieren (= Distanz der pädagogischen Welten).
- Räumliche und bauliche Umstände einer Schule können die Aufnahme schwerstbehinderter Kinder erschweren. Die Lösbarkeit solcher Probleme hängt auch vom subjektiven Wollen bzw. von Ängsten der Pädagogen ab, die sie mit der Aufnahme des Kindes verbinden.

Solange Integrationsklassen den Charakter von Schulversuchen haben und die Einschulung aller Kinder in die Schule des Schulbezirks (wohnortnahe Beschulung) keine Selbstverständlichkeit ist, steht zu befürchten, daß schwerstbehinderte Kinder nur innerhalb der bestehenden sozialen Gruppe aus dem Elementarbereich überhaupt eine Chance haben werden, aufgenommen zu werden.

3. Chancen und Möglichkeiten der Einbeziehung schwerstbehinderter Kinder in Integrationsklassen

Die Aufnahme schwerstbehinderter Kinder in Integrationsklassen kann für verschiedene Personen unterschiedliche positive Bedeutung haben, so

- für schwerstbehinderte Kinder: Statt in einer durch sternförmige, nahezu ausschließlich um erwachsene Bezugs-

personen gruppierten anregungsarmen Umgebung befänden sie sich in einer vernetzten Struktur und erhielten durch die anderen Kinder vielfältige Anregungen; bestehende soziale Beziehungen würden weitergeführt; notwendige spezielle Förderkompetenzen würden durch das pädagogische Team gesichert.
- für andere behinderte und nichtbehinderte Kinder: Gerade ängstliche oder psychisch labile Kinder könnten im Kontakt mit schwerstbehinderten Sicherheit gewinnen, ohne sich bedroht fühlen zu müssen (vgl. KRON 1986); der Zwang stark zu sein und Leistung zu zeigen, würde verringert oder gar aufgehoben; Gefühle, Empathie und emotionales Wohlbefinden bekämen einen höheren Stellenwert.
- für Pädagogen: Ihre Orientierung weg von der reinen Lernschule und hin zum Schulleben und zur stärkeren Betonung des sozialen Lernens würde zusätzlich legitimiert und gefordert.

Die Förderung schwerstbehinderter Kinder in Integrationsklassen müßte sich auf zwei Ebenen vollziehen: Zum einen sollten sie in kurzen, intensiven Phasen eine systematische spezielle Förderung ("basale Stimulation" nach FRÖHLICH 1983, "basale Aktivierung" nach BREITINGER & FISCHER 1981 oder andere Ansätze) durch die Pädagogen erhalten; zum anderen sollten sie, wo immer dieses möglich und ihnen kräftemäßig zumutbar wäre, in Situationen einbezogen werden. Die Pädagogen würden hierbei mit dem Wissen um die Förderbedürfnisse dieses Kindes, wo nötig und angebracht, Hilfestellung geben.

Hierzu folgende Beispiele: Während eines Gesprächskreises wird etwa das schwerstbehinderte Kind so gelagert, daß es die Möglichkeit hat, das gerade sprechende Kind der Gruppe visuell zu fixieren und somit die Integration visueller und auditiver Wahrnehmung zu schulen und sich in der Gemeinschaftssituation wohlzufühlen. Beim Vorlesen oder Erzählen einer Geschichte wie beim Singen von Liedern ermöglicht der Pädagoge dem schwerstbehinderten Kind eine Vielfalt taktiler, kinästhetischer, visueller und auditiver Wahrnehmungen sowie das Gefühl der emotionalen Geborgenheit, wenn er es auf dem Schoß wiegt. Das oberflächliche "passive Dabeisein" besteht bei näherer Betrachtung in einer Fülle von Wahrnehmungsleistungen, mit denen das schwerstbehinderte Kind in einer "Pädagogik der Nähe" (FRÖHLICH 1986, 4) auf seinem Niveau aktiv lernt.

4. Probleme der Einbeziehung schwerstbehinderter Kinder in Integrationsklassen

Die Anwesenheit schwerstbehinderter Kinder in Integrationsklassen kann große Probleme mit sich bringen, die u. U. eine Nicht-Aufnahme bedingen können. Sie können begründet sein z. B.

- im schwerstbehinderten Kind: Verhaltensweisen wie dauernde Aggressionen oder Autoaggressionen, Behinderungen wie Autismus mit Hyperaktivität könnten das soziale Klima der Klasse, das Lernen der Schüler und die Arbeit der Pädagogen schwer beeinträchtigen; ständige Reizüberflutung könnte die Klasse für das schwerstbehinderte Kind zu einem Ort permanenten Wahrnehmungsterrors machen.
- in anderen Kindern und/oder Eltern: Desinteresse oder psychische Abwehrreaktionen könnten das Vorhaben scheitern lassen; die Komplizierung von Situationen (Ausflüge u. ä.) oder permanente Konkurrenz um die Zuwendung der Pädagogen wären denkbar.
- in den Pädagogen: Sie könnten aus ästhetischen Barrieren (Aussehen, Sabbern, Einkoten, Schmieren etc.) oder aus dem Nicht-Ertragen-Können von Rückschritten, Stagnation oder extrem langsamem Lerntempo heraus darin gefangen bleiben (und dieses implizit auch den Schülern vermitteln), Leid als nahezu ausschließlich bestimmende Größe für die Existenz schwerstbehinderter Kinder zu sehen anstatt ihre Schwäche und ihr Sosein zu akzeptieren. Die Planung von Lernangeboten für alle Kinder der Klasse (Anspruch kooperativen Lernens am gleichen Gegenstand; FEUSER 1986, 24) würde noch schwieriger - es stellte sich die Frage nach der Realisierbarkeit und dem Sinn einer solchen Norm.
- Ästhetische und hygienische Probleme sind - ebenso wie bei kleinen Kindern - nicht notwendigerweise unüberwindbar; sie können jedoch ebenso wie räumliche und bauliche als rationaler Schutzwall für eigene Ängste dienen.

Nach den bisherigen Erfahrungen in den Hamburger Integrationsklassen gäbe es mit manchen schwerstbehinderten Kindern deutlich weniger Probleme in der alltäglichen Arbeit als mit manchen Kindern, die heute, z. T. als Nichtbehinderte, diese Klassen besuchen. So ist der Aufwand für curriculare Differenzierung bei lernbehinderten Schülern größer; Verhaltensprobleme bei Schülern, die u. a. aus dem subjektiven

Empfinden kognitiven Hinterherhinkens entstehen können, belasten Klasse und Pädagogen zusätzlich, während ein passiveres schwerstbehindertes Kind als Ruhepol wirken könnte.

5. Konsequenzen

Aufgrund dieser Überlegungen ist folgerichtig

- die Auflösung von MF-Klassen als schon durch ihre Struktur anregungsarme und in höchstem Maße isolierende Umgebung und die Aufnahme dieser Schüler in normale Klassen der Schulen für Geistig- oder Körperbehinderte.
- die Öffnung von Kindergärten für schwerstbehinderte Kinder als wichtige Phase des Knüpfens sozialer Beziehungen vor der schulisch-kognitiven Orientierung.
- die Aufnahme schwerstbehinderter Kinder in Integrationsklassen.
- die Prüfung notwendiger räumlicher, zeitlicher, materialer und personeller Bedingungen (vgl. FRÖHLICH 1986) sowie deren Bereitstellung zur Aufnahme einzelner individueller schwerstbehinderter Kinder, nicht hingegen die ausschließliche Prüfung der Kinder in Hinblick auf Art und Schwere der Behinderung (Umfeld-Diagnostik statt ausschließlicher Kind-Diagnostik).
- die gemeinsame (!) Vorbereitung der pädagogischen Teams auf die auf sie zukommende Aufgabe einer "Pädagogik der Nähe" (FRÖHLICH 1986), z. B. durch Hospitationen dort, wo Spezialisten in der Förderung schwerstbehinderter Kinder tätig sind.

Allgemeine Aussagen über die "Integrationsfähigkeit" Schwerstbehinderter sind abzulehnen, denn es sind nicht ihre Fähigkeiten oder Unfähigkeiten, die schulische Integration ermöglichen oder verhindern, sondern die Passung der vorgegebenen oder erreichbaren Rahmenbedingungen und der Notwendigkeiten und Bedürfnisse einzelner individueller schwerstbehinderter Kinder. "Die Integration eines schwerstbehinderten Kindes würde meines Erachtens einen Meilenstein in der pädagogischen wie in der sonderpädagogischen Arbeit bedeuten" - dieses stellt nicht irgendwer als Fazit eines Gutachtens fest, sondern Andreas FRÖHLICH, einer der führenden Köpfe der Förderung Schwerstbehinderter in der Bundesrepublik (FRÖHLICH 1986, 12).

LITERATUR

BOBAN, I. & WOCKEN, H.: "... man kann sich das einfach nicht vorstellen!" Geschichten aus dem Alltag einer integrativen Grundschule. Sonderpädagogik 1983, 148 - 156.

BREITINGER, M. & FISCHER, D.: Intensivbehinderte lernen leben. Würzburg 1981.

BUNDESVEREINIGUNG LEBENSHILFE (Hrsg.): Hilfen für schwer geistig Behinderte. Eingliederung statt Isolation. Marburg 1978.

FEUSER, G.: Integration: Humanitäre Mode oder humane Praxis? Demokratische Erziehung 12 (1986) 1, 22 - 27.

FRÖHLICH, A.: Integrierte Entwicklungsförderung für schwer mehrfach behinderte Kinder. In: Pädagogik der Körperbehinderten. Handbuch der Sonderpädagogik Bd. 8. Berlin 1983, 205 - 220.

FRÖHLICH, A.: Schulische Integration schwerstbehinderter Kinder. Gutachterliche Stellungnahme für das Land Berlin, Pädagogisches Zentrum. Unveröffentlichtes Manuskript. Kaiserslautern 1986.

KRON, M.: Gemeinsame Erziehung behinderter und nichtbehinderter Kinder im Kindergarten. Blätter der Wohlfahrtspflege 1986, 131 - 134.

LOFF, B.: Frau Laurien und die "sozialen Maskottchen". Frankfurter Rundschau, 22. 8. 1986, 4.

SCHUMACHER, J.: Thesen zum Unterricht mit Schwerstbehinderten. Geistige Behinderung, 22. Jg. (1983), 26 - 33.

WOCKEN, H.: Integrationsklassen in Hamburg. Unveröffentlichtes Manuskript. Hamburg 1985.

QUELLENNACHWEIS

KOERNER, R.: Warum wir die Frage ". . . um was für Behinderungen handelt es sich bei ihren Kindern?" nicht mehr hören können. Zusammen 1986, Heft 2, 24 - 27

FABRY, E.: Integration behinderter Kinder und der Elternwille. Gekürzter Nachdruck aus: Westermanns Pädagogische Beiträge 1983, 162 - 166

KEHL, U.: Bildungspolitische Diskussionen und Entscheidungen im Hamburger Sonderschulwesen. Zeitschrift für Heilpädagogik 1985, 326 - 343

WOCKEN, H.: Integrationsklassen in Hamburg. Erweiterte Fassung eines Vortrages an der Universität Hamburg am 17. 1. 1985

ANTOR, G.: Hamburger Integrationsklassen: ein Schulversuch zwischen System und Lebenswelt. Ergänzter Nachdruck aus: Zeitschrift für Heilpädagogik 1986, 335 - 346

WOCKEN, H.: Das Aufnahmeverfahren für Integrationsklassen. Originalbeitrag

WOCKEN, H.: Eltern und schulische Integration. Originalbeitrag

WOCKEN, H.: Sonderschullehrer in Integrationsklassen. Diskussionsvorlage vom 22. 2. 1985

WOCKEN, H.: Schulleistungen in Integrationsklassen. Originalbeitrag

WOCKEN, H.: Soziale Integration behinderter und nichtbehinderter Kinder. Originalbeitrag

HINZ, A.: Schwertstbehinderte und Integrationsklassen. Originalbeitrag

BEHINDERTEN PÄDAGOGIK

Vierteljahresschrift für Behindertenpädagogik in Praxis, Forschung und Lehre und Integration Behinderter

(ISSN 0341-7301)

JARICK OBERBIEL, VERLAG

Vertrieb: JARICK OBERBIEL, Postfach 30, ☎ 06441/5868, 6336 Solms, Lahn 2
Bestellungen an die Buchhandlung JARICK OBERBIEL, Pf. 30, 6336 Solms, Lahn 2

Probst & Wacker

LESENLERNEN

Ein Konzept für alle

Jarick Oberbiel

BEHINDERTENPÄDAGOGIK Beiheft 8 ∗ ISBN 3-920224-32-9 ∗ DM 24,80